广告与消费心理学
PSYCHOLOGY OF
Advertisement and Consumer

江波 ★ 著

暨南大学出版社
JINAN UNIVERSITY PRESS

中国·广州

图书在版编目（CIP）数据

广告与消费心理学/江波著. —广州：暨南大学出版社，2010.3（2021.2 重印）
ISBN 978 - 7 - 81135 - 418 - 8

Ⅰ.①广…　Ⅱ.①江…　Ⅲ.①广告心理学 ②消费心理学　Ⅳ.①F713.80②F713.55

中国版本图书馆 CIP 数据核字（2009）第 206263 号

　　本书系统介绍了广告与消费心理学的基本理论、研究方法及最新研究成果；系统阐释了广告的消费心理学基础，深入挖掘出广告运作过程中的消费心理学规律。具体包括广告与消费心理学概论、广告策划心理、广告创意心理、广告诉求心理、广告媒体心理、广告表现心理、广告文化心理、广告品牌心理等。本书吸取了国内外这一领域近年的最新研究成果，特别是关于消费决策研究、中国广告传统文化心理的反思等相关内容，并收集了大量的精彩案例和经典广告图片，而且从心理学视角进行了全新的诠释。总之，本书体系新颖，内容丰富、新鲜、注重启发性与实务性，使读者在掌握广告与消费心理学基本原理的基础上，全面提高广告策划、广告创意等实务能力。

广告与消费心理学
GUANGGAO YU XIAOFEI XINLIXUE
著　者：江 波

出 版 人：张晋升
责任编辑：张仲玲　黄海燕
责任校对：刘慧玲　张剑峰
责任印制：周一丹　郑玉婷

出版发行：暨南大学出版社（510630）
电　　话：总编室（8620）85221601
　　　　　营销部（8620）85225284　85228291　85228292　85226712
传　　真：（8620）85221583（办公室）　85223774（营销部）
网　　址：http://www.jnupress.com
排　　版：广州市天河星辰文化发展部照排中心
印　　刷：佛山市浩文彩色印刷有限公司
开　　本：787mm×960mm　1/16
印　　张：18.5
字　　数：442 千
版　　次：2010 年 3 月第 1 版
印　　次：2021 年 2 月第 7 次
印　　数：12001—12500 册
定　　价：43.00 元

（暨大版图书如有印装质量问题，请与出版社总编室联系调换）

目　录

序

22年前，当我国心理学刚刚复苏，大家忙于引进西方心理学的时候，我曾在《略论心理学应用与普及》（1980年）一文中说："生活之树常青。同社会实践脱离的心理学是无源之水、无本之木，是没有生命力的。"强调心理学的应用与普及是心理学发展的生命力，既要重视理论，又要重视应用。后来，我在《心理科学应当面向社会生活》（1990年）一文中进一步指出："我们提出心理科学与社会生活这个主题，其目的在使心理学更好地为社会主义现代化建设服务，为解决社会生活中提出的各种心理问题提供更多的帮助，也就是要坚持为人民服务。"可喜的是，我国心理学在理论与实证研究方面得到迅速发展的同时，应用普及工作也有了一定的进展。教育、医疗、管理、经济、军事等许多实践领域都以其特有的需要向心理学发出召唤，一些应用心理学方面的著作也相继问世。但是，与社会的实际需求相比还是有较大的距离，必须更努力而为之。

现代社会是一个眼球经济的时代，为了吸引消费者的眼球，各种广告无孔不入。那如何提高广告的注意力，增强广告的说服效果，探索广告活动与消费者相互作用过程中的心理现象及心理规律就尤为必要，使得广告与消费心理学的发展显得更加紧迫。就目前的广告与消费心理学著作来说，一方面是数量不够；另一方面是已出版的书大多是学院派的，以普通心理学为框架，重理论轻实践，缺乏对广告自身现象与规律的认识及阐述，案例较少，有一点也多是经典案例，时代感不强。

本书作者江波副教授从事广告与消费心理学教学、科研工作十多年，是我于2000年创建的全国心理技术应用论坛（原研究会）理事，是国内从事这一领域研究为数不多的青年学者之一。他出版了多部学术著作，在心理学与广告学两类核心学术期刊上发表了一系列有价值的学术论文。更可贵的是作者一直从事广告营销社会服务工作，坚持理论联系实际，为全国上百家企业及行政事业单位进行了品牌策划和广告咨询服务，有着丰富的实践经验。展现在读者面前的这本《广告与消费心理学》是作者在2002年出版的《广告心理新论：现代广告运作中的攻心战略》的基础上，融入作者近年来在这一领域的最新研究成果而成，是作者十多年来从事广告消费心理教学、科研及社会服务工作的结晶。读过之后，我认为该书至少有以下几个特点：

1. 构建了一个全新的广告与消费心理学的理论体系

本书在介绍了与广告相关的消费心理学知识的基础上，全面介绍了广告与消费心理学的基本概念、历史、研究方法及相关理论，并以广告自身为基点，努力挖掘广告运作过程中的心理学规律，探讨了广告策划心理、广告创意心理、广告诉求心理、广告媒体心理、广告表现心理、广告文化心理及广告品牌心理等。使广告运作与消费心理融为一体。本书体系新颖，反映了一个心理学背景的广告人对广告与消费心理学这门学科的思考。

2. 融广告消费心理学理论与广告实践为一体

心理学的历史与实践证明，心理学不是一门纯科学，而是一门技术、一门实实在在为人服务的技术。广告瞬息万变，但不管其怎么变，最终都是劝说消费者购买其产品。所以广告与消费心理学应是一门实战性、操作性很强的科学。本书在介绍广告与消费心理学基本原理的同时，在操作层面上，将抽象的原理转化成具体的"实战要点"，将原理贯彻到广告案例的具体分析中去，具有较强的可读性和可操作性。本书还收集了大量的精彩的案例和广告图片，以及作者自己创作的广告作品，从而给读者更多的启迪与实际效益，成为广告营销从事人员和有关专业学习者的良师益友。

3. 呈现了广告与消费心理学前沿领域的最新成果

本书吸取了广告与消费心理学领域近年的最新研究成果，收入了作者公开发表的多篇学术论文及广告创作的心理历程和体会。一些内容在本领域还是首次系统论述。如"广告潜意识诉求的策略与分析"、"广告潜意识诉求的信息加工研究"、"整合营销传播的心理优势"、"性诉求广告的心理效应研究"、"网络广告的心理效应及广告策略研究"、"现代广告传统文化心理的反思"、"机关服务品牌塑造与管理研究"等。这些内容使读者在了解广告与消费心理学的基本原理的同时，还能触及这门学科的研究前沿。

相信经过作者再次打磨的这本著作定能为读者们倍加喜爱，能对广大学子与广告营销从业人员有所稗益。

杨鑫辉

2009 年 12 月 30 日

于南京师范大学仙林茶苑寓所古今斋

1

广告与消费心理学概论

科学的广告术是遵循心理学法则的。

——广告界流行语

本章导读

宝洁公司的"安尔乐"纸尿裤刚开始进入中国市场的时候，销路并不畅通。宝洁公司通过对纸尿裤主要消费者——年轻妈妈进行心理调查，发现问题出在广告的诉求点"方便妈妈"上，这使花钱买纸尿裤的妈妈有懒惰之嫌。而自古婆媳关系不和的一个主要原因就是婆婆认为媳妇懒惰，在这样的背景下，那些想买纸尿裤的妈妈会因为避嫌而放弃购买。公司经过周密的分析之后，将诉求点改成"能更好地保护宝宝健康成长，同时方便妈妈"。之后，"安尔乐"纸尿裤很快就打开了市场。是什么导致了这种转变？要想广告获得成功，首先必须了解消费者心理与行为特点，知道消费者的态度是如何形成和改变的，消费者的个性和自我概念是怎样影响消费心理和购买行为的，以及消费者是如何进行消费决策的，从而满足广告受众的心理需求，这样才能赢得这场广告心理战。

▷ 1.1 广告与消费心理学概述

一、广告与消费心理学历史

广告与消费心理学是广告心理学与消费心理学结合的产物，它的产生和发展大致经历了以下几个过程：

广告随着人类社会商品生产与交换的出现而诞生，迄今已有数千年历史。《战国策》中"价增一顾"的故事就是最早期的广告：有个人在集市卖马，三天也无人问津，于是他请来相马专家伯乐，伯乐绕他的马转了几圈，走的时候还回头看了一眼，于是，他的马的价值倍增。这是有记载的中国最早的使用权威效应的专家广告。随着商品经济的发展，广告中逐渐融入了心理因素，为广告心理学的产生奠定了基础。

1879 年，Wilhelm Wundt 教授在德国莱比锡大学建立了第一个心理实验室，标志着科学心理学的诞生。从此，科学的心理学理论传向世界各地，并开始运用于广告之中。最早把心理学研究应用于广告实践工作的是美国明尼苏达州心理学实验室的 Harlow Gale，他就消费者对广告及广告商品的态度进行了问卷调查。1900 年，Gale 出版了《广告心理学》一书，开始讨论广告活动中消费者的注意、兴趣等问题。Walter Dill Scott 的《广告原理》一书的出版，标志着广告心理学的诞生；之后，他又分别于 1908 年和 1921 年出版了《广告心理学》和《广告心理学中的理论和实务》，为广告心理学的发展奠定了基础。德国心理学家 H. Munsterberg 用实验的方法研究了广告的色彩、面积、文字的运用及广告编排等因素对广告效果的影响，并出版了《心理学与经济生活》（1912）一书。广告人与心理学家的联合，对消费者内心的需求和动机有了更深的了解，如美国汽车公司的蓬勃发展就是利用了人们内心深处的"喜新厌旧"情绪，人们觉得开一辆两三年前买的车是很丢脸的事，所以旧汽车被丢弃，而新汽车得以畅销。

1901 年，广告心理学之父 Walter Dill Scott 首次提出了消费心理学概念。20 世纪 30 年代，市场营销观念由以生产者为中心转变为以消费者为中心。20 世纪 50 至 60 年代，心理学在各个学科领域得到广泛应用，使消费心理学蓬勃发展。1951 年，美国心理学家 Abraham H. Maslow 提出了需要层次理论；1953 年，美国心理学家 Brown 就消费者对商标的选择倾向性进行了研究；1957 年，社会心理学家 Bowen 研究了参照群体对消费者购买行为的影响；1960 年，美国心理学会创建了消费心理学分科学会，有学者认为这标志着消费心理学作为一门独立学科诞生；1969 年，消费者研究学会创立，消费心理学渐渐形成了其学科体系。

从以生产者为中心的单纯以宣传商品信息为主的广告心理学，到以消费者为中心研究消费者行为和心理的消费心理学，在近代，这两门学科的体系都得到了巨大的完善和发展，且愈发不可分开。在西方，广告心理学成了消费心理学的一个重要组成部分，并且开始以广告与消费心理学命名。

二、广告与消费心理学研究内容

1. 广告与消费心理基础

任何心理活动都有其发生、发展的过程。消费者对广告接受的心理活动也有其发生、发展的过程。要实施广告的心理战略，必须了解广告作用于消费者的心理机制。要了解广告如何对消费者产生影响，就要先从消费者的角度入手，研究消费者对产品的态度是如何形成和改变的，消费者的不同个性和自我概念是如何影响其消费心理和行为的，以及消费者在购买商品时的决策过程等。根据这些信息有针对性地实施广告策略，才能赢得广告心理战的胜利。

2. 广告策划心理

上兵伐谋，攻心为上。广告策划是指广告人员在对市场、产品和消费者进行广泛调查分析的基础上，根据广告客户的需求，对广告活动进行全面谋划的过程。它在对市场及消费者进行充分研究的基础上,确定"向谁说"——目标定位,"说什么"——产品定位,"如何说"及"由谁来说"——心理策略,最后还要了解消费者对广告的反应——心理效果测评。

3. 广告创意心理

现代广告的核心在于创意,其魅力也在于创意。而广告创意的关键就是符合公众心理。好的创意要富有心理震撼力和感染力。它应当产生引起注意→提起兴趣→培养好感→激发欲望→引发行动→加深印象的心理功效。在广告创意心理战中,我们要掌握消费者注意规律,创作出富有吸引力的广告;掌握消费者感知觉规律,创作出具有高感知度的广告;了解人的记忆规律,掌握提高广告记忆效果的方式、方法;同时要研究消费者的再造想象,通过广告不断激发消费者的联想与想象。

4. 广告诉求心理

广告的作用对象是消费者,为了实现广告的有效传播和诉求,必须使广告符合消费者的心理。广告诉求方式具体可分为理性诉求、情感诉求、潜意识诉求。在广告诉求方式中,可以用广告塑造企业、产品及品牌的良好形象,从而使企业及其产品得到社会公众的好感、肯定及支持,进而产生信任感和心理的认同感;可以以理服人,通过理性的说服,改变消费者的认知,使其产生理性购买;也可以以情动人,使消费者产生积极的情感反应,从而对所宣传的产品产生好感、偏好,最终产生购买行为;还可"随风潜入夜,润物细无声",针对消费者的潜意识,满足消费者的潜在需要,使消费者在不知不觉中接受广告宣传。

5. 广告媒体心理

广告信息是借助于媒体送达消费者的。广告信息能否有效地送达消费者不仅取决于广告本身,还取决于媒体和媒体内容的吸引力。了解媒体的心理特性,了解消费者接触媒体的意图、目的及心理活动,比较各种媒体在受众心目中的差异,了解媒体组合的整合效应及创意媒体的心理效果等,已成为广告心理战所关心、研究的重要问题。

6. 广告表现心理

广告效果的产生是广告各个构成要素共同作用的结果。但是不同的构成要素在广告中所发挥的作用可能不同,对广告效果作出的贡献也可能不一样。广告作品的基本构成要素包括语言、画面及音响。这些要素的不同表现形式都会对受众产生不同的心理效应。因此,在确定了广告的主题及创意思路之后,我们要根据消费者的心理效应选择最佳的表现方法,要注重广告方案的表现技巧,要注重画面、语言及音响效果的选择,要注重所选广告模特的心理效应,还要根据消费者的接受心理、审美情趣赋予产品一个很好的包装,从而突显产品的心理附加值。

7. 广告文化心理

在现代市场营销中,经常会出现一种产品的质量和服务都很好,却在市场中备受冷落的现象，这其中的一个原因是没有体现甚至违背了当地的风俗、习惯、信仰等文化和亚文化因素。当今消费者的文化性消费心态日趋成熟，在商品的消费过程中越来越强调文化品位和艺术格调。为了提高现代广告的有效性，需要从源远流长的民族传统文化和绚丽纷呈的文化中汲取营养，借助文化适应、文化融合、文化包装等策略，使文化与现代广告有机地结合，有效地提高现代广告的文化品位，强化广告宣传活动的市场销售效果和形象塑造效应。中国人拥有中庸、重人伦、讲面子、重义轻利、怀旧恋古、谦逊含蓄等核心价值观。在现代广告中运用传统文化时应避免传统文化的庸俗、与当今的隔阂、流于形式的肤浅等。

8. 品牌心理及个性塑造

当今世界是一个品牌的世界，现代营销皆为品牌行销。如何在激烈的市场竞争中塑造一个良好的品牌形象，如何塑造一个极富个性的品牌，这些都要求我们了解品牌的个性结构及其心理内涵，了解品牌的心理效应，根据品牌的心理效应及发展阶段制定相应的广告策略。另外，我们还要了解品牌个性塑造的程序及策略方法，结合国内外品牌塑造中成功与失败的案例，探讨品牌个性塑造的心理误区。

三、广告与消费心理学研究方法

广告与消费心理学是一门应用性、交叉性学科，它涵盖了广告学、心理学、经济学、社会学、文化人类学等多学科知识，其研究方法也可采用各学科的研究方法，但其作为心理学分支学科，主要还是采用心理学的研究方法，主要有观察法、访谈法、问卷法、投射法、实验法、量表法等。

1. 观察法

观察法是指研究者通过感官或借助于一定的科学仪器，在一定时间内有目的、有计划地观察消费者的言语、行动和表情等信息，并把观察的结果按一定顺序记录下来，继而对其进行分析，以研究并掌握消费者行为心理规律的方法。观察法一般适用于研究广告、商标、包装、橱窗和柜台设计的效果，商品价格对购买行为的影响，商店的营销状况和新商品的受欢迎程度。

1966 年，美国的威尔斯和洛斯克鲁托在超级市场内进行了消费心理学研究。他们在超级市场的谷物食品、糖果和洗衣粉的柜台前进行了 600 小时的观察，观察消费者从进入过道到离开过道各种活动，并作了详细记录，以此分析消费者的构成问题，包括男女比例、成人和儿童的比例，还分析了当几个人一起购物时谁的决定影响购买行为，以及消费者的一些微观的心理活动，如对价格的议论、对商标和包装的议论等。这一研究为探究消费心理提供了宝贵的资料。

2. 访谈法

访谈法是通过与消费者口头交谈，借以了解消费者的动机、态度、个性和价值观等的一种研究方法。访谈法具有两个显著的特点：①访谈的过程是访谈者和消费者相互影响、相互作用的过程；②它具有科学的目的，以及一整套编制和实施原则。

3. 问卷法

问卷法又称调查法，即消费者在一定施测条件下，按照指导语完成一套问卷，收集后按计分规则整理数据，并对其进行分析以得出相应结论的研究方法。它是广告与消费心理学最常用的研究方法之一，适于了解消费者的动机、态度、个性和消费观念等。

问卷法的优点有：问卷内容客观统一，处理分析方便，特别适于计算机进行处理和数据分析；除了访问问卷外，问卷法大多是间接进行的，避免了主试、被试之间的相互影响，而且匿名性强，保证了回答的真实性；问卷法可以在较短的时间内以较低的成本获得大量的数据资料，节省了人力、时间和经费。

4. 投射法

人的有些心理活动是隐藏在内心深处甚至潜意识中的，不能直接了解，他们不愿将之告诉别人，甚至他们自己也意识不到，所以有时用访谈法和问卷法很难了解到消费者真正的态度和动机。在这种情况下，投射法是一种较为有效的方法。

所谓投射法，就是根据无意识的动机作用分析人们内心深处的心理活动的方法，即提供一些未经组织的外部刺激物，让被试在不受限制的条件下随意表达他的需要、动机、态度和价值观等内在因素。这些内在因素是经过上述刺激物而投射出来的反应，并且是不受限制的反应。广告与消费心理学中投射法常用的有词汇联想法、造句法、罗夏墨迹测验、主题统觉测验、示意图法和角色扮演法。下面是投射法的一个经典案例：

一个威士忌厂的老板想了解酗酒人的性格，于是请来广告心理学家斯容帝设计了一个实验，挑选几位嗜酒如命的酗酒者作为被试，让他们回答以下问题：假如你坐火车，你更愿意与谁结伴同行？让他们从一大堆照片里选择一张。事实上，照片里的人都是精神病患者，如虐待狂、歇斯底里者、偏执狂等，但事先并未告知被试。测验分两次进行，第一次是让这些酗酒者在未喝酒的情况下进行选择，第二次是让他们在喝过三大杯后进行选择。结果两次实验的结果差异很大。人们都愿意找与自己性格相近的人结伴同行，这个实验说明喝酒前后人的性格会发生很大变化。

5. 实验法

实验法是指研究者控制一些变量，设定一定的情景，以探讨消费者消费规律的研究方法，即控制一个或几个自变量如价格、包装，观测因变量的变化如销量、好评度，来看两者之间的关系，最终目的是研究自变量与因变量之间的因果关系。

广告与消费心理学常用的实验法有以下四种：

（1）回忆法。

回忆法的典型程序是呈现给被试广告信息一段时间以后，要求被试尽可能快地回忆这些信息，并对广告作出评价，最后进行回忆与评价之间的相关分析。这种方法由于可提供量化的信息，在20世纪80年代以前十分盛行。但近年来，越来越多的学者认识到，相对于人类记忆的复杂性，这种评价方法过于简单，所得分数不一定能反映真实情况，往往会低估消费者对广告记忆的真实水平，从而影响对广告和消费者购买行为之间关系的预测效果。

（2）再认法。

再认法由 Daniel Starch 于 1932 年提出，因此又称 Starch 法。这种方法是将待评价的广告呈现给已看过该广告的人，按照其是否记得这个广告及它的某些细节来评价广告的可记忆性。通过测验，得到三个分数，即注意到待测广告的百分比、注意到广告中某些片段的百分比、注意到广告一半以上内容的百分比。最后通过公式评价该广告。公式如下：

注意到该广告的百分比×读者总数/版面费＝每美元的读者数

（3）加工分离程序。

很多研究发现，传统的外显记忆测量只能测量意识性、注意状态下广告的记忆效果，但是内隐加工的效果也会在许多场合表现出来。因此，我们在评价广告或其他传播效果时应同时考虑外显的意识性效果和内隐记忆的无意识效果。

Jacoby 提出的加工分离程序（简称 PDP）可以将自动化加工成分与控制性加工成分分开。加工分离程序中，有任务分离范式和加工分离范式。任务分离范式是用直接测量来测量外显社会认知，用间接测量来测量内隐社会认知，以此分离意识与无意识的加工过程。在加工分离范式中，通过包含测验与排除测验来分离意识与无意识。

近年来，加工分离程序在广告与消费心理学研究中得到较多学者的应用，并取得了显著的研究成果。陈宁（2001）[1] 运用加工分离程序探讨了在不同频率下，受众对不同成熟度商品的广告的信息加工模式。林树、张一中等（2003）[2] 运用此程序研究了在不同性别广告代言人条件下，不同性别的受众对其代言品牌的信息加工方式的特点。王沛等（2005）[3] 通过操纵注意方式、刻板印象的启动方式及被试的刻板化状态来探讨广告中性别刻板印象信息加工的方式和特点。孙连荣（2004）[4] 以广告代言人与产品图片为材料，结合启动技术，使用加工分离程序来研究广告中性别刻板印象信息加工方式。笔者（2009）也用此方法通过控制广告性感程度与是否名人代言两个自变量，来研究性诉求广告名人代言的效果。

（4）眼动研究。

随着科技的迅速发展，眼动研究渐渐成为广告与消费心理学研究的一种重要方法。眼动研究是利用眼动仪来考察人们观看广告时的眼动特征，如注视次数顺序、眼跳、瞳孔直径变化等，以此分析广告观看者心理活动的特征及规律。

20 世纪 80 年代以后，眼动记录技术在广告与消费心理学研究中的应用有了不少成

① 陈宁. 广告频率和品牌成熟度对信息加工模式的影响. 心理学报，2001（5）：448～452
② 林树，张一中，涂勇. 广告信息加工中的性别差异. 心理科学，2003（3）：569～570
③ 王沛，孙连荣. 广告中性别刻板印象的信息加工方式. 心理学报，2005（6）：819～925
④ 孙连荣. 广告信息加工中性别刻板印象的实验研究. 西北师范大学硕士学位论文，2004

果。Krober – Riel（1984）① 和 Young（1988）② 运用眼动技术研究发现，90% 的受众在观看广告的时候都是先看图像再看文字。20 世纪 90 年代，眼动研究深入实际生活的模拟情境中，Russo 等人（1994）③ 在模拟超市中对被试在选择商品时的眼动研究进行了记录，发现顾客在选择商品时经历了三个阶段——定向阶段、评价阶段、验证阶段。研究结果的信度和效度得到了显著的提高。Lohse（1997）④ 也在严格控制无关变量的情境下研究了被试阅读广告的特点。Rayner 等（2001）⑤ 则结合眼动研究和传统的广告记忆评价法，对大学生观看广告的眼动情况和记忆效果进行了研究。

6. 量表法

感觉有强弱，喜爱程度有深浅，这说明人的心理在量上是有变化的。用一种标准化的量表去度量消费者某种心理现象强弱的方法叫量表法。

在广告与消费心理学中，通过使用心理量表，既可以获得消费者对广告、商品的态度，又可以获得有关广告效果的层次与级别。其中，广告态度的测量不仅可以测得消费者原有的态度，还可以测出消费者态度的改变。

常见的态度量表有以下几种：总加量表（Likert Scale）、等距量表（Equal – appearing Interval Scale）、语义分析量表（Semantic Differential Scale）、多级估量量表（Multistage Evaluation Scale）。

▷ 1.2　广告的心理效应

消费者是广告作用的对象，广告要想获得成功，必须符合消费者的行为特点，正如广告界的一句名言所说"科学的广告术是遵循心理学法则的"。好的广告首先要满足消费者的心理需求，其次要运用种种技术提升消费者的注意力，有效促进受众的"记忆"和"联想"。

所以，在现代广告活动计划中，广告目标的制定不应仅以产品的销售额作为标准，还应以消费者认知、情感和行为变化为指标，深刻考虑广告的心理效应。

① Solomon M. R. *Consumer Behavior*. Align and Bacon, A Division of Simon & Schuser, Inc., 1992：120.

② Solomon M. R. *Consumer Behavior*. Align and Bacon, A Division of Simon & Schuser, Inc., 1992：50 – 52.

③ Russo J. E., Leclerc F. An Eye Fixations Analysis of Choice Processes for Cconsumer No Durables. *Journal of Consumer Kesearch*, 1994, 21（2）：274 – 290.

④ Lohse G. L. Consumer Eye Movements Patterns on Yellow Pages Advertising. *Journal of Advertising*, 1997, 26（1）：61 – 73.

⑤ Rayner K., Rotello C. M. & Steward A. J., et al. Integrating Text and Pictorial Information：Eye Movements when looking at Print Advertisements. *Journal of Experimental Psychology：Applied*, 2001, 7（3）：219 – 226.

一、广告心理效应模式[①]

众所周知,广告活动的最终目的是把产品推销出去,然而广告能否达到这一目的,则取决于广告能否对消费者产生深刻的影响。当消费者接受广告信息后,会产生一系列的心理效应,最终付诸购买行动。而广告对消费者的影响是多层次、多侧面的,对此,广告研究者从 20 世纪初就开始进行了广泛的研究,至今已形成一系列形形色色的广告心理效果模式。但得到广告界认可的主要有以下几种模式:

1. 勒韦兹(R. J. Lavidge)和斯坦纳(G. A. Steiner)模式

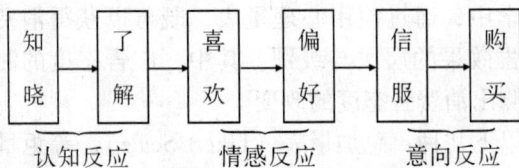

图 1-1 R. J. Lavidge 和 G. A. Steiner 模式

R. J. Lavidge 和 G. A. Steiner 认为,消费者对广告的反应由三个部分组成,即认知反应、情感反应和意向反应。认知反应包括知晓和了解。知晓是指消费者发觉产品的存在,它发生于消费者与广告接触之际;了解是指消费者对产品性能、效用、品质等各方面特点的认识。情感反应包括喜欢和偏好。喜欢是指消费者对产品的良好态度;偏好是指消费者将对产品的良好态度扩大到其他方面。意向反应包括信服和购买。由于偏好,消费者产生了购买欲望,而且认为购买该产品是明智的,这就是信服;购买是指由态度转变为实际的行为反应。

---

① 江波. 网络广告心理效果模式初探. 心理学动态,2001,(3):270~274

2. 日本电通公司 DMP（Dentsu Media Planning）模式805

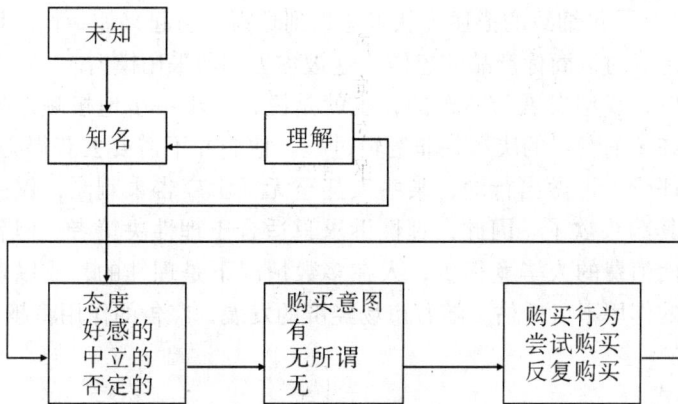

```
┌──────┐
│ 未知 │
└──┬───┘
   │
   ▼
┌──────┐      ┌──────┐
│ 知名 │◄─────│ 理解 │
└──┬───┘      └──────┘
   │
   │   ┌───────────────────────────────────────────┐
   │   │                                           │
   ▼   ▼                                           │
┌──────────┐     ┌──────────┐      ┌──────────┐
│ 态度     │     │ 购买意图 │      │ 购买行为 │
│ 好感的   │────▶│ 有       │─────▶│ 尝试购买 │
│ 中立的   │     │ 无所谓   │      │ 反复购买 │
│ 否定的   │     │ 无       │      │          │
└──────────┘     └──────────┘      └──────────┘
```

图1-2　DMP模式805

在过去，广告效果测评模式的效果指标仅限于媒体到达程度、广告到达程度、心理改变程度三个阶段，DMP模式805的效果指标进一步涵盖了"行动程度"。

3. AIDA 模式

AIDA是广告理论中较为经典的观点。AIDA既可被认为是广告创作原则，也可被认为是消费者接受广告的心理过程。AIDA由英文Attention（注意）、Interest（兴趣）、Desire（欲望）、Action（行为）的头一个字母组成，表示广告作用于消费者的一般心理过程为：首先引起注意，即从周围对象中指向和集中于某个特定广告，这是心理过程的起点，是一则成功广告的第一步（A）；接着使消费者对引起其注意的广告发生兴趣，产生肯定的情感体验（I）；而后感到需求，产生购买消费广告产品、服务的欲望（D）；最后采取行动，购买广告产品，享受广告宣传的服务（A）。

在AIDA的基础上，后人加入了记忆（Memory）因素，变成AIDMA，即注意—兴趣—欲望—记忆—行动。

4. DAGMAR 说

上述理论产生于19世纪末，当时以"卖方为中心"的市场观正处于主导地位。因此，它带有这样的倾向：人是可被操纵的、被动反应的生物。实际上，消费者对环境刺激的反应活动是主动的，也就是说，只有当他有某种需要时，才有可能在环境中寻找可满足他需要的对象。如果没有这种需要（包括潜在的需要），广告作用的一系列过程是难以完成的。对于饮料和大碗茶的广告，在人们口干舌燥和不渴的状态下，心理反应是截然不同的。因此，广告的作用必须建立在符合消费者的需要和动机的基础上。

20世纪60年代，美国R. H. Colley在"测定广告效果所规定的广告目标"（DAGMAR）的研究中，将广告作用的心理历程描述成以下四个层次：从未觉察到觉察

（指的是首先觉察该商标或公司）→了解（理解该产品是什么，它可以为他们做什么）→信任（引起购买该商品的心理意向或愿望）→行动（掏钱买它）。这一模型被称为效果层次模型。

E. Roder 对此作了更细致的描述：从未觉察到觉察→引起兴趣→作出评价→刺激→尝试→重复购买，形成对该商标产品的忠诚。这被称为创新采用模型。

上述描述是以直线型发展为前提的，也就是说，一步一步地按顺序发展。但是，消费心理学认为，许多消费者的决策并非逻辑过程。他们并不需要去获得必要的全部信息，然后等待感受或评价，再做出行动，某些人甚至无须由广告来刺激，仅感觉该产品是新潮的就足以激发其购买欲了。因此，理性诉求只适合于理性决策者。但就总体而言，完全或总是凭感性而消费的人毕竟很少，人在多数情况下是理性的，或以理性购买行为为主，故广告所起的作用不可低估。随着市场经济的发展，广告的作用将越来越大。

5. 马谋超模式

接触媒体 接触广告	→	对广告内容的 注意、理解、记忆	→	对广告诉求 的态度变化	→	实施 购买行为
（到达）		（认知）		（态度）		（行动）

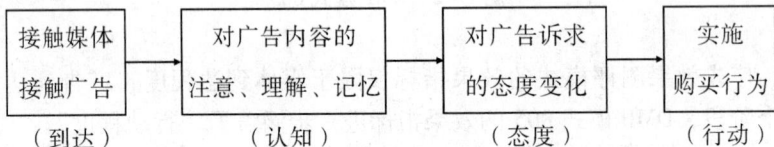

图 1-3　马谋超模式

该模式认为广告发布是一个信息传播的过程，分为四个阶段：到达、认知、态度、行动。广告通过媒介与消费者接触，影响消费者的知觉、记忆和情感，达到对企业产品、劳务或企业形象的认知和态度改变，从而产生购买欲望并付诸行动。

二、广告的客观心理效应

我国自古就有"好酒不怕巷子深"，西方也有"好酒无须青藤枝"的说法，但随着市场经济的发展，经济全球化，市场全球化，酒香难以飘千里，好酒也有无数家，因此人们惊叹"好酒也要勤吆喝"。于是，通过广告来宣传产品，向消费者主动传递信息，吸引他们有目的地购买自己的产品，成为企业行销市场不可或缺的利器。广告具有对消费者产生影响的客观心理效应。研究发现，这种客观心理效应主要表现在以下几方面：

1. 广告能提高消费者的品牌意识

改革开放以来，我国的一些企业、生产厂家，通过大量的广告宣传，其企业名称、品牌名称很快就变得家喻户晓，如万宝电器、健力宝饮料、康泰克感冒药、三九胃泰、太阳神口服液、小霸王学习机、北大方正、联想集团等。一些外国商品、企业也通过各种形式的广告宣传，迅速提高了它们在中国消费者中的品牌知名度，如松下录像机、先锋音响、三菱重工、富士胶卷、可口可乐、雀巢咖啡等。这些具体的例子都说明广告起到了提高消费者品牌意识的作用。

日本的一项有关测评也提供了有力的证据，证明广告能有效地提高消费者的品牌意识。该研究区分了不同程度接触广告的消费者，发现经常接触广告的消费者对品牌和新产品的注意度明显高于不接触广告的消费者。

2. 广告能与消费者进行传递沟通

广告是联结商品与消费者的一座桥梁。它通过充分利用图形、色彩、实体形象、声音、语言文字、数字等刺激消费者的各种感觉器官，以引起消费者的注意与兴趣，产生联想，接受并记住广告中的信息。在现代这样一个信息社会中，商品与消费者之间最有效的沟通就是广告。消费者每天自觉或不自觉地接受着各类广告信息。据多年前的资料表明，每个美国人平均每天受到 1 500 多条广告的刺激，而只有那些能引起消费者注意的广告，才有可能被编码、加工、贮存，并被记住。但无论如何，消费者会在广告信息的猛烈轰炸之下，有意或无意地对广告中的商品信息有或多或少的了解。

3. 广告能诱发或满足消费者的需要

广告在介绍商品信息的同时，还要通过各种媒体和各种手段来激发消费者的购买动机，并满足他们的需求，包括物质性的和精神性的需求。这是广告得以存在并发生效力的内在理由。广告以理服人，以情动人，诱发消费者的潜在需要与购买欲望，满足他们已有的需求，提供购买理由，使他们感受到获得这种商品所带来的愉悦与满足，以增加他们的购买信心，使他们忠实于广告商品。

4. 广告能影响消费者的态度和购买行为

广告能引起消费者对商品的关注，进而诱发他们对商品的兴趣，可以促使消费者形成某种态度，或说服他们改变某种态度。广告的效果越好，越能影响消费者的态度，激发消费者的购买欲望，促使他们下决心最后做出购买行为，从而达到促销的目的。

▷ 1.3 消费者态度的形成与改变

消费者在购买活动中，之所以作出这样或者那样的决策，采取迥然不同的行为方式，无不与其所持的态度紧密相关。消费者的态度可以分为两种：一种是在过去没有对某商品有认知和态度的基础上形成的态度，叫做态度的形成；另一种是改变对某商品原有的态度而形成一种新的态度，叫做态度的改变。

一、消费者态度的形成

消费者态度是指在广告与营销刺激的影响下，消费者对广告产品、服务或观念产生的一种持续的、评价性心理反应倾向或评价。

这种反应倾向有正负强弱之分，如不同受众对某广告或商品可能喜欢也可能讨厌，喜欢和讨厌的程度也有差别。我们可以把态度理解成为一种带有认知成分（Cognition）、情感成分（Affection）和行为倾向（Behavior）的持久系统。

消费者的态度是后天习得的，所以原则上所有学习方法都适用于态度的形成，如简单重复、条件化学习、观察学习、信息加工方式等[①]。

1. 简单重复

有研究表明，有些信息即使没有什么特殊意义，但重复出现也有助于消费者形成积极的态度。例如，人们对身边熟悉的人或事物更容易给予好的评价；脑白金的广告只是简单重复"今年过节不收礼，收礼只收脑白金"的广告词，当受众耳熟能详后，自然对其形成一种知名、可靠、送礼有面子的印象。

2. 条件化学习

商标、品名本身没有特殊意义，但如果反复与某种奖励或惩罚相联系，就易使消费者形成积极或消极的态度，这就是态度的经典条件化学习。例如，购买一样商品可以获得赠品、折扣、优质的服务等，这些都易使顾客对商品形成积极的态度。如果消费者在无意中购买了某商品，使用后感觉良好，而形成对该商品的积极态度，这个过程是态度的工具型条件化学习。这里，顾客使用商品的感受是强化物。

3. 观察学习

消费者可以通过观察别人的行为而习得一种新的态度。这种习得是建立在模仿、暗示和顺从的基础上的。例如，看到好朋友使用某商品就容易对该商品形成积极的态度；广告中的模特也是态度学习的重要对象。

4. 认知学习

将态度形成过程看成信息加工的过程、认知学习的结果。消费者在对商品形成态度时需要根据已知的关于商品的信息，进行选择、分析、判断，掌握的信息越多、越可信，就越能产生强烈态度。

二、消费者态度形成的理论模型

20世纪50年代以来，西方学者就已经发展了一些理论来描述、理解和预测消费者对广告的态度反应。60年代早期，学者提出了效率层次模式（Hierarchy of Effects Model）。70年代初期，低投入学习的研究得到了广泛关注。70年代中期，研究重心转向以认知为基础的态度形成，并发现了多属性的态度模式（Multiattribute Attitude Models）。70年代末80年代初，出现了通过引入低投入变量调节广告与态度之间的关系来阐明品牌态度的形

---

① 马谋超，陆跃祥. 广告与消费心理学. 北京：人民教育出版社，2000

成过程的态度形成模式。80 年代中期，主要是研究非认知线索如情绪及周边环境等对态度形成的影响。到目前为止，西方学者主要致力于总结前人的研究结果，发展出一些综合的态度模式，以解释和预测消费者对广告信息及广告中的品牌态度的形成加工[①]。影响较大的态度形成的理论模型有如下三种：

1. 佩蒂的精细加工可能性模型

精细加工可能性模型（Elaboration Likelihood Model），简称 ELM 模型，是 Petty 和 Cacciwopo[②] 于 1986 年提出的态度形成改变模型。在这一理论中，根据消费者投入水平不同，可将消费者的态度形成归为两条途径：一条是中枢路线，另一条是边缘路线。中枢路线是指消费者主动搜集、检验相关信息及体验、认真分析、综合考虑、经过理性加工而形成态度的路径，其显著特点是需要高水平的动机和能力去加工说服信息的核心成分，因此这一过程需要较多的认知资源。边缘路线指对客体态度形成过程不是根据客体本身的性质，而是根据一些非客体本身特性的线索。该路径的显著特点是个体根据的是嵌入在信息中的线索，因此不会很深入地思考广告的核心信息，只会形成一种基于信息成分的态度。该路径更多地依赖于情感迁移、直观推测或其他自动信息加工过程，所需认知资源较少。精细加工可能性模型如图 1-4 所示。

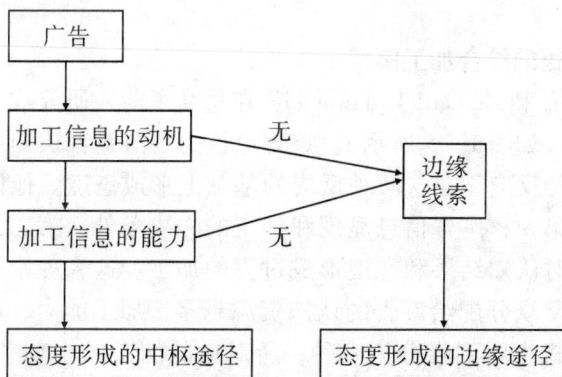

图 1-4　ELM 模型

2. 米歇尔的品牌加工模型

Mitchell 及其同事在 20 世纪 80 年代初期提出了一个投入理论模式[③]。米歇尔认为态度形成有两条途径：一是品牌加工，二是非品牌加工。对目标认知的需要是影响投入程度的关键。高投入的消费者进行的是品牌加工策略，他们把注意力集中在与产品有关的信息上，并进行深度加工，消费者的品牌态度就是根据广告信息中具有劝说性的观点所

---

① 文书生. 广告信息加工及品牌态度形成的理论综述. 重庆商学院学报，1999（4）：17~23

② 马谋超. 广告心理学基础. 北京：北京师范大学出版社，1992

③ Mitchell. The Effects of Verbal and Visual Components of Advertisements on Brand Attitudes and Attitudes Toward the Advertisements. *Journal of Consumer Research*，1986，13（6）：12-14

形成的。当投入很低时，消费者也有可能从事品牌加工策略，以此来激活先前已有的图式，结合相应的知识理解广告意义。但是，消费者此时并不会分配足够多的注意进行关键信息的分析。因而此时的品牌态度是通过对原有产品知识的评估而获得的，而不是通过广告信息的劝说而形成的。如果是低投入，消费者就会进行非品牌加工，消费者不会或很少对广告中获得的信息进行加工，而不能将它们组织起来就不会形成品牌态度。

3. 鲁兹的四条线路加工模型

Lutz[①]1985 年提出"四条线路加工模型"。他根据消费者对语言信息投入的高低及对广告运作（Advertisements Executive）投入的高低两个维度，来划分四种劝说加工方式。当消费者语义信息投入很高而对广告运作投入很低时就会产生经典的语义加工，因为此时几乎没有广告运作的加工，因此对广告本身的态度就不可能形成，所以这种加工方式不能对品牌态度的形成产生决定性的影响。当个体同时评价语义信息和广告运作时，就是双重加工模式，对信息的加工导致对品牌的认知，形成品牌态度，而对广告运作的加工影响消费者对语义信息的接受。这两种因素通过广告态度的交替作用交替影响品牌态度。当加工语义信息和广告运作都处于低动机时，就产生了纯情感转移（Pure Affect Transfer）。当加工广告运作的动机高而加工语义信息的动机低时，就产生了背景评估转移（Contextual Evaluation Transfer）。

4. 德波拉和伯纳德的综合加工模型

Deborah J. Maclnnis 和 Bernard J. Jaworski[②] 在总结了前人研究成果的基础上，形成了一个整合的态度模型（如图 1 – 5 所示）。该理论认为，消费者认知加工广告信息的结果是形成认知和情绪两种反应，在这两种反应的基础上形成态度。他们把消费者加工广告信息分为三个步骤：第一，广告信息显现和加工的先决条件；第二，对广告信息的加工编码的过程；第三，对认知结果和态度形成过程的加工。这一理论认为：加工层次是态度形成的核心变量，受众分配给广告的认知资源越多，加工能力、动机越强，品牌加工层次就越深。品牌动机由弱到强分为六种，所对应的加工操作水平也是六种，分别为：特征分析（Feature Analysis）、基本分类（Basic Categorization）、语义分析（Meaning Analysis）、信息整合（Information Integration）、角色扮演（Role – taking）、建构性加工（Constructive Processes）。

① Lutz. *Affective and Cognitive Antecedents of Attitude toward the AD*：*A Conceptual Framework.* 1985

② Deborah J. Maclnnis & Bernard J. Jaworski. Information Processing from Advertisements：toward an Integrative Framework. *Journal of Marketing*，1989（4）.

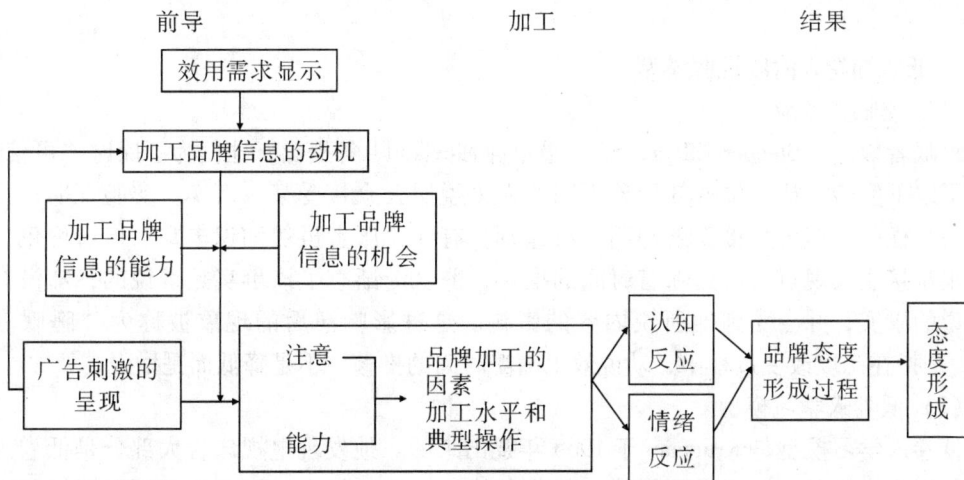

图 1-5　综合加工模型

三、消费者态度的改变

消费者的态度有正负之分，如喜欢、讨厌；也有程度之分，如有点喜欢和非常喜欢、有点讨厌和非常讨厌。消费者态度的改变既包括正负方向的改变，如某人原来不喜欢喝牛奶，但参加了某品牌牛奶的免费品尝活动后喜欢上了该品牌的牛奶；也包括程度的改变，如某人原来对某品牌手机只是有点好感，看完该手机广告后对该品牌手机大加赞赏，并推荐给朋友。营销的最终目的是将消费者的负性态度转换成正性态度，将弱的正性态度转换成强的正性态度。

态度具有持续性和稳定性，所以一般情况下消费者不会改变自己的态度，同时，消费者知道广告的目的在于改变其对商品的态度，再加上虚假广告的出现，让消费者对广告持怀疑态度，因而使改变消费者态度更加有难度。消费者行为具有高度自主性，对其态度的改变不能采取强制、压服的方式，而只能通过说服、诱导，促成消费者自动放弃原有态度，接受新的观念；否则，态度的改变就有可能停留于表面现象，易发生反复。

四、消费者态度改变的说服模型

20 世纪以来，许多广告心理学家开始致力于广告态度改变的说服理论研究，这个过程大致可以分为三个阶段：第一阶段是 70 年代之前，这个时期，说服理论普遍强调情感迁移等一些非认知因素，忽视了消费者的认知加工在说服中的作用，所以该阶段被称为低认知卷入阶段。第二阶段是 70 年代，由于认知心理学迅猛发展，研究重点开始转向认知因素，所以这一阶段被称为高认知卷入阶段。第三阶段是 70 年代末 80 年代初，广告心理学家开始将认知因素和非认知因素结合起来，提出了精细加工可能性模型，并且开始从新的角度——情感来研究消费者的态度改变。

1. 低认知卷入阶段说服模型

（1）睡眠者效应。

睡眠者效应（Sleeper Effect，SE）最早由 Hovland[①] 等提出，他们为了探讨"可信性"而做了以下实验：让几位外部形象不同的人来说服公众接受某一事实。实验证明，虽然内容是一样的，但公众接受度却明显有差别，有些说服者虽然知识丰富、口齿伶俐，公众却很难接受其观点。但是随着时间的推移，公众渐渐忘了该事实是谁说的，却没有忘记他说的事实，并会受到他所说内容的影响。这种影响滞后的现象被称为"睡眠者效应"，是指在态度改变过程中，劝说效果随着时间的推移，不是降低而是增强。

（2）低卷入学习模型。

低卷入学习模型是 Krugman 于 1965 年提出来的。他发现电视广告大部分是低卷入产品，电视本身也是一种低卷入媒体，消费者的认知加工较少，能再认却不能回忆起已看过的广告内容。Krugman 认为，低卷入广告会引起消费者直觉结构的变化，即商标名称优势增加或商品特征愈加明显。也就是说，除了商标名称、特征会留下印象外，其余信息会全部被遗忘，在进行低卷入商品购买时，人们就依靠这些记忆的启发线索，这些线索可能会引发购买行为。

（3）归类评价模型。

这一模型的前提是，人们总是把事物分门别类。当人们接触到一件新事物时，习惯于先将它进行归类，然后将这一类别事物的特征强加于这一新事物上。所以广告的关键是让消费者将产品作怎样的归类，如有些化妆品取外国名，请外国人代言，企图使其归于进口产品的类别。

（4）一致性理论。

一致性理论是社会心理学中关于态度的重要理论，其理论假设是人对于客体认知一致性的驱动力是态度改变的主要动力，它强调一个人对某事物的态度影响另一人对该事物的态度。如某人对某物持肯定态度，支持、喜欢该人的人也倾向于对该事物持肯定态度，反之亦然。这就能解释广告中的名人效应，喜欢某位明星，也倾向于喜欢他推荐的产品。

2. 高认知卷入阶段理论模型

（1）认知反应模式。

该模式最早由认知心理学家 Greenwal 于 1968 年提出，后来 Wrighe、Petty 和 Cacioppo 将其发展完善。该模式认为，消费者在与广告接触时，是主动卷入信息加工过程中，根据自己已有的知识经验和态度，对广告内容进行分析，进而产生态度。消费者的认知反应有两种：反对意见和支持意见。要改变消费者的态度就要设法增加支持意见，减少反对意见。

---

① Hovland C. I., Lumsdaine A. A., Sheffield F. D. *Experiments on Mass Communication*. Princeton, NJ：Princeton University Press，1949.

广告受众接触广告后的认知反应结果有两种，即支持意见（简称 SA）和反对意见（简称 CA），其实质包括以下几点：

第一，是否同意广告的逻辑推理或内容。例如，消费者可能认为××明星不可能使用××化妆品。

第二，是否赞同广告的结论。例如，某洗发水能持久去屑，有些受众会相信，有些受众则会持怀疑态度。

第三，是否相信广告的情境。例如，有些广告为了营造某种效果，将情境设计得天马行空，有些受众就会认为这种情景脱离现实生活。

第四，是否相信广告的信息来源。例如，某些广告代言人声称某专家专业推荐，有些受众会认为是商家花钱让他这么说的，有些受众则深信不疑。

认知反应模式认为，认知反应对态度改变的作用在于其实质，支持意见数量对态度改变有积极作用，反对意见数量对态度改变有消极作用。所以在广告实践中，若要增加广告说服力，应该注意以下几点：①广告的信息源要可靠；②广告设计情境要贴近生活，让人有真实感；③广告中说明产品特性的论据要有力，推理论证逻辑性要强。

（2）认知失谐理论。

该理论由 L. Festinger 提出。该理论认为，人们对新事物产生态度时，会有一种倾向，就是保持与原有态度、个性、价值观等一致，如果感知到的新事物与原有态度不一致，就会出现认知失谐，从而引起态度的变化。一般来说，失谐程度越大，改变态度的压力就越大。

失谐程度取决于以下三个因素：失谐因子对和谐因子的比例、认知因子的重要性和认知重叠。

对任何事物的态度都包括众多认知因子，消费者根据自己的经验和观察，对于同一事物的各个认知因子，有些持肯定态度，有些持否定态度，如果肯定的认知因子多则对产品持积极态度，如果否定的认知因子多则对产品持消极态度。对于产品的总态度，不能单看认知因子数量上的比例，还要考虑各个因子的重要性。有些重要性低的否定因子可以被忽略，有些重要性高的肯定因子可能改变态度。认知的重叠指供选择对象之间的相似。如果两种产品之间的共同特征很多，则它们的认知就有很多重叠。两者之间的共同特征越少，选择它们时引起的认知失谐越大，改变态度的压力也越大。

该理论用于市场营销时，应该认识到，要使消费者改变态度而转向新产品，新产品必须与其他产品有足够的差别，否则失谐力不大，将无法产生态度改变。与此同时，广告应该具备说服力强的信息，否则差距再大，消费者也会倾向于选择走最小阻力的捷径，直接否定新产品。

3. 综合型说服模型

精细加工可能性模型在态度形成模型中已详细介绍，在此不再赘述。关于情感性广告的说服原理，广告心理学家一直未有定论。下面介绍两种。

（1）古典条件化①。

A. W. Staats，G. J. Gorn 的研究表明，如果一则广告含有有吸引力的、令人高兴的言语或非言语刺激，能引起人的愉悦情感反应，起初只是广告本身引发的反应，如果反复呈现，导致这些愉悦反应与广告商标产品之间产生联系，最终商标产品也能产生愉悦感，从而让消费者产生积极的态度。所以要让消费者对产品产生积极态度不一定要在逻辑上让积极的情感反应与广告商标产品产生直接的联系，只要在时间上让广告商标产品与积极的情感反应相联结即可。

（2）模仿（观察）学习②。

该理论认为，新的态度可以通过观察模仿获得。消费者通过观察广告中模特的活动及情感体验，从而使自己获得同样的情感体验，而模特的情感体验是与该广告产品联系在一起的，这种态度的获得是以情感作为中介的。

▷ 1.4 消费者个性与自我概念

一、消费者个性

1. 消费者个性

个性又称人格，从消费者行为角度，可以将个性定义为消费者为适应其生活情境而产生的独特的心理特点与行为方式。

个性有以下特征：第一，个性具有差异性，即在有无某一特点的程度上，人与人之间不会有完全相同的个性。所以可以依据不同个性把消费者划分成不同群体。第二，个性中行为倾向的稳定性和一致性。相对于反应的随机性，个性是稳定的，营销中我们可以通过了解消费群体的个性而有针对性地制约其反应。第三，个性具有可变性。在相同的环境下，个性表现出稳定性、一致性，但当环境发生变化时，个性也会发生变化。

2. 个性对消费行为的影响

下面从消费者个性心理的特征和影响消费者个性心理的因素两方面出发，来分析消费者个性对消费行为的影响③。

消费者的个性不但影响消费者的购买动机和需求，也在一定程度上影响消费者的购买行为和消费风格。消费者个性心理的特征很多，但择要而论，主要有兴趣、气质、能力和性格四个方面。

（1）兴趣特征的影响。

兴趣就是指人对客观事物特殊的认知倾向，在行为上则表现出某种相对稳定的持续

① 马谋超，陆跃祥. 广告与消费心理学. 北京：人民教育出版社，2000
② 马谋超，陆跃祥. 广告与消费心理学. 北京：人民教育出版社，2000
③ 安应民. 论消费者个性心理对消费活动的影响. 兰州商学院学报，1995（2）：88～91

时间较长的行为趋向。消费者对商品的兴趣会激发其积极的情感反应，从而促进其购买行为。据实证研究表明，兴趣对消费者购买行为的作用主要体现在以下三点：第一，使消费者比较容易作出购买的决定；第二，对某种商品产生了稳定的兴趣，就会在一定时期和一定情况下促使消费者对该商品进行重复购买；第三，兴趣会促使消费者为未来的购买行为做准备。消费者的兴趣对购买行为的影响受兴趣的深度、广度及指向对象的影响，特别是某些情绪因素参与较多的兴趣。有些情况下，受某些情绪的影响，消费者的兴趣会发生转变，我们要认清消费者的兴趣特征，从而把握、利用这种心理资源，以促进其消费行为。

（2）气质特征的影响。

气质是表现在人的心理活动和行为活动中典型的、稳定的个性心理特征，是心理行为活动表现出某种关于速度、强度、稳定性和灵活性等特征的综合。根据气质类型，一般把消费者分成多血质、胆汁质、黏液质和抑郁质四种。多血质消费者的兴趣易于产生也易于改变，购买决定下得快也变得快。胆汁质消费者在购买活动中往往情绪激动，行动干脆，易于发作也易于协调。黏液质消费者在购买商品时一般倾向于独自作出决定，不愿征求他人意见，也不易受他人影响。抑郁质消费者在购买过程中往往一丝不苟，思虑万千，十分挑剔且疑心很重。尽管在现实生活中往往很难分清消费者属于哪种气质，许多人是各种类型之间的中间类型，但我们还是可以通过掌握不同气质特征对消费行为的影响，来认识不同气质的消费者的心理行为规律，从而有效地调节消费者的购买行为。

（3）能力特征的影响。

能力指人顺利完成某项活动所具有的个性心理特征。能力主要体现在一个人所掌握的必要知识、基本技能及熟练程度上。消费活动中，能力表现为消费者的鉴别能力、评价能力、欣赏能力、理解能力、挑选能力及判断能力。日常消费活动中，消费者的能力有差异，这种差异体现在量和质两方面。量的差异指消费者同时拥有同种能力，只是该能力的水平层次有所不同。质的差异指满足消费需求时可以通过不同的消费能力的组合来完成，如有的消费者通过综合自己的挑选能力、评价能力、判断能力等来完成购买行为以满足消费需求，而有的消费者则通过综合自己的鉴别能力、欣赏能力和理解能力等来完成购买行为以满足消费需求。不管是哪方面的差异，都会不同程度地影响消费者的购买动机及消费行为。

（4）性格特征的影响。

性格是个性心理特征的核心，是表现一个人对现实的比较稳定的态度系统和习惯化了的行为方式。消费者的个性特征反映着不同的个性心理特点，揭示了消费者个体差异的内在本质，我们可以从性格的内在结构及其特点的把握中发现其对消费活动的影响和制约。首先，就性格的态度特征来看，人们对现实生活的反应总是通过一定的态度表现出来，这种态度或节俭或浮华或谦和或傲慢，都反映了消费者对人生和社会的态度，这种态度会影响其消费动机、购买方式和购买行为。其次，就性格的意志特征来看，人的意志特征主要表现在其对行为目标的明确程度和对其行为自觉控制的水平上，它直接影响消费者的心理活动和行为。再次，就性格的情绪特征来看，情绪对消费者的影响体现在以下几个方面：第一，情绪强度方面，即对消费活动的感染程度和支配程度；第二，情绪的稳定性和持久性方面；第三，主导心境方面的情绪特征。最后，就性格的理智特征来看，理智特征主要体现在感觉、知觉、记忆、思维、想象等方面，如感知的快慢和精确度、思维的详尽或抽象、想象方面注重现实或富于幻想等，都反映了消费者理智特征的异同，揭示了消费需求、方式和行为表现的基本原因。对消费者的性格特征并非一时一事就能完全了解，需要长期的观察、调查和分析。

影响消费者个性心理的因素也有多个方面，这里择要对接受性、反应性、敏感性、情感成熟度、社交倾向、精力状况和自尊心七个因素进行分析。

（1）接受性的影响。

接受性反映的是消费者在消费活动中对外界刺激的接纳和认可程度。就接受性来说，有开放型的消费者和封闭型的消费者。开放型消费者既能够维护自己的权益，又能够与周围环境保持相对和谐的状态。而封闭性消费者则表现为冷漠、不友好，或者过分压抑、不合群。所以在营销过程中，应该激发、诱导消费者的个性心理，使其接受性得到发展，从而激发其购买动机，促进购买行动。

（2）反应性的影响。

消费者的反应性是指在消费活动中的反应状态，主要表现为思考型、直觉型和中间型。思考型消费者在消费活动中表现为仔细全面地权衡各种意见，详细地考虑问题的每一个方面，反复寻找有关消费品或服务性消费的资料、信息，三思而后行。对于这种消费者，应该详细介绍产品的各种情况，多考虑其对利益损失的恐惧，激发其购买动机和行为。直觉型消费者则喜欢使用抽象的概念，厌烦冗长的说明和解释，似乎不经过理性思考就能知道决策的结果，这些人对待生活持比较明确的实用哲学观点。对于这种消费者，应该适应满足其想象力的需要，在宣传过程中注意满足其潜意识需求。中间型是介于思考型和直觉型之间的一种类型，此类消费者有的侧重于思考，有的侧重于直觉，有的则介于两者之间。

（3）敏感性的影响。

消费者的敏感性或称感受性是从灵敏和迟钝两个对应的方面来认识的。一般来说，感受性灵敏的消费者既容易意识到他人的感情和态度，又能注意、反省自己的感情，表现得热情、友好和多情。但有时候又表现得冷酷无情，难以体谅他人，该类消费者容易受到外界因素的影响。感受性迟钝的消费者正好相反。因而，消费者的感受性在很大程度上与消费者的情绪状态有关，若情绪稳定，情感比较成熟，就容易把握对方和自己两个方面。特别是人们的购买决定一般首先是从感情方面出发的，然后才运用智慧和推理从认识方面来证明自己购买决策的正确性。

（4）情感成熟度的影响。

情感成熟度是指一个人所具有的生活知识和社会经验，以及对生活本身的影响程度。情感高度成熟的人了解自我、充满自信、待人诚恳、机智老练，能很好地把握现实。而情感不成熟或成熟度较低的人则表现出反复无常、神情忧郁、容易激动。情感成熟度与感受性有关，一般情感成熟度高的，感受性就比较灵敏。在消费过程中，应当敏锐地察觉消费者的情感反应和变化，对其情感成熟度作出合理判断。对情感成熟度低的消费者，应该详细说明商品或服务的性能和优惠条件；对情感成熟度高的消费者，只需说明商品

Psychology of Advertisement and Consumer 广告与消费心理学

信息即可。

（5）社交倾向的影响。

社交倾向在一定程度上反映了一个人是外向型还是内向型，这对消费活动影响很大。一般内向型消费者不喜欢与人进行过多交往，如果营销者采取过分热情的销售方式，超出其能承受的范围，反而会引起消费者的反感而有可能中断购买行为。外向型的消费者乐于与周围人沟通交往，并希望与周围人建立和谐友好的关系，所以这类消费者在购买活动中较易沟通，也喜欢感情用事，聊得投机则可能马上采取购买行为。

（6）精力状况的影响。

精力包括体力和脑力两个方面。一般说来，精力旺盛的人总是充满生气地进行活动，其明显特征是思维敏捷、神情机警、注意力集中，而精力低落的人在行走、谈话、倾听别人的意见和作出判断等方面相对迟缓一些。对于精力低落的消费者，你越是热情地、滔滔不绝地介绍，他可能越是冷淡，越是漠不关心，对这种消费者应尽量少谈，以精谈为上策。所以应该及时、精确地判断消费者的精力状况，而采取合适的营销方式，才能更好地促进引导购买行为。

（7）自尊心的影响。

自尊心的强弱本质上反映了一个人驾驭现实生活的能力和实现自我价值的程度。对消费者来讲，自尊心的强弱无疑是影响购买决策的一个至关重要的因素。自尊心的核心是消费者所具有的知识和技能，只有知识和技能才能真正反映其驾驭现实生活的能力，反映其实现自我价值的程度。因此，对营销人员来说，必须根据消费者自尊心的强弱，采取适宜的推销方法，并注意提高消费者的自尊心，哪怕只是暂时的提高，借以激发消费者的购买动机与购买行为。

二、消费者自我概念与消费行为

消费者自我概念也称自我观念，是指消费者"把自己作为对象，对自己的整体观念和感觉"。Sirgy（1982）把自我分为三种：实际的自我（即人们怎样看待实际的自我）、理想的自我（即人们希望能够怎样看待自我）、社会的自我（即人们怎样把自己展示给别人看）。

20 世纪西方消费心理学家开始意识到消费者的购买行为并不是由商品所具有的实际功能价值所唯一决定的，在同质化程度日益增高的市场环境下，消费者在进行消费决策时，更多地依赖于产品与自己的自我概念之间的相关联程度，而不是产品的功能性物理特征。

消费者自我概念的研究可追溯到 20 世纪 50 年代，Levy 认为，消费者不是由功能导向的，消费者行为在很大程度上受商品中蕴涵的象征意义的影响。

在 Levy 之后，出现了许多用来描述、解释和预测消费者自我概念在消费者行为中具体作用的自我概念模型。首先是自我强化（Self-enhancement）理论。自我强化理论认为，自我概念对个体的价值如下：①个体行为趋向于维护和强化自我概念；②商品的购买、展示和使用可以向个体或者其他人传递象征意义；③个体的消费行为趋向于通过消费具有象征意义的商品来强化自我概念。

继自我强化理论之后，出现了基于符号互动学派的环境自我形象（Situational Self-image）理论。该理论认为，消费者的自我概念是行为导向的，并且自我概念有多个侧面；更重要的是，环境自我形象理论表明自我概念是一个动态的过程，它取代了现实自我、理想自我等众多静态的概念。20 世纪 80 年代，Sirgy 提出自我形象—产品形象一致的理论。该理论认为，包含形象意义的产品通常会激发包含同样形象的自我概念。这一理论不仅说明了产品形象和自我形象之间的各种关系，也表明了消费者自我概念的自我形象一致是影响消费行为的重要因素。自我形象—产品形象一致性理论奠定了在消费者研究中自我概念理论的应用基础①。

消费行为中，自我概念有其重要作用和地位。消费者购买任何商品都是为了满足自身需求，消费者的需求分为功能性需求和形象需求。功能性需求是消费者对产品功能性价值的追求，体现了购买行为的功能一致性，如买面包充饥。而形象需求是消费者受自我概念制约，希望通过某种产品来表现出自己的个性形象，如购买某名牌服饰以体现自己的高贵气质。消费者对形象性价值的追求体现了购买行为的自我一致性。随着生活水平的提高，人们的消费观念也在发生变化，消费者更加注重追求形象性价值，希望自己购买的产品能充分体现自我概念。因此，形象和消费者自我概念之间所实现的自我一致性在消费决策中具有十分重要的作用。一些学者认为，某些产品对于消费者而言具有特别丰富的含义，它们能向他人传递关于自我概念很重要的信息。R. W. Belk 用"延伸自我（Extended Self）"来说明这类产品与自我概念之间的关系。延伸自我由自我和拥有的产品两部分构成。消费者往往倾向于根据自己的拥有物来界定自我，因为某些拥有物不仅是自我概念的外在显示，也是自我身份的有机组成部分。

消费者决定自己实际的和追求的自我概念，并使其与消费行为相一致，这是一个有意识的过程，这个过程对消费者的购买行为有着循环的影响，而且这种自我概念在消费行为中会得到强化，进一步坚定了这种自我概念，进而继续购买能体现这一自我概念的产品②。

有研究表明，大学生在选择手机时，倾向于选择与自我概念相近的造型风格的手机，而且理想自我概念一致性对造型风格偏好的影响要高于真实自我概念一致性对造型风格偏好的影响③。

三、自我概念与广告策略

由于消费者的自我概念不尽相同，而他们购买商品是为了满足自身需求，自然以自身为加工评估广告的标准，所以同样的品牌也会获得不同的知觉结果，消费者会对某品牌产生偏爱。由此可知，想要广告成功地诱发购买行为，就必须让广告信息与消费者的自我概念相吻合，以增加说服效果。

首先，由于同一则广告的不同种信息与消费者的自我概念相关度、吻合度不一样，所以对消费者购买行为的诱导作用程度也不一样。Shavitt，Brock 曾做过以下实验，实验过程是让94名美国妇女观看5种产品的7部广告，看完后请她们对广告作出评价并说出购买意向。在实验中，将广告信息分为自我信息、产品信息和操作信息。实验结果表明，广告中的自我信息由于与自身因素密切相关所以达到了最好的说服效果。自我信息用于新产品广告的说服效果比用于熟悉产品好，原因是人们对熟悉产品有现成的评价模型，因此很少考虑自我因素。

其次，由于消费者的自我概念不一样，从广告中提取的信息也不相同，最终导致不同的说服效果。Shavitt，Brock 还做过以下的实验：将136名学生分成三组，让他们观看同一则洗洁剂的广告。要求第一组的学生尽量将广告内容与自身经历结合起来，让自我介入；要求第二组学生尽量记住广告信息，阻止自我介入；对第三组学生则不作任何要求。之后让学生对广告作出评价，并在众多洗洁精商标中选取一种。实验结果表明，第一组和第二组有显著差异，而第一组与第三组有相似反应。

总之，自我概念影响着消费者对广告信息的理解和评价，所以必须对消费者进行一定的调查和广告定位，在广告创作中应注重与消费者自我概念相一致的信息。

▷ 1.5　消费者的决策及对广告的影响

决策是人们从多种可能性中作出选择的过程。消费者的决策会直接影响购买行为，不同的消费者有不同的决策方式，只有了解了消费者的决策方式，研究出对应的营销方式，将之应用于广告宣传中，才能更好地引导消费者，促进购买行为的发生。在这里，根据精细加工可能性模型，将购买行为分为两种：一种是理性购买，指购买前仔细搜集信息，经过理性的分析比较，最后实行购买行为的方式；另一种是感性购买，指采用边缘路径对信息进行处理，更多地关注广告和产品提供的边缘线索，如包装、造型、名人代言等，不加入过多的理性分析过程。

一、消费决策的心理规则[①]

消费决策，是消费者作为主体根据某种需求在购买过程中进行的一系列评价、选择、判断、决定等过程，它直接决定购买行为的发生与否。消费者的决策心理分为五个步骤：激起需要、搜集信息、比较产品、决策购买和购后评估。

消费决策的内涵有以下五点：①决策者有一个既定目标，这是决策的前提，广告应力求把握和激发这既定目标背后的需求，引导消费者发生购买行为；②决策必须面对一

① 余小梅. 广告心理学. 杭州：浙江大学出版社，2008

个有待解决的问题或冲突情境；③决策者必定有两个或两个以上的解决方案；④决策原则遵循最优化，选择对自己最有利、损失最小的方案；⑤决策者会面临某些不确定性因素，如信息把握不全面等。

消费者的决策过程有着共同的特质，决策心理的特质主要有两点：首先是多元的决策主体。在整个消费决策过程中，往往会有多个个人或团体参加，他们扮演着不同的角色，承担着不同的任务。由于决策主体具有多元性，所以广告过程应该面对不同的角色，在合适情境下，给予需要的信息内容。其次是复杂的影响因素。决策过程受决策者个人因素的影响，如性格、兴趣习惯、态度等；决策的主体会受其所在群体的影响；决策主体会受周围环境的影响，包括社会环境、市场经济环境等大环境，也包括宣传环境、消费场所环境等小环境。

消费决策的心理规则指帮助消费者进行品牌或产品选择的信息加工策略和筛选规则。具体有以下几点：

1. 指导决策的总原则

消费者制定决策，发生购买的指导总原则是遗憾原则和满意原则。消费者在进行消费决策时，会尽量综合各方面信息，遵循"遗憾最小化，满意最大化"的标准，作出一个最有利于自己的选择。有研究表明：当消费者面临几个备选方案时，总是预先估计最差的结果，而作决策时，优先考虑降低遗憾，而非增加满意度。由此可知，恐惧诉求广告相比普通广告可获得更好的效果。如果消费者不能预先估计方案结果，那就会随机选取以节省决策时间。

2. 基本规则

（1）补偿性规则。

补偿性规则指消费者会用产品的某一属性的积极面去补偿另一属性的消极面。根据这一规则，消费者会给产品的各个相关属性分别打分，总分最高的就是决策的选择产品。

（2）非补偿性规则。

非补偿性规则指一个产品的一个属性的消极面无法用另一属性的积极面来弥补。非补偿性规则主要有以下三种：第一，字典编辑规则。将自己的需求从高到低排序，然后将各品牌进行比较，哪个品牌在最高需求上得分最高，即购买哪个品牌。第二，连接性规则。对各产品的相关属性建立一个最低标准，哪个品牌的相关属性低于标准则排除该品牌。第三，分离性原则。对各品牌产品的相关属性设立最高标准，哪个品牌的相关属性达到这一标准则进入下一轮决策。

（3）情感参照规则。

情感参照规则指消费者在作出购买决策时，对自己的记忆和经验进行总结分析，不依靠或较少依靠产品属性的评价，选择购买具有较高情感倾向的产品。因为消费者不愿意在决策时消耗太多的认知能量和资源。

二、消费决策的理论模型

消费决策过程是消费者行为学中一个非常重要的部分，是营销研究的核心内容。从营销实践角度而言，消费决策有助于企业进行有效市场细分、市场定位及制定明确的营销组合战略。消费决策模型有多种，这里重点介绍以下几种：

1. 恩格尔模型

恩格尔模型又称 EBK 模型，1968 年由恩格尔·科特拉·克莱布威尔提出。此模型认为消费者的购买行为并非间断性的过程，而是连续性的活动。该模型包括五个主要部分，分别为信息输入阶段、信息处理阶段、决策处理阶段、影响决策的相关变量及外界的影响。在信息输入阶段中，主要信息为外在刺激及营销策略等，此信息通过传播媒体或人际网络传递给消费者，消费者在接受信息后，便进入信息处理阶段，消费者在获得信息之后的处理过程为展开、注意、了解与接受，最后，消费者会有选择性地筛选信息并储存于记忆系统中。决策处理阶段为 EKB 模式的核心部分，描述消费者在面临购买决策时的心理流程，包括问题认识、信息搜集、方案评估、购买选择和购后行为五个阶段。影响决策处理的变量有动机、评估准则、生活形态、规范性顺从与信息影响等。由于需求动机常是问题认识的来源，因此此动机将直接影响问题认识，此外，动机亦将影响消费者的评估准则。消费者内心的评估准则会受到生活形态、规范性顺从与信息的影响，进而形成信念。最后，外界影响如文化规范价值观、参考群体与家庭等的变量将影响动机、生活形态与规范性顺从。而不可预期情况将直接影响消费者的选择[1]（如图 1-6 所示）。

---

① 侯艳萍. 中国消费者的购买决策模型研究. 甘肃金融, 2009 (3): 33~34

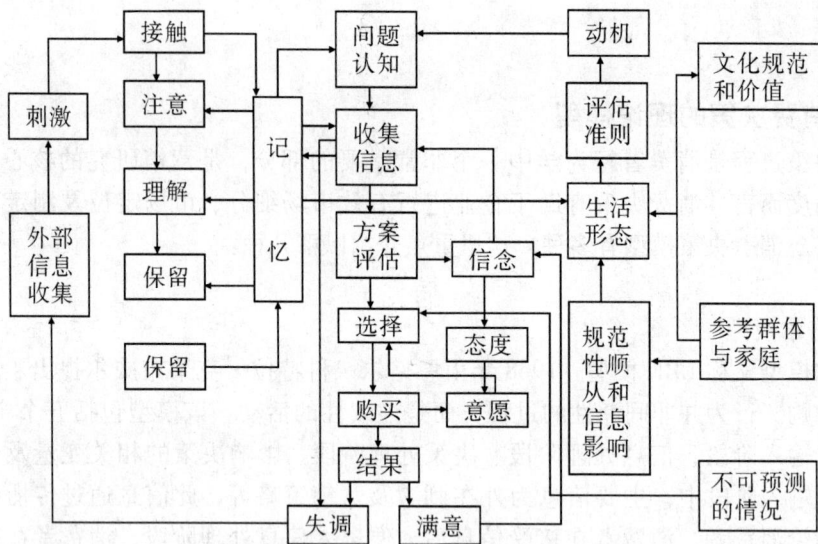

图 1-6　恩格尔模型

2. 决策简化模型

希夫曼和卡纽克认为，消费决策是一个问题解决的过程，它包括三个独立而又密切相关的阶段，即输入、加工和输出阶段[1]。这些阶段被描述成消费者决策简化模型，该模型（如图 1-7 所示）与影响消费者决策的所有个体和团体方面的因素都有联系。

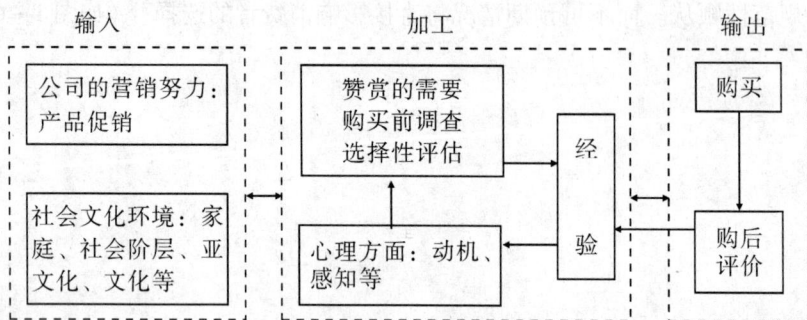

图 1-7　消费者决策简化模型

3. 前景理论模型[2]

现代经济理论认为，人们为了追求自身利益最大化，会对信息进行全面判断和抉择，形成最优决策。不确定条件下的理性就是在一定预算约束下追求期望效用最大，即期望效用最大化理论。20 世纪 70 年代，Kahneman 和 Amos Tverskey 研究表明，不确定条件下

---

① 希夫曼，卡纽克. 消费者行为学. 俞文钊等译. 上海：华东师范大学出版社，2002

② 刘瑞霞，邬冬华，凌和良. 不确定条件下判断和决策的新领域——前景理论. 运筹与管理，2005（2）：14～17

的判断和决策实际行为偏离期望效应理论，并且这些偏差具有规律性。

例如，在奚恺元的试验中：两杯哈根达斯冰淇淋，A杯为7盎司的冰淇淋装在5盎司的杯子里面，看上去要溢出来了；B杯为8盎司的冰淇淋但装在10盎司的杯子里，因此看上去还不满，你愿意为哪一份冰淇淋多付钱呢？很明显，8盎司的冰淇淋多，但试验结果表明，在分别判断的情况下（不把这两杯冰淇淋放在一起比较），人们反而更愿意为分量少的冰淇淋多付钱。

之后，Kahneman提供大量的证据表明，人们的决策过程往往与期望效应背道而驰，在此基础上他提出了前景理论模型。该模型的决策过程包括编辑和评价两个过程。在编辑阶段，决策者将问题简化成一定形式，找到一个中性参照点将结果区分为收益和损失。评价阶段以编辑结果为基础，按公式作相应计算并最终作出决策。在编辑阶段形成问题决策的构架，决策在构架理论中具有举足轻重的地位，它相当于对决策任务的特征表述，不同的构架导致不同的偏好，形成不同的决策。

例如，在Kahneman等设计的传染病试验中，第一种描述为：有两种方案，采用A方案可以救活200人；采用B方案，有1/3的可能救600人，2/3的可能一个也救不了。试验结果表明，被试更倾向于选择A方案。而换一种描述：A方案会使400人死亡；而B方案有1/3的可能无人死亡，2/3的可能600人全部死亡。同样的，被试更倾向选择B方案。事实上两种表述的结果完全一样，不一样的仅仅是参照点：死亡还是救活。Kahneman总结出决策值函数的曲线，如图1-8所示。

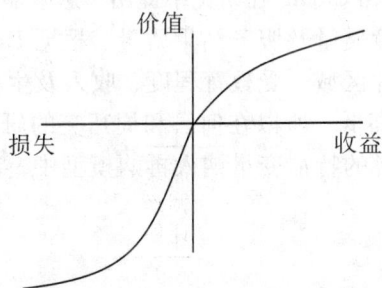

图1-8　前景理论值函数曲线

由此可总结出前景理论的几个结论：

（1）收益和损失是相对参照点而言的，相对绝对数，人们对于结果相对参照点的变化更为敏感。例如，在传染病试验中，参照点从救活变成死亡，决策结果就发生了变化。

（2）收益曲线为凹形，损失曲线为凸型，意味着越靠近参照点，人们对差额越敏感。这就揭示了为什么人们愿意用一元成本赚两元，却不愿用一百元成本赚两元。

（3）损失曲线的斜率大于收益曲线。这就意味着人们对收益和损失的敏感性不一样，人们对损失的痛恨远远大于收益的获得。如生活中丢失100元带来的痛苦远远大于捡到100元带来的快乐。

根据前景理论，消费者面对商品价格和收入变化进行消费决策时，往往带有非理性因素①。

（1）消费者对商品涨价要比降价更敏感。也就是说，消费者对涨价的痛苦远比降价的惊喜强烈。因此，因涨价而削减商品的购买额要比降价而增加的购买额更大。

（2）消费者对预期收入的坏消息不敏感。例如，消费者在预知下一年工资要上涨的时候，当期消费额会上升；在预知下一年工资要下降的时候，当期消费额却不会下降。这是因为：消费者是厌恶损失的，即期消费的减少意味着他们当年的消费水平在参考点之下，这令消费者不快；考虑到反效应，消费者愿意为下一年工资回升搏一下，宁可第二年消费远低于参考点或在参考点上，也不接受略低于参考点的消费。因此，消费者在收到关于未来收入前景的坏消息时仍然不会减少当期的消费。

（3）消费者会产生货币幻觉。消费者在评价商品价格时，往往与先前同类同质产品进行比较，即使宏观环境发生了变化（如通货膨胀、通货紧缩等），他们仍按照名义价格来比较，而忽视真实价格。这种偏差就是货币幻觉。

4. 再购决策模型②

Oliver 在 Anderson，Fornell 和 Lehmann 等研究的基础上，建立并发展了服务质量影响顾客满意感，进而影响顾客再次惠顾意向的理论框架。Anderson 和 Mattila 验证了这一概念框架，并将其最终表示为由服务表现导致顾客满意，推动顾客再次购买，结果产生利润的连续链条。这里的服务表现指来自供应商的因素，相对消费者的个体特征变量而言，可称为外界环境变量。Brady 和 Cronin 在研究中提出，影响服务质量的因素有：顾客与服务人员的交往质量、服务环境质量及服务结果质量。根据 Holbrook 的观点，每个消费者的人口统计特征如所属的地理区域、受教育程度、收入及生活方式都会影响顾客对服务质量的评估和顾客满意感的高低。所以在何云和周巧笑的研究中，将性别、年龄、受教育程度和收入水平作为消费者的特征变量纳入再购模型中，以检验个体特征对再购意向的影响（如图 1-9 所示）。

① 陈建明. 前景理论与个体决策. 统计与决策，2003（11）：12
② 何云，周巧笑. 消费者再购决策模型：环境及个人变量的双重影响. 财经问题研究，2009（4）：34～39

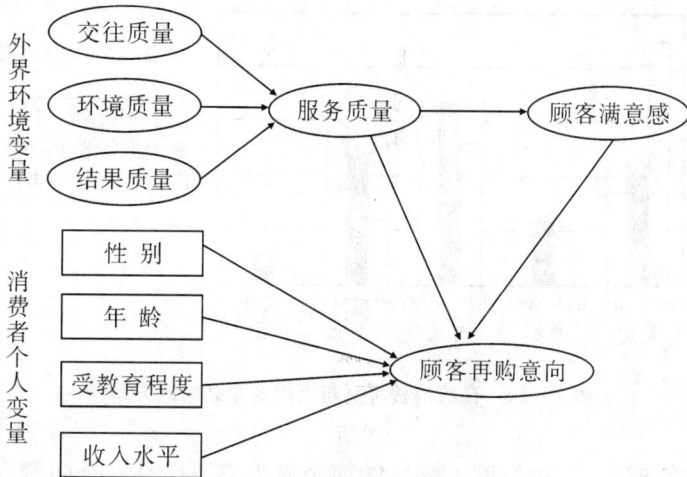

图 1-9　消费者再购决策模型

　　为了验证该模型，研究者进行了实验验证，采用 Brady 和 Cronin 的量表进行定量研究。结果显示，模型和数据拟合度很高，交往质量和环境质量对服务质量有显著的正向影响，而结果质量与服务质量之间没有显著的正向关系，服务质量对顾客满意感与顾客再购意向之间呈显著的正向关系，但结果并未显示顾客满意感与顾客再购意向之间有显著的正向关系。所以营销者应致力于提高服务人员与顾客的交往质量，并重视服务环境建设，且满意感并不能完全预测顾客行为，营销者还需通过多种渠道影响顾客的消费决策。

5. 网上购买的消费决策模型①
　　随着因特网一步步走近人们的生活，网上购物也渐渐成为人们青睐的新型消费方式，影响网上购物决策的因素有很多，大致有环境因素、个人因素和供应商控制等因素。环境因素包括社会因素、文化因素、心理因素等。个人因素包括个人财产、年龄、知识、性别、教育水平、态度、动机、婚姻状况、个性、价值观、生活方式等。因特网的普及程度和用户构成也是重要的影响因素，有研究表明，上网经验越丰富越有可能在网上花钱。在线消费金额与上网经验之间的关系如图 1-10 所示。

---

① 徐家旺，姜波. 在线消费者购买行为的决策过程. 沈阳航空工业学院学报，2005（5）：91~93

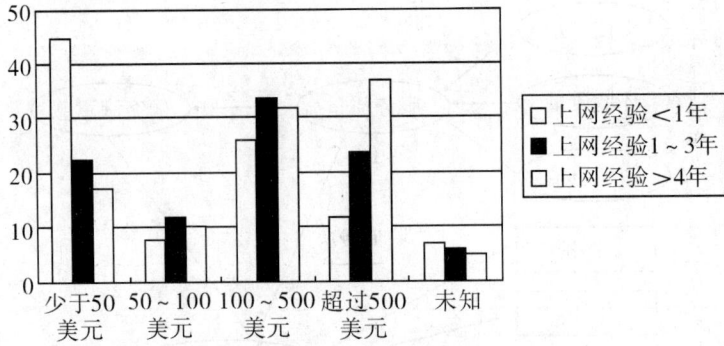

图1-10　在线消费金额与上网经验之间的关系

通过网上调查统计，不进行网上购物的两个最主要原因是安全问题（30%）和判断产品质量的困难（20%）。认为网上购物不安全、不可靠而不购买的占9.3%，只有1.9%的消费者是因为有过不愉快的经历，还有4.5%的消费者觉得太复杂而不采取网上购物。

在线购买的决策包括五个主要阶段：需求确认、信息搜索、备选方案评估、购买和交货、购买后的评估。这看似是消费者决策的通用模式，事实上，在这个过程中，消费者随时会回到前面的阶段或结束整个过程。

在线购买过程的每一阶段都可以由消费者决策支持系统（CDSS）的辅助手段和一般因特网辅助手段来支持，CDSS辅助手段支持这一过程中的特定决策，而一般因特网辅助手段可以提供信息和促进交流。网上购买决策过程及每阶段的CDSS辅助手段和一般因特网辅助手段归纳如表1-1所示。

表1-1　购物决策过程和支持系统

决策过程	CDSS的辅助手段	一般因特网辅助手段
信息搜索	虚拟目录 结构化的交流和提问/回答 到外部资源的链接和指南	网页目录分类 网站内部的搜索 外部的搜索引擎 集中的商品目录和信息中介
评估、谈判和选择	常见问题解答和摘要 样品和试用品 提供现成的评估模型 帮助接触现有顾客	新闻组的讨论 跨网站比较 一般模型
购买、支付和送货	产品和服务的订购 交货安排	电子现金和虚拟银行 物流提供商和包裹跟踪
售后服务和评价	通过电子邮件和新闻组提供的顾客支持 电子邮件交流	新闻组的讨论

三、消费决策与广告策略

从宏观上讲，影响消费决策的因素见表1-2：

表1-2 影响消费决策的因素

参数	变数
人口环境	地域、性别、年龄、家庭、生命周期
社会经济	职业类别、经济能力、教育水平、角色地位、参考团体、社会阶级
心理性格	动机、性格、信念、态度
生活形态	活动、兴趣、意见
大气候	文化、次文化/政治、经济、社会

这些因素错综复杂，在这里，我们将之概括为三种要素：心理要素、过程要素及行为要素。在探讨这三种要素的基础上，分析对应的有效的广告策略[①]。

1. 消费决策的心理要素与广告策略

这里，我们用"心理账户"这一概念来分析心理消费决策的心理要素。"心理账户"是 Thaler R. H. 和 Johnson 基于前景理论提出的。个人作经济决策时通常将问题分解成一些相对简单和习惯的科目，在头脑中相对独立地留意各自的损益情况。这些科目的得失带来不同的效用感受，这种考虑问题的方式就是心理账户。简单地说就是衡量消费者在购买商品时痛苦程度的价值尺度，它由几种不同的"心理价值尺度"组成。它与经济账户的不同之处在于，经济账户是由货币单位的"单一价值尺度"来决定的；心理账户则是经济尺度（所支付的货币额）与心理价值观所表现的尺度（一定程度的满足感）之间相互交接的那个点。

要消费者心甘情愿地购买商品，特别是在当今基本已达到饱和状态的市场下，就要利用广告扩大消费者的心理账户。

在广告设计中，如何运用心理账户的概念来说服消费者进行购买行为呢？总结有以下几点：

（1）提示消费者存在更大的心理账户。例如，向消费者述说某邻居或朋友最近进行了更大数额的消费，与他（她）比起来，这次消费算不了什么。

（2）暗示出自别人的心理账户。例如，某品牌洗衣机除了做家务省时省力外，还是"献给妈妈的爱"。

（3）与其他账户相比。例如，对家庭主妇推销衣服和化妆品时，与其丈夫的烟酒花费比较。

---

① 蒋旭峰. 消费决策与广告策略. 江苏社会科学，1998（3）：161~166

（4）揭示不同的价值观和希望。例如，向女性推销化妆品时向其诉说随着年龄增长，钱财的价值会降低。

（5）追求众多的心理账户。例如，对消费者说明购买某商品时，不仅出自自己的心理账户，还出自第二个或第三个心理账户。

2. 消费决策的过程要素与广告策略

消费者的决策过程可分为七个步骤：需要察觉、信息收集、品牌筛选、品牌审定、选择决定、购买、购后行为。

（1）需要察觉。

需要察觉是产生购买行为的前提，但是察觉到需要也不一定会采取购买行动，因为消费者会自我衡量需要的重要性和可能性，如果需要不是很重要或无法满足，可能被延迟或取消。所以，广告的创作设计应该达到以下效果：第一，了解消费者的需要，并告诉消费者，我们的产品可以满足其需要；第二，引导刺激消费者，发掘其需要，并告诉他我们的产品可以满足其需要；第三，为消费者满足需要提供条件，如降价等，使其可以实现需要；第四，加强满足需要的时间迫切性，如实行限时优惠，使消费者立即采取购买行动。

（2）信息收集。

消费者实行购买行为之前会通过各种渠道收集产品信息，以供选择，所以广告的首要作用是让产品进入消费者选择的范围。广告的制作应该沿着以下方向：第一，尽量扩大信息散布范围，通过各种渠道，增加消费者接触广告信息的概率；第二，采用形象记忆的方式，使消费者容易从记忆中提取产品信息；第三，灵活运用各类信息来源来影响消费者，如权威效应。

（3）品牌筛选。

消费者收集了足够的产品信息后，接下来就是将不符合标准的品牌排除。这一阶段，广告与营销应该沿着以下方向：第一，为消费者提供选择标准，如"飘柔"建议以"双效合一"为选择标准；第二，凸显产品的优点；第三，建立品牌良好形象。

（4）品牌审定。

该阶段，消费者会在前一阶段客观属性的比较的基础上，加上自己的主观判断和对品牌的累积印象，作出选择。这一阶段，消费者的主观判断占重要地位。由于消费者存在个体差异，判断标准也各有差异。因此，广告与营销应该沿着以下方向：第一，根据消费者的特征，投其所好地设计语言沟通方式，并加大渲染消费者需要的商品属性，以影响其审定结果；第二，平常做好广告公关活动，营造良好的品牌形象。

（5）选择决定。

品牌审定后，消费者就要作出最后的选择，然而，作出选择后并不是立即就采取购买行为，还要知道"在哪购买"、"什么时候购买"、"怎么购买"等问题。针对这一点，广告与营销应注意尽量消除决策后和购买前的干扰因素，促使消费者尽快进行购买行动，通过各种方式（诸如在广告上列出销售地点、设立购买咨询热线、上门服务、分期付款等）便利消费者采取实际购买行动，并采用各种方式（如鼓励试用、限时优待等）缩短从购买意图到行动之间的时间。

（6）购买。

前五个过程可能是在消费者家中发生的，但很多时候，消费决策是在销售地点完成的，在家中只是初步审定，到销售现场可能会发现新的信息，临时改变初衷。有时前五个过程都是在销售地点发生的。因此，广告与营销应充分强调 IMS 观念的作用，对店内外宣传布置予以特别重视，将店面设计、内部装潢、通道位置、货架摆设、POP、光线、色彩、音乐和人员销售等在销售现场能影响消费决策的所有 IMS 要素充分加以利用，真正达到临门一脚之功。

（7）购后行为。

消费者的决策过程应该延续到购买后对商品的评价。根据期望效应理论，消费者的购后评价不仅与产品使用的效应有关，而且与消费者使用前对产品的期望值有关。如果期望值与产品功效相符，消费者就会获得满足；如果产品功效超过期望值，消费者会感到惊喜；如果期望值过高，消费者会产生不满。因此，广告与营销应该做到以下几点：第一，避免广告营销中夸大产品效应，让消费者建立合理的期望；第二，设立消费者服务专线，让消费者有投诉的渠道；第三，告知消费者，他有权对产品提出意见，并更换不合格产品，甚至奖励此举；第四，主动探寻消费者对产品品牌的态度，及时反馈消费者的意见，为消费者营造"负责任"的形象；第五，密切注意大众传媒对消费者实践的报道，及时进行回馈处理，力争将不利因素转换为有利因素。

3. 消费决策的行为要素与广告策略

消费者购买行为指消费者为满足自身需要而采取的购买产品或服务的行为。这种行为主要包括购买方式、购买者、购买时间、购买地点等内容。

（1）购买方式。

根据购买过程中的投入程度和品牌的差别程度，购买方式可分为以下几种：第一，习惯性购买行为；第二，寻求多花样的购买；第三，有限问题解决性购买行为；第四，广泛问题解决性购买行为。

（2）购买者。

"消费者"这一概念至少包括五种不同角色：发起者、影响者、决策者、购买者和使用者。有时这五种角色集于一身，有时由不同的人分担。广告与营销过程中，应该注意：目前的主要消费群是哪些人？包含哪些人物和角色？针对谁才是真正有效的？

（3）购买时间。

了解消费者的购买时间有利于知道销售高峰在什么时间段，这样就能知道在什么时间发布广告效果最佳。

（4）购买地点。

掌握消费者在购买地点方面的活动规律，有利于让营销者了解应该在什么地方进行广告宣传最有效。了解购买地点对于选择户外广告的地点、交通广告的路线和车次、POP 的设置极为有利。

总之，了解消费决策的行为要素，有助于我们描绘出目标消费者的具体肖像，使广告策略更加具有针对性。

[关键词]

广告心理学　消费心理学　广告与消费心理学　广告策划心理　广告创意心理　广告诉求心理　广告媒体心理　广告表现心理　广告文化心理　品牌心理　观察法　访谈法　问卷法　投射法　实验法　量表法　态度形成　态度改变　消费者个性　自我概念　消费决策

[本章要点]

◆广告与消费心理学是由广告心理学与消费心理学结合而产生的，本章对其研究内容和研究方法进行了简单介绍。

◆广告对消费者的影响是多层次、多侧面的。广告界已形成了一系列广告心理效果模式。广告的客观心理效应主要表现为：广告能提高消费者的品牌意识；广告能与消费者进行传递沟通；广告能诱发或满足消费者的需要；广告能影响消费者的态度和购买行为。

◆广告对消费者态度的形成和改变有着至关重要的作用，本章介绍了几种得到广告界认可的态度形成和态度改变的理论模型。

◆随着消费水平的不断提高，个性化消费逐渐取代了传统的消费方式。研究发现，现代消费者的个性和自我概念对其消费需求及购买行为有着深刻的影响。

◆消费决策直接影响购买行为，本章介绍了消费决策的几种理论模型和影响因素，以及运用广告营销来影响和引导消费者决策的策略。

[思考题]

1. 请谈谈广告与消费心理学的发展历史。
2. 广告与消费心理学研究的主要内容有哪些？
3. 广告与消费心理学有哪些研究方法？试举例说明。
4. 广告常见的心理效应模式有哪些？
5. 试论广告的客观心理效应。
6. 消费者态度的形成有哪些方式？
7. 改变消费者态度有哪些方式？
8. 什么是个性化消费？
9. 试论不同个性的消费者的消费特点。
10. 什么是消费者的自我概念？如何根据消费者自我概念来制定广告策略？
11. 消费者的决策过程有哪些心理规则？
12. 试论消费者的决策模型。
13. 如何根据消费者的决策规律来制定广告策略？

[案例分析]

为什么消费者不领情?

1971 年,日本一家公司看见供暖器有利可图,便设计生产了一种"翠绿牌"供暖器。考虑到各类顾客的消费水平差异,公司设计了三种不同的机型投入市场,价格从 4.9 万到 7.9 万日元不等。三种机型的质量与功能相差并不太多,考虑到这一点,该公司将推销重点放在了价格最低的那种,并做了大量配套的广告。

然而,出乎该公司意料的是,最畅销的反而是价格最高的那种机型。原来,虽然三种机型在质量上并没有多大差别,但顾客却觉得价格越高越保险。4.9 万和 7.9 万日元都不是什么特别大的数目,既然如此,又何必要贪那点便宜去买一个不够"保险"的产品呢?这就是广告放错重点的原因。幸好"失之东隅,收之桑榆",三种机型都是同一家公司的产品,否则损失就难说了。

讨论题:

1. 深入分析消费者买贵不买廉的心理学原理。
2. 结合本案例,谈谈在产品价格宣传上要注意的问题。

2

广告策划心理

计划没有价值，但策划却是一切。

——Dwight David Eisenhower

本章导读

2%，单单一个普通百分数，那只是一个枯燥的数字，当这个数字与爱情结合在一起时，便出现了鲜活的爱情故事，如果上升到人生哲理时，那就不仅仅是爱情故事，更是人生。2%矿泉水广告主巧妙地将其中的原理糅合起来，该广告给观众极大的心理冲击力，在韩国引起了极大的轰动，互联网上人人争相下载观看。在现实中，类似2%矿泉水这样非常有震撼力的优秀广告并不多，人们不禁会问，它们到底是怎样被创作出来的呢？仅仅是瞬间灵感吗？如果不是这样，它们是如何巧妙地融合各种创意手段和方法的，其背后依据的广告策划理论又是什么？策划一个完整的广告需要经过哪些程序？

▷ 2.1 广告策划理论及心理分析

一、独特的销售主张（USP）

USP 是由英文 Unique Selling Proposition 的首写字母组成的，意指独特的销售主张，它是 Rosser Reeves 于20 世纪50 年代提出的一种有广泛影响的广告创意策划策略理论。Mars公司的 M&M 巧克力豆的广告词——"只溶在口，不溶在手"就是 Rosser Reeves 的杰作。该广告词言简意赅，朗朗上口，一语道出了产品的独特之处，给人们留下了深刻的印象。USP 广告策划的基本要点是：

（1）每一则广告必须向消费者诉说一个主张（Proposition），必须让消费者明白，购买广告中的产品可以获得什么具体的利益。

（2）所强调的主张必须是竞争对手做不到的或无法提供的，必须说出其独特之处，在品牌和诉求方面是独一无二的。

（3）所强调的主张必须是强而有力的，必须聚集在一个点上，集中打动、感动和引导消费者来购买相应的产品。

该学说指出，在消费者心目中，一旦将这种特有的主张或许诺同特定的品牌联系在一起，USP 就会给该产品以持久受益的地位。20 世纪 90 年代中期以来，全国瓶装水市场竞争激烈，在广告战烽烟四起的情况下，1996 年，浙江"娃哈哈"矿泉水广告"我的眼里只有你篇"以歌星景岗山与广州广告名模曾小姐一同演绎青春、前卫、爱情、热情的主题，引发年轻人对"娃哈哈"矿泉水的追捧。1997 年，在国内瓶装水众多丑恶现象经媒介频频曝光，消费者对瓶装水的质量疑虑重重的不利情况下，"乐百氏"矿泉水广告以"27 层的净化"作为品质诉求，在蓝幽幽的背景上，一滴晶莹的水珠被一层层地净化。每到一层，都有紫光一闪，给人"又被净化一次"的联想。经过 27 层的净化，乐百氏纯净水才"千呼万唤始出来"，出色的广告表现使"品质保证"看得见、记得住，实现了"心目中的品质"的理想传播，从而在消费者心中造成了强烈的品牌差异，短短数月内就占据了 2 亿元的市场份额。1998 年 4 月，"农夫山泉"矿泉水在中央电视台投放的"农夫山泉有点甜篇"广告更是在短时间内使农夫山泉的品牌知名度从零一下子达到几乎童叟皆知的程度。"农夫山泉"从农夫山泉个性化的名称，到通过拉动红瓶盖饮水的喝水方式，再到"有点甜"的侧翼型诉求，使农夫山泉做到了不同于其他饮用水的独特形象。1999 年，深圳景田矿泉水有限公司推出了景田"太空水"系列广告，该广告指出景田"太空水"是采用美国进口的太空方法制造出的水，并强调太空水比一般纯净水更为优越，太空水能使人类在恶劣的太空环境中保持身体的绝对健康，美国宇航员的饮用水就是采用该方法制造的。该系列广告以其独特的概念创新和制作工艺创新大吸眼球。由此可以发现各个时期的矿泉水品牌都只诉说一个主张，品牌的塑造和诉求都是独一无二的，这样才能从众多矿泉水品牌中脱颖而出，占据市场的重要份额。

进入品牌至上的 20 世纪 90 年代，广告环境产生了翻天覆地的变化。达彼斯公司（Bates Advertising Co., Ltd）重新审视了 USP，在继承和保留其精华思想的同时，发展出一套完整的操作模型，并将 USP 重新定义为：USP 创造力在于提示一个品牌的精髓，并通过强有力的、有说服力的论据证实它的独特性，使之所向披靡、势不可挡，并发展、重申了 USP 的三个要点：

（1）USP 是一种独特性。

它内含在一个品牌深处或者尚未被提出的独特的承诺。它必须是其他品牌不能提供给消费者的最终利益。它必须能够建立一个品牌在消费者头脑中的位置，从而使消费者坚信该品牌所提供的最终利益是该品牌独有的、独特的和最佳的。

（2）USP 必须有销售力。

它必须对消费者的需求有实际重要的意义。它必须能够与消费者的需求直接相连，它必须导致消费者做出行动。它必须有说服力和感染力，从而能为该品牌引入新的消费群或从竞争对手中把消费者抢过来。

（3）每个 USP 必须对目标消费者作出一个清楚的令人信服的品牌利益承诺，而且这个品牌承诺是独特的。

USP 学说的基本前提是，视消费者为理性思维者，其倾向于注意并记住广告中的一件事、一个强有力的声称、一个强有力的概念。由此出发，广告应建立在理性诉求上。

具体地说，广告对准目标消费者的需要，提供可以带给他们实惠的许诺，而这种许诺必然要有理由的支持，因为理性思维者会问，为什么会有这样的实惠。总之，USP 的语法程序＝特有的许诺＋理由的支持。

达彼斯把 USP 当作传播品牌独特承诺最有效的方法，USP 意味着与一个品牌的精髓所独特相关的销售主张。当然，这一主张将被深深地印刻在消费者头脑之中。USP 广告不只是传播产品信息，更主要的是要激发消费者的购买行为。

二、品牌形象与个性论（Brand Image and Brand Personality）

20 世纪 60 年代由 David Ogilvy 提出的品牌形象论是广告创意策划策略理论中的一个重要流派。在此策略理论的影响下，出现了大量优秀的、成功的广告。

品牌形象论的基本要点是：

（1）为塑造品牌服务是广告最主要的目标。

广告就是要力图使品牌具有并且维持一个高知名度的品牌形象。同时，David Ogilvy 认为，形象指的是个性，它能使产品在市场上长盛不衰，使用不当则会使它们滞销。因此，如果品牌既适合男性也适合女性，既适合上流社会也适合广大群众，品牌就没有了个性，成了一种不伦不类的东西。最终决定品牌市场地位的是品牌总体的性格，而不是产品间微不足道的差异。

（2）任何一个广告都是对品牌的长期投资。

从长远的观点看，广告必须尽力维护一个好的品牌形象，而不惜牺牲追求短期效益的诉求重点。Ogilvy 告诫客户，目光短浅地一味地搞促销、削价及其他类似的短期行为的做法，无助于维护一个好的品牌形象；而对品牌形象的长期投资，可使品牌不断地成长。这也反映了品牌资产累积的思想。

（3）品牌形象比产品功能更重要。

随着同类产品差异性的减小，品牌之间的同质性增大，消费者在选择品牌时所运用的理性就减少，因此，描绘品牌的形象要比强调产品的具体功能特征重要得多。例如，各种品牌香烟、啤酒、纯净水、洗涤化妆用品、服装、皮鞋等都没有大的差别。据国外研究表明，大约有80%的新产品市场扩张都是通过一个已有的品牌来带动促进的，如众所周知的 Camel 鞋、Calvin Klein 香水或者 Virgin 航空都集中资金建设高品质的品牌来开拓新产品新业务。[①] 因此，为品牌树立一种突出的形象可为厂商在市场上获得较大的占有率和利润。Ogilvy 把品牌形象作为创作具有销售力广告的一个必要手段，即在市场调查、产品定位后要为品牌确定一个形象。

（4）广告更重要的是满足消费者的心理需求。

消费者购买时所追求的是"实质利益＋心理利益"，对某些消费者来说，广告尤其应该重视运用形象来满足其心理的需求。广告的作用就是赋予品牌不同的联想，正是这些联想给了它们不同的个性。不过，这些联想最重要的是要符合目标市场的追求和渴望。

---

① Rainer Greifeneder, Herbert Bless. Thorsten Kuschmann. *Journal of Consumer Behaviour*, 2007（6）：19 – 31.

"万宝路"之所以知名，实际上不是它的烟味，也不是该香烟的内在特性，而仅仅是该品牌形象，具体说，该商标给消费者唤起的是一些综合的极为丰富的联想。它们是由虚构的西部地区、到处漂泊的牛仔、自由、独立、大草原、强壮的男子汉等构成的一幅多姿多彩的立体动感世界，而这些景象正好迎合了许多人的幻想，满足很多男人追求独立自由的心理需求。

（5）品牌广告的表现方法。

Ogilvy还提出了一些关于品牌广告的秘诀，如在广告的前十秒内使用品牌名，利用品牌名做文字游戏可以让受众记住品牌，以包装盒结尾的广告较能改变品牌偏好，而歌曲、太多的短景对品牌偏好及效果较差。幽默、生活片段、证言、示范、疑难解答、独白、有个性的角色或人物、提出理由、新闻手法、情感诉求等是改变消费者对品牌偏好度的十大良好表现手法。当然，随着时代的变迁，以前认为不怎么重要的表现方式，在网络时代可能变得很重要，如 Rui Vinhas Da Silva 等人的研究表明，"便捷"维度在过去的离线研究环境被认为是非常微弱的一个因素，但在在线网络广告中却是一种极其重要的广告表现方式。[①]

通过对品牌内涵的进一步挖掘，美国 Grey 广告公司提出了"品牌性格哲学论"，日本小林太三郎教授提出了"企业性格论"，形成了广告策划创意策略中另一种后起的、充满生命力的新策略流派——品牌个性论。该策略理论在回答广告"说什么"的问题时，认为广告不只是"说利益"、"说形象"，更要"说个性"。关于品牌个性，将在第八章进行详细论述。

综上所述，无论是 USP 还是品牌形象个性论，两者都在追求对品牌的确认，不过 USP 立足于理性诉求，而品牌形象个性论更多地诉求于情感因素。实质上，任何理性诉求都暗含着情感的因素。这不仅表现在产品提供的实惠给消费者带来的满足会产生积极的情感体验，而且产品的理性诉求往往需要有情绪的激发来补充。例如，雀巢咖啡突出"味道好极了"，这是该广告集中于味觉的 USP，而这种 USP 正是通过一个能给人好感的模特，以其自然潇洒的神态表达出饮后的无限美味感受，给人以强烈的感染力。

三、定位论（Positioning）

定位论（Positioning）是20世纪70年代由 Al Ries 和 Jack Trout 提出的，他们对定位下的定义为："定位并不是要您对产品做些什么，而是您对未来的潜在顾客心智所下的工夫，也就是把产品定位在未来潜在顾客的心中。"他们主张在广告策略中运用一种新的沟通方法，创造更有效的传播效果。广告定位论的基本主张是：

（1）广告的目标是使某一品牌、公司或产品在消费者心目中获得一个据点、一个认定的区域位置，或者占有一席之地。广告应将火力集中在一个狭窄的目标上，在消费者的心智上下工夫，要创造出一个心理的位置，在消费者心目中确立一个显著的概念，提供一个消费者容易识别并促进他们选择该品牌的最有诱惑力的理由。

① Rui Vinhas Da Silva, Sarifan Faridah Syed Alwi. *Brand Management*, 2008, 16（3）: 119~144.

（2）应该运用广告创造出独有的位置，特别是"第一说法、第一事件、第一位置"。因为创造第一，形成正面稳固的首因效应，才能在消费者心中形成难以忘怀的、不易混淆的社会知觉优势效果。这样的定位一旦建立，无论何时何地，只要消费者产生相关的需求，就会自动地首先想到广告中的这种品牌、这家公司或产品，达到"先入为主"的效果。

（3）广告表现出的差异性，并不是指出产品具体的特殊的功能或利益等产品客观属性，而是要显示和实现品牌之间类的区别，更多的是产品有关的心理属性。如中国的报纸普遍强调自己的新闻报道具有时效性、真实性、准确性等常见特点，而中国最具品牌价值的报纸之一《南方周末》的宣传策略却别具一格，以情感人，它的宣传用语是：老百姓心中有面镜。以"彰显爱心，维护正义，坚守良知"，真诚为读者服务，赢得众多读者青睐，被广大网民评为最有良知的报刊。

目前，定位论对营销的贡献超过了原来把它作为一种传播技巧的范畴，而演变为营销策略的一个基本步骤。这反映在 Philip Kotler 对定位下的定义上：定位是对公司的提供物和形象的策划行为，目的是使它在目标消费者的心智中占据一个独特价值的位置。Philip Kotler 把 Al Ries 和 Jack Trout 的定位归为"对现有产品的心理定位于再定位"。显然除此之外，还有对潜在产品的定位。

1. 定位论的心理基础

从消费心理学的角度来看，定位不是要琢磨产品，而是要洞悉顾客心中的想法。消费者的心智才是营销的终极战场。"新定位"理论列出了消费者的五大思考模式，可帮助企业抓住消费者的心理需求，很好地实施定位战略。

（1）消费者接收信息的量是有限的。人的神经系统在加工信息的容量方面是有限度的，不可能对所有的感觉刺激进行加工，当信息通过各种感觉通道进入神经系统时，要先经过一个过滤机制，只有一部分信息可以通过这个机制，并接受进一步的加工。故在纷繁的信息世界中，消费者接受的信息是有限的，绝大部分信息消费者都没有感知到。因此，只有那些依照消费者的经验，消费者感兴趣并使消费者产生好感等积极情感的信息才能打动消费者，进入消费者的信息系统。

（2）消费者好简烦杂。消费者需要简单扼要的信息，因此广告策划必须集中优势兵力打歼灭战，对特定目标各个击破才是最经济的，对复杂的信息进行筛选，集中力量宣传一个重点信息，打动消费者，突破消费者痛恨复杂的心理屏障。

（3）消费者缺乏安全感。由于缺乏安全感，消费者喜欢买跟他人一样的东西，有着较强的从众心理。

（4）消费者对自己已认知的品牌有着较强的忠诚度。也就是说，消费者对品牌的印象不会轻易改变。消费者记在脑子里的信息，还是那些耳熟能详的信息。

（5）消费者的想法容易失去焦点。这就要求企业在塑造品牌形象的过程中，注重突出品牌个性，因为无目的品牌多元化会模糊消费者对品牌的印象，从而削弱品牌的穿透力。

2. 定位的方法策略

（1）首次定位。定位对象首次进入空白心智，对于受众来说，这方面的信息要是心理第一次被感知，要占得最先与最大。例如，农夫山泉第一个提出"有点甜"这一概念特征，第一个采用特殊瓶盖，依据这两个方面的首次定位，农夫山泉很快被消费者接受，迅速畅销于市场。

（2）关联定位。使定位对象与竞争对手发生关联，并确立与竞争对象的定位相反的或可比的定位概念。使宣传的品牌与现有商品类别既有关联，又有区别。日本一家经济暖气机同时兼有中央暖气系统和石油或瓦斯暖气炉两种商品的特性。中央暖气系统费用高昂又不适合小房间，石油或瓦斯暖气炉有油烟气味，经济暖气机排除了两者的缺点。经权衡得失，厂商决定采用与中央暖气系统造成关联的商品定位，并以"中央暖气系统新发现——小房间专用"为广告标题，因而获得意外的销售业绩。

（3）特色定位。在遇有无敌地位的竞争对手的情况下，可利用自己在潜在受众心理中所拥有的地位，并巩固之，使之确立为心理中同类对象的新位置。2009年全球金融危机让大部分企业力求自保度过寒冬，而非追求多高利润，然而 Halfway Café 新概念定位却获得极大成功。上班族普遍都很忙，没有时间在家为孩子亲自下厨，为解决孩子用餐的问题，Halfway Café 打出在每周前几天"大人带小孩共进餐，小孩免费"的广告，招致大量上班族带孩子来用餐，来用餐的人太多，以致周围的超市和路的两旁都站满了来用餐的顾客。Halfway Café 的成功缘于它的定位很有特色，且切实解决了客户的生活困难，故深受上班族的欢迎。①

（4）单一位置定位。已占据领导位置的产品，要以新品牌来压制竞争者。因为每一个品牌都在其潜在顾客心中占据了一个独有的特定处所。宝洁公司为全球最大的洗涤化妆用品公司，为了保持其在中国洗发水市场上处于绝对垄断地位，针对不同消费者的不同需要先后推出了飘柔、潘婷、海飞丝、沙宣、润妍，以满足消费者个性化需求，从而保持宝洁公司在洗发水市场上的领导者地位。

（5）扩大名称。处于领导者，用更广的名称或增加其适用范围来保持其地位。很多药品在刚推向市场时，为了让消费者尽快接受，往往只是宣传一个重要的功能，但当其被消费者接受后，就扩大其宣传面，以巩固、扩大其消费群体。

（6）类别品牌定位。当一个强大的品牌名称成了产品类别名的代表或代替物时，必须给公司一个真正成功的新产品以一个新的名称，而不能采用搭便车的做法，沿袭公司原有产品的名称。当"小天鹅"成了洗衣机的名牌产品，同时成为洗衣机代名词的时候，小天鹅公司开发空调产品时就没有沿用"小天鹅"商标，而是重新塑造一个"波尔卡"品牌，采用的就是这种定位策略。

（7）销售量定位。前面说到，消费者由于缺乏安全感，喜欢买跟他人一样的东西，有着较强的从众心理。所以那些在同行中有较好销量的企业经常宣传自己的销量领先，

---

① Susan Holaday. Six-unit Halfway Café Concept Positioning to Go All the Way. *Nations Restaurant News*，2009，16（2）：18.

以使消费者产生信任感。如"民星饲料，国有饲料销量第一"，"波司登羽绒服，连续六年全国销量遥遥领先"。

（8）再定位。也叫重新定位，即打破事物在消费者心中所保持的原有位置与结构，使事物按照新的观念在消费者心中重新排位，调整关系，以创造一个利于自己的新的秩序。David Ogilvy 戴眼罩的模特，使默默无闻 116 年的"哈撒韦"衬衫一下子走红美国。这是广告界著名的再定位案例。

四、共鸣论（Resonance）

1998 年，《泰坦尼克号》成为全世界人们讨论的热门话题，它创造了人类电影史上的新纪元。在当年的奥斯卡金像奖颁奖晚会上，该片囊括了包括最佳影片在内的共 11 项奥斯卡金像奖；还创造了人类营销史上的奇迹，上映 3 个月就赢得了 12 亿美元的票房收入。分析其原因，《泰坦尼克号》迎合了人们的怀旧情结，引起了专家与观众的共鸣。这种以怀旧等方式挖掘人的情感，创造了广告策划、创意策略的重要理论——共鸣论。

它主张在广告中述说目标对象珍贵的、难以忘怀的生活经历、人生体验和感受，以唤起并激发其内心深处的回忆，同时赋予品牌特定的内涵和象征意义，建立目标对象的移情联想。通过广告与生活经历的共鸣作用而产生效果和震撼。

（1）该策略最适合大众化的产品或服务，在拟定广告主题内容前，必须深入理解和掌握目标消费者。

（2）常选择目标对象所盛行的生活方式加以模仿。相近性是引起人们注意力的重要原则，人们对自己或与自己相关的事和人都非常关注。

（3）关键是要构造一种能与目标对象所珍藏的经历相匹配的氛围或环境，使之能与目标对象真实的或想象的经历连接起来。

（4）侧重的主题内容是：爱情、童年回忆、亲情。

情节非常感人的台湾经典广告"爸爸的背"三菱汽车广告就是一个典型案例，如图 2-1 所示。广告一开始是一名远在他乡的女儿打电话给父亲，说自己由于工作繁忙而不能回家了，幽蓝的画面弥漫着一丝淡淡的愧疚和忧伤。紧接着画面一转，广告采用插叙的手法呈现给观众一幅幅父亲接女儿放学回家的场景——从女儿坐在父亲自行车后天真无邪的童年时期到女儿远在他乡求学的青年时期。用女儿的话说，好像父亲生怕自己忘了回家的路！然后画面又转向现在，女儿又一次打电话给父亲，告诉父亲自己要回家，叮嘱父亲不要再去接自己，因为自己买车了。然而回家那天父亲还是推着自行车早早地等候自己的女儿。当女儿开着车跟在父亲后面，望着父亲微驼的背影时，不禁泪流满面。最后呈现给观众三菱的标志，这时电视旁白："三菱汽车全省 164 个家，欢迎您随时回家。"这则广告在宣传真诚的父女之情的同时勾起消费者对儿时的美好回忆，让观众情不自禁地心头一热，感慨万千，与女主人公产生深深的共鸣，从而对广告产生好感，进而引起移情联想，认同三菱汽车的品牌，最终达到广告的目的。

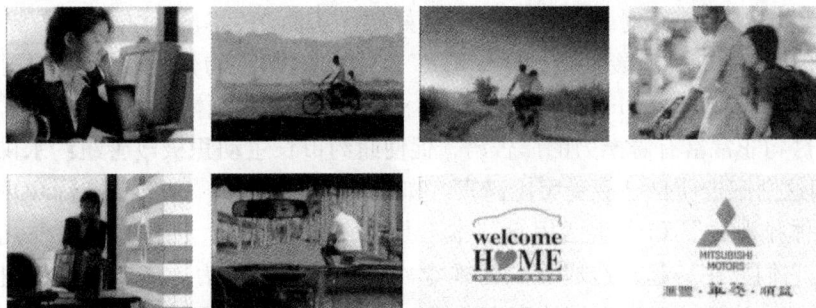

图 2 - 1　三菱汽车"爸爸的背"电视广告

五、RIO 论

RIO 是什么？RIO 是一种实用的广告创意指南，是广告大师 William Bernbach 创立的 DDB 广告国际有限公司制定出的广告策略上的一套独特概念主张。其基本要点是：

（1）好的广告应具备三个基本特质：关联性（Relevance）、原创性（Originality）、震撼性（Impact）。

（2）广告与商品没有关联性，就失去了意义；广告本身没有原创性，就欠缺吸引力和生命力；广告没有震撼性，就不会给消费者留下深刻印象。

（3）同时实现"关联"、"创新"和"震撼"是个高要求。针对消费者需要的"关联"并不难，有关联但点子新奇也容易办到。真正难的是，既要"关联"又要"创新"，还要"震撼"。

（4）达到 RIO 必须具体明确地解决以下五个问题：

广告的目的是什么？

广告做给谁看？

有什么竞争利益点可以做广告承诺？有什么支持点？

品牌有什么独特的个性？

选择什么媒体是合适的？受众的突破口或切入口在哪里？

从以上的论述，我们可以看出，广告的成功与否，首先是广告与所宣传的产品关联性到底如何。对于一些广告，广告创意人及广告主都觉得有创意，能在众多的信息中跳出来，但与所宣传的产品关联不大，消费者看了后，根本不知道在宣传什么，不管广告的创意有多好，都是失败的，因为广告本身的经济功能没了。还有，一些产品请明星做广告，这些广告成了该明星的宣传片，受众记住了明星，而不知道产品，特别是一些明星做多个产品的形象代言人时，其广告效果更差。强调了广告与产品的关联度后，我们说，原创性是评价一则广告好坏的重要指标，因此广告是否具有原创性也是各大广告奖项评奖的重要指标。从消费者的角度看，原创性的东西、新异的刺激容易引起消费者的注意。人云亦云的广告只会被其他信息淹没，甚者，使消费者产生东施效颦的印象，而对品牌产生反感，起到消极的宣传效果。广告的原创性易引起消费者的注意，但一则好广告，引起消费者注意只是广告目的的第一步，最终目的是要震撼消费者，引起消费者的兴趣，产生共鸣，使其对宣传的产品产生好感，从而产生购买欲望，最终产生购买行为。有一则未发表却引起轰动的广告，该广告用人体排泄物作为饮用水的图案，配以"Human waste is discharged into 88% of NYC's water supply（人体排泄物被排入了88%的纽约用水）"这句非常富有震撼力的广告语，促使纽约市长主动积极改善纽约水供应，以免让公众看到这则广告使自己遭受舆论谴责（如图2-2所示）。这个广告是 ROI 论运用的典范，"人体排泄物"和"生活用水"本不是同一类的具象，创作者具有非凡的创新能力，硬是把它们放在一起，造成强烈的视觉冲击和心理震撼力。该广告促使纽约市长采取了实际行动，达到了改进水质的广告目的，其关联性也是显而易见的。

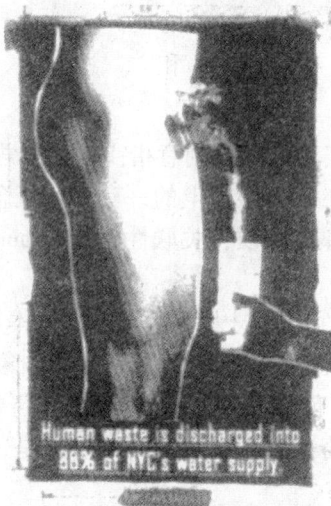

图 2-2　纽约水质平面广告

六、整合营销传播（IMC）

整合营销传播（Intergreted Marketing Communication，IMC），作为营销传播的战略概念，自 20 世纪 90 年代以来，成为营销界的热门话题，被看作进入 21 世纪的大趋势，是"21 世纪企业决胜的关键"，是现今最为重视也最行之有效的一种商业模式。

美国西北大学 Don E. Schultz 教授认为："整合营销是一种适用于所有企业中信息传播及内部沟通的管理体制，而这种传播与沟通就是尽可能与其潜在的客户和其他一些公共群体（雇员、立法者、媒体和金融团体）保持一种良好的、积极的关系。"其主要强调在众多媒体、不同消费者接触点，保持信息的一致性，遵循"用同一种声音说话"（Speak With One Voice）的营销传播原则。我们称这一阶段为整合营销传播的"同一声音"阶段。

1997 年，科罗拉多大学 Tom Duncan 教授出版了《品牌至尊——利用整合营销创造终极价值》一书，他认为"整合营销就是使一个企业的可能产生影响的各种营销要素整合趋同，在一定的策略引导下，朝同一个方向前进，使公司的效能最大化的一种营销模式"。整合营销的思想前提是：企业每个部门的每个成员和每项职能都负有沟通的责任，其发出的信息都会起到加强或破坏企业形象的作用，整合营销的终极目标是塑造独特的企业形象，创造最大的企业品牌价值。扬·罗必凯广告公司由"整个鸡蛋"计划到建立"品牌资产评估数据库"；奥美广告公司由"营销交响乐团"概念到推广"品牌管家"，标榜"360度品牌管家的全方位整合思考"，这些都反映了营销传播代理商对这一思想的跟进与执行。

整合营销传播之所以在企业界和咨询界产生巨大的影响，主要是它有着较强的心理优势，具体如下[①]：

1. 形象整合，声音一致有利于品牌形象的确立

整合营销传播是将所有行销传播的技术和工具（广告、公关、直效行销、促销活动和事件行销），采取同一声音、同一做法、同一概念传播与目标受众沟通（包括通路、消费者、内部员工、供应商及股东等人），也就是说要做到"信息一致性"、"策略一致性"。这样有利于顾客更好地认识企业，在心中建立稳定一致的企业形象。按照心理学态度协调理论：如果对两个态度对象原先的态度是在肯定范畴内，则结合后的态度变化趋向两者中更肯定的一个；若两者原先态度里至少有一个是在否定范畴内，结合后的态度变化则趋向于更否定的一个。因此，信息一致性有利于建立强有力的品牌形象。

2. 以资料库为起点，有利于与现有消费者及潜在消费者互动

整合营销传播强调以资料库为起点，充分掌握现有消费者及潜在消费者的需要及行为信息，包括顾客群、竞争对手、内部员工、股东和供应商等信息。而后营销沟通者才能以消费者的观点，决定适当且有效的方式，发展传播说服的信息策略。它避免了"由内而外"（inside - out）导向，寻找与消费者的接触点和沟通工具；是以消费者导向的"由外而内"（outside - in）的互动过程，依消费者的需求、动机情报，量身打造适合的沟通模式，进而构成促销行为并建立品牌忠诚。

3. 系统综合效果的思考模式，有利于信息传播效果的最大化

整合营销传播企划的模式是以系统综合效果为思考基础的。其重要目的是透过整合传播工具的一致信息，将企业或品牌的一致形象传达给消费者，进而促使消费行为发生，并希望建立永久关系。整合营销传播者认为，策略性的整合效果将大于广告、公关、促销等个别规划和执行的结果，还可避免个别规划和执行的行销工具彼此竞争，或传递相互冲突的信息，使传播效果达到最大化，也就是起到 $1+1>2$ 的系统综合效果。

4. 关系营销，有利于厚积品牌资产

整合营销传播强调长期性，并有强烈愿望去建立企业、品牌与消费者之间的深层关系，而不只限于立即的销售。它离开了传统营销理论中占中心地位的 4P's 理论，提出了

---

① 江波，彭彦琴. 整合营销传播的心理优势. 江西师范大学学报（哲学社会科学版），2002（2）：70~73

4C's 理论。提倡建立良好的品牌关系，认为顾客及其他关系利益人才是品牌真正的拥有者，只有悉心经营品牌关系，才能厚积品牌资产。Chia - Hung Hung 的研究认为，公共关系理念对品牌形象有积极的影响，品牌形象反过来又影响消费者的忠诚度，而且品牌形象对消费者忠诚度的直接效应比公共关系理念的影响更强烈些。[1] 因此，努力提高品牌的认知价值，提高品牌的情感价值，进而提高顾客的认同价值，最后才会提高顾客的决策价值，最终转化为顾客的购买行为。

5. 注重过程评估，有利于一致性策略的执行

整合营销传播的目的，在于尽可能接近消费者实际购买行为。它试图从传播的层次效果的另一端入手，来解释行为是传播暴露的结果、消费者的承诺，它将引发态度、品牌或消费者心中的产品类别网络的改变。与传统的营销传播相比，整合营销传播非常注重营销传播过程的评估。通过对营销传播管理人员的核心能力、公司内部沟通的质与量、营销传播信息的一致性进行动态评估、检讨，进而改正、调整，从而保证信息一致性策略的执行，维护和加强与关系利益人之间的互动，最终构筑良好的品牌关系，厚积品牌资产。

6. 强化品牌危机管理，有利于为品牌远行护航导航

"一个主张，一个声音"是整合营销传播的精髓所在。随着时代的风云变幻，顾客群的忠诚度降低，竞争对手越发强大、内部员工人心涣散、股东之间钩心斗角和供应商起哄抬价，公司的品牌形象必然受到很大的伤害，因此，强化品牌危机管理显得尤其重要。需要成立专门的品牌危机管理机构来促进内外部的相关利益者进行透明而真诚的沟通、交流，尽快出台紧急事件处理方案，找到并执行具有创新的措施来应对危机，这时圈外圈内真诚而透明的交流至关重要。[2]

▷ 2.2 广告策划的程序及心理策略

一、开展市场调查

准确评价企业自身的经营发展状态，了解公众对企业的态度、要求，及时收集公众的信息，这是策划广告宣传活动的基础，直接影响着广告策划的科学性与针对性。广告活动计划只有符合公众的客观要求，正确反映企业的经营发展状况，才能保证自己的宣传效果。在营销过程中，市场调查是不可或缺的一个环节。只有了解市场、懂得如何利用市场，营销才可能取得成功。广告作为市场营销战略中的一环，更需要通过市场预测

---

① Chia - Hung Hung. The Effct of Brand image on Public Relations Perceptions and Customer Loyalty. *International Journal of Management*, 2008, 25（2）：237 - 246.

② Bharati Bina Hawabhay, Russell Abratt, Mark Peters. The Role of Corporate Communications in Developing a Corporate Brand Image and Reputation in Mauritius. *Corporate Reputation Review*, 2009, 12（1）：3 - 20.

与分析来寻找广告对象、诉求方式，制定合适的目标策略、媒体策略。市场调查犹如广告人的眼睛，没有它什么也看不见，只能盲目行事。一个良好的市场调查，可以彻底分析出复杂市场背景中方方面面的细节，广告人根据市场调查的具体情况来制定相应有效的广告策略。

美国卡里龙进口公司是瑞典"绝对"牌伏特加酒的代理商。1979年，卡里龙公司在美国市场上总共只销售了5.4万箱"绝对"牌伏特加。1981年，他们找到了TBWA广告公司纽约分公司，请其为"绝对"牌伏特加做广告。

卡里龙公司虽然规模不大，但它们还是投入6.5万美元作了一次细致的市场调查，结果是令人沮丧的。调查发现："绝对"伏特加（ABSOLUTE VODKA）的名字过于奇怪，令人难以捉摸；装酒的瓶子也有问题，完全透明的玻璃瓶装着完全透明的酒液，放在酒吧间或商店酒架上很不起眼，难以引起消费者的注意；另外，在美国没有多少人认为瑞典能生产出像样的伏特加。面对如此多的问题，卡里龙公司没有动摇，而是深信"绝对"牌伏特加质量上乘，是可以占领美国市场的。对于这场全面认真的调查，他们反而认为"如果一切都那么糟糕，说不定这里面就有文章可做"。

二、确定广告目标

塑造品牌形象是广告最主要的目标。广告要力图使品牌独具个性。界定广告目标是一项科学、系统化的研究过程，它必须在广泛占有信息的基础上，经过各方讨论、研究而成。在此，我们介绍界定广告目标的6M方法：

（1）商品（Merchandise）：这个商品或服务有什么重要利益点是顾客一定要买的？

（2）市场（Markets）：谁是我们预定的目标群众？

（3）动机（Motives）：他们为什么购买或不买？

（4）媒体（Media）：如何触及我们的目标群众？

（5）测量（Measurement）：如何测量我们是否能在既定的时间内，把想传达的信息传给我们的目标受众？

（6）信息（Messages）：我们想传达怎样的资讯给可能的购买者，并让他们朝我们的终极销售目标移近？广告目标界定法中最重要的就是聚集各方面的资讯，拟定一则简明扼要的陈述，来说明广告预定达到什么目标。这些收集到的资讯必须转化成策略，而策略须用具体的目标表示出来，如此，广告成果的测量才可行。

另外，在确定广告目标时还应注意：

（1）目标通常都有一个基准点，作为日后衡量进展的标杆。

（2）广告目标是根据收集到的最完整、相关和有效的行销情报所作的分析，而不是仅凭揣测、希望和延伸过去的表现。

（3）要设定适当的近期目标和远期目标。

三、进行广告定位

所谓广告定位，就是在广告宣传活动中，企业通过突出商品符合消费公众需要的个性特点，确定商品的基本品位及其在竞争中的位置，促使公众树立选购该商品的稳固印象。大而全、放之四海皆准的广告宣传作品是没有实际意义的。根据企业的产品特点，在广告作品中制造出符合商品品位形象要求的意境，是广告策划的重要工作。

一般而言，广告定位有两种基本策略，即实体定位策略和观念定位策略。实体定位主要是在广告中突出商品的新价值，强调其与同类商品的不同之处，并能给消费者带来更大的利益。所谓观念定位，就是在广告策划过程中，根据公众的接受心理，确定主题观念所采用的一种策略。关于定位的方法，我们在前面"定位论"中已进行了详细论述，在此不再赘言。

四、确定广告诉求策略

广告诉求问题主要表现为如何说服公众的问题。说服公众包括两个方面的含义：公众正确理解并完全接受信息。在广告宣传中，公众对于广告宣传的信息内容，在反应上存在以下几种可能性：一是正确理解并接受了广告作品所传达的信息；二是理解了信息，但没有接受信息的有效影响；三是歪曲性地理解信息；四是完全没有注意到广告的宣传内容。显然，后面三种状况就意味着广告宣传的失败，没有有效地说服公众。为了使公众在非面对面的情况下正确理解并完全接受广告宣传的信息，我们应该高度重视诉求策略的制定。

在实际运用中，广告的诉求方式主要有三种：

1. 理性诉求

理性诉求指的是广告诉求定位于受众的理智动机，通过真实、准确、公正地传达企业、产品、服务的客观情况，使受众经过概念、判断、推理等心理思维过程，理智地作出决定。这种广告策略可以作正面表现，即在广告中告诉受众如果购买某种产品或接受某种服务会获得怎样的利益；也可以作反面表现，即在广告中告诉消费者不购买产品或不接受服务会对自身产生怎样的影响。

理性诉求的总体特点就是"以理服人"。这种诉求方式主要是作用于公众讲究实用的理性思维，其语言特色在于逻辑性和条理性，内容往往侧重于商品的功能、价值等，能够给公众营造具体、实在的消费意境，使公众直接从语言中发现商品带来的实际利益。这种诉求方式有利于宣传新商品，特别是新上市的药品及技术含量较高的大件产品和信息产品，对中老年公众的效果更加明显。如"黄金搭档"，以中国营养学会的名义，对儿童、妇女、老人的各种症状进行理性的诉求，然后推出"黄金搭档"。美菱冰箱"花四年电费，用十年冰箱"等是广告界经典的理性诉求。

2. 情感诉求

20世纪90年代以来，广大消费者不仅对消费品的质量变得更加"挑剔"（特别是当今产品质量进入几乎无差别的时代），而且开始注重消费品的审美情趣，要求消费品必须符合自己的情感和心理需求，因为如果消费品能满足消费者的某些心理需求，那它在消费者心目中的价值已远远超过其成本，所以业界人士认为人们的消费行为已经进入情感消费阶段。因此，广告中的情感诉求备受人们青睐。

情感诉求亦称情绪诉求，是指广告制作者通过极有人情味的诉求方式，去激发消费者的情绪，满足其自尊、自信的需要，使之萌发购买动机，实现购买行为。其特点是"以情动人"，通过营造情意融融的气氛，刺激公众的情感心理，引导公众产生情感向往和满足感，从而对商品留下美好的印象。

3. 潜意识诉求

弗洛伊德认为：心理并不等于意识，处于意识以外的东西并不处于心灵之外。因此，关于人类的心理生活，如果只听意识告诉我们的说法，那么我们就永远也不能彻底理解它，反而会常常误解它。所以在进行广告创意、制定广告策略的时候，不但要考虑消费者的意识，还要考虑消费者的潜意识，特别是在广告信息泛滥的今天，消费者潜意识中对广告有一种抵触情绪。因此，研究消费者的潜意识，根据消费者的潜在需求制定相应的广告策略是非常必要的，也是广告发展的必然趋势。

如何进行潜意识诉求，我们可以从以下五个方面考虑：①合理运用感性诉求，激发受众的感性本能；②运用象征手法，激发受众想象与幻想，满足其潜在的需求和欲望；③打破常规，满足受众的集体潜意识；④越过社会禁忌，激发受众的社会潜意识；⑤运用隐喻，解构受众的潜意识。

五、拟定广告媒介策略

现代广告影响公众的基本途径是媒介，媒介策略科学与否，直接影响着广告宣传活动的成败。因此，根据公众媒介生活习惯、企业的市场目标、广告定位结论和各种媒介的性能特点、优势和劣势等，选择适宜的宣传媒介，确定广告媒介策略，在整个广告策划过程中具有十分重要的意义。

确定广告媒介策略，主要是解决以下五个问题：在什么时间和什么地方运用哪些媒介，按照什么样的组合方式，进行什么内容的宣传。这称为五个问题媒介计划法，简称为"五W媒介计划法"。

"五W媒介计划法"具体包括四个分配法和一个组合法，即媒体分配法、地理分配法、时间分配法、内容分配法和宣传阵势组合法。媒体分配，就是确定使用哪些媒体进行广告宣传；时间分配，就是对广告发布的时间和频率作出合理安排；地理分配，就是确定在哪些地方开展有关的媒体广告宣传；内容分配，就是确定在相应广告媒介上刊登什么方面的宣传内容；宣传阵势组合法，就是把上述四个分配决策结论，根据优化原则和层次原则进行组合，形成广告的宣传阵势。

六、拟定广告预算

预算活动经费是提高广告宣传活动经济效益和工作水平的重要途径。按照广告宣传目标和活动方案所需的费用分成若干项目，列出经费清单，预算出单项活动和全年活动的成本，有利于企业统筹安排、事后核对和考查效绩。

广告宣传经费的预算主要是指项目开支预算，即企业开展某项广告宣传活动所需的经费。预算年度广告宣传项目开支时，除了推算出计划方案中各项活动费用外，还要事先设置应付突发事件的广告宣传活动开支，从资金上保证广告宣传工作的应变能力。广告宣传经费预算的方法有：

1. 目标达成法

目标达成法是根据企业的市场战略和销售目标，确立具体的广告目标，然后根据广告目标要求所需采取的广告策略制订广告计划，再进行广告预算。

2. 销售额百分比法

销售额百分比法是按一定限期内销售额的一定比率，计算出广告费总额。由于执行标准不一，又可分为计划销售额百分比法、上年销售额百分比法、两者的综合折中——平均折中销售额百分比法，以及计划销售增加额百分比法四种。

3. 总额包干法

根据广告宣传年度计划一次性总额估计经费，报请企业领导审批。一经批准，总额就不再变动。专项开支也不作他用，广告工作人员在这个经费总额内开支全年的广告宣传活动经费，超支不再追加，留有节余可转下年度使用。

4. 项目费用汇总法

对年度计划中的各个广告宣传活动的所需经费进行总额结算，上报领导，但这个预算只是概算。所需费用在每项广告宣传活动开展之前再作出精确预算，因此，实际花费的总额到年底结算后才正式确定。

5. 比较定额法

比较定额法是根据竞争对手广告宣传的活动经费数额确定企业广告费用，使企业在与对手竞争中处于有利地位。

6. 产值抽成法

产值抽成法即根据企业本年度产值确定一个合适的比例，作为广告宣传活动经费。

7. 利润抽成法

利润抽成法即按照企业本年度计划利润的一定比例，来确定广告宣传经费。

8. 支出余额法

支出余额法即企业把一年度中可支配的资金总额，扣除各项必须支出的预算额后，剩下的就是广告宣传经费预算额。

9. 销售单位法

销售单位法是以每件产品的广告费摊分来计算的广告预算方法。以计划销售额为基数进行计算，方法简便，特别适合于薄利多销的商品。运用这一方法，可掌握各种商品的广告费开支及其变化规律，还可方便地掌握广告效果。

10. 任意增减法

任意增减法即以上年或前期广告费为基数，根据财力和市场需要，对其进行增减，以匡算广告预算。小企业采用此法极为适用。

七、进行广告效果测评①

能否吸引广大消费者的注意，打动消费者，使消费者产生偏爱，最终促使其下决心进行购买，这是广告活动的中心目的。如何才能知道广告活动达到了预期的目的呢？如何知道其活动效果达到目的的程度呢？对广告效果进行测定，是保证广告活动能够更好地达到预期目标的重要措施，也是支付了巨额广告费用的广告主最为关心的问题。广告活动通过深入细致的测评研究之后，必然会对在整体策划指导思想之下广告表现和广告发布进行准确、科学的测定，借以及时准确地掌握广告效果。

广告效果测评涉及广告活动的各个环节，贯穿广告活动的全过程。总的来说，广告效果测评的内容包括广告信息测评、广告媒体测评、广告活动效果测评三个方面。

1. 广告信息测评

广告信息测评是对广告作品传播的各方面的信息进行全面的检测和评定，在广告作品发布之前检验广告作品定位是否准确，广告创意是否引人入胜，广告作品是否具有冲击力和感染力，广告能不能满足目标消费者的需要，广告能否激发消费者的购买欲望②。广告信息测评可分为广告主题测评和广告文案测评。

（1）广告主题测评。

广告主题测评是广告效果测评的第一个环节，也是最重要的一个环节。它直接关系

① 江波，曾振华．广告效果测评．北京：中国广播电视出版社，2002：10~15
② 江波，曾振华．广告效果测评．北京：中国广播电视出版社，2002：10~15

到广告作品有没有把广告主想传播的信息告之消费者，有没有真正地满足消费者的需求。它要求针对目标消费者，了解他们对广告主题的看法，他们是否认可广告主题、接受广告主题，考察广告有没有充足的论据来凸显这一主题，有没有充分的感情来渲染这一主题。

（2）广告文案测评。

广告文案测评是对广告文案及广播、电视广告、网络广告所作测评的总称。从其历史看，首先是报纸、杂志广告文案测评比较发达；其后随着电波媒体的发展，文案测评逐步应用于 CM 测评中；近年来，随着网络广告的兴起，文案测评也相应地应用于网络广告中。

2. 广告媒体测评

在广告活动中，绝大部分费用被用来购买媒介的时间和空间。如果媒介选择不当或组合不当都会造成广告费用的极大浪费。广告媒体测评是对报纸、杂志、广播、电视、户外广告等大众媒体及网络广告等其他媒体的测评，测评各媒体的特征及消费者如何接触各种媒体。具体内容如下：

（1）各广告媒体"质"的特征。

（2）媒体投资效益评估。

（3）媒体选择与分配研究。

（4）媒体组合是否恰当。

（5）媒体近期视听率、阅读率、点击率有无变化。

（6）媒体执行方案的确定与评估。

3. 广告活动效果测评

广告活动效果测评，是对某一产品推广所有广告活动的测定。它全面评估广告活动效果，并为新的广告活动提供资料，指导以后的广告活动。广告活动效果测评应包括销售效果测评和心理效果测评。

（1）销售效果测评。

销售效果是企业主和广告商最关心的效果指标。它是人们评价广告活动成败最先想到的也是最直观的评价指标。奥格威说，我们做广告就是为了销售产品，否则就不是做广告（We sell – or else）。销售效果测评基本上是根据广告宣传的商品在市场上的占有率、销售量、消费者使用情况等统计资料，结合同期广告量进行分析比较，把握广告的总体效果。

（2）心理效果测评。

从广告主的角度来说，其最关心的是广告的销售效果。但广告效果的复杂性，要求我们必须从广告的传播角度入手测定广告的传播效果，即广告的心理效果，包括传递信息、树立形象、诱发或满足需要、影响态度等，这样才能更客观地把握、衡量广告效果。

▷ 2.3 广告创意的方法

一、启发构思法

启发构思是由周围环境中的事物、现象引发产生灵感、创意的过程。许多科学发明创造都与此法有密切的关系。运用此种方法时，个人的经历、所见所闻对于产生新的主意、点子十分重要。所以许多科学家、发明家在进行科学研究和技术发明之余，常常要外出领略自然景观，以便从中获得灵感。现在人们用来锯木头的锯子，传说是由我国古代著名木匠鲁班发明的。鲁班有一次在野地行走时，不小心腿被荆棘划破一道口子，受这次偶然经历的启发，他发明了锯子。在广告实践中，启发构思法的运用并不难看到。最典型的一个例子就是 David Ogilvy 的 Hathaway 衬衫广告创作。在构思 Hathaway 衬衫广告时，Ogilvy 曾想出几个创意，但是没有一个让自己感到满意。后来有一次，在摄影棚里他看到一个黑色的眼罩，这使他深受启发，因而产生了闻名广告界的"黑眼罩男人"的广告创意（如图 2-3 所示）。在现代电视广告中，许多用象征性、借喻式或暗示性表现手法创作的广告作品都是启发构思的产物，这类例子不胜枚举。

图 2-3　Hathaway 衬衫平面广告

二、顿悟构思法

顿悟构思法源于心理学关于思维的研究。第二次世界大战期间，德国心理学家苛勒研究黑猩猩的思维活动时，曾做过这样的实验：在一间房间中央的天花板上吊一串香蕉，黑猩猩站在地面上够不着，房间的四周放着一些箱子。面对这样的情境，黑猩猩开始企图采用跳跃的方式获得香蕉，但是没有达到目的。于是它不再跳，而是在房间内走来走去。突然它站在箱子前面不动，过了一会儿，它很快把箱子挪到香蕉下面，爬到箱子上取到了香蕉。有时一个箱子不够高，黑猩猩还能把两个或几个箱子叠起来，这就是所谓的"顿悟"。后来许多心理学家也发现，尽管人类比黑猩猩进化到更高的层次，但在人类的思维活动中，顿悟现象仍然存在。

在电影或电视中，我们常常可以看到，剧中主人公在面临一个问题而不得其解时，有时显得很焦虑，有时则很平静地在室内或户外来回走动，忽然间似乎领悟到什么而豁然开朗。

顿悟构思法的特点是创作者对问题情境有足够的认识，具体而言就是创作者对产品特点、产品定位及广告活动所欲达到的目的等条件都有很清楚的认识，但一时难以形成或产生一个主意或点子。在一段时间里，创作者似乎无所作为，但创作者忽然感到一切都已清楚明晰，因而一个创意就产生了。以2001年绿色公益广告中的一则获奖广告创意为例，据说该广告创作者在进行广告创意时，曾冥思苦想了多日仍想不出一个好点子。一天中午，全公司的人都吃完了快餐，桌上只留一份作者的，作者冥思苦想时看到了桌上的快餐盒，觉得它恰似一副棺材。作者眼前一亮，把两只筷子左右一插，创作出了"地球之丧"，沿着这条线用方便面的碗和筷子作素材创作了"地球之殇"和"地球之墓"系列广告。

三、辐射思考法

辐射思考法又叫侧向思考法，是英国心理学家 Edward Debono 提出的一种创造方法。他认为我们平时的思维方式是偏重于已往的经验和模式，受到思维定式的影响而跳不出老框框。所谓思维定式，是人在思考时心理的一种准备状态，它影响解决问题时的倾向性。思维定式常会影响思维的变通性。例如，问你这样一个问题：小李进房间后，没有开灯就找到了放在桌子上的黑手套。这是为什么？通常情况下，当听到"没有开灯"时就会有一种倾向认为这是在晚上发生的事，因为晚上和灯之间有一种符合常规的固定联系。因而，在解答这个问题时，由于"没有开灯"暗示你进入一种习惯性的思维中，使你的思维方向往"在晚上如何照明找物"这一方面去思考。这种遵循已有的经验，按常规思考的方式，Debono 把它称为垂直式思考。而如果突破一贯的思考方向，不受定式的影响，不认为这事发生在晚上，问题就迎刃而解了。答案是白天进房间，当然不用开灯就可以十分容易地找到东西。这种不受常规约束，摆脱旧经验、旧意识的思考方式被Debono 称为辐射思考。

显而易见，辐射思考法更能创造出新的观念。应用此种方法时要遵循以下原则：第一，摆脱旧意识与旧经验，破除思维定式，更好地体现发散思维的特点；第二，找出占主导地位的关键点，如前面的例子中，关键点是"找手套"，而不是"如何照明"；第三，全方位思考，大胆革新，找出对问题的新见解；第四，抓住头脑中的"一闪念"，深入把握新观点。

辐射思考法能够产生有创见的想法，因而是广告创意时常用的思维方法，然而辐射式思考并不排除垂直式思考，两者常常互为补充，取长补短。以日常饮用的啤酒为例，由啤酒的形、味、色可以联想起很多事物，每一件事情又继续发散辐射，持续发散开去，可以搜集到许许多多有创意的观念，如图2-4所示。

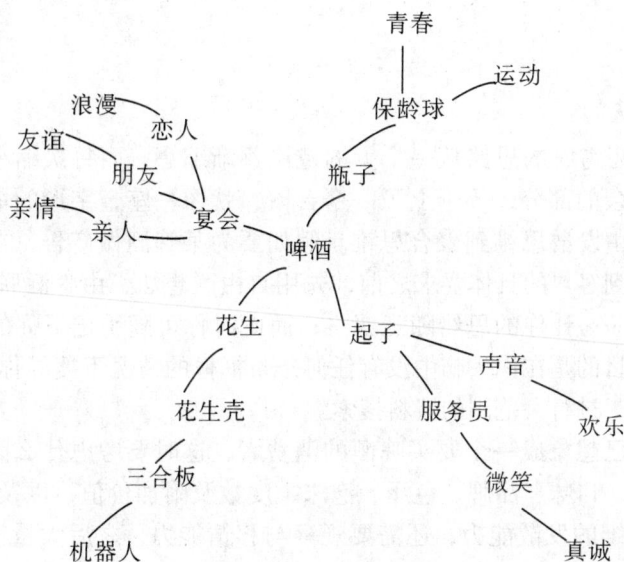

图2-4 思维发散树

四、逆向思考法

逆向思考法又称反向思考法，是一种向常规思路反向扩张构思的方法。实际上，这种思维方向应包括在水平式思考法之中。由于利用这种思路常常能较为直接地解决问题，且相对而言更易掌握，因而格外提出来。这种方法就像在中学学习数学时用的一种解题法即反证法。通常的解题法是从已知条件出发来思考如何解决问题，而反证法是从求解出发，反推找到与已知条件相符合的出路。

运用逆向思考时，需掌握两个要点：第一，这种反常思维的传达应恰当，语言要实在且幽默。如美国著名运动员纳米斯为女性长筒丝袜做广告产生了轰动效应，使美特牌产品一夜间家喻户晓，这就是一种恰到好处的反向思考的表达。第二，应用逆向思考是有条件限制的，不是所有的问题都能从反向得到求解的。因而在创意中，这种反向思考必须以消费者能认同为条件。例如，伦敦最大的书店布莱维尔要做一个以在此书店购物舒适自由为主题的广告,想从反向去构思,但不知"服务不必过于周到"是否符合消费者的需要。调查发现,在一片服务至上的宣传中,消费者有这样的反应,有时想去商店看看,并不一定要买,由于服务员紧跟在身边,过于热情地介绍商品和服务,令人感到烦琐,或感到不买东西没有面子;再者会使人感到像被监视,有时不买东西就不去商店。商店当然希望顾客常来光临,虽然当时不买,但会成为潜在的顾客。这种调查的结果刚好与反向思考的结论相符合,因而布莱维尔书店在广告中大胆应用反向思考的构思,其内容为:"当你光临布莱维尔书店的时候,没有一个人会问您要买什么。您可以信步所至,随便阅读,放心浏览。店员只在您需要的时候才为您效劳。您不招呼,他们决不打扰。无论您来买书或来浏览均欢迎。这就是布莱维尔书店一百多年来的传统。"这个广告使顾客感到亲切生动,符合心意。

五、金字塔法

金字塔法是说思考时的思路从一个大的范围逐渐缩小,而每次缩小都用一定的目的加以限制,删除多余的部分,等于上了一个台阶,就像一座金字形的塔。而在每一层面上思考的路线都是由发散思维到聚合思维。假如要为某啤酒做广告,在你没有对啤酒进行调查,也没有听到客户的具体要求之前,先用自由联想法,由啤酒联想到朋友、宴会、欢乐、休闲、旅游……让你的思绪随意飘飞;而此时你可随手记下你的这些联想而不加评价。做这一步的目的是在你头脑中没有任何条条框框的情况下搜寻你旧有的知识经验,并可启动发散思维,进行大范围的资料搜索。

接下来,把自己想象成一个要买啤酒的消费者,这时要考虑什么因素?此时会有目的地想到它的价格、口味、品牌、色泽、泡沫、度数及附加价值,以及能否显示身份等。这个过程既需要思维的发散能力,还需要观察与移情能力,之后大量搜集有关商品、市场、消费者及同类广告的资料,并与广告主协调,从发散思维的各条线索中求同,作出评价,并在营销策略指导下,找到广告要"说什么"(what),这是一个从发散到聚合的思维过程。

假如确定了突出啤酒新鲜的定位点,可进入下一层,再从新鲜这一点出发,发挥想象与创造力。确定广告"用什么说"(where),即广告在哪发布,结合媒体策略,用这种聚合思维得出的where限制前面所作的发散,因为不同的媒体有不同的心理效果和表现手法。且在哪发布,还受到媒体技术水平的限制。这是第二层塔。

再下来要用另一个聚合思维的结果来限定你的发散思维,即"什么时候说"(when)。广告登载的时间不同,要求表现的手法也有所不同。产品生命周期的不同阶段,其诉求主题、表现方法也不尽相同。这是第三层塔。

第四层塔在第三层塔基础上发挥创造性,限制"对谁说"(who)。这时要把广告对象描述成具体实在的个体,一则广告不可能面对所有的消费者,只能是面对特定的消费群体。如金利来主要针对事业有成的成功男人,娃哈哈主要针对儿童,生力青啤主要针对年轻的新新人类。一旦确定了对象,广告的语气、用词、方式自然就有谱了。

第五层塔的目的最为重要,就是找出"为什么说"(why)。创造性思维不仅要产生新奇绝妙的想法，更重要的是找到它们之中的新的内在联系。在广告创意中，新异是为了达到引人注目的目的，然而这种新异商品与消费者要有内在的关联，就像相声里的关子，不仅要逗笑，而且要说出来合情在理。如把啤酒与朋友联系在一起，与绿色相联系，表达一种朋友间的情谊，比较合理；如果把啤酒与古代皇宫相联系，寓意啤酒的珍贵，由于啤酒是一种舶来品，主要表现的是现代与休闲，而皇宫不够贴近生活，也略显沉重。

金字塔法的一般流程如图2－5所示：

图2－5　金字塔法的一般流程

六、J. W. 杨创意法

J. W. 杨是美国著名的广告人，曾任智威汤逊广告公司的创意总监。杨氏认为新构想是不折不扣的老要素的新组合。在阐述老要素是如何进行新组合以形成一个新构想时，他认为这个过程可分为以下五个步骤：

（1）收集原始资料。

原始资料分一般资料和特定资料。一般资料是指人们日常生活中所见所闻的令人感兴趣的事实；特定资料是与产品或服务有关的各种资料。老要素就是从这些资料中获得的，因此，要获得有效的、理想的创意，原始资料必须丰富。

（2）思考和检查原始资料。

这一步骤就像吃东西一样，要对所收集的资料进行理解、消化。

（3）酝酿阶段。

在这一阶段，创作者不要作任何努力，尽量不去思考有关问题，一切顺其自然。简言之，就是将问题置于潜意识之中。

（4）创意产生。

经过第三阶段，你可能并不期望会出现奇迹，但奇迹可能莫名其妙地就出现了，即一个新的构想诞生了。

（5）形成和发展构想。

一个新的构想不一定很成熟、很完善，它通常需要经过加工或改造才能适合现实的情况。

J. W. 杨的创意法跟英国心理学家瓦拉斯对创造性思维过程的描述相类似。该方法自提出之后，就得到了广告界的广泛运用和讨论。

七、黄霑创意法

黄霑是中国香港著名的创意大师。他在广告、填词、电影、电视及小说创作方面都有较高的造诣，被人尊称为东方的创意大师。他提出了广告创意"加、减、乘、除、转、用、时"法，具体如下：

（1）加：指在原有的基础上加上一个元素，从而创造一个新的概念。如2合1洗发水，摩托罗拉6188天拓手机就是在手机原有功能的基础上加上一个掌上电脑记事功能从而畅销市场。

（2）减：指减省。无绳电话就是在有绳电话的基础上减省了电话线。

（3）乘：指放大。日常生活中的商场从小卖部发展到超市再到大卖场，规模越来越大。现在很多食品、日常用品推出"家庭装"，就是这种方法很好的体现。

（4）除：指缩小。如许多日用品的"旅行装"，"随身听"。

（5）转：指倒转，从事物的根源着想。如美国曾出现果蝇灾害，一般人就会想到怎样用药物灭虫，而一位很有创意的人提出，研制出一种生命力很弱的雄果蝇，让其与现有的母果蝇交配，使果蝇体质一代比一代差，从而最终消灭这种害虫。这是一个典型的"转"的创意方法。

（6）用：指改用途。一般来说，手表的主要卖点是"精确"，但瑞士Swatch表推出"迟到无妨"的系列广告。文案为"迟到何妨，多与自己的恋人缠绵一会儿，因为时间是为恢复人性而存在的"。这就改变了手表的一般用途。

（7）时：及时，指广告创意要有时效性。如金六福在中国足球队取得世界杯的出线权时，立即请主教练米卢做"福星篇"广告；在萨马兰奇宣布中国北京获得2008年奥运会主办权的当时，可口可乐纪念装生产线当即运转，两个小时后，这种纪念金罐可乐就被运至北京的大街小巷。

八、脑力激荡法

这是由美国BBDD广告公司的奥斯本首创。具体的做法是，召开一个10~15人的小型会议，会议的内容提前一两天通知参加人，会议的参加者包括广告业务人员和广告创作人员。参加者在结构因素上（年龄结构、专业结构、性别结构、能力结构、性格结构、知识经验结构等）具有良好的合理的搭配，能够取长补短、有机结合。会议成员暂时忘记自己的职务，人人平等，畅所欲言，通过相互激励、相互诱发产生思考的连锁反应，充分激发每个人的创造力，从而产生更多的创意。运用这种方法要遵循以下原则：

（1）会上禁止批评和反驳别人的创意，保持良好的创造气氛。

（2）对创意的质量不加限制，而要求创意的数量越多越好。参与者可自由联想，任意发散，毫无限制地发表见解。

（3）可以利用别人的创意激发自己的联想，组合产生新创意。这种会议因为具备集体创造的人员结构和创造气氛，更能发挥每个人的创造力，在相互启发中扩展思维的变通性，使之产生 1+1>2 的合力效果。

会议结束后，由会议记录员整理记录，会议主席将这些创意分类，再让有关人员评定，并按销售策略，取其精华，成为进行下一步创意的基础，最终产生实际执行操作的广告创意。这是一种行之有效的集体创造方法。

[关键词]

独特的销售主张　品牌形象与个性论　定位论　共鸣论　ROI 论　整合营销传播　启发构思法　顿悟构思法　辐射思考法　逆向思考法　金字塔法　J. W. 杨创意法　黄霑创意法　脑力激荡法

[本章要点]

◆广告策划的理论主要有独特的销售主张、品牌形象与个性论、定位论、共鸣论、ROI 论、整合营销传播，并对其进行了心理学分析。

◆整合营销传播的心理优势有形象整合、消费者互动、系统综合效果、关系营销、注重过程评估、强化品牌危机管理。

◆广告策划的程序可分为七步，依次为开展市场调查、确定广告目标、进行广告定位、确定广告诉求策略、拟定广告媒介策略、拟定广告预算、进行广告效果测评。

◆广告创意的方法有启发构思法、顿悟构思法、辐射思考法、逆向思考法、金字塔法、J. W. 杨创意法、黄霑创意法、脑力激荡法。

[思考题]

1. 当前广告策划的理论有哪些？它们各有什么特点？

2. USP 与形象个性论的联系与区别是什么？请举例分析。

3. 一个完整的广告策划的流程是怎样的？

4. 广告创意的方法有哪些？它们各有什么特点？

5. 请结合个人生活及社会实践设计一份广告策划方案。

三禾策划观

三禾策划营销有限公司是我国知名的本土咨询企业。多年来，经过理论的研究与市场的历练，三禾形成了自己独特的策划理念。

1. 策划师应"顶天立地"

俗话说，男子汉大丈夫要顶天立地。我们说，策划师也应顶天立地。"顶天"就是指策划师应当有扎实的理论功底，掌握最新的广告营销理论，高屋建瓴。"立地"就是指广告人要牢牢地确立市场观念，进行广泛的市场调查，坚持以市场为中心，以消费者为中心，充分了解市场，了解消费者的心理需求，了解服务的企业，了解所推广的产品。事实上，好的策划方案不是"拍脑袋"想出来的，而是用脚跑出来的。

2. 优秀的广告是遵循心理学法则的

消费者是广告作用的对象。广告要想获得成功，务必符合消费者的行为特点，正如广告界的一句名言所说"科学的广告术是遵循心理学法则的"。好的广告首先要满足消费者的心理需求，其次要运用各种技术提升注意力，并有效地促进受众的记忆和联想。三禾人认为，有效广告的心理策略在于：突显自我、唤起注意，使广告顺利地进入受众心灵感知领域；制造印象、引导记忆，使广告在受众心智中留下长久印迹；发掘联系、激发想象，使广告在受众心目中拥有自身的意义。

3. 策划要凸显企业个性

21世纪是一个竞争的时代、个性张扬的时代，适者生存强者胜。没有个性的人不会引起注意，没有个性的产品就离滞销为期不远。那么，什么是"个性"？三禾人认为：大家都做，我也做，这不是个性，这叫从众；大家都没做，少数人做了，我也做，这也不是个性，这叫模仿；大家都没做，只有我做，但消费者不认可，这也不是个性，这是无意义的别出心裁；只有消费者认可了，接受了，这才是个性。个性是特色，个性是独创，个性是鹤立鸡群，个性是万绿丛中一点红。历史不会为缺乏个性的事物留出位置，历史将会使个性张扬的企业"众人皆醉我独醒"。

4. 最适合的才是最好的策划方案

我们经常会听到一些广告人说，策划了什么大型活动，起到了什么轰动效应，而三禾人的策划理念为"不唯大，不唯名，只为实"。三禾人始终认为，没有最好的，只有最适合的策划方案。把一个企业成功的策划方案照用在另一个企业上也许就是另一个结果，策划一定要根据市场的客观情况、服务企业的发展状况、广告主的负担能力及广告公司的实施能力，否则一切都是纸上谈兵。

5. 策划是一种理性激情的演绎

一谈到策划，讲到创意，人们就会联想到天马行空，无所畏惧。三禾人个个拥有充沛的精力，时时充满饱满的激情、昂扬的斗志，人人个性张扬，每天都进行着激烈的brainstorming（脑力激荡），充分展示自我才华，演绎着蓬勃的激情。他们曾为一个好的创意而大声疾呼，他们曾为一个被枪毙的创意而懊丧不已，但三禾人有科学的工作作风、严谨的工作态度、敏锐的思维方法，以及全心全意为客户服务、为社会服务的事业心与责任感，三禾人正以自己的青春演绎着一种理性的激情。

6. 策划就是帮企业赚钱

广告大师奥格威说，广告的目的就是"to sell（销售）"。三禾人认为，策划的目的就是帮企业赚钱，如果不能帮企业赚钱就不要做策划，也就是说，策划要使企业产出大于投入。我们不提倡那些大谈特谈长远效益却无法使客户从单一广告获取立即效益的做法，广告策划要很完美地把广告活动的微观效益与宏观效益、眼前效益与长远效益、社会效益与经济效益统一起来。

7. 策划应着眼于未来

策划要着眼于未来，具有前瞻性，以适应未来市场的变化，正如美国哈佛企业管理丛书编纂委员会认为，策划是一种程序。所有的策划都是关于未来的事物，也就是说，策划是针对未来要发生的事情作当前的决策。三禾人认为，策划是一种动态的过程，是一种程序过程，应以现在为出发点，以未来为落脚点，应随着市场诸要素的变化而变化，不能以不变应万变。

8. 策划是一种全方位服务

三禾人认为，策划不是高高在上的，策划不是指指点点，策划是为企业扎扎实实的全方位的服务，想企业之所想，想企业未及想。从市场调研到产品开发，从包装设计到形象塑造，从广告策划到营销推广，从媒体规划到品牌管理，从管理咨询到人员培训，三禾人都乐此不疲，任劳任怨。在三禾信息资料中心，有每个客户的服务档案，其中许多资料连客户自己都没存档，有需要时第一个想到的就是三禾资料中心，所以客户们戏称三禾是他们地道的"管家婆"。

讨论题：

1. 谈谈你对三禾策划观的认识。

2. 三禾人认为"策划就是帮企业赚钱"，奥格威强调广告的目的就是"to sell"，这是不是与"广告要注重长期的品牌建设"相矛盾，为什么？

3

广告创意心理

伟大的创意或平面广告，总是出其不意的单纯，触动人心而不凿斧痕。

——Leo Burnett

　　短短几年时间就成就一个全球知名品牌，听起来似乎不可思议，但 Absolut Vodka 确实做到了。究其成功秘诀，在其核心价值观引领下的广告创意可谓功不可没。自 1980 年首次推出平面广告以来的 20 多年里，Absolut Vodka 幻化成洛杉矶游泳池、布鲁克林大桥的桥架、布鲁塞尔撒尿的小男孩……甚至躲藏在瑞士手表或者京剧脸谱里，每次的广告创意都能给受众带来非同凡响的惊奇和视听美感。我们不禁要问：到底是什么因素强烈地吸引着受众的眼球？我们能通过什么策略提高受众对广告产品的记忆效果？是什么创意让受众不仅能感知广告内容、理解诉求内涵，更能产生如此悠远的遐想？

▷ 3.1　广告的吸引力与注意策略

一、消费者对广告的注意

1. 注意

　　据国外研究发现，每人每半天可从报纸、电台、电视等媒介物中接触到 150 个广告刺激，但是人平均只会注意到 11～20 个刺激，即只有能引起人们注意的广告，才有可能打动消费者的心扉。正如广告界流行的一句名言：让人注意到你的广告，就等于你的产品推销出去一半。还有一个被认可的关于发挥广告心理功效的原则，称为 AIDMA 原则（Edward. K. Strong Jr，1925），即 A——attention，吸引注意；I——interest，引发兴趣；D——desire，激起欲望；M——memory，强化记忆；A——action，促成行动。有学者把此原则改为 AIDCA，其中，C——conviction，取得信任。在这个原则中，第一步就是吸引注意。[①] 可见，从消费者接受心理上讲，广告能否吸引消费者的注意是其成败的心理基础。

注意是人的一种心理状态，它为心理过程提供背景状态。注意是心理或意识活动对一定对象的指向与集中，是一种普通的心理现象。如消费者专心致志地听广播广告、聚精会神地看电视广告、思考各文献提供的信息等。这些"专心致志"、"聚精会神"等，都是消费者的注意现象。

2. 有意注意和无意注意

心理学根据引起和保持注意时有无目的性和意志努力的程度，把注意分为无意注意和有意注意。

有意注意（Conscious Attention）是指有预定目标，且需要经过意志努力才产生的注意。在这种情况下，消费者需要在意志的控制下，主动地集中注意力，直接指向特定的营销刺激（或消费对象）。因此，有意注意通常发生在需求欲望强烈、购买目标明确的场合。有研究表明，广告信息作用于消费者的感觉器官时，只有在注意这种有意识的觉醒状态下，才会对信息进行加工而最终作出决策。例如，急需购买某名牌彩电的消费者，会刻意寻找、搜集相关信息，并在众多的同类商品中，把注意力集中于期望的品牌上。

无意注意（Unconscious Attention）是指没有预定目标、不加任何意志努力而产生的注意。消费者在无目的地游览、观光时，经常会在无意之中不由自主地对某些消费刺激产生注意。刺激物的强度、对比度、活动性、新奇性等是引起无意注意的主要原因。无意注意对刺激物产生的反应叫定位反射（Orientation Reflex）。

3. 选择性注意

在百货商店里与人谈话的时候，大家可能只注意到自己的谈话内容，而无视或没有感觉到其他刺激。Cherry 为观察选择性注意做了这样的实验，让被试戴上耳机听周围的声音，然后说出自己所听到的声音内容。被试虽然能辨别出人的声音和动物声音、男人的声音和女人的声音，但说不出声音的内容。这说明，消费者暴露于营销刺激以后，虽然信息被感受器所接受，但消费者只注意到感觉信息的一部分，然后对此进行处理。消费者将心理活动集中指向与自己的接受定向、接受期待、接受个性相匹配的营销刺激、有选择地把认知资源投入到营销刺激的注意叫做选择性注意（Selective Attention）。

选择性注意对市场营销活动有以下启示：

（1）消费者在大部分情况下没有把认知资源充分投入到营销刺激上，所以大部分情况是低卷入的。

（2）企业与消费者的沟通效果在很大程度上取决于被投入的消费者认知容量。

（3）广告内容对消费者非常重要的时候，消费者就把注意力充分投入到广告刺激上。但是广告内容对消费者而言不太重要的时候，消费者就没有把充分的注意力投入到广告刺激上，这时消费者对广告的反应就取决于广告的说服程度。

---

① 余小梅. 广告心理学. 北京：北京广播学院出版社，2003.34

二、广告引人注目的策略

1. 突显广告刺激物的特点

心理学界有个著名的"诺德拉现象",即与行为同时存在的没有任何注意要求的倾听,也就是受众对所发生的事情有一种漫不经心的"低关心度"。[①] 在这种情况下,雷同的东西不能引起受众的反应。因而,广告要获取实效引起受众的注意,其本身就应有明显的"凸显"或特色。

广告刺激物本身的特征就是其能否引起消费者注意的影响因素,如形状、颜色、位置等。这些特征能迅速捕获人们对广告的注意,而且几乎是自动地引起注意,即使消费者没有主动搜寻这些特征。

消费者对广告的注意以无意注意为主,无意注意是一种定向反射。定向反射是由环境中的变化所引起的有机体的一种应答性反应。因此,在一定限度内,客体刺激物的强度越大,人们对这种刺激物的注意越强烈。但是,并不是任何刺激物所引起的注意都是一样的,也不是越强越好。最能引起人们注意的刺激是:

(1) 相对强度的刺激。

按照条件反射的强度规律,刺激物在一定限度内的强度越大,它所引起的兴奋越强。这也是为什么一些企业明知道电视广告时间越长、报纸广告版面越大,费用也越贵,还是选择长时间和大版面广告的原因。刺激物的强度包括绝对强度与相对强度,在这两者之中,我们应特别注意相对强度的运用。所谓相对强度,是某一刺激物与其他刺激物的强度相比较而言。同一强度的刺激物在不同强度的背景下会产生不同的刺激效果。因为一个强烈的刺激物在其他同样强烈的刺激物背景上出现时,就可能不会引起注意;相反,一个不甚强烈的刺激物,在没有其他刺激物的背景上出现,也可能引起注意。一些心理学研究表明,人们的视觉定位受场景中突出性强的物体的影响,场景中物体视觉特征突出性强度与注视的定位速度呈正相关(Parkhurst 等[②],2002;Henderson[③],2003;Turano 等[④],2003),即物体的视觉特征突出性越强,个体就会越快注意到它。陈宁[⑤](2001)的研究表明,在非注意(无意注意)条件下,广告刺激的醒目程度更能自动地引起受众的注意,而且一旦受众注意到该刺激,由于探索欲已被激起,所以在刺激不十分难理解的情况下,受众会进一步加工广告的详细内容。

---

① 杨君顺,程远. 论知觉对象与背景的关系. 包装工程,2006(1):159~161
② Parkhurst D., Law K., Niebur E. Modeling the Role of Salience in the Allocation of Overt Visual Selective Attention. *Vision Research*,2002(42):107-123.
③ Henderson J. M., Hollingworth A. Global Transsaccadic Change Blindness during Scene Perception. *Psychological Science*,2003(14):493-497.
④ Turano K. A., Geruschat D. R., Baker F. H. Oculomotor Strategies for the Direction of Gaze Tested with a Real-world Activity. *Vision Research*,2003(43):333-346.
⑤ 陈宁. 广告的醒目性程度、受干扰程度与呈现环境对消费者信息加工模式的影响. 复旦学报(自然科学版),2001(4):451~455

例如，在相对宁静的高级购物场所，一则广播广告可能会引起顾客的注意；但同样强度的广告，在集市贸易中则可能不会引起顾客的注意。在网络广告中，企业主往往喜欢选择流量非常大的首页做广告，但效果不见得最好。对一些专业的产品来讲，流量越大的页面，点击率越低；流量越小的页面，点击率越高。前不久，一家经营摄影器材的客户在新浪网上投放广告，开始在首页上做，结果点击率只有 0.5%，最后换到深处的专业页面，点击率达到 20%，比首页上增加了 40 倍。这就是因为其绝对强度虽没增加，但其相对强度增加了。

（2）变化的刺激。

Trwin 等[1]（2000）的研究发现，刺激物的突然出现（即变化）可以最有效地捕获注意和眼动，因为突现可以引起反射性的、非自主的眼跳。以往诸多研究也证实，刺激物的动态特征（如突现、变化、运动等）比静态特征（如明度、颜色等）更能捕获注意和眼动。刺激物的变化包括突然变化与不断变化两种。例如，一亮一熄的霓虹灯广告不断变换字体与图案，比固定不变的广告更能吸引消费者的无意注意；又如，活动的玩具比不活动的玩具更能引起儿童的注意。突然变化是指突发性的没有固定规律的变化。如成都地奥集团在全国各大电视台播出的"地奥银黄含片"的广告，广告一开始是电影演员李雪健向观众诉说，但听不到声音，也没有任何音乐声，持续了近 5 秒钟才听见声音，李雪健向观众诉说："没声音再好的戏也出不来，地奥牌银黄含片……"在电视播放的过程中，突然静止 5 秒钟，这种突发性的变化，容易引起消费者的注意。

（3）新异的刺激。

广告心理学研究认为，一件广告作品要想使消费者注意听、注意看并能理解、领会，形成巩固的记忆，是与作用于人的眼、耳感觉器官的广告的声音、文字、色彩、图案等条件新异性特征分不开的。Pieters 等[2]（2002）、Krugman 等[3]（1994）的研究表明，广告中的创新性元素能够引起消费者对广告品牌的更多注意。

广告作为对消费者的刺激物，如果新鲜奇异，则会吸引消费者的无意注意。当新异刺激出现时，人们会产生一种相应的运动，将感受器转向新异刺激，以便感知这一刺激。求新求异是人类的本性。从感知觉的角度来说，消费者如果长期接受类似的刺激，对差别的分辨能力将随之下降。一旦消费者对某类广告习以为常、熟视无睹时，对它的反应也是淡漠的，这时只有新奇的刺激才能引起他们的关注。如在街头发放宣传单，是许多企业采用过的广告宣传手段，但在美国，一家企业的做法着实新奇，其仍然是请人在大街上发放宣传单，但每名促销小姐都牵着一条非常可爱的狼狗（如图 3－1 所示），这种牵着狼狗发放宣传单的举措，引起了广大路人的注意，从而使发传单这种老掉牙的宣传方法再次成为受众的焦点，起到了很好的宣传效果，这就是新异刺激的注意效果。此外，

① Irwin D. E., Colcombe A. M., Kramer A. F., Hahn S. Attentional and Oculomotor Capture by Onset, Luminance and Color Singletons. *Vision Research*, 2000（40）：1443–1458.

② Rik Pieters, Luk Warlop, Michel Wedel. Breaking Through the Clutter: Benefits of Advertisement Originality and Familiarity for Brand Attention and Memory. *Management Science*, 2002, 48（6）：765–781.

③ Krugman D. M., Fletcher J. E. F. Do Adolescents Attend to Warnings in Cigarette Advertising? An Eye–tracking Approach. *Journal of Advertising Research*, 1994, 34（6）：39–52.

广告中的创新性元素与消费者的接触度相联系，其效果可谓不可思议。如瑞士万国表的广告宣传（如图 3-2 所示），一改以往的静态，将其设计成在公交车上常见的吊环形状，安置在机场公交内，并配以"宇航员的大手表，在这里戴上吧"的广告语，贴切且极富创意。

图 3-1 新异促销篇

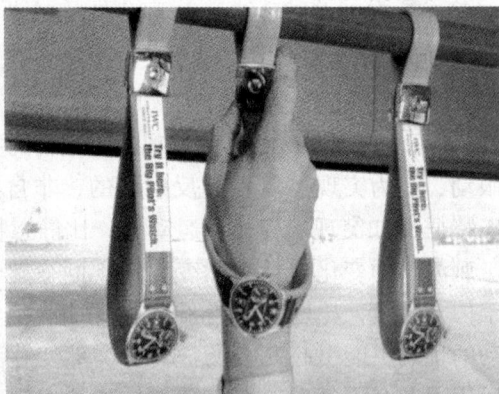

图 3-2 瑞士万国表广告

新异刺激能产生一定的效果，但并不是越新奇越好。新异性引起人们的注意，是建立在人们理解的基础上的。一则广告的表现内容虽然很新异，但如果人们不理解，那是难以引起注意的，即使一时引起注意，也难以持久，很快就会忘记。例如，曾在台湾获得 4A 广告创作银奖的台湾联广为 SAMPO 微波炉创作的一则广告，以"我家的猫煮了一条鱼"这一新奇的广告语和夸张的表现手法醒目地展示了 SAMPO 微波炉操作之简单的特点。然而在天津进行广告推广前的小范围测试时，不仅消费者无法理解，甚至一些广告人也不能理解。这则广告创意不能说不新异，但大陆文化与台湾文化有一定的差异，消费者不易理解，所以最终还是没有发布。在前几年的 VCD、DVD 大战中，各厂家都在宣传"无限扫描，高清晰"，金正 DVD 推出"苹果熟了"这句非常人性化、口语化的广告语，意思为 DVD 这一技术在金正成熟了。我们不能否认创意者确实费了一番心思，这一广告语也被业界评为当年最佳广告语之一，但笔者作为一名在广告界从业多年的老兵，也是看相关报道才了解"苹果熟了"的内涵，请问，有多少消费者知道"苹果熟了"的真正内涵，又怎么能将之与金正 DVD 联系起来，又怎能注意到该广告，从而产生好感和购买行为呢？

（4）对比的刺激。

对在许多事物中突显一个事物，用一句话来形容是"万绿丛中一点红"，也就是说，在同一刺激物中突出部分特点，或者在不同刺激物背景上，通过刺激物之间的对比，容易引起人们的无意注意。广告中常常运用这种对比的手法，达到吸引消费者无意注意的目的。这种对比有颜色对比、声音对比、大小对比、空间对比等。如防晒化妆品广告，以海滩泳池为背景，一个游泳者背部一半使用防晒露，另一半没有使用，皮肤的反应有明显的不同，这种对比就显示出此种化妆品的功效。20 世纪 90 年代中期，中央电视台可谓"酒气冲天"，黄金时段的广告大部分是白酒广告，口号一家比一家叫得响，声音一个比一个大，但就在其他酒在比谁的配音嗓门大的时候，一位温柔、娇巧的古代侍女用非常温柔、缠绵的声音向广大消费者诉说"饮不尽的豪爽，扳倒井"，与其他白酒广告形成了鲜明的对比，因而备受消费者关注。

但是，在运用对比性刺激时，还要注意对比与调和的关系，不能因强调对比而破坏调和。这里所说的调和，既包括广告商品的调和，也包括广告本身整体的调和。如果因强调对比而影响调和，就会损害商品本身的格调，也会损害广告的整体艺术性和整体形象，使一则完整的广告支离破碎。例如，高级轿车要显示出其豪华、高贵、浪漫、典雅的格调。

2. 选择恰当的时空位置

广告的空间位置，以报刊广告为例，指广告所占整个报刊版面的比例，还指广告本身面积的大小。国外有研究认为，广告画面尺寸的扩大会使读者的注意率提高，但两者并未构成正比关系（如表3－1所示）。心理学家 E. K. Strong 曾以心理实验方法，对广告面积大小和广告注意的关系作了研究，其结果是：如以 1/4 页广告注意值为 100，那么 1/2 页的注意值为 156，全页广告的注意值为 240。Lohse[1]（2001）对中国的黄页广告进行了眼动研究，结果发现：大幅广告引起的注视次数多，注视时间长，而且广告的尺寸也影响人对广告的注视顺序，大幅广告在小幅广告之前被注意到；在所有广告中，被试注意了 90% 的 1/4 页面广告，76% 的 1/16 页面的广告，36% 的纵向列表广告，6% 的简单列表广告；一般来说，被试对页面上方的广告注意较多，而对页面底部的广告则很少注意。

表3－1　广告版面大小不同引起的注意率[2]

版面大小（cm^2）	大小比率	注意率（%）
19. 25	1. 00	9. 70
38. 50	2. 00	16. 50
57. 50	3. 00	23. 30
77. 00	4. 00	30. 00
96. 22	5. 00	36. 70
115. 50	6. 00	43. 40
134. 75	7. 00	50. 20
154. 00	8. 00	56. 90
173. 25	9. 00	63. 90
192. 50	10. 00	70. 40

---

① Gerald Lohse, D. J. Wu. Eye Movement Patterns on Chinese Yellow Pages Advertising. *Electronic Markets*, 2001, 11（2）: 87－96.

② 川久胜. 广告心理学：市场决战的奥秘. 汪志龙，施锦标译. 福州：福建科学技术出版社，1985

广告的时间位置，以电视、广播广告为例说明。通常在收视率、收听率较高的黄金时间段中播出的广告，更容易被消费者注意。电视广告一般在正式节目播出前播放效果较好，节目结束后播放次之。插播广告中，排在首播和末播的效果最好。

3. 增强广告的重复率

闪光灯理论认为，有时仅仅一次接触，广告就能产生很强的作用。[1] 但是多数情况下，广告人员仍然认为要使主要的信息固化在人的头脑中需要多次与广告接触。因为多次接触会使人们对目标品牌名称、目标广告刺激更加熟悉。[2] 因而，增强广告的重复率很有必要，包括广告出现频率的增多和同一广告中主题的重复。广告出现频率的增加，会扩大消费者对广告注意的机会。以电视广告为例，电视广告"决定性的注意瞬间"是在最初的 3～7 秒。如果在这一瞬间不能有效地抓住消费者的注意，则很难在后面的时间再引起消费者的无意注意。国外广告设计者研究认为应在 0.3 秒下工夫，人眼扫瞄一下电视画面的时间约为 0.3～0.4 秒，户外广告的阅读率约为 3～4 字/秒和 4～6 字/秒。如此短暂的瞬间，又是如此重要。既要在广告的内容、形式上下工夫，又要增加这瞬间出现的机会。广告的重复对此十分有效。如果有效地把握了这一瞬间，而此后却不能进行主题引导与重复，消费者的注意力也可能渐渐减弱或转移，因而还应在同一广告中适时地重复强调主题，使消费者能保持对广告注意的稳定性，从而对广告内容产生深刻印象。报纸与电视的系列广告就是依据这一原理出现的。如海王银得菲推出"关键时刻，怎能感冒"这一主题，制作出了"生日蜡烛篇"、"求婚篇"、"中奖篇"、"理发篇"，既重复了广告的主题，保持了消费者的注意力，又不会使消费者感到厌烦，满足消费者求新求异的心理需求。

重复不一定就是一则广告在同一时空不断的重复，过度的重复会使消费者产生厌烦情绪。如哈药六厂的护彤口服液，这则广告在同一频道连接播放 10 遍，重复可谓多，消费者本身就对广告有一种抵触情绪，还要让他接连听 10 遍宋丹丹的"言传身教"，其厌恶情绪可想而知，还谈什么广告的宣传效果。所以，广告的重复应指在消费者接触到的任何媒体上的重复。如一则电视广告可在不同的卫视频道播放，可在同一频道的不同时段播出。另外，同一广告主题可以通过电视表达，也可以运用报纸、路牌、POP、网络等其他媒体传播。

4. 增强广告的艺术性

美的东西会首先被人们所注意，对美的追求是人类的一种本性，它始终存在着。而艺术可以给人们带来美的享受，可以满足人们追求美的需要，因而，增强广告的艺术性，使消费者产生美感，满足了消费者对美的追求，自然可以吸引消费者的注意。消费者注意某个广告，其实质一定是广告符合并满足了消费者的某种需求。

---

[1] Tellis G. J. Effective Frequency: One Exposure or Three factors? *Journal of Advertising Research*, 1997 (14): 75 – 79.

[2] Krishnan H. S., Shapiro S. Comparing Implicit and Explicit Memory for Brand Names from Advertisements. *Journal of Experimental Psychology: Applied*, 1996 (2): 147 – 163.

广告的艺术性应是创意新颖、不落俗套；表现技巧精湛，声音、图像、文字配合得当。如动听的广告歌曲、富有趣味的故事情节、恰当的模特人物等，都能调动人的情绪，吸引人的注意。

广告要吸引人的注意，就不要只给观众看物，还要让观众看到人，人对人总是有兴趣的。如果广告内容上尽是厂房、设备、产品包装，是难以使人注意的。广告上出现的人，应该是与广告产品有关系的人。如果广告中人物模特与内容无关或关系很弱，那么，由它引起的注意就会离开广告的产品和品牌，而集中指向模特本身，其结果是广告不过成为一幅供人欣赏的作品，根本起不到应有的职能作用。因此，选择人物为商品做广告，要注意将广告诉求点放在物上。

此外，色彩的运用对引起注意也很重要。一般来说，消费者对彩色广告比黑白广告的注视时间要长，注视次数要多，因为颜色广告通过使目标信息更容易吸引注意来降低视觉搜索的难度。美国流行色彩研究中心的一项调查表明，人们在挑选商品的时候存在一个 "7 秒钟定律"①：面对琳琅满目的商品，人们只需 7 秒钟就可以确定对这些商品是否感兴趣。在这短暂而关键的 7 秒钟内，色彩的作用占到 67%，成为决定人们对商品好恶的重要因素。正确运用色彩不但能加强视觉刺激，使人有美的感受，还能反映商品的真面目，增强诱惑力，满足人们的选择要求。

5. 广告符合消费者的兴趣

注意是认识广告的开始，兴趣是引起注意的重要原因。消费者的注意具有选择功能，而这种选择常常是依据消费者自己的兴趣爱好而定的；兴趣对人的心理活动起着积极的影响，人们对广告内容发生兴趣，不仅引起对广告的注意，而且提高注意的持久性，主动搜集商品的信息，为购买活动做好准备。消费者在众多的广告面前，为什么偏偏注意了甲广告，而未注意乙广告、丙广告呢？原因很可能是甲广告引起了他的兴趣。因此，了解消费者的个性倾向，尤其是广告具体对象的共有兴趣，并使广告符合他们的兴趣，可提高他们对广告的注意度。

在网络广告中，突显广告的趣味性，引起消费者的兴趣更为重要。很多网络广告有着较好的动画效果，使广告富有趣味性，许多网络广告还附有互动式游戏，使受众在做游戏的过程中不知不觉地接受广告宣传。事实证明，使广告突显趣味性是提高网络广告效果的一个重要的武器。据 CNNIC 发布的《中国 Internet 发展统计报告》（1999 年）中的调查显示：有 20% 的人表示网上广告注明有奖或伴有互动式游戏时，他们会点击网上广告。而在笔者主持的 "网络广告心理效果测评指标体系研究" 中，网络广告测评指标体系中 "趣味性" 仅次于 "行为度"，显示了广大消费者对网络广告趣味性的重视。

6. 利用悬念吸引注意

生活中为什么有那么多的人喜欢听评书和看章回小说，是因为这类作品在每一章结束时总要留下一个悬念。广告中常常利用这种手法，让消费者对广告从被动的状态转为

---

① 李戈. 基于消费行为导向的商品色彩设计探索. 商业现代化, 2007（17）：116～118

主动的状态，让他们主动去注意悬念的结果。悬念型广告的广告信息不是一次而是通过系列广告逐渐完善与充实的。由于信息的不完善，刺激了消费者的探究欲，并为他们留下了充分的想象空间，消费者由此可能更加关注并积极寻找信息的线索。

　　台湾三阳公司当初推出野狼125摩托车，为求新产品成功上市，策划了一组悬念广告，这组广告是引起人们注意的成功典范。1974年3月26日，在台湾两家主要报纸上，刊出一则没有注明厂牌的摩托车广告，广告中间留一块空白，上端有两幅漫画式的摩托车插图，图下面有几行字"今天不要买摩托车，稍候6天，买摩托车您必须慎重地考虑。有一部意想不到的好车，就要来了"。次日，广告继续刊出，内容只换了一个字"请您稍候5天"。广告引起了人们的极大注意和反应，各家摩托车店的生意都减少了。同行对三阳表示不满，纷纷责问："为何这两天不让消费者买摩托车?"第三天，"5"改为"4"，广告照登。广告主自身的经销店也开始抱怨生意下降。第四天，广告正文改为"请再稍候三天，要买摩托车，您必须考虑到外形、耗油量、马力、耐用度等，有一部与众不同的好车就要来了"。第五天，广告内容稍作改动："让您久候的这部车，无论外形、冲力、耐用度、省油都能让您满意的野狼125摩托车，就要来了，烦您再稍候两天。"第六天，广告内容又改为："对不起，让您久候的三阳野狼125摩托车，明天就要来了。"这几天消费者停止了购买摩托车，翘首以盼，等待着"野狼"的出现。第七天，新产品上市，刊出全页面积大幅广告。结果造成了极大轰动，第一批几百部摩托车立即销售一空，并接连不断地畅销。三阳名声大振，效益大增，创造了销售奇迹，令同行业刮目相看，这则广告也成为台湾广告史上的杰作。

　　悬念广告看上去是延缓了广告内容出台的时间，事实上却延长了人们对广告的感受时间。通过悬念的出现，使原来呈纷乱状态的顾客心理指向，在一定时间内围绕特定对象集中起来，并为接受广告内容创造了比较好的感受环境和心理准备。日本WOWOW卫星电视的一则广告片淋漓尽致地表现了这种手法。在这段广告中（见图3-3），一个女子在接受男士生日礼物——手表的同时，看着手表拔腿就跑，观众十分纳闷，随后画面转到另一名男士不停地看表，焦急万分，观众以为该女子是为了和这位男士约会，然而女子却穿过大街，连鞋子都跑掉了，观众的心情越来越紧张。画面又转到一老妇人与一女孩准备点生日蜡烛，这时观众以为女子为了赶生日晚宴，可女子却穿堂而过，画面又转到刚才那位焦急等待的男士看见女子过来也朝女子跑过来，这时观众又回到了开始的想法，这个女子是为了与这位男士约会而行色匆匆，当这两个人非常接近的时候，男士张开双臂迎接时，观众更坚信了自己的想法，然而女子却从男士身边擦肩而过。最后女子跑入一间房间，拿出遥控器，打开电视，画外音："WOWOW"及字幕："看你想看的节目。Very good TV。"观众这才豁然开朗，原来女子如此行色匆匆是为了看WOWOW卫星电视，让观众在紧张之余，留下了深刻的印象。

图 3-3　WOWOW 卫星电视广告"奔跑的女人篇"

悬念广告无疑刺激了消费者参与并发挥创造想象的需求，它用一定的线索设置悬念，使消费者从不自觉的被动状态转为自觉的主动状态，并积极展开想象去解开悬念。这个过程使消费者乐在其中，并可以使广告的作用时间在消费者头脑中得以延长，加深印象，同时，由于消费者想象的作用，等于相对扩大了广告的信息量。

3.2　广告注意策略的误区

一、为了注意而注意

·注意只是人们对客观事物认识的开始，而要达到认识的目的，还有一个距离。广告心理在运用注意原理时，不要为注意而注意，吸引注意是有目的的。既要吸引注意，又要防止注意的消失，既要从抓住视听者的"瞬间注意"开始，又要使视听者能逐步深入。全美广告协会把广告目标定为"在一定的时期，给一定的视听者，完成一项专门的传播任务至一定程度"。当广告设计采用的手法有利于给定的广告任务的实现时，其吸引力是积极的；反之，与广告信息无关或很少有关的表现手法，势必会转移视听者对广告信息的注意，吸引力越强，就越背离广告目标。一句话，吸引力本身，既可能起积极作用，也可能起消极作用。所以，广告宣传在吸引视听者的注意时，应引导其把注意力集中在主要点上，排除其他干扰，更不能"喧宾夺主"。一般来说，广告是通过大字标题、图案、音乐、动态画面等来吸引注意的，但是，如果在这个基础上把注意范围扩散，人们就抓不住广告诉求的主要内容，甚至"不知所云"。

在广告界中，有很多是为了注意而注意的广告。在广告策划过程中，不考虑市场状况，不分析产品特性，不考虑企业的实际情况和财政能力，一味追求轰动效应，吸引消费者的注意，最终失败的结果是可想而知的。江西九鼎集团推出乌鸡白凤酒，委托一家广告公司为其做上市宣传，该公司推出 10 万元征集一句广告语活动，之后又举行大规模的购酒抽奖活动。当时在推广地南昌确实引起了轰动，可谓家喻户晓，但其价格太贵，平均每瓶都在 100 元以上，而乌鸡白凤酒在当地早就是一种家庭日常饮用的保健酒，是天天喝的酒。试想，一个人一天喝一两，一个月最少也要三瓶，这就意味着消费这种酒每个月都要花上三四百元，对于身处老区的普通消费者有可能吗？因此，该广告最终难逃失败的命运。

二、人物模特吸引力强

一般而言，广告画中的人物模特较能吸引消费者的注意，还可以增加广告的亲近感和重要性，有着较好的宣传效果。Starch 对于广告中人物模特的作用问题，曾经做过一项研究。在该研究中，让人们分别挑选出 50 则最爱看的和最不爱看的广告。在被认为最爱看的 50 则广告中，有 29 则的插图中心集中于人物。而在认为最不爱看的 50 则广告中，只有 10 则的插图中心集中于人物。另一方面，在前 50 则广告中没有一幅是单独介绍产品的图片，而后 50 则中就有 32 则是只介绍产品的图片。实验研究证明，带有人物的广告比仅带有产品的广告效果好。

人物画中的注意值一般说来要高些，但是不是广告只要用人物模特就有较高的注意力，就有很好的宣传效果呢？我们说，如果广告中的人物模特与内容无关或关系很弱，那么，由它引起的注意就会离开广告的产品和品牌，而集中指向于模特本身，结果广告成了供人欣赏的作品或明星的宣传篇。如巩俐为野力干红做的电视广告，整个广告就是巩俐的宣传篇，若不是最后标牌出现野力干红字样，受众根本不知道是在做广告。还有川剧变脸王为镇脑宁做的 30 秒电视广告，前面 25 秒就是王道正"变脸"，没有出现产品的任何形象和信息。这则广告在中央电视台黄金时档播出后，笔者做了一项简单的调查，结果有较多的人对这则广告有印象，但无一人能说出该广告是为什么品牌做的广告，很多人连该广告是做什么类型的产品都不知道。

所以说，人物模特相对于单纯的产品诉求有着较好的注意度和亲和力，但如果运用不好的话，也会产生负效果。

三、性感广告效果好

在人类的需要结构中，异性是其中之一。由此，现代广告出现了很多性感广告和色情广告。我们说，性感是人类最基本、最强烈的情感之一，性感广告是一种以表现性特征、性心理为手段的具有一定审美价值的广告表达形式，它是对自然人体的审美肯定，也是对自然人体的超越。好的作品不但可以促进销售，还可以给受众带来美感。运用它形成人的心理积极情绪来认知产品早被全世界许多广告人所看重，在欧美等发达国家，性诉求在广告中已被普遍运用。在近几年戛纳广告节、纽约广告节的获奖作品中，性感广告占了很大的比例。在国内的各种广告大赛中，性感广告也屡获大奖。

但异性吸引理论认为，性感广告固然能够吸引一部分受众，但也可能使读者从该广告信息中分心。美国广告学者分析美国 20 多年的性感广告后指出：性感广告只有和广告商品相匹配，针对恰当受众才能发挥良好作用，受众的注意力、记忆率才能与性感信息的强度成正比；而无此关系时，则会产生相反效果或喧宾夺主。① 另外，"性"一直是人们最为敏感的话题，在人们的眼中，性常和色情、暴露、屏幕污染、少儿不宜等联系在一起，所以并不是任何性感广告都能起到很好的效果，广告在进行性感诉求的时候必须慎重，应考虑消费者的接受心理。通过实验发现，性感广告要符合目标市场的文化背景才能使其发挥应有的效果；在我国，含蓄型性感广告将有较大的发展空间。②

此外，有一些误区也需要注意，如性感广告并非越暴露越好、不能过分使用女性性感广告而忽略男性性感广告、使用性感广告需要与目标市场相匹配、性感广告并非万能等。关于性感广告，下文还有专门论述。

▷ 3.3 广告的知觉与理解

在市场营销活动中，经营者总是期望自己所制定的各种策略，包括广告、包装等能收到良好的效果。要达到这个目的，经营者必须使自己的策略能被消费者接受。消费者通过感觉器官来接收广告信息并作出判断，即对广告进行感觉与知觉。从市场营销的角度出发，弄清消费者对企业和产品的知觉如何，对企业所采取的市场营销策略的感觉和认识如何，是非常必要和十分有益的。

一、感觉、阈限及市场策略

1. 感觉

感觉（Sensation）是人脑对直接作用于感觉器官的客观事物的个别属性的反映。它包括视觉、嗅觉、味觉、触觉等。例如，看见色彩、听到声音、尝到味道、摸到东西、嗅到气味，这些都是感觉的反映。人类不仅感受到外界的事物，还可以感受到自己体内器官的状态，如疼痛、饥饿、干渴等。

消费者对商品外部的个别属性有所反应，就产生了诸如对商品颜色或轻重等感觉。尽管感觉是对商品个别属性的反应，却是一切复杂心理活动的基础。没有这些感觉，就不可能进一步认识它是什么商品，更无法了解其意义。有经验的厂商在设计、包装、宣传自己生产或经营的产品时，总是千方百计地突出自己的商品有与众不同的差别和特点，以便给消费者留下深刻的印象。如柯达为黄色，富士为绿色；可口可乐为红色，百事可乐为蓝色。

2. 感受性和感觉阈限

不同的感觉通道有着不同的感觉能力。不同的人，其感受能力也不一样，感受性

---

① 徐舟汉. 性感广告与文化魅力——法国广告中性表现因素运用的几点启示. 艺术·生活，2003（3）：18~21
② 江波. 权威效应对性感广告态度改变的Q技术研究. 九江师专学报（自然科学版），2002（5）：33~36

（Receptivity）是一个心理量，它表示广告受众的主观感觉水平和感觉差异，是人体对于外界刺激强度及其变化的感受能力。无论哪类感受器，对外界刺激的反应都存在着一定的局限。太小或太弱的刺激无法引起人的觉察，而太强的刺激可能导致回避反应，就像身体回避太烫或太冷的刺激那样。感受器只有在一定强度的作用下，才能引起人的感觉。

感觉阈限（Sensory Threshold），被描述成恰好引起感觉的刺激强度。小于阈限的刺激强度，机体是不会产生反应的。感受性是以感觉阈限的大小来度量的。阈限值越低，说明感受性越高；反之，感受性越低。那种刚刚能引起感觉的最小刺激值，叫做绝对阈限；而被感受器所觉察到的最大刺激值，就称为上阈限。例如，人对音高的绝对阈限为平均每秒20周左右，而上阈限的平均值大约为每秒20 000周。正是这些数据为音响装置的设计提供了适宜的物理刺激范围。在生产中，有许多产品的设计与绝对阈限关系密切。例如，设计一般家庭照明用灯至少要有多少周波数，在电影胶片上至少要有多少帧画面才能让观众产生似动的感受，这都涉及有关的绝对阈值。

同时，人们对于超出阈限值的刺激能觉察到它的存在。可是，对于阈限上的任何变化或差别，却不一定都能察觉或者分辨出来。例如，人们都会有这样的体验：在成堆商品里挑出两个自己满意的，往往先挑者能如愿以偿，后来者挑来挑去也难以抉择。这是因为在足够数量的成堆商品里，常有一些差异明显的商品，可是到后来，彼此间差异越来越小，于是就难以分辨（择优）了。在这里存在差别阈限的问题。所谓差别阈限（Difference Threshold），指的是最小可觉察的刺激差异量，简称为最小可觉差。对这一最小差异量的感觉能力即差别感受性。这两者呈反比关系。许多实验研究表明，刺激从原有强度上变化至最小可觉差是一个恒定的比例常数，而不是绝对的差，这个规律称为韦伯定律。如手上原有100克的重物，增加2克，人们就可以觉察到这种差别。假如手上拿200克重物，则需增加4克方可觉察到这种差别。

韦伯定律已在市场中得到广泛应用。在产品开发与创新的过程中，一方面要设法让消费者觉察到有关产品质量的任何改善，同时避免浪费，留下尽可能多的市场空间。例如，我们电脑的升级换代，从286、386、486、586、奔腾1、奔腾2、奔腾3直至奔腾4，虽然每一次的改进不多，但消费者都能觉察到其进步。其实在推出386的时候，586甚至更高档次已经研制出来了。当原材料上涨时，要使产品价格稳定，许多商家采用的途径是适当缩减产品的重量或数量，而这种变化也限于差别阈限的范围之内。美国有一家食品公司，在23年之内，牛奶巧克力条的价格先后调整了三次，可是，它的重量却变动了14次。其中重量的多次变化均未引起多数消费者的觉察。另外，在产品促销中，打折是一种经常被商家采用的手段，但折扣太少，不能吸引消费者，若折扣太多，商家就没有利润。所以，要寻求刚刚能使广大消费者感到价格有差异的差别阈限值，这样既能使消费者感到实惠，又保证了商家的利润空间。

现存商品包装的现代化，可能会波及消费者心目中早已熟知的商标。在这种情况下，理想的包装设计是把产品外表的现代化与人们对该商标产品任何好的印象结合起来。换句话说，包装现代化的每一进程，都要求不让消费者感到商标在变化。

二、知觉规律及广告策略

知觉（Perception）是对事物的整体反映，消费知觉是消费者在消费活动中对作用于感觉器官的客观事物整体的反映。这里所说的客观事物，包括购物环境、所购商品、售货员的态度及行为表现等方面，消费知觉就是对这些方面的综合反映。消费者在购买商品时往往会根据其对商品、购物场所及售货员行为表现的整体印象决定购买行为。所以，消费知觉与广告及市场营销活动有着密切的联系。

1. 知觉的整体性

消费知觉是消费者对客观事物整体的反映，这种整体是指消费知觉把物体或现象的各种属性和各个部分综合起来作为一个统一的对象来反映，所以整体性是消费知觉的主要或基本特性。消费者在知觉某一事物时，该事物的各种属性并不会只引起消费者的单一感觉，而是各种感觉在消费者头脑中有机组成一个完整印象。例如，对一件衣服来说，消费者并不是仅仅注意到衣服的样式、色彩、质量、大小、手感等单一因素，而更多地是体验这件衣服在这些因素的基础上形成的整体效果。

人们所知觉的事物不仅具有各种属性，而且这些属性彼此相互联系着。这样，在消费知觉中，事物各组成部分的相互关系也具有重要的意义，它也影响消费知觉的整体性。同样，一些部分处于不同的关系当中，就成为不同的知觉整体。例如，在摆毛线的柜台上，如果把各种颜色的毛线按照相同颜色分层摆放在一起，就会给消费者一种整齐、干净、有序的印象；如果把各种颜色的毛线胡乱堆在一起，就会给消费者一种相反的印象，让消费者觉得柜台不整洁，毛线质量很差，售货员很懒惰。这也是商家非常注重货架陈列的根本原因。

由于消费知觉整体性的特点，使得消费者在购买商品时，对商品的知觉和印象不仅仅局限于商品本身，还会把商品与购物环境、售货员的态度及行为举止联系起来。如果购物环境光洁明亮，商品摆放整齐有序，人来人往，就会让消费者觉得该商场经营有方，货物齐全，质量可靠，价格便宜等；如果购物环境光线暗淡，商品乱堆乱放，冷冷清清，就会令消费者产生该商场经营很差的印象，他会怀疑商品的质量，甚至不愿光顾此商场，也不愿意到此购买商品。

在平面广告设计中，利用知觉整体性规律，不仅可以使画面简洁，还可使画面显得活泼新颖。如广州形象广告中，运用一个"红辣椒"代替"交"字，用一个"金碗"代替"晚"字，用一只"烧鸡"代替"机"字，不但没有损害"广交会"、"羊城晚报"及"白云机场"等广告标题的识别，还给人耳目一新的感觉。此外，雀巢咖啡"相伴每一刻"（如图3-4所示）的创意更是将知觉整体性原理发挥得淋漓尽致，其用咖啡杯和咖啡勺组成钟表的形态，并以排列的一系列杯勺组成了每一刻的整体效果，代表一天二十四小时，与广告语遥相呼应。

图 3-4 雀巢咖啡广告"相伴每一刻"

2. 知觉的选择性

消费知觉的选择性是指消费者从纷繁复杂的环境中，把某种客体、某种现象或它们的属性部分区分出来优先给予反应。消费者每天都会接受到大量来自客观世界的刺激，面对这些刺激，消费者不可能同时对它们作出反应，也不可能都对它们作出反应，而只能是对它们当中的一部分刺激作出反应。那么，人们到底会对哪一部分刺激作出反应呢？这就使知觉面临选择，这种选择能够使人们在知觉某一部分被刺激的同时，排斥另一部分刺激。例如，百货商场有成千上万颜色各异、种类不同的商品，但消费者并不会对所有的商品都给予注意，而仅仅会对他想购买的或感兴趣的商品才能很快地、明确地知觉到。

消费知觉的选择性可以是主动、有意识进行的，也可以是被动、无意识发生的。但无论怎样，凡是在某一瞬间被消费者清晰知觉的事物就是知觉的对象，而在同一瞬间被比较模糊地知觉到的事物就是知觉的背景。当消费者注意柜台上的某一商品时，这一商品及商品的颜色、质量、包装就成为知觉的对象，而柜台上的其他商品及售货员就成为衬托这一商品的背景。知觉的对象和背景不是固定不变的，而是可以相互转换的，消费者选择什么，不选择什么，受其主观意识的影响，如需要、动机、期望、态度等主观因素都会对知觉的选择性发生作用。一个想购买洗衣机的人，会仔细注意有关洗衣机的广告，在商场也会很快被洗衣机所吸引；而无此需要的消费者则可能很少关注洗衣机。消费知觉的选择性除了受主观因素制约外，还受客观因素的影响。刺激物的强弱、长短、动静等因素都会使知觉产生不同的效果。

市场研究证明，根据消费知觉选择性原理，"对比"是一种最能引起消费者注意和最能激发消费者对消费特性发生兴趣的手段之一。因而，我们在进行广告创意或设计的过程中就要充分考虑以下几点：①色彩的对比。主题与背景的色彩对比反差越大，就越容易对主题优先知觉。例如，红与绿对比反差近于最大，因此，万绿丛中的一点红就十分显眼；同样，万红丛中的一点绿也会引人注目。②声音的对比。主题的声音与背景的声音有明显差异时容易引起注意。③动静的对比。④留有足够的空白。空白实际上可以归属于广义的背景，它起着衬托主题的作用，虽然它不装载广告信息，但它的作用不可替代。日本心理学家和平面设计师反复测试分析后认为，空白在 1/3 到 2/3 左右的广告视觉传达作品效果最好。[1][2]

　　消费知觉的选择性特点可以运用到商业场所设计和广告设计中去。例如，前几年瓜子都采用塑料小包装，而恰恰瓜子针对这一市场状况，推出牛皮纸小包装，再配以传统的图案，并且采用三角形包装形状，一投放市场，放在超市货架中，因其包装的独特性首先被消费者所感知，从而一炮打响，成为中国瓜子市场上的领导者。在广告设计中，广告传递的信息应尽量简洁突出，对象、背景应鲜明，以便消费者选择。如第 24 届台湾时报金像奖海报类金奖作品 NBA 篮球赛"十字架篇"和"眼睛篇"（如图 3-5，图 3-6 所示），整个画面就是一个篮球的局部，使观众一看就知是篮球方面的信息。满版篮球的橙色，鲜艳夺目，也易在众多的海报信息中被观众感知。"十字架篇"突显球面上的纹路是一个"十字架"，配以"最后审判的时刻已经到了"的广告语。"眼睛篇"突显球面上的纹路是一只"眼睛"，配以"谁都舍不得眨眼直到最后"的广告语，非常明确地表达了"NBA 总冠军到了最后对决的时候，精彩时刻不容错过"的广告信息。所以说，简洁可使消费者明确地选择广告主体信息，一目了然。

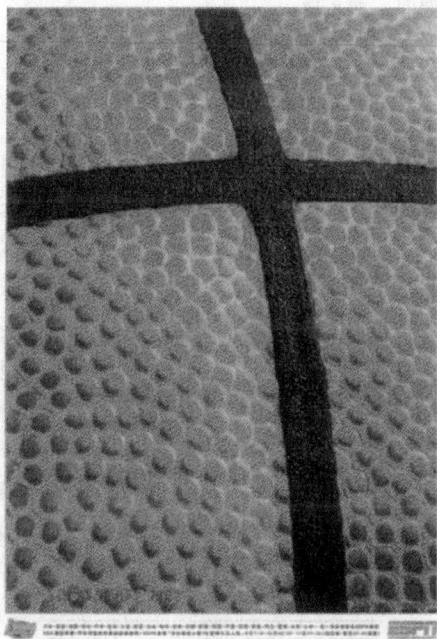

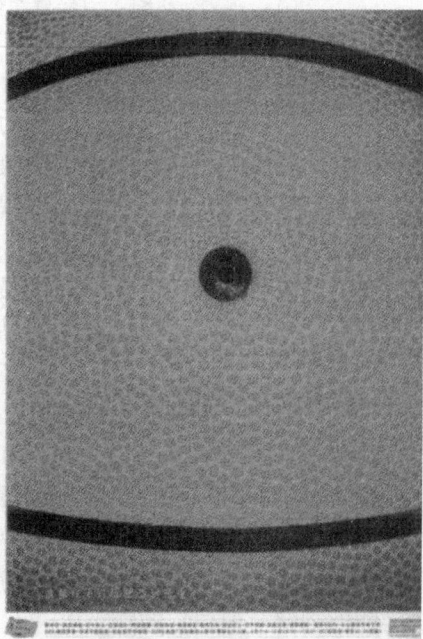

图 3-5　NBA 篮球赛"十字架篇"　　　　　图 3-6　NBA 篮球赛"眼睛篇"

　　在复杂的广告画面中，也可用特殊的符号标出主要信息源，以便受众能从复杂的信

① 殷庆林. 知觉选择性在广告设计中的应用. 销售与市场, 2000
② 何洁等. 广告与视觉传达. 北京：中国轻工业出版社, 2003. 244

息中选择所要的信息。如第 24 届台湾时报金像奖食品项金奖作品统一辣阿 Q 桶面"菊花篇"（如图 3-7 所示），画面是一个人在野外草地上，背对着观众，坐着吃统一辣阿 Q 桶面，远处还有村落、蓝天、白云。在这复杂的画面上，草地上的一朵菊花正对着这个人的屁股，且菊花又形似身体这一部位，配以广告语"不只辣嘴巴"，以极具趣味的形式，强调了统一辣阿 Q 桶面的辣不只是辣嘴巴。画面虽复杂，但通过"菊花"的指针，使消费者一下子感知这一广告所要表达的主要信息。

图 3-7　统一辣阿 Q 桶面"菊花篇"

3. 知觉的理解性

知觉的理解性是指消费者根据已有的知识和经验对知觉对象进行解释的过程。人们在感知一个对象或现象时，不仅直接反映它的整体形象，还会根据自己以前获得的知识和实践经验来解释和判断这一对象或现象。有人曾用对图片的感知来说明这一特性。实验者先给被试呈现一幅图片，上面画着一个身穿运动服正在奔跑的男子。被试一看就断定他是球场上正在锻炼的一位足球运动员。接着给被试呈现第二幅图片，内容是在那位足球运动员的前方增加一位惊慌奔跑的姑娘。这时被试认为他看到了一幅坏人追逐姑娘的画面。最后实验者拿出第三幅图片，在奔跑的男子后面增加一头刚从动物园逃跑出来的狮子。这时，被试才明白了图画的真正意思，即运动员和姑娘为躲避狮子而拼命奔跑。

由于消费知觉的理解性受以往知识和经验的影响，因此，知识和经验的不同，对知觉对象的理解也就不同。所以在广告创意、设计中要充分考虑目标消费群体的知识与经验。如台湾三味矿泉水的广告语"四大皆空——无色无味无菌无尘"，这与当今台湾社会信佛者比比皆是的状况是相应的，借用佛教用语凸显三味矿泉水的纯度和质量，让人莞尔一笑后能够理解、记住它的特点。

此外，影响消费知觉理解性的还有一个很重要的原则，即"同化—异化"，这是基于人们在认识过程中寻求刺激间差异最大化或最小化的一种简化形态。[①] 如德芙巧克力广告因为要突出巧克力的纯正、细腻，所以在广告制作中通过特写来表现巧克力柔美的流动，在受众同化感受中确能产生"德芙巧克力，如丝一般的感觉"。通过感知觉的同化，增加

———————————
① 卫军英，张莺. 论广告信息促动的知觉机制. 浙江大学学报（人文社会科学版），2002（2）：126~130

受众对产品的认可。

消费知觉的理解性对促进消费也有着积极的意义。如果把某件普通商品衬以非常豪华的装饰，或者置于富丽堂皇的包装之内，就会让消费者觉得这件商品极其名贵。再如，对化妆品来说，化妆品包装瓶的造型一定要高雅别致，让消费者一看到包装瓶，就联想到化妆品就像包装瓶那样典雅高贵，从而产生购买欲望。如果包装瓶很粗糙，造型也不美观，则很难让消费者产生该化妆品能使人美丽的联想。此外，为了预防消费者对商品的误解，企业在对商品进行广告宣传时，要引导消费者正确地理解商品，避免出现片面的甚至是错误的理解。

4. 知觉的恒常性

恒常性是指知觉中由于知识经验的参与，当知觉的客观条件在一定范围内改变时，我们对它的知觉印象在相当程度上仍保持着相当的稳定性，不随知觉条件的变化而改变。这种特性使得人们对客观事物的认识在一定范围内保持一致。例如，在广告活动中，如果广告使消费者对其品牌建立了相当的了解，建立了品牌忠诚，即使环境有所变化时，消费者依然可以认知它。就像我们看到一个熟识的朋友，虽然他换了装束，仍然能够认出他。研究表明，一个忠实的顾客在五年内为公司所累积的利润是第一年的7.5倍；第一次销售成本大约是后续销售成本的 5~10 倍，甚至高达 20 倍。也就是说，如果消费者与某一品牌建立了一种长远的良好关系，就会保持较高的忠诚度。

知觉的恒常性还要求我们的企业进行零缺陷管理，使自己的产品、服务做到尽善尽美，不要让消费者产生不好的印象。一旦消费者对某一品牌、企业、产品产生不好的印象，将很难改变消费者的态度，甚至终身失去这一顾客。南京冠生园为月饼的老字号，深爱消费者喜爱，企业效益也连年上升，但 2001 年，该企业用上一年的果馅处理后卖给消费者这一事件曝光后，再没有人购买该企业的产品，企业因此停产，职工下岗，甚至殃及上海冠生园，为此，上海冠生园通过多种媒体澄清与南京冠生园没有任何关系，但其销量还是受到了一定的影响。

三、消费风险知觉及减少策略

1. 风险知觉

消费风险知觉（Perception of Risk），最早由 Bauer（1960）提出，是指在产品购买过程中，消费者因无法预料购买结果的伪劣而产生的一种不确定性感觉。消费者在作出购买决策时，感知利益和知觉风险会同时出现（Peter，Tarpey，1975），并且相对于获得购买效用最大化，消费者更倾向于逃避错误（Mitchel，1999），也就是说，知觉风险更为关键。由于市场环境的差异，在产品购买过程中，消费者可能会面临各种各样的风险，如获得信息不对称、信息搜寻成本高、假冒伪劣产品多、投诉索赔处理困难等，这些风险有的会被消费者感觉到，有的则不一定被感觉到；有的可能被消费者夸大，有的则可能被缩小。因此，知觉风险与实际风险可能并不一致，甚至出现较大的差距。

2. 消费风险知觉的类型

到目前为止，对消费风险知觉的类型研究多引用 Jacoby 和 Kaplan 的成果，将风险知觉分为以下六种：

（1）功能风险（Functional Risk）。

功能风险是指产品不具备人们所期望的性能或产品性能比竞争产品差所带来的风险。如汽车的耗油量比企业承诺的高、电池寿命比正常预期的短，均属于功能性风险。再比如购买热水器，要是购买煤气热水器，怕使用不当，造成煤气中毒；要是购买电热水器，怕电线绝缘不好，漏电而发生生命危险。

（2）身体风险（Physical Risk）。

身体风险是指产品可能对自己或他人的健康与安全产生危害的风险。例如，食品的营养与卫生标准是否达到了法律所规定的要求、转基因食品是否会对人体健康产生无法预料的影响，消费者的此类担心均属于身体风险的范畴。

（3）财务风险（Financial Risk）。

财务风险是指担心产品定价过高或产品有质量问题招致经济上的损失所产生的风险。

（4）社会风险（Social Risk）。

社会风险是指因购买决策失误而受到他人嘲笑、疏远而产生的风险。例如，家人、朋友如何看待我的选择？我买的产品是否会被我所渴望加入的群体人员所接受和欣赏？对这类问题的关注和担心属于社会风险。

（5）心理风险（Psychologist Risk）。

心理风险是因决策失误而使消费者自我情感受到伤害的风险。对所买产品是否适合自己，是否能体现自己的形象等一类问题的担心即属于心理风险。

（6）时间风险（Time Risk）。

时间风险是指一种产品并非像预期的那样好，对它的寻找将浪费大量时间的风险。

另外，知觉风险因人、产品、品牌和情境而异。例如，对乘坐飞机，年纪大的人通常比年轻人感觉风险要高，同一年龄群体内不同个体之间也存在差别。同样，同一个体对于购买一些日常用品可能并不觉得有什么风险，而对购买耐用品如汽车、住宅或外出旅游则可能觉得有比较高的风险。即使是购买同一产品也会因情境的不同而感受到不同的风险。

3. 产生风险知觉的原因

如前所述，风险知觉是因消费者对其购买活动的结果存在不确定感而产生的，因此，凡是导致这种不确定感的因素就构成产生知觉风险的原因。

（1）消费者购买的是新产品或对所要购买的产品以前没有体验。

在大多数人看来，新产品或没有体验的产品存在更大的不确定性，这种感觉既与经验和常识有关，又与人们更习惯于现有状态和现有事物的心态有关。

（2）以往在同类产品的购买与消费中有过不满意的经历。

"一朝遭蛇咬，十年怕井绳。"一旦以前在购买中有过不愉快的体验，就会心有余悸，从而对当前的购买滋生不确定感。

（3）购买中机会成本的存在。

任何购买或选择都是以放弃另外一些购买或选择为代价的，也就是说，均存在机会成本。例如，选择了"海尔"空调，就放弃了对"格力"、"春兰"、"美的"等其他众多空调品牌的选择。此时，消费者对是否作出了明智的选择，或是否应当作出另外的选择，并不一定有十足的信心和把握。

（4）因缺乏信息而对购买决定缺少信心。

在购买决策过程中，如果对被选择产品拥有充分、可靠的信息，那么不确定感就很小，甚至不存在，决策也就很容易作出。相反，如果信息不全或消费者认为手头的信息不可靠，则风险感会骤然升高。

（5）所购买的产品技术复杂程度很高。

一般来说，对于技术复杂程度高的产品，人们往往难以比较不同备选品牌之间的差异，这势必增加选择后果的不确定性。

4. 减少风险知觉的策略

消费者是能动的，一旦知觉到某种风险的存在，必然会想办法来减少风险。通常，消费者应对知觉风险的办法多种多样，且不同的个体在应对同一风险时所采用的办法也不尽相同。

（1）主动搜集信息。

当对选择后果存在不确定感和缺乏信心时，很多消费者会主动从外部获取信息，因为更多的或例外的信息意味着选择后果的可预见性和确定性增强。正如在第二章中所指出的，消费者获取信息的渠道很多，但购买知觉风险越高，消费者越有可能更多地依赖于个人信息源和从口头传播获取的信息。

（2）保持品牌忠诚。

在存在购买风险的情况下，从外部搜集信息无疑有助于降低风险，但信息的搜集是需要成本的。这些成本既包括时间成本，也包括金钱和精力的投入。如果消费者对现有品牌尚感满意，那么，他可以通过重复选择该品牌，即形成品牌忠诚来避免由于选择新品牌而带来的不确定感。

（3）依据品牌与商店形象。

著名品牌或有影响的商店不仅购买者众多，而且本身构成指示线索，有助于降低消费者的风险感。

（4）购买高价产品。

由于缺乏对商品的实际了解，或有些商品的质量难以从外部判断，因而价格常被消费者作为产品质量的指示器，不少消费者基于"便宜无好货"、"优价优质"而对产品质量作出推断。虽然这种推断不一定总是正确，但很多消费者仍有意无意地在价格与质量之间建立这种关系。

（5）寻求商家保证。

如果企业或卖方通过包修、包换、包退、包赔等方式对产品或服务提供保证，那么消费者的风险就部分或完全地转移了。

（6）从众购买。

根据大多数人的选择来作出购买决定，是很多消费者减少知觉风险的常用办法。在消费者看来，很多人采用同一产品或作出类似的购买决定一定有其合理的基础。即使这种决策不是最好的，也不至于是最糟糕的。

四、广告中的知觉偏见

消费者对广告的知觉偏向是指消费者在对广告商品认识过程中，常常会表现出一些带有规律性的认识偏差。这种知觉偏向有以下几种：

1. 首因效应与近因效应

首因效应（Primacy Effect）是指最先见到和听到的商品信息对印象形成的作用。近因效应（Recency Effect）是指最后出现的商品信息给人的印象较为深刻。研究发现，对初次见到和听到的商品，首因效应起较大的作用；对熟悉的商品，近因效应的作用则更为明显。例如，一件从来没有见过的衣服样式，往往会给消费者留下较为深刻的印象。对比较熟悉的衣服样式观察一遍之后，留在记忆中并能够回想起来的常常是最后见到的一两件。同样，在电视广告的播放中，广告主总愿在关注度较高的节目（如新闻联播、焦点访谈）开始前的几秒钟播放广告，以给受众留下深刻的第一印象。因此，在广告创意中，开始和结尾都要点明主题，以便消费者感知。

但是需要注意的是，首因效应的产生与受众当时的情绪、需要、兴趣等方面的心理状况有关，还与广告自身的内容表现方式和制作水平有关。要使近因效果得到充分发挥，需要注意电视广告内容与电视节目自身的关联性、针对受众心理提供消费知识引导消费等。[①]

2. 晕轮效应

晕轮效应（Halo Effect）是指知觉者以偏概全的一种心理现象。人们知觉到外界事物某一方面或某一特点并觉得好时，就会认为这一事物的其他方面或其他特点也都好；如果觉得这一方面不好时，就会认为其他方面或其他特点也都不好。这就好像一个人被标定为好人时，他就被一种积极的、肯定的光环所笼罩，并赋予他一切好的品质；如果一个人被标定为坏人时，人们就会把所有坏的品质归到他身上。广告活动的目的就是为了向消费者宣传产品、促销产品，因而充分利用消费者的晕轮效应进行正当的宣传是非常必要的。如在广告中突出产品的某个或某些与众不同的优点，使消费者对产品形成良好的印象。

---

① 薛媛. 心理学原理在电视广告播发中的运用. 徐州师范大学学报（哲学社会科学版），1999（2）：144～146

3. 刻板印象

刻板印象（Stereotype）是指在过去经验的基础上，根据有限的信息，对某一事物或现象得出一种普遍性结论。如认为南方人必灵活，北方人必直率；老年人必保守，青年人必毛躁，等等。具体到消费活动上，认为南方酿造的酒必定比北方好，进口的电器必定比国产的强，好产品出在大城市里面，县级乡镇企业不会生产出名牌产品，等等。国内外学者的研究发现，广告中依然存在"男主外，女主内"的传统角色分工，女性也常与生活性、消费性或服务性的产品相匹配出现在屏幕上，而科学性、生产性或权威性产品的代言形象多由男性担当。①② 但是，刻板印象的形成未必一定有事实根据，有时是根据道听途说而来的，所以其形成的印象未必都正确。

4. 先入为主

先入为主（First Impressions are Most Lasting）是指人们习惯于在没有看到事情的根据之前，就先对事情的结局下结论，或对某种事物作出肯定性或否定性判断。最常见的是，某些消费者刚刚踏进某一商场的门口，就对这个商场经营的好坏、产品质量的高低作出一定的判断，然后根据自己的这种判断来决定是否在这个商场停留。有的消费者一走进商场的门口，看到商场里人员稀少，对商品连看一眼的兴趣都没有，马上扭头就走，这就是先入为主的心理因素在起作用。再比如，一些消费者刚看到广告节目的开头，就马上对广告中的产品及服务作出肯定或否定的结论等。

5. 移情效应

我国民间有"爱屋及乌"与"恨乌及屋"的说法，即指人们习惯于将对某一特定对象的情感迁移到与该对象相关的人或事物上去，心理学称这种心理现象为"移情效应"（Empathy Effect）。"说服情感迁移模型"（After Transfer Model of Persuasion）认为，广告呈现时激起的受众情感反应会转移给该广告所传播的产品。③ 也就是说，广告中的情感诉求内容会引起消费者一定的情感体验（如怀旧等），由于广告中产品与情感内容的重复稳定呈现，会导致消费者对广告中的产品品牌产生类似的情感反应。因而，消费者对于商品广告的认知有"移情效应"的心理定式产生实属普遍，不少消费者对于广告产品的好恶，取决于他们对于广告形象的好恶。例如，不少厂家、商家运用消费者喜爱的歌星、影星、体坛名将做广告，就是利用了消费者的"移情效应"，顺应了人们的情感流向，设法把公众对明星的喜爱之情迁移到自己的产品上来。米卢为"金六福"做广告，不仅提高了该企业的知名度，也极大地提高了产品的销售量；赵薇为"亮庄"洗发水做广告，使得这个没有多少人知道的品牌一下子国人皆知，并赢得了无数"小燕子"迷的钟爱，

① Furnham A., Bergland J., Gunter B. Memory for Television Advertisements as a Function of Advertisemet - Programme Congruity. *Applied Cognitive Psychology*, 2002, 16（5）：525 - 545.

② Hoek J., Sheppard W. Stereotyping in Advertisements Viewed by Children. *Marketing Bulletin*, 1990（1）：7 - 12.

③ Muehling D. D., Sprott D. E. The Power of Reflection: An Empirical Examination of Nostalgia Advertising Effects. *Journal of Advertising*, 2004, 33（3）：25 - 35.

他们把对这位影星的喜爱全部移情于对"亮庄"洗发水的喜爱中。

移情效应在广告中表现得非常普遍，利用消费者的移情效应，创造好的广告形象，以树立良好的产品和企业形象，是非常必要的。值得注意的是，运用这种方法应该实事求是，弄虚作假最终必会自食其果，断送企业的前程。记得前几年一位中央电视台新闻播音员为"使你美"减肥腰带做广告，出于对该播音员的信任，广大消费者也对该产品的减肥功效产生信任，使得该产品一度畅销全国。但广大消费者使用后，功效并没有宣传得那样好，于是大量投诉，质检部门一查，产品并没有宣传的功效，经媒体曝光后，不但企业倒闭，做广告的播音员在广大消费者心目中也留下了不好的印象。

五、联觉在广告中的应用

在日常生活中，常常会有这样的经历，在广告中经常采用声音、光和色彩来传递一种强化了的信息，同时这些信息通过听觉与视觉再加工，会引起包括味觉、嗅觉等在内的感觉，这种由一种已经产生的感觉引起另一种感觉的心理现象即联觉（Synesthesia），又称通感，甚至通过想象与联想会得到更多的自身体验。广告在这种情况下，很明确地在其中贯入了主题，使受众在接触、感受和体验的快乐之中对产品产生认同心理。

广告要借助大众媒介进行传播，因而它更多地借助于视觉、听觉，要使消费者由广告中的视觉、听觉信息而产生食其味、触其物的感觉，就必须借助联觉。常用的方法有由颜色产生味觉，实验结果表明，颜色可以给人以味觉感受。如"黄色—甜味，红色—辣、咸味，茶色—苦味，绿色—酸味"等。食品广告中若运用恰当可使消费者感受到食品的味道。如香辣酱以红色为基调、咖啡以茶色为基调都可更加突出产品的特点。

在雪碧汽水的广告中，一句"晶晶亮、透心凉"，便道出了联觉的真谛。在赤日炎炎的夏天，手里拿着一杯雪碧汽水，看上去亮晶晶，喝下去凉透心，这种感觉大家都有过，然而把此种体验引入产品形象，成为一个固定的诉求，则更令人回味不尽。似乎一看到"晶晶亮"，就觉得"透心凉"。

有一则草莓联觉表现广告：插图上是一只装了奶油的透明玻璃杯放在桌上，旁边放了三只鲜嫩的草莓。人们从鲜红欲滴的草莓、乳白色的奶油，还有那晶莹透亮的玻璃杯底所显示的画面中，似乎感受到一种酸甜、清爽的味道。这是典型的视觉与味觉的联觉诱导广告。

联觉或通感诱导手法在电视广告中也时有出现。大家比较有印象的"康师傅方便面"广告，画面上：一大碗热腾腾的白面条和令人垂涎的鲜虾、牛肉和蔬菜，加之"好吃看得见"的口号，产生了非凡的感召力。整个广告的劝诱诉求气氛很浓，受众容易陶醉在这种通感的体验之中。可以说，这则广告利用新颖的品牌、简洁的广告语、艳丽的画面、集中的媒介攻势，有效地刺激了观众的感官，使许多人接受了广告的劝诱。

引起联觉的广告在诉求上有其明显的优势，它避开了平常的那种繁杂冗长的诉说方式，通过自身感受的连通来达到诉求目的。

联觉诱导策略的运用一般总能起到很好的效果，但在运用时要注意以下几点：

（1）掌握人们联觉的心理特点，深入了解人的各种感觉之间的相互关系与联觉的激发作用，具体分析产品可以引起受众的哪些感觉，选取最相近的感觉，采取恰当的媒介形式进行诉求。

（2）诉求点不能太杂乱，否则会引起受众感觉上的混乱，无法达到联觉效果。选择一点进行重点发挥，以求最强印象。

（3）不可生搬硬套，盲目刺激。

六、错觉在广告中的应用

错觉（Illusion）是对客观事物不正确的知觉，是在外界刺激物的作用下，产生的对客观事物的某种有固定倾向的主观歪曲的知觉。错觉是由物理的、生理的和心理的多种因素引起的。其中，具体事物受到并存的其他刺激的干扰，是形成错觉的主要原因；而人的主观因素如经验、情绪、年龄和性别等对错觉的形成也有重要影响。例如，用手去比较一斤铁块和一斤棉花的重量，常常感到铁比棉花重；在火车上候车时，临近的火车开动时，常常以为是自己乘坐的火车在动。

错觉的种类有许多，在广告中最常用到的是视错觉。例如，1956 年霍尔茨舒赫尔牌汽车的两张推销广告照片，就运用了透视错觉。两张广告的标题与文案完全一样，整个画面的布局也雷同，只是两张广告中，一张是人物模特站在汽车的后侧拍摄的，另一张是模特站在汽车前方拍摄的。这样，车子本身的大小虽未变，但由于照片透视造成了错觉，即模特站在汽车前面的照片，人物突出，而汽车显得较小，而模特站在汽车后侧面的广告照片则汽车显得较大，人物较小。再如百事可乐的车体广告（如图 3-8 所示）、德国 Bionade（生态汽水）的车体广告（如图 3-9 所示），均能让人感受到视错觉所带来的魅力与无限创意。

图 3-8　百事可乐车身广告　　　图 3-9　Bionade 车身广告

在广告中可以通过拍摄角度等技术手段来制造视错觉，还可利用物体制造错觉，如商店店面不大，但在墙上装上大镜子，就可产生深远扩大的错觉。在包装及广告画设计中也常利用错觉，如相同容积的两个小盒，一个是正方形，一个是菱形，利用视错觉，

菱形盒的容积好像大于正方形盒。同样容积的两个塑料瓶,瘦高状比矮胖状显得容量要大。还有一些厂家,故意在容器的底部向里凹陷,从而增加容器的高度,给消费者造成容量大的视错觉。

在视错觉中,还有颜色错觉。明度高的颜色有舒张感,明度低的颜色有收缩感。例如,法国的国旗是由蓝、白、红三色组成的。之前这三种颜色的宽度是一样的,但是总让人觉得三种色带不一样宽,蓝的比红的宽些。后来修改了三种宽度的比例,在三者实际宽度不等的情况下,保持了感知觉上的宽度一致。

上述这些错觉规则在广告设计中常常被综合应用。而在销售活动中,错觉的应用更广泛,如对重量错觉的应用。台湾某茶店,在称茶叶时,只许一次放少量的茶叶在秤中,之后再逐量增添,而不许一次放入多出消费者所要的茶叶重量,再一次次减少。这是因为老板发现,纵使一次放了超过消费者所要重量许多的茶叶,在一次次减少时,会使消费者感到这样可能会缺斤短两,而如果每次少放,之后再添加,则会使消费者较放心。可见错觉规则已被精明的商家充分利用了。

七、增强广告理解力的方法

广告不能只依赖注意、感知觉达成受众对其内容的接受和认同,还要激发受众的积极思维,促使其对广告内容的理解,以此作为传受双方的心理基础,才是促进受众真正接受的重要心理中介。所谓理解,就是受众运用已有的知识结构对广告内容进行认识的心理过程。增强受众对广告理解力的方法有以下这几种:

1. 与受众建立熟悉感

广告大师曾谆谆叮嘱广告新人,广告的功效之一即建立熟悉感。现代认知心理学家认为,认知过程就是信息的接收、编码、贮存、提取和使用的过程。个人在认识过程中,把新事物同化于已有的认知结构,或改组扩大原有的认知结构,把新事物包括进去,这样的心理活动就是理解。而认知结构指个人在感知和认识客观现实的基础上,在头脑中形成的一种心理结构。它主要由过去的知识与经验组成。在认识过程中,新的感知同已有的认知结构发生相互作用,影响对当前事物的认识。所以熟悉的广告信息容易与消费者已有的认知结构发生关系,容易被同化,在心理上产生亲切感与认同感,从而容易被理解。

广告中熟悉感的建立,是通过使用消费者熟悉的词、熟悉的人物类型、熟知的话题、熟悉的生活场景来实现的。例如,证言广告模拟生活中的真实情境,选择类似消费者生活中朋友式的平凡普通的人物,向消费者介绍。如雕牌透明皂的广告,阿婆一边洗衣服,一边向大家诉说雕牌透明皂的好处,场景为居家小院,口气平和,不带任何夸张色彩,使人感到熟悉、自然,就像与你聊天,使你在不知不觉中接受她的说法和她推荐的产品。

再如,一则润肤霜的广告(如图3-10所示),显现给观众的是一个苹果,该苹果削了部分的皮,整个造型就是一个女孩子的头,苹果皮的造型就是女孩的头发,削掉皮的部分为女孩的脸部,水灵水灵的。创意很明了,用了该润肤霜后,皮肤就像苹果一样水灵。该广告运用大家都很熟悉的苹果富含水分的特点，来指征润肤霜保持皮肤水分的功效。

图 3 - 10　某品牌的润肤霜广告

2. 运用高频词

在生活中，人们容易对熟悉的事物和人产生亲和感，并首先认同它。研究发现，对字词的理解也有这种倾向。在对字词认知的研究中，发现了词频效应。在瞬间显示的情况下，字词频率的高低对字词辨认的影响表现在：高频字词的辨认率要高于低频字词的辨认率。消费者对高频词的理解更为直接和容易，高频词能够更快地激活认知结构中心理词典相应的词条，同时，消费者看到高频词时，就像看到熟人的面孔，会立刻产生亲切感，从而更容易诱发消费者的联觉和联想。而对低频词则要经过更进一步的加工处理，理解的速度较之高频词更慢，且会产生陌生感。在生活中常有这样的体会，对熟悉的、常用的词（即高频词），我们更容易理解。另外，在人类的认知加工中，高频词常常更容易被从口中传达和报告出来。因此，在广告中，运用高频词是提高消费者对广告理解力的一个非常有效的措施。

试想"好极了"和"卓越"这两个传递同样意义的词，哪个更容易被广而传之。显然，"好极了"由于被消费者熟悉且常用，因而更容易被传颂。因此，在饮料广告中常用"味道好极了"而不用"口感卓越"。再如，在电器行业，以前都是用一些技术指标来表示不同规格、不同性能的产品，如"168B"、"175D"等，这种枯燥的技术数字不易被消费者理解，而海尔给其不同规格的电器加上"金元帅"、"小神童"、"小小神童"、"宝得龙"等消费者熟悉常用的品名，便于传播和理解，从而增强广告效果。

3. 将问题视觉化

Just 和 Carpenter 认为，人们可以通过两种通道到达心理词典，即视觉通道（词形表征）和听觉通道（语音表征）。进一步发现，通常人们对外界信息的获取有 80% 来自视觉通道。因此把问题视觉化，是增强广告理解力的一个非常有力的手段。如日本 KIRIN 全麦啤酒广告（如图3-11所示），给观众展示的酒瓶由麦穗构成，使人非常直观地理解该啤酒"全麦"这一特点。

图3-11　KIRIN 啤酒广告

▷ 3.4　提高广告记忆效果的方法

记忆（Memory）是过去经历过的事情在人们头脑中的反映。人们在社会生活实践中，对感知过的事物、思考过的问题、体验过的情感、进行过的行为与活动等，都能以经验的形式在头脑中保存下来，并能够在一定条件的影响下再现出来。由于记忆这种心理活动的存在，就能够使人们把以往获得的知识作为经验积累下来，并用于指导人们现在的各种活动。

记忆的基本过程是识记、保持、再认和回忆。从信息论的观点看，记忆就是一种信息输入、编码、储存和提取的过程。识记是把有关的信息记在自己的头脑里；保持是把头脑中的信息，贮存一段时间，并能够在以后需要的时候把这些信息再现出来；而以前经历过的这些信息重新出现时，感到熟悉，能够认出它们是自己曾经记忆过的，即再认；回忆则是把以前经历过而当时不在眼前的信息内容在头脑中再现出来。

根据是否有预定的目的和任务，可以把人们的记忆分为有意记忆和无意记忆。有意记忆是指人们有目的、有意识地记住有关信息。消费者为了购买某种商品，会自觉主动地搜集该商品信息，并努力记住这些商品信息的内容。例如，为了购买一套比较好的组合音响，消费者会多走访几家电器商店，对每家出售的组合音响的价格、功能、音色、音质等都有比较准确的记忆。无意记忆是人们并没有提出明确的记忆任务，自然而然地记住了所经历的信息。电视广告天天播，路牌广告天天见，大多数消费者不会主动有意识地去识记这些广告内容，但是等到他们购买某种商品时，却能回想起电视或路牌中对这一商品的广告，这就是无意记忆的结果。

人们所记忆的信息内容在头脑中保存的时间有长有短，根据信息内容被保存时间的长短，可以把记忆分为瞬时记忆、短时记忆和长时记忆。瞬时记忆保持的时间极短，通常为 1 秒钟左右，在瞬时记忆的条件下，人们一般能记住 7 ~ 8 个单位的信息。短时记忆所保持的时间大约在 1 分钟范围内，其记忆的内容大部分被遗忘，还能记住的信息则进入长时记忆。长时记忆对信息内容保持的时间较长，可以保持几小时、几天、几个月，甚至几年几十年乃至终生。在消费活动上，消费者面对的商品繁多，五花八门的商店里有几千种甚至几万种商品。消费者瞥过这些商品的包装、价格、外形、色彩时，对于绝大部分商品的注意只能形成瞬时记忆，令消费者感兴趣的一些商品可能会在他们头脑中形成短时记忆，只有极少数引起消费者极大注意的商品才会形成长时记忆。

记忆原理在广告中运用是多方面的，无论在广告文案、图画设计或是在媒体形式、发布时间与地点等方面，都有一个增强记忆的问题。那么，如何增强广告的记忆力呢？可以从以下几个方面加以考虑：

一、将广告信息适当地重复

现代认知心理学关于记忆系统的研究表明，外界信息要进入人的长时记忆系统之中，最重要的条件就是重复。所以，要提高人们对广告的记忆效果，更确切地说，要提高人们对广告信息的记忆效果，最重要的手段就是将广告信息不断地加以重复。重复不仅可以加深对广告内容的记忆，还可以使视听者增加对广告的亲切感。有一项关于杂志广告的调查似乎可以从侧面来论证广告重复的积极效果（如表 3 - 2 所示）。

表 3 - 2　杂志广告重复次数对读者的影响①

广告重复次数	效果	
	对商品的熟悉度	购买愿望的强度
未登广告	15.2%	9.1%
刊登一次	18.1%，较未登广告组增加 19%	11.3%，较未登广告组增加 24%
刊登两次	20.7%，较未登广告组增加 36%	13.8%，较未登广告组增加 52%

但是，重复要增加广告费用，过度的重复，从经济效果看，不一定划算；从消费者

① 王永，管益杰. 现代广告心理学. 北京：首都经济贸易大学出版社，2005. 66

的情绪反应来看，不能妥善处理重复，也不一定能达到预期效果。因此，广告的重复也应从经济上和技巧上通盘考虑，尽可能做到以最少的支出取得最大的效果。

将广告信息进行适当的重复，在某种意义上讲，也就是广告研究中的简单暴露效应（Simple Exposure Effect）。研究者（Zajonc，Rajecki，1969；Greenberg，Suttoni，1973；Zajonc，1980）通过实验证明，消费者会被一种特殊的外部信号刺激仅仅是因为其呈现次数频繁。消费者对该刺激将会越来越喜爱，但这种刺激并没有刻意引起消费者的注意。刺激的简单暴露能够使人产生对刺激的一种熟悉感，从而使得原本陌生的刺激显得不太有威胁感，诱发趋近行为，能对后继的判断、态度、偏爱甚至行为产生影响，而并不需要有集中注意的指向。[1][2]

一般地讲，广告重复策略有以下四种方式：

1. 将同一广告不断重复刊播

这是我国商品广告最常见的做法。只要你连续收看电视节目，那么同一则广告看过多次是司空见惯的事。有的广告甚至将同样的画面、同样的语言连续重复多次。最典型的是哈尔滨制药六厂所推出的盖中盖、朴锌、朴铁、护彤等药品都是通过不断重复刊播，来达到增强观众记忆力的目的。但如恒源祥十二生肖广告，"恒源祥，北京奥运会赞助商，鼠鼠鼠！恒源祥，北京奥运会赞助商，牛牛牛！……"每个生肖念三次，每条广告重复三遍，其过度的重复不但浪费了广告费，而且这种没有任何创意的单调的重复极易引起消费者的反感，从而适得其反。

2. 将有关信息在多种媒体上呈现

这一做法使受众分别在不同的时间、不同的地点、不同的活动中，用不同的感官接受到同一品牌的广告信息。这种全方位、立体式广告宣传有很多品牌采用，事实证明这也是非常有效的一种广告宣传策略。当今是一个信息的社会，广告媒体众多，除了报纸、杂志、广播、电视这传统的四大媒体之外，还有网络、路牌、灯箱、招贴及形形色色的售点广告，可以说广告无时不在，无处不有，全面整合各种广告媒体，让其发布同一条信息，可让受众从多个侧面接触广告信息，从而保持较高的记忆度。

3. 在同一媒体上进行系列广告宣传

系列广告可以是每一则广告分别从不同的角度来介绍产品，通过连续的系列广告，既可以加深消费者对品牌的印象，又可以让消费者对产品有一个全面的认识。如美的海岸花园的系列报纸广告分别从"'观'水天一色"、"'听'清风入林"、"'享'生活之美"三个方面，共同表达"美的生活每一天"这一主题。也可以是每一则广告主题一致，但文案和画面表现略有不同，这种做法可以加深人们对广告主题的理解和记忆。如获香

---

① Zajonc R. B. Attitudinal Effects of Mere Exposure. *Journal of Personality and Social Psychology Monographs*, 1968，9（2）：1 - 27.

② Zajonc R. B. Feeling and Thinking：Preferences Need no Inferences. *American Psychologist*, 1980（35）：151 - 175.

港 4A 广告创作金帆奖的爱立信企业形象系列广告"父子篇"、"健康篇"、"教师篇"、"爱情篇"、"代沟篇",虽然情节不同,但都传达了"电信沟通、心意互通"这一主题。

4. 在一则广告中反复重复主题或单一重复刺激

如中央电视台及各大卫视热播的康师傅对辣方便面的电视广告。它选用《欢乐颂》为音乐背景,以欢乐颂的音乐旋律,利用"辣"与"啦"的谐音,不断重复"辣"的概念,最后用一句旁白点明主题"要吃辣,找康师傅,对辣"。再如麦当劳宝宝广告(如图 3 – 12 所示),整个画面均以宝宝荡秋千为背景,一摇一晃之间伴随着宝宝的一哭一笑,重复多次之后,猛然发现其笑是因为看到了天空中出现麦当劳的标志"M",其哭是因为秋千的晃动而只能看到蔚蓝的天空。单一刺激的重复,虽然使画面看起来有些单调,但对提高受众的记忆效果却功不可没。

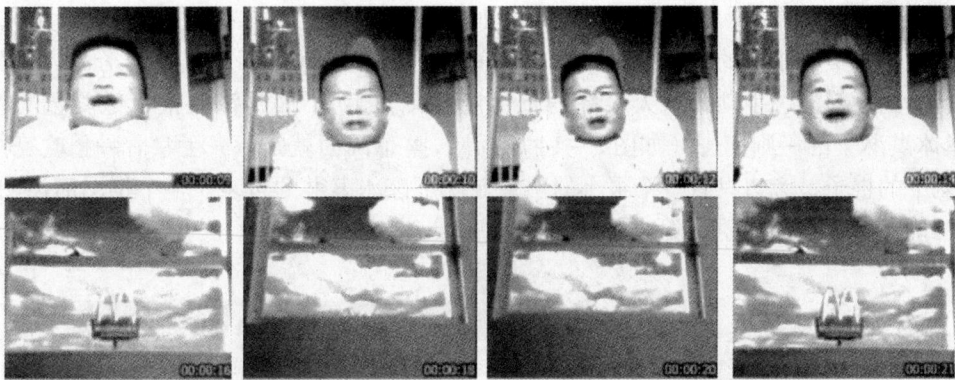

图 3 – 12　麦当劳"宝宝篇"

二、广告信息数量恰当

广告是在有限的时间和空间内进行传播的。心理学的研究表明,学习材料越多,遗忘的速度越快。广告是一种短时的记忆。而短时记忆的容量只有 5 ~ 9 个单位。因此,广告中所传递的信息只有简短、易懂才能取得成功。所以,在广告创作中应注意以下几点:

1. 广告目标应单一

现在的许多广告宣传,都犯有一个共同的毛病,即目标要求过大。其原意是想使广告受众变大,从而使影响面增大。殊不知,现在是一个个性化时代,消费者都在寻求一种适合自己个性的独特产品。满足所有人需要的产品,实际上什么人都不能满足。此外,从记忆原理来讲,广告目标过大,势必使信息量相应增多,这就违背了广告应简明易懂的原则,影响了广告效果。如三株口服液与红桃 K 是同一时代的两大保健品,一个宣传针对所有人"有病就喝三株口服液",一个非常有针对性地对贫血者诉求"红桃 K 补血真快"。最终三株口服液只是风光一下便消亡,而红桃 K 仍然是保健品市场上的一颗明珠。

2. 广告内容应简洁、易懂

在广告中，主题思想越明确，词句文字越简洁，画面越单一，记忆效果越好。广告标题或广告宣传主句字数不宜太多。国外广告心理学家的研究表明，少于六个字的广告标题，读者的记忆率为34%，而多于六个字的标题，读者的记忆率只有13%；广告文案内容不宜过多。以广告的信息点而论，数量不能超出 7 个，以广告文案的语句或段落而言，其数量最好也不要超过 5 个；广告文案内容应尽量简洁，删除无关的信息；广告画面内容单一。这样容易在短时间之内，将某一人物、情景突出地加以表现，因而记忆较为深刻。

广告界的一些经典作品都是遵循这一原则的。首先来看广告宣传主句，金利来"男人的世界"，飞利浦"让我们做得更好"，诺基亚"科技以人为本"，海尔"真诚到永远"，海王"健康成就未来"，生力青啤"有点野哟"等，无不是简洁明了，字字千金。再看一下经典获奖作品，也都是简洁明了。如麦当劳的一则广告（如图 3 - 13 所示），整个画面就是一个人张开的嘴巴，这张嘴巴中间缺的两颗门牙正好构成麦当劳的"M"标志形状。画面简洁、生动，给人很高的记忆度。又如第 21 届台湾时报金像奖金奖作品"雀巢冰淇淋"的一则广告（如图 3 - 14 所示），整个画面就是一只手拿着一根吃完冰淇淋后剩下的棍子，旁边只有一个很小的位置显现了该冰淇淋的包装。整个构图简洁明了，意义明确，给人以强烈的视觉冲击力和非常高的记忆度。

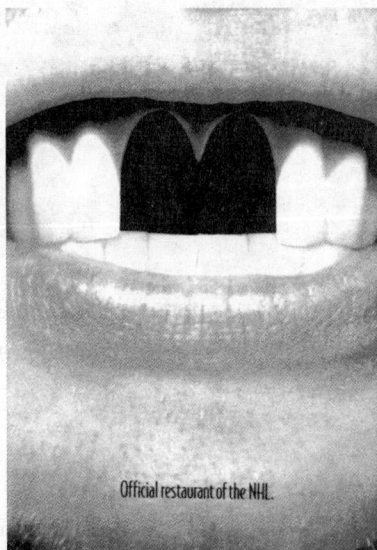

图 3 - 13　麦当劳"缺牙篇"

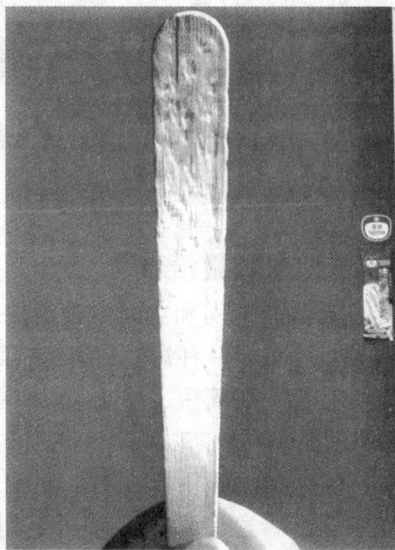

图 3 - 14　雀巢冰淇淋广告

三、广告形式新颖独特

我们知道，在对广告信息的识记过程中，莱斯托夫效应发挥着重要作用。所谓莱斯托夫效应，是指在一系列类似或具有同质性的学习项目中，最具独特性的项目最易获得保持和被记住。[①] 换言之，新颖独特的信息在记忆中不容易受到其他信息的干扰，记忆比较牢固，提取也比较方便，因而容易回想起来。因此，选择新颖独特的广告形式是提高广告记忆度的一个有力的手段。广告形式新颖独特应当包括三个方面：广告表现形式新颖独特、广告媒体形式独特、广告编排形式新颖。

1. 广告表现形式新颖独特

广告重在创意、表现，新颖独特的表现形式有利于提高受众的记忆度。如晚安床垫利用压土机来压床垫，而床垫丝毫未损的事实来说明其质量好，并把这一事件作为电视广告的表现素材，配以一句非常富有震撼力的广告语"晚安床垫，压出来的名牌"，给消费者留下了深刻印象。再如生力青啤的网络广告，打开其网站，可看到生力青啤的调皮卡通从显示屏的上方沿着一根绳子滑下来，然后走出画面，走到桌面的"回收站"旁边，放一把火，把回收站烧掉，一会儿从屏幕下方爬出一个生力青啤卡通，走出画面，走到"我的文档"处，向其随意拉尿。通过这种新颖的表现方式，生动地表现了生力青啤"有点野哟"的个性，给消费者留下了深刻的印象。

2. 广告媒体形式独特

广告都要借助于一定媒介发布出去，而新颖独特的媒体的形式本身就是一个好广告，能给消费者留下深刻的印象。如前面讲到的牵着狗发放宣传单，这种独特的宣传方式给来往行人留下了深刻的记忆。还有利用鸡蛋做广告，把整栋大楼全部包起来做广告，以及在地上、在空中做广告，这各种各样的创意媒体广告都能达到非常高的记忆度。

3. 广告编排形式新颖

心理学研究表明，一则材料开头与结尾部分的记忆度最高，中间部分的记忆度最低。因此，广告必须把最重要的信息放在开头或结尾，如果一则广告能够首尾呼应地突出同一重点信息，则更容易使消费者记住有效的信息。

广告在编排的过程中，对新颖的形式消费者的记忆度较高。报纸广告排版形式一般为矩形，因此我们描绘其面积大小时常用半版、1/4 版、1/8 版来表达，也就是说其版面造型是很规整的，但诺基亚 8250 在香港推出时，设计的报纸广告就打破了常规的排版形式，而是把手机的各种款式的图案毫无规律地插到报纸娱乐版的各个部分，取得了意想不到的效果。还有一则牙膏广告，也是在报纸正常排版的情况下，在一角出现一支牙膏，而牙膏的膏体无规则地布满整个版面，从而起到了很好的记忆效果。

广告的编排位置还包括把广告安放在何种媒体的什么时间或空间。如果两则类似的广告前后播出的时间间隔很近，则相互的干扰最大。学习材料越相似越易产生抑制作用，如果材料完全不同则抑制效果最小。因此，内容相似的广告应尽量避免时间与空间位置的接近，并且应避免雷同与模仿，以免使消费者误解，并造成记忆混乱。

① 白云华．关于提高广告记忆效果的几点思考．吉林省经济管理干部学院学报．2007 (2)：46~49

四、减少信息变异

记忆不像一面镜子，机械静止地反映镜外的事物，一成不变。记忆是一个动态的过程。在保持阶段，储存的经验会发生变化，保持的数量会随时间下降；由于每个人知识经验的不同，加工组织的方式不同，保持的内容会受到头脑中已有图式的影响而发生变化。人在记忆时是按照自己的图式进行编码、加工的，此时记忆表象在某种程度上被自己的想象和已有经验补充着，因而每个人对客观事物的记忆都夹杂着自己固有经验与想象的成分，因而会在一定程度上产生信息变异。这种变异使广告内容趋于概括化、意义性，不重要的细节会渐渐被遗忘。

如果广告不能使消费者头脑中的记忆信息按照广告所期望的方向加深，即使曾在消费者头脑中留下了概括化的商品信息（如商品品牌名称）及对消费者有特殊意义的信息，也可能会发生信息改变，而违背广告主的初衷。消费者对一则广告内容的初期记忆是较为完整的，随着时间的推移，记忆的内容就有可能模糊、分解或与新的内容重新组合，如对广告中的品牌名称、商标、产地等加以变更，把同类商品类似形式与内容的广告混在一起；或对广告内容进行增加或减少，甚至产生歧义；在复述广告时，脱离原文等。要避免这种情况，首先，广告要避免与同类产品广告雷同，避免跟风模仿，造成混淆；其次，要重点突出，多次重复，尤其要突出商品的名称等概念化的东西；再次，广告语言应顺口易记，即要有规则化、组织化的信息。

五、利用语言特点记忆

在长期的生活实践中，人们在长时记忆中储存了语言的某些特点，如语音、字形、结构等，并利用这些语言的特点对当前接受的信息进行编码，使它们更容易储存。例如，笔者为某企业所取的名字"开心"、"天天"，简洁、常用，易识易记易流传。再如，笔者为某中药企业取名"仁和药业"，中药是我国传统瑰宝，而中国儒家文化的核心就是"仁"，"和"也为儒家文化的精华，"仁和"意义深远，承袭传统文化，便于传播，易于记忆。在广告创作中，为了使广告信息更容易为受众所识记，可以考虑采用下列手段：

1. 利用谐音规律

在当今的广告中，许多广告创作者已自觉或不自觉地运用了这一规律。例如，"雄鸡冷饮，食（十）全食（十）美"，"中兴酱油，酱（将）出名门"，而一则妇科洗液的广告语是"无炎（言）的女人更温柔"。不过这种歪曲、篡改成语的做法，从社会效果方面来说是不好的。

2. 利用语言材料的结构特点

一些编写得好的语言材料，由于结构上的特色，可以增强人们的记忆。例如，长城电扇的广告语"长城电扇，电扇长城"，波导手机的广告语"波导手机，手机中的战斗机"，还有美的电器的广告语"原来生活可以更美的"，润田企业的"润田太空水，滴滴润心田"，娃哈哈公司的"非常时刻，喝非常可乐"等。

3. 利用语言的节奏、韵律

语言的节奏、韵律对于语言材料记忆的重要性早已为人们所认识，所以在广告中已经被广泛地运用。例如，人头马酒的"人头马一开，好事自然来"，丰田车的"车到山前必有路，有路就有丰田车"，"有朋远方来，喜乘幸福牌"，还有江铃汽车的"千里江铃一日还"，以及笔者为江特矿泉水创作的广告语"清清江特水，悠悠你我心"等广告语，均以巧妙的押韵而给受众留下深刻的印象。

将广告语变成人们易学易唱的歌曲的形式，也是利用语言节奏感的一种方法。例如，笔者创作的井冈泉矿泉水广告语"井冈泉水清又甜"，友家食品的广告语"友家的感觉真好"，帕克兰矿泉水的广告语"每一口都是新感觉"等都是根据歌词改编的。

4. 利用特殊的标志符号

美的海岸花园的系列广告（如图3-15所示），从"观"、"听"、"享"三个方面分别介绍了美的海岸花园。在构图中，"观"篇的风景外围是一只"眼睛"，"听"篇的风景构成一只"耳朵"，而在"享"篇中，风景部分形成一个"心"的构图。用人们非常熟悉的眼睛、耳朵、心的形象点明每则广告的主题，吸引了观众的视线，形成了很高的记忆度。

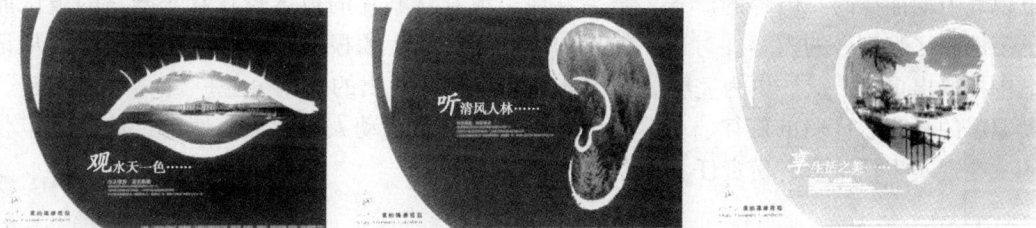

图3-15 美的海岸花园广告

六、运用多种感官同时参与记忆

心理学研究表明，视觉识记的效果为70%，听觉识记效果为60%，视觉与听觉双重识记的效果为86.3%。从数据可知，多种感官同时参加的识记，记忆效果优于单一感官的识记。

为了让消费者更好地记住广告内容，应尽量考虑广告载体是否能更好地调动消费者的多种感觉通道。这也是为什么当今电子媒体比印刷媒体更受广告主和广告商青睐的根本原因。再如现场展示会、博览会，不但可让消费者亲眼看到，还可让消费者亲耳听到，消费者还能触摸，甚至亲自体会。如果是食品，还可现场品尝。因此，这种展示会能给消费者留下深刻的记忆痕迹，能起到很好的宣传效果。

七、增加感染力，引起消费者的情绪记忆

消费者在记忆时往往把体验过的情感和情绪作为记忆的内容，如一次快乐的购物行动、一种温暖的购物环境及让自己满意的产品，但是消费者也会记住一些让自己产生忧虑、不愉快的情景。因此，在广告宣传时适当地增强广告肯定或否定的感染力，能使消费者更易识记。例如，"非常可乐"利用电视广告中轻松、喜庆、吉祥、欢快等画面的组合和有较强诱惑力的解说，很好地吸引了观众，从而在消费者的脑海中留下了深刻的印象。

广告心理学研究发现，有时使用否定感染力比使用肯定感染力效果更佳，消费者往往会记住那些宣传"如果不使用××产品就会产生不利后果"的广告。例如，海飞丝洗发水广告基本上都采用了对比方法，开头宣传俊男靓女们未用海飞丝洗发水前头发有很不雅观的头皮屑，令人烦恼，但用了海飞丝洗发水后，头屑没有了，烦恼全没了，增添了美丽和自信。再如，彼阳牦牛骨髓壮骨粉，一些老年人在一起晨练，常有腰酸、背痛或腿脚不好等毛病，但服用了彼阳牦牛骨髓壮骨粉后，这些症状都没有了，还能尽情地跳舞、扭秧歌。经过这种对比，消费者就能较好地记住该品牌。

此外，在增强感染力的同时，广告也应该注意调动消费者的积极情绪，因为这会直接影响消费者对信息内容的记忆，进而使其对商品产生积极的情感。[①] M. Goldberg 和 G. Gom 曾做过一项实验，把被试分成两组，一组观看喜剧片，另一组观看悲剧片，两则电视片中均插播同一内容的广告。结果发现，观看喜剧片的被试较观看悲剧片的被试能更多地回忆起广告的内容。对这一结果的可能解释是，积极的情绪状态会使消费者从记忆中提取出更为广泛、更为完整的知识体系。如央视播出的一则公益广告"心在一起"，其温馨的画面、优美的旋律、一幕幕无言的助人场景，动人更感人，使看过该公益广告的人在现实生活中多一份责任、关爱和付出。

八、巧用人物模特

人物在广告中是将广告产品与消费者的实际生活联系起来的黏合剂，创造性地加上对广告作用有一定价值的人物，对促进广告的注意程度、提高广告的知名度有积极意义。许多给人深刻印象的广告案例，如南极人内衣、TCL 手机、步步高 DVD、亮荘洗涤化妆品等，都是利用人物来介绍产品的。

在广告创意中巧用人物模特，特别需要注意的有以下几点：

（1）根据 Thomas W. Whipple、Alice E. Courtney 对广告人物模特性别角色和传播效果的回顾，需要关注的因素有：①模特的性别应该要与产品使用者认定的产品的形象、使用环境、产品利益相一致或近似，如 Thomas 和 Matthew（2004）在对用运动员或名人做

———

① 白云华. 关于提高广告记忆效果的几点思考. 吉林省经济管理干部学院学报. 2007（2）：46～49

产品代言人的研究中发现，不管产品类型如何，被试认为与自己性别相同的代言人更可靠；②在任何角色设置中，现代的、现实而简单自然的描述要比传统的、虚假刻板印象的描述更有效。①

（2）在名人广告中，名人与广告产品的一致性也关系着广告传播的效果：①就名人外在吸引力而言，名人与广告产品的一致性程度越高，其效果会越好，因为这种高度一致性会使消费者认为代言人有更高的可信度和吸引力，其对产品的态度也更积极；② ②就专业维度而言，Dipayan Biswas 等人（2006）通过研究发现，对于高科技产品，在减少消费者风险知觉方面，专家代言人比名人代言人更有效，而在低科技产品方面，则不存在这种差异；③ ③名人自身的其他特点与产品的一致性也会影响广告效果，如 Marla Royne Stafford（2003）等人对 207 份杂志广告的内容进行分析后发现，男名人更多地代言具有功能性优势的产品，而女名人更多地代言具有心理社会优势的产品。④

（3）名人广告的效果与产品的档次也有一定联系。王怀明、马谋超（2004）的研究指出，名人更适合为高档商品做广告，对于低档商品，普通消费者的推荐更有效。⑤ 如顶级的奢侈品多由社会名流出任代言人，而像柴米油盐、保健品等均是家庭主妇、老年人等普通消费者现身说法。但是对于这一结论也不能一概而论，名人与产品档次之间的相关性还取决于名人与产品的匹配度或一致性程度。

九、赋予广告对象丰富内涵，触发消费者的意义记忆

有研究表明，当广告对象（刺激）被赋予的意义越丰富，通常越容易被人们所识别。不同的意义不同的维度，是不同的记忆提取线索。如北京奥运会的会徽"中国印·舞动的北京"（如图 3 - 16 所示），就向人们传递着这样的意义：①以中国传统文化符号——印章（肖形印）作为标志主体图案的表现形式，选用中国传统喜庆颜色红色作为主体图案基准颜色，寓意北京将实现"举办历史上最出色的一届奥运会"的庄严承诺；②北京张开双臂欢迎世界各地的朋友，传递和平、友谊、进步的理念；③以五环表示"更快、更高、更强"的奥林匹克精神。试想，无论是在杂志还是在电视等媒介上看到此图案，相信很多人都能识别、回忆其所代表的过去、现在和将来。

① Thomas W. Whipple, Alice E. Courtney. Female Role Portrayals in Advertising and Communication Effectiveness: A Review. *Journal of Advertising*, 1985, 14 (3): 4~8, 17.

② Michael A. K., Kamal G. Congruence between Spokesperson and Product Type: A Match-up Hypothesis Perspective. *Psychology and Marketing*, 1994, 11 (6): 569 – 589.

③ Dipayan Biswas, Abhijit Biswas, Neel Das. The Differential Effects of Celebrity and Expert Endorsement on Consumer Risk Perception. *Journal of Advertising*, 2006, 35 (2): 17 – 31.

④ Marla Royne Stafford, Nancy E. Spears, and Chung - kue Hsu. Celebrity Images in Magazine Advertisements : An Application of the Visual Rhetoric Model. *Journal of Current Issues and Research in Advertising*, 2003, 25 (2): 13 – 20.

⑤ 王怀明，马谋超. 名人与产品一致性对名人广告效果影响的实验研究. 心理科学, 2004 (1): 198~199

图 3 - 16   2008 年北京奥运会会徽

3.5   广告创意中的想象与联想

一、广告想象

所谓想象（Imagination），就是在已有知识经验的基础上，在头脑中建立新事物的形象的心理过程。想象是人所特有的一种心理活动，是在人类实践活动中产生、发展起来的，也是人类实践活动的必要条件。人们通过想象，可以扩大知识，理解事物，创造发明，预见行为。正如爱因斯坦所指出的："想象力比知识更重要，因为知识是有限的，而想象力概括世界上的一切，推动着进步，并且是知识进化的源泉。严格地说，想象力是科学研究中的实在因素。"没有想象，人类社会的生产劳动、技术发明、科学创作、艺术作品等一切创造活动都将难以发展。想象中的形象可以是过去的、现在的和将来的事物，也可以是现实中根本不存在的形象，诸如孙悟空、猪八戒等形象。但是，想象中的一切新形象，无论它们多么离奇、超脱现实，构造它们的素材永远是来自客观现实的。以孙悟空的形象来说，猴头、人身的素材就来自客观现实。

想象可分为再造想象（Reproduce Imagination）和创造想象（Creative Imagination）。

在现实中，人们对于客观存在的但未曾遇到过的那些对象，凭着语言文字的描述或图示，会在脑中有关的表象基础上建立起相应的形象。这种依据语言的描述或图示，在人脑中形成相应的新形象的过程，叫做再造想象；不依据现成的描述，而独立创造新形象的过程，称作创造想象。

创造想象与再造想象有很大差别，但是它们之间却又难以截然分开。对于广告设计者来说，所构思的新形象是创造想象。而对于广告接受者来说，依据广告作品中的描述或图示，在脑中再造设计者所构思的形象，则是再造想象。两者在首创性、独立性和新颖性方面都有很大差别。然而，这并不意味着再造想象因不具有首创性、独立性和新颖性而失去其价值。相反，广告视听者凭着再造想象，得以正确领会广告所描绘的产品性能、用途等信息，并由此唤起一定的情感体验。

二、广告创意中的创造想象

广告创作是一种艺术创作，它在塑造艺术形象时有着复杂的思维过程。广告创作是如何运用创造想象来建立新形象的呢？其主要手段有：

1. 留白

在广告画面的构思中，虽非形象的创造，却有积极意义的表现手法是画面上的留白。它的积极作用在于可以使观看者依据画中的形象展开想象，从而感受到画面空白里所没有直接表现出来的东西，这就是绘画艺术中所谓的"无画处皆成妙境"。在广告创作中，这种方法被广泛运用。如李奥贝纳广告公司为喜力啤酒创造的"情人节篇"（如图3－17所示），整个画面只有中间一个心形的啤酒瓶盖及右下角的标志与"Green Your Heart"的广告语，其他都是空白，给人无尽的想象空间。这则广告因此获得了第22届台湾时报广告金像奖银奖。

情人节快乐

Green Your Heart Heineken

图3－17　喜力啤酒"情人节篇"

2. 联合

这是一种创造性的结合，而不是把几种成分作简单、机械的总合。例如，广告中的人与商品、人与人、人与企业等关系，通过分析、抽象和概括等活动来创造新形象，形成一个在生活中鲜明而真实的整体。

3. 黏合

这是一种形成新形象的有效且简单的手法。此法在一般的文艺作品中常用到，如童话中人身鱼尾的美人鱼、寓言中的人面狮身兽等。广告中的卡通、神话、漫画也常运用此种手法。如安泰保险的婴幼儿广告（如图3－18，图3－19所示），我们很容易会被占较大篇幅的两个天真可爱的婴儿所吸引，但仔细观察之下会发现隐藏在这两个婴儿之后的则是两类生活在社会底层的人——流浪汉和拾荒者，独特的黏合技巧使之成为一个整体，正如广告语"每个大人，都曾是爸妈心爱的小孩"、"孩子的未来有无限可能"，一个深刻的问题就这样以视觉化的形式表现了出来，轻而易举地引起年轻父母的共鸣，并最终打动他们。

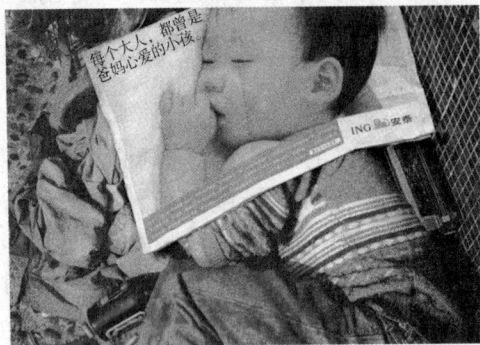

图 3 – 18　安泰保险"婴幼儿篇"（一）

图 3 – 19　安泰保险"婴幼儿篇"（二）

4. 强调

这也是创造想象形象的常用方法。此法就是把广告商品、人物或情景在某种部位或关系上加以突出，着重地显示，从而树立起特殊的形象。例如，运动鞋的广告，穿着运动鞋的一只脚突出地放大，占整个图像大部分，看上去与整个人体很不成比例，这是为了突出穿着的运动鞋。在广告创作中类似的夸张法有很多。扩大或缩小强调手法的变种，如英国 DDB 广告公司为其客户施韦普啤酒公司制作的广告作品，画面上，一位男子伸出比上身长出足足一倍多的上臂，以避开从手中刚打开的啤酒瓶里冒出的酒气。男子超长的臂膀和虚张声势的表情，都夸张地表现了啤酒充足的气力，滑稽幽默，引人发笑。

5. 寓意

寓意是一种含意深远、回味无穷的手法。此法的特点是诱发人们的情绪与情感，其意义比文字、图画所表现的更深远。如"绝对伏特加"（ABSOLUT VODKA）的"绝对完美"（Absolut Perfection）创意（如图 3 – 20 所示）：其以酒瓶为主角，瓶子上如同天使般的光环和瓶子背后如同满月的背景，都强化了瓶子本身的视觉效果，并向受众寓意ABSOLUT 是富有智慧和圆满的象征；同时，黑色的背景和白色的瓶子形成强烈对比，创意的构图和色彩形成了一种其他伏特加酒所没有的高贵和深邃的品牌意境。如果寓意里添加了传统文化的元素，其效果将不言而喻。如"绝对伏特加"的"绝对北京"（Absolut Beijing）创意（如图 3 – 21 所示）：借用京剧脸谱寓意国粹精华，让人马上联想到"北京"、"中国"，并巧用知觉选择性让受众注意到脸谱的鼻子以突出酒瓶，将中国传统经典文化融入"绝对经典"的"绝对伏特加"里，从而唤起中国消费者对绝对伏特加的喜爱。同时，巧用人物（艺术家、名流等）以作为受众尊贵身份、品位和智慧的象征。

图 3 - 20　绝对伏特加"绝对完美篇"

图 3 - 21　绝对伏特加"绝对北京篇"

　　此外，寓意的运用也可以是多方面的，从最简单的字体来说，通过寓意可引起人们的不同想象。例如，银行储蓄广告，配以严肃端正的字体，使人产生可靠、稳重的感觉；男性用品可用浓而大的字体；女性用品如衣饰、化妆品等可使用大方优雅的字体。

6. 合成

　　合成艺术是指通过某种方式将一个产品注入一幅人们熟知的艺术作品之中。具体说，就是把要做广告的产品注入一幅名画，从而构成新的整体。注入的产品原本并不是该名画的一部分，由此，人们会产生差异的觉察，即与原先的不一致，这就是此种合成艺术所产生的视觉失谐性。它的直接效果是引起观看者的注意，进而去探索失谐源——新加入的广告产品成分。它有助于建立该产品与名画的联想和记忆。之所以要挑选熟知的作品，是希望产品在一定程度上获得与名画或其他已知作品一样的声誉。这种通过合成艺术的失谐性来传播广告信息的手法，国内外已有不少的例子。如 1998 年法国世界杯的宣传篇，就是许多足球明星一起踢足球，足球从法国的凯旋门踢到意大利的比萨斜塔，再越过中国的长城，跨过太平洋到达纽约……通过全球标志性建筑的合成，表达了世界杯为全球人所关注的主题。

三、广告接受者的再造想象

　　好的广告，应当能激发受众的再造想象。所以在广告创作中，激发消费者的再造想象是广大创意人始终不渝的追求。在中央电视台同时播放的两则广告，都是出自草原的产品，两则广告的主要诉求点都是大草原，但效果却不尽相同。一则是蒙古王酒的广告，其广告画面是辽阔的草原和奔驰的骏马，配以"蒙古王酒，来自草原人民的爱"；另一则为伊利奶粉的广告，其画面是蓝天、白云、大草原，微风轻拂，在草原深处不时露出点点牛羊，再配以大家都熟知的诗句"天苍苍，野茫茫，风吹草低见牛羊"，根据这首诗的节奏，另接上一句"大草原，乳飘香，伊利奶粉美名扬"。同样是来自草原的产品，同样的诉求点，显然第二则广告给人以更好的再造想象，因而其宣传效果也更佳。

有时候，由于广告设计上的疏忽会造成消费者视听觉要素形成与主题不同甚至完全相反的想象，接受者想象什么、如何想象，往往受该作品的制约。因而，要使消费者按设计者预想的方向产生再造想象，必须具备两个条件：

1. 广告的说明词应与形象标志一致

因为消费者的这种再造想象，并不是被动地简单接受、机械复制，而是用自己的表象系统去补充、发展，因而，它的再造想象表现出了某种程度上的再创造。其结果是再造出来的形象会有所不同，甚至可能偏离原作品所创造的形象。例如，对于不曾见过兵马俑的人，凭着语言的描绘，可能会认为兵马俑的穿着打扮如京戏中的武生；对于儿童而言，可能会认为兵马俑中的人物佩戴了刺刀和水壶。但是如果加以适当的解说词，或许情况就会朝设计者预期的目标发展。所以，在广告设计时，除了创作形象不要让人产生歧义外，添加适当的说明也是很重要的，目的是引导消费者更好地理解广告产品。

2. 说明广告诉求点时应有丰富的特征

丰富的特征并不是说将大量的信息毫无规则地堆砌，而是指说明广告的诉求重点时应当用最简洁的方式使之表现出来，不要让消费者看了半天还是摸不着头脑。如"白加黑感冒片"的广告词"白天吃白片，晚上吃黑片"，令人一目了然；做彩电广告时，应选用色彩鲜明的画面来说明该品牌电视机的画质清晰，色彩明艳。

四、联想与广告策略

所谓联想（Association），就是由当前感知的事物回忆起有关的另一事物，或由想起的一件事又想起另一件事。许多事物之间存在着不同程度的共性和人们对事物之间存在着某种认识上的关联性，这就是联想的客观基础，这种客观基础的存在，往往使人们由当前感知的事物"触景生情"地联想到有关的其他事物。人们不但可以从事物的接近点、相似点形成联想，也可以从事物的相反点、对立点产生联想。广告运用各种手法激发有益的联想，能加剧刺激的深度和广度，这是广告策划设计中有意识地增强广告效果的重要手段。

广告的时间与篇幅是有限的，仅靠直接印象，广告效果是很有限的。联想能使人们扩大和加强对事物的认识，引起对事物的情绪和兴趣，这对形成购买动机和促成购买行为有很重要的影响。

依据事物间联系的不同，广告中运用联想的原理主要有接近联想、连续联想、相似联想、对比联想、关系联想、颜色联想。

1. 接近联想

接近联想是指人们对在时间或空间上接近的事物形成的联想，由一事物想到另一事物。到火车站，就会想到火车，这是空间接近产生的联想；春节快到了，就想到礼品，这是时间接近产生的联想。

广告策划要有意识地利用时机，启发接近联想，这样才能扩大广告宣传效果，刺激购买欲望。根据接近联想的基本原理，广告创造应尽可能利用事物在时间与空间上的接近，把广告商品与其他接近的事物结合起来，使视听者易于唤起与此相关的想象，表现购买广告商品可获得什么满足，把商品观念与需要观念结合起来，对消费者提示购买的作用。例如，节令商品、礼品等可以通过时间联想去提示购买。

2. 连续联想

客观事物总是有连续性的，人们会根据过去的经验，想到其一，便会联想到其二。广告策划要运用这一原理，适应人们已习惯了的连续性。例如，人们看到电闪就会想到雷鸣，看到昏天黑地就会想到暴风雨，这是从时间经验上获得的连续联想。又如，人们处理一件事，一般是事前比事后想得多，这种联想与事物的发展连贯性有关，故又称连贯联想。

连续联想对广告的读、看、听都有影响作用。例如，在广告编排上要符合人们的视觉流程，横排从左到右，竖排从上到下；在广告内容结构上，要符合人们的思维逻辑规律，一般是先使之想起某个欲望，然后是满足该欲求的办法。如哈尔滨制药六厂的盖中盖口服液就是开始通过模特诉说腰酸、背痛、脚抽筋的症状，告诉消费者这也是病，得补钙，最后引出广告的产品——盖中盖口服液。

3. 相似联想

相似联想又叫类比联想，是将形似、义近的事物加以类比形成的联想，是人们对一件事物的感知，立即引起对和它在性质上、形态上相似的事物的回忆。如"德芙巧克力"广告词为"牛奶香浓，丝般感受"，这是用丝绸的质地与巧克力的纯正口味进行类比。

广告运用相似联想，可以加强广告的感染力和情调。如第45届戛纳广告节金奖作品——Diet 啤酒广告（如图 3 – 22 所示），两幅平面广告都是画面左边是一个人的腹部，中间露出了肚脐眼，右边只有一个酒瓶盖，其余大面积空白。这种用人的肚脐眼与酒瓶盖在形状上进行类比联想，给人留下深刻的印象，起到了很好的宣传效果。再如1993年CLIO广告奖金奖作品——台北市家庭计划推广中心制作的家庭计划宣传"小心篇"（如图 3 – 23 所示），画面中心部分是并排的避孕套和奶嘴，配以"多一分小心，少一分担心"的广告语。寓意在使用安全套时多用一分心，多注意计划生育，那么就可以避免、减少哺育孩子带来的担心。但应注意，相似联想还可以使人向消极方面想象，若广告中的文字费解难懂、图形粗糙杂乱、包装简陋，会使人联想到该产品质量低劣。

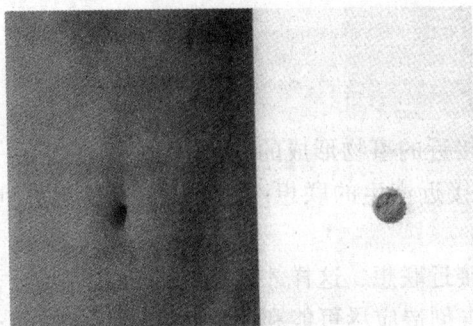

多一分小心

少一分担心

图 3 - 22　Diet 啤酒　　　　　图 3 - 23　家庭计划宣传"小心篇"

4. 对比联想

对比联想是指对性质或特点相反的事物的联想。这种联想与相似联想刚好相反，产生的原因在于：因事物间的共性和个性是统一的，事物在某一种共同性中又显出比较大的差异，这就形成比较强烈的对比，因而产生对比联想。例如，由沙漠想到森林，由黑夜想到光明，由冷想到热，等等。

对比联想在广告中的运用也不少，具有刺激需要和欲望的作用。例如，搬运器械广告可以与人力搬运时的费时、费力、艰苦对比，从而加深对搬运器械带来的好处的认识；在炎夏季节，人们大汗淋漓与消暑解渴饮料对比。对比联想原理对儿童用品广告适用性较大，因儿童的对比联想力比较丰富。如巨能钙的一则平面广告（如图 3 - 24 所示），就是用一根油条表明缺钙的"油条骨头"的坏处，配以"假如它支撑你的身体……"的广告语，从反面映衬巨能钙补钙的良好功能。

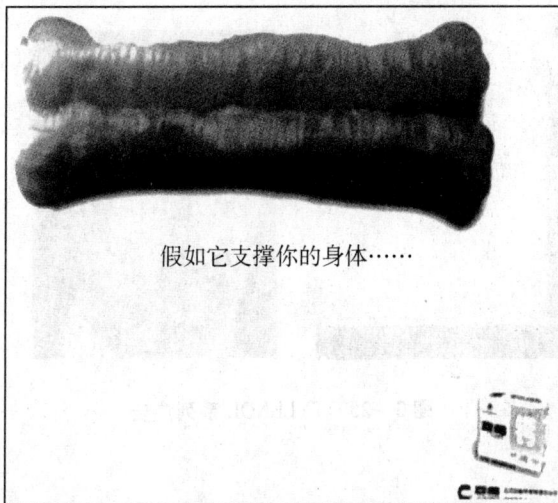

假如它支撑你的身体……

图 3 - 24　巨能钙"油条骨头篇"

广告中运用对比联想，还包括新旧产品的对比、产品功能的对比、产品质量的对比等，但不论采用什么内容对比，都不能贬低别人以抬高自己。

5. 关系联想

关系联想是指依靠事物间的各种关系而产生的联想。这里所说的关系，不是指事物间的一般联系，而是指彼此影响较大的关系。关系联想包括的范围较广，主要有以下几种：

（1）部分与整体关系联想。例如，由文具盒想到钢笔、铅笔、尺等，也可以由钢笔、铅笔、尺等想到文具盒。

（2）因果关系联想。例如，由于购买了洗衣机，节省了家务劳动时间，因而有更多时间学习和休息。

（3）情感关系联想。例如，弹簧床可以联想到具有弹性、舒适的美好感受；地毯可以联想到柔软、耐用、豪华等高级享受。第45届戛纳广告节的参赛作品中有一则头痛药的广告（如图 3 - 25 所示），画面的主要部分是克林顿的头像，在其额头上有一张莱温斯基的照片，在画面的一角是药瓶，而另一幅画面的主要部分是舒马赫的头像，在其额头上有一张维莱纽夫的照片，在画面的一角也是药瓶，这就是典型的关系联想的广告。

（4）习惯性关系联想。例如，广告选定一曲优美动人的乐曲作前奏或伴音，时间久了，人们只要听到这一乐曲就会联想到这一广告产品。

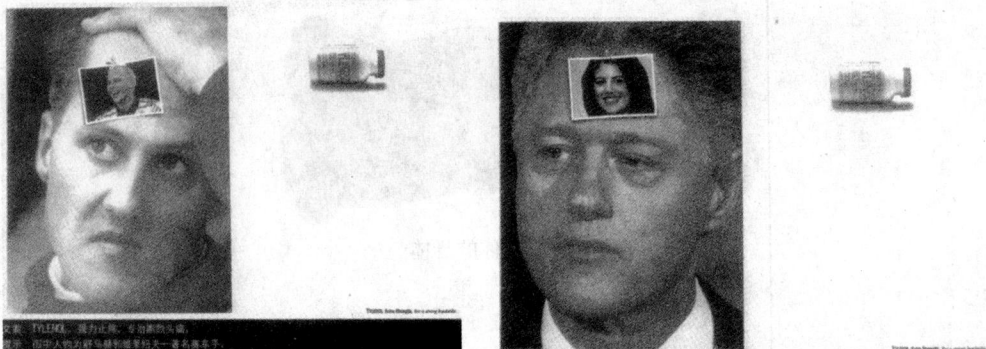

图 3-25   TYLENOL 系列广告

6. 颜色联想

通过色彩使人产生不同的心理感受，这就是颜色联想。此种联想的产生在于色彩与人的心理密切有关，它会影响人的情感、意志和愿望。人们对色彩爱恶不同，对其产生的联想也不同。

从心理效果来说，颜色大致分为暖色与冷色。暖色包括红、橙、黄；冷色包括青、青绿；中性色包括绿、黄绿、紫。

关于颜色的心理反应，本书只从广告心理运用方面举例说明，其他不作赘述。

红色，一般代表温暖、快活、热烈、喜庆、希望等，但也会使人联想到危险、斗争、愤怒。在广告运用上，它可以刺激注意，给予强力刺激，但使用得太多，会减低整个效果。

黄色，具有快活、温和、诚实、光荣、永久等象征意义。多运用于户外广告，具有强吸引力和强刺激的作用。

黑色，严格地说它不是颜色，它是颜色的否定。黑色多用于表示坚定、严肃、沉默、焦虑等感情，也会使人联想到黑暗、罪恶、悲哀。印刷广告使用黑色较多，原因在于这是一种极为触目的颜色，极易引起注意。

白色，严格地说它也不是颜色。白色能使人联想到真实、纯洁、神圣、朴素、光明。白色在广告中的运用也较多，能使人联想到商品的卫生与品质优良。

蓝色，这是天空的颜色。它能使人联想到辽阔、冷淡、纯洁、清静，但也会使人联想到悲哀与寂寞。

图 3-26 是一则立邦漆的广告，它通过不同色彩的转换以触动人们情感的演变，一句"我的色彩我的立邦"，分别以自由、自然、时尚、纯洁、激情为五个篇章的主题，表达生活中所需要的灵感，以此联想，选择立邦的同时选择的也是一种生活方式，正如之前关于颜色的心理分析一样：蓝色，给人以辽阔之感，像鸟儿一样翱翔于蓝天，自由生活尽在不言中；绿色，给人以生机之感，自然而纯粹；黄色，靓丽而让人眼前一亮，追逐时尚的跳跃感；白色，纯洁无瑕，干净利落；红色，热烈而激情洋溢。

灵感　自由我色彩

灵感　自然我色彩

灵感　时尚我色彩

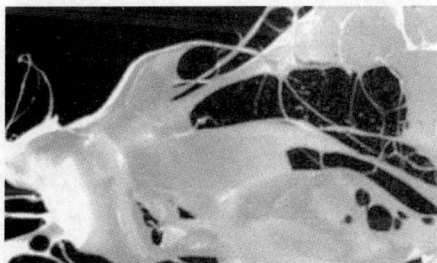

灵感　纯净我色彩

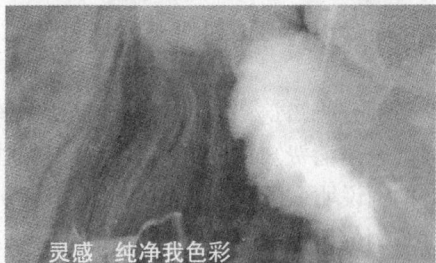

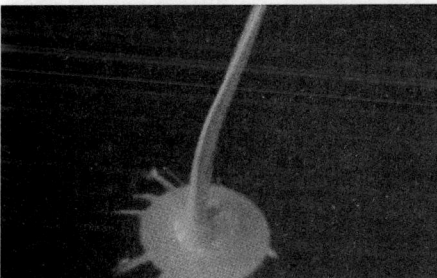

灵感　激情我色彩

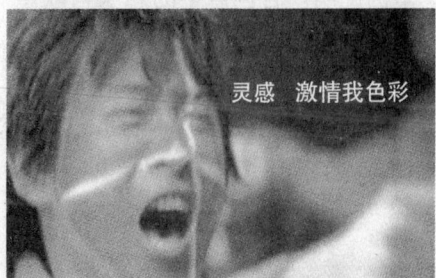

图3－26　立邦漆"我的灵感，我的立邦篇"

[关键词]

诺德拉现象　闪光灯理论　7秒钟定律　韦伯定律　风险知觉　首因效应　近因效应 晕轮效应　刻板印象　移情效应　联觉　错觉　简单暴露效应　想象　联想

[本章要点]

◆注意是广告效果的第一步。要吸引消费者的注意力，可采用六种策略：突显广告 刺激物的特点；选择恰当的时空位置；增强广告的重复率；增强广告的艺术性；广告符 合消费者的兴趣；利用悬念吸引注意。但也要防止走入"为了注意而注意"，"人物模特 吸引力强"，"性感广告效果好"等注意误区。

◆弄清消费者对企业和产品的感觉如何，对于广告创意是非常重要的。消费知觉具 体表现为整体性、选择性、理解性及恒常性四个特点。在广告创意中，要注意消费者的 风险知觉及知觉偏见，还可利用联觉和错觉规律进行广告创作。

◆增强广告理解力的方法有：与受众建立熟悉感、运用高频词及将问题视觉化。

◆提高广告记忆效果的方法有：将广告信息适当地重复；广告信息数量恰当；广告 形式新颖独特；减少信息变异；利用语言特点记忆；运用多种感官同时参与记忆；增加 感染力，引起消费者的情绪记忆；巧用人物模特；赋予广告对象丰富内涵，触发消费者 的意义记忆。

◆广告利用创造想象的手段有留白、联合、黏合、强调、寓意、合成等。广告还要 充分调动广告接受者的再造想象。广告中运用联想的原理主要有接近联想、连续联想、 相似联想、对比联想、关系联想、颜色联想。

[思考题]

1. 试结合实例论述如何避免广告注意策略的误区而正确利用注意规律增强广告的 效果。

2. 举例分析知觉特性在广告活动中的作用。

3. 试论述消费知觉风险的概念及其减少策略。

4. 举例说明联觉特性、错觉在广告设计中的应用。

5. 举例分析提高广告理解力和广告记忆效果的方法。

6. 举例说明广告创意中的想象与联想规律。

[案例分析]

绝对伏特加

以下是"绝对伏特加"（Absolut Vodka）的三款平面广告：

"绝对天使篇"　　　"绝对110°篇"　　　"绝对洛杉矶篇"

讨论题：

1. 结合本章的内容，从其注意度、感知度、记忆力、想象力等方面对这则广告进行评析。

2. 结合当前中央电视台热播的广告，谈谈我国电视广告创意现状，并提出发展方向、策略。

4

广告诉求心理

诉求者，以广告刺激视听者，求其回答或反应之谓也。

—— （台湾）樊志育

本章导读

俗话说"酒香不怕巷子深"，这意味着有了好产品，就不用担心销售问题。但到了消费者就是上帝的现代，产品力的时代早已过去，取而代之的恰恰是消费者的时代。注意力已成为一种价值不菲的经济，眼球所至，广告几乎无处不在，电视、报纸、网络、路牌、电梯、餐桌无一幸免。谁是你的目标消费者？广告应如何去说服消费者？如何根据消费者的需要进行准确定位？如何确定一个或几个能打动人心的诉求点让消费者心悦诚服地打开腰包？如何从"广而告之"到"点而告之"？是"晓之以理"还是"动之以情"，抑或"随风潜入夜，润物细无声"？广告信息让消费者喜欢甚至费尽周折去搜寻，这里到底有哪些诀窍？

▷ 4.1 广告诉求的心理基础

一、消费者需要

1. 需要

人的一切行为都是从需要开始的。消费行为是以消费者的消费需要为基础的，因为有了需要，才会形成购买动机。消费者需要（Consumer Need）是指消费者生理和心理上的匮乏状态，即感到缺少些什么，从而想获得它们的状态。个体在其生存和发展过程中会有各种各样的需要，如饿的时候有进食的需要，渴的时候有喝水的需要，在与他人交往中有获得友爱、被人尊重的需要，等等。

消费者购买产品，接受服务，都是为了满足一定的需要。一种需要满足后，就会产生新的需要。因此，消费者的需要绝不会有被完全满足和终结的时候。这种消费需要的无限发展性，在现实生活中有诸多表现。例如，20世纪70年代我国居民的消费热点是自行车、手表、缝纫机；80年代的消费热点是电视、冰箱、洗衣机；90年代的消费热点是移动电话、轿车、商品房。

消费者需要有外显的和潜在的两种。外显的需要是消费者可以明确感知到的，并且由于需要未得到满足而产生行为动机；潜在的需要指的是在许多场合下消费者的需要处于一种朦胧的、未能明确感知的状态。[①] 消费者潜在的需要并不总是处于唤醒状态。只有当消费者的匮乏感达到了某种迫切程度，需要才会被激发，并促使消费者有所行动。例如，我国绝大多数消费者有住上更宽敞住宅的需要，但由于受经济条件和其他客观因素的制约，这种需要大多只是潜伏在消费者心底，没有被唤醒，或没有被充分意识到。此时，这种潜在的需要或非主导的需要对消费者行为的影响力自然就比较微弱。

需要一经唤醒，可以促使消费者为消除匮乏感和不平衡状态采取行动，但它并不具有对具体行为的定向作用。在需要和行为之间还存在着动机、驱动力、诱因等中间变量。例如，当饿的时候，消费者会为寻找食物而活动，但面对面包、馒头、饼干、面条等众多选择物，到底以何种食品充饥，则并不完全由需要本身所决定。换句话说，需要只是对应于大量备选产品，它并不为人们为什么购买某种特定产品、服务或某种特定牌号的产品、服务提供充分解答。

2. 需要的分类

作为个体的消费者，其需要是丰富多彩的。根据需要在人类发展史上的起源，可分为：

（1）自然性需要（Biological Need）。

自然性需要也称生物性需要，是指个体为维持生命和延续后代而产生的需要，如进食、饮水、睡眠、运动、排泄、性生活等。生理性需要是人类最原始、最基本的需要，是人和动物共有的，而且往往带有明显的周期性。例如，受生物钟的控制，人需要有规律、周而复始的睡眠，需要日复一日的进食、排泄，否则，人就不能正常地生活，甚至不能生存。我们平常所说的"饮食男女"指的就是人的自然性需要。

（2）社会性需要（Social Need）。

社会性需要是指人类在社会生活中形成的、为维护社会的存在和发展而产生的需要，如求知、求美、友谊、荣誉、社交等需要。社会性需要是人类特有的，它往往会被打上时代、阶级、文化的印记。人是社会性的动物，只有被群体和社会所接纳，才会产生安全感和归属感。社会性需要得不到满足，虽不直接危及人的生存，但会使人产生不舒服、不愉快的体验和情绪，从而影响人的身心健康。一些物质上很富有的人，因得不到友谊、爱，得不到别人的认同而产生孤独感、压抑感，恰恰从一个侧面反映出社会性需要的满足在人的发展过程中的重要性。

根据需要的对象，可分为：

---

① 王永，管益杰. 现代广告心理学. 北京：首都经济贸易大学出版社，2005.104

（1）物质需要（Substantial Need）。

物质需要是指对与衣、食、住、行有关的物质产品的需要。在生产力水平较低的社会条件下，人们购买物质产品在很大程度上是为了满足其生理性需要。但随着社会的发展和进步，人们越来越多地运用物质产品体现自己的个性、成就和地位，因此，物质需要不能简单地对应于前面所介绍的生理性需要，它实际上已日益增多地渗透着社会性需要的内容。正如人冷的时候要穿衣，但穿衣绝不仅为了防寒，还要体现一个人的职业、社会地位、精神面貌、审美观等。

（2）精神需要（Immaterial Need）。

精神需要是指人对社会精神生活及其产品产生的需要，主要包括认知、审美、交往、道德、创造、成就等方面的需要。如欣赏美的需要，阅读报纸、杂志和观看电影、电视的需要等。这类需要主要不是由生理上的匮乏感而是由心理上的匮乏感所引起的。

3. 马斯洛需要层次理论

美国人本主义心理学家 A. H. Maslon 将人类需要按低级到高级分成五个层次。

（1）生理需要（Physiological Need）。

生理需要包括对食物、氧气、水、睡眠等的需要。它们在人的所有需要中是最重要的，也是最有力量的。在影响消费者行为的各个生理因素变量中，生理需要是对消费者行为影响最为直接的自变量。消费者生理需要首先要求这些必须物品得到满足，以维持基本的生存；其次，同样能够满足饥饿或口渴的需要，但不同商品在满足该种需要的品质上存在差异。因此，广告不仅可以告诉人们某种产品或服务能够满足某种需要，还应该挖掘产品的独特特点进行诉求。

（2）安全需要（Safety Need）。

安全需要即在生理及心理方面免受伤害，获得保护、照顾和安全感的需要，如要求人身的健康，安全、有序的环境，稳定的职业和愿意参加各种保险等。婴幼儿由于无力应付环境中不安全因素的威胁，他们的安全需要就显得尤为强烈。一般来说，汽车广告、保险广告经常以消费者的安全需要为诉求点。

（3）归属和爱的需要（Belongingness and Love Need）。

归属和爱的需要即希望给予或接受他人的友谊、关怀和爱护，得到某些群体的承认、接纳和重视。如乐于结识朋友，交流情感，表达和接受爱情，融入某些社会团体并参加他们的活动等。中国移动广告将"你好，嗨，hello"等基本问候语进行组合，形成耳朵一样的听觉器官，其中穿插着很多心形图案，有仔细聆听他人心声的意思。人的笑脸与心形图案说明沟通需要在心灵上的交流才能成功。多种语言的运用正好对应了广告语"让沟通无处不在"。

（4）尊重的需要（Esteem Need）。

尊重的需要包括自尊和希望得到他人的尊重，即希望获得荣誉，受到尊重和尊敬，博得好评，得到一定社会地位的需要。自尊的需要是与个人的荣辱感紧密联系在一起的，它涉及独立、自信、自由、地位、名誉、被人尊重等多方面内容。自尊需要的满足会使人相信自己的力量和价值，使他（她）在生活中变得更有能力，更富有创造性。

（5）自我实现的需要（Self-actualization Need）。

自我实现的需要即希望充分发挥自己的潜能，实现自己的理想和抱负的需要。自我实现的需要是人类最高级的需要，它涉及求知、审美创造、成就等内容。在马爹利 XO "灵感篇"中，一位建筑设计师借助马爹利 XO 获得灵感，从而设计出美妙绝伦的跨江大桥，淋漓尽致地体现了人对自我实现的极端渴望。

二、消费者的动机

1. 动机

动机是在需要的基础上产生的。当某种需要没有得到满足时，它会推动人们去寻找满足需要的对象，从而产生活动的动机。一般认为，动机（Motivation）是"由目标或对象引导，激发和维持个体活动的一种内在心理过程或内部动力"。这种动力表现为一种紧张状态，它因为某种需要没能得到满足而存在。

在现实生活中，每个消费者的消费行为都是由消费动机引发的，而动机又是由人的需要而产生的。需要经唤醒会产生驱动力，驱动有机体去追求需要的满足。例如，血液中水分的缺乏会使人（或动物）产生对水的需要，从而使驱动力处于唤醒状态，促使有机体做出喝水这一行为。由此可见，需要可以直接引起动机，从而导致人朝特定目标行动。

动机既可能源于内在的需要，也可能源于外在的刺激，或源于内在需要与外在刺激的共同作用。购买动机是指为了满足一定的需要而引起人们购买行为的愿望或意念。购买动机是推动购买活动的内在动力，但并不是所有的需要都能表现为购买动机，而是要具备一定的条件。这些条件主要表现在以下两个方面：第一，只有当需要的强度达到一定程度后，才能引起动机，进而引起、推动或阻止人的某种活动。对于消费活动来说，只有那些强烈的、占主导地位的消费需要才能引发购买动机，促成现实的购买活动。第二，需要产生以后，还必须有能满足需要的对象和条件，才能产生购买动机。如有的消费者想购买红旗 CA7560 型高级轿车，但是这种车属于元首接待车，在市场上并不是有钱就能买到的，当然对于一般消费者来说，也不可能产生购买红旗 CA7560 型高级轿车的动机。因此，研究消费者的购买动机对于市场营销来说，会更直接、更有效地激发消费者的购买行为。

2. 动机的特征

（1）动机的不可观察性或内隐性。

动机是联结刺激与反应的中介变量，它只能通过对某些外显行为指标的研究作出推断，动机本身是无法直接观察到的。一些人购买名牌产品可能是出于显示身份、地位这一动机，企业如果据此设计高品质产品，并通过其他营销手段维持其产品的名牌形象，很可能迎合这部分消费者的需要，从而获得成功。果真如此，企业采用的以身份、地位为追求目标的策略并成功，恰恰印证了消费者具有追求身份、地位的强烈动机。

由于动机无法直接观察，只能靠对行为的推断来予以确定，因此，它并不具有对行为的预示作用。同时，对行为后动机的推断难免带有主观色彩。动机的无法直接观察也提醒我们，在对行为后的动机作出推断时，必须小心谨慎。以消费者购买名牌产品为例，他可能是出于显示身份、地位的需要，也可能是出于避免或减少购买风险的考虑。对同一行为后动机的不同解释，意味着完全不同的营销意义。所以，在制订和实施营销计划前，对购买动机的仔细研究和小心求证是非常重要的。

（2）动机的多重性。

消费者对产品或品牌的选择，很可能是由某种动机所支配和主宰的，然而，这并不意味着某一购买行为是由单一的动机所驱使。事实上，很多购买行为都隐含着多种动机。消费者购买某种名牌产品，既可能是出于显示地位和身份，也可能含有获得某一群体的认同、减少购买风险等多种动机。所以，企业在设计产品和制定营销策略时，既应体现和考虑消费者购买该产品的主导动机，又应兼顾他们的非主导动机。

（3）动机的实践性与学习性。

动机包含行为能量与行为方向两个方面。行为能量在很大程度上是由需要的强度所决定的，而行为方向则受个体经验及个体对环境、对刺激物的学习的影响。现代很多动机理论不仅仅涉及建立在生理需要基础上的各种动机，而且越来越多地强调和重视动机的习得性。动机的习得性实际上意味着动机并不是一成不变的，而是伴随个体的学习和社会化而不断改变的。

（4）动机的复杂性。

动机的复杂性至少可以从四个方面体现出来：一是任何一种行为背后都蕴涵着多种不同动机，而且类似的行为未必出自类似的动机，类似的动机也不一定导致类似的行为。二是同一行为背后的各种动机有着强度上的差别，哪种动机处于优势地位，哪种动机处于弱势地位，并不容易分清。三是动机并不总是处于显意识水平或显意识状态，也就是说，对为什么采取某一行动，消费者自身也不一定能给出清楚的解释。四是没有一种动机是孤立的，即使是人类最基本的饥饿动机，虽在性质上属于生理性的，但也很难完全以纯生理的因素予以解释。人类的行为十分复杂，也许行为背后的动机比行为本身更为复杂。

3. 消费者购买动机的基本类型

消费者的购买动机是复杂多样的。从大的方面来看，购买动机可分为生理性购买动机和心理性购买动机。生理性购买动机是由人们生理本能的需要所引起的购买商品的动机；为满足生理本能需要的商品，多数是日常生活不可缺少的必需品。这种购买行为具有经常性、重复性和习惯性等特点，环境的因素对其影响不大。心理性购买动机是由人们对精神生活的需要所引起的购买商品的动机。心理性购买动机是由人们的喜好、好奇等因素和情感所引起的购买动机。由于受到外在因素的影响，一般具有冲动性和不稳定性。在购买过程中，消费者的需要、兴趣、爱好、性格和价值观各不相同，购买商品的心理性动机错综复杂，因人而异。

在人们的购买行为中，往往既有生理性购买动机又有心理性购买动机，两者交织在一起，并不好区分，而且如果仅仅是这两种购买动机就显得非常粗略，不便于制定出有指导性的广告诉求方案，这就需要更具体地加以研究。具体说来，消费者的购买动机主要有：

（1）求实动机。

它是指消费者以追求商品或服务的使用价值为主导倾向的购买动机。求实动机的核心是"实用"和"实惠"。在这种动机的支配下，消费者在选购商品时，特别重视商品的质量、功效，讲求经济实惠、经久耐用，要求一分钱一分货，相对而言，对商品的象征意义、所显示的"个性"、商品的造型与款式等不是特别强调。在购买时大多比较认真、仔细地挑选，不太受广告宣传的影响。例如，在选择布料的过程中，当几种布料价格接近时，消费者宁愿选择布幅较宽、质地厚实的布料，而对色彩、是否流行等给予的关注相对较少。一般而言，消费者在购买基本生活资料、日用品的时候，求实动机比较突出，而在购买享受型、较高档次的、价值大的消费品时，求实动机不太突出。

（2）求新动机。

它是指消费者以追求商品、服务的时尚、新颖、奇特为主导倾向的购买动机。求新动机的核心是"时髦"和"奇特"。在这种动机的支配下，消费者选择产品时，特别注重商品的款式、色泽、流行性、独特性与新颖性，追求新奇、时髦和与众不同。在购买时受广告宣传、社会环境和潮流导向的影响很大。相对而言，产品的耐用性、价格等成为次要考虑的因素。一般而言，具有这种购买动机的消费者的观念更新较快，容易接受新思想、新观念，生活也较为富裕，追求新的生产方式。因此，在收入水平比较高的人群及青年群体中，求新的购买动机比较常见。改革开放初期，我国上海等地生产的雨伞虽然做工考究、经久耐用，但在国际市场上却竞争不过我国台湾省、新加坡等地生产的雨伞，原因是后者生产的雨伞虽然内在质量一般，但款式新颖、造型别致、色彩纷呈，能迎合欧美消费者在雨伞选择上以求新为主的购买动机。

（3）求美动机。

它是指消费者以追求商品欣赏价值和艺术价值为主要倾向的购买动机。求美动机的核心是讲究装饰和打扮，讲求赏心悦目。在这种动机的支配下，消费者选购商品时特别重视商品的颜色、造型、外观、包装等因素，讲究商品的造型美、装潢美和艺术美，注重商品的美化作用和美化效果，追求商品的美感所带来的心理享受。强调感受，而对商品本身的实用性要求不高。这类消费者的受教育程度较高，生活品位较高，以女性和文化界人士居多。但从目前情况看，也有这样两个趋势：其一，随着人们生活水平的提高，收入的增加和用于非食物方面开支的比重增大，求美动机越来越强烈；其二，随着人们休闲时间的增加，越来越多的人注重对精神生活的陶冶。

（4）求名动机。

它是指消费者以追求名牌、高档商品，借以显示或提高自己的身份、地位而形成的购买动机。消费者对商品的商标、商店的牌号等特别重视，喜欢购买名牌产品。在购买时受商品的知名度和广告宣传等影响较大。一般而言，在一些高收入层、大中学生中，求名的购买动机比较明显。求名动机形成的原因实际上是相当复杂的。购买名牌商品，除了有显示身份、地位、富有和表现自我等作用以外，还隐含着减少购买风险、简化决策程序和节省购买时间等多方面考虑因素。

（5）求廉动机。

它是指消费者以追求商品、服务的价格低廉，希望付出较少的货币而获得较多的物质利益为主导倾向的购买动机。对价格敏感是这类消费者的最大特点。在购买时不大看重商品的质量、花色、款式、包装、品牌等，而是对处理价、优惠价、大特价、清仓价、"跳楼价"等降价促销活动有较大兴趣。在求廉动机的驱使下，消费者选择商品以价格为第一考虑因素。他们宁肯多花体力和精力，多方面了解、比较产品价格的差异，选择价格便宜的产品。

一般而言，这类消费者的收入较低或者经济负担较重。有时也受对商品的认识和价值观的影响。近年来还有一种趋势，就是在目标市场营销中，较低档次的消费者对于较高档次的消费品而言，往往是求廉购买。如不少的时装专卖店、商场本来是面向高收入者的，他们讲究时装的质地、款式、时髦与否、服务、购物环境等，普通大众一般不会光顾，但在换季大减价清仓处理时，普通消费者会去抢购，就是求廉动机的激发。

（6）求便动机。

它是指消费者以追求商品购买和使用过程中的省时、便利为主导倾向的购买动机，也称便利动机。在求便动机的支配下，消费者对时间、效率特别重视，对商品本身则不甚挑剔。他们特别关心能否快速方便地买到商品，讨厌过长的候购时间和过低的销售效率，对购买的商品要求携带方便，便于使用和维修。一般而言，成就感比较高、时间机会成本较大、时间观念较强的人，更倾向于持有求便动机。

（7）模仿或从众动机。

它是指消费者在购买商品时自觉或不自觉地接受群体压力下的某种影响，在观点和行为上产生与群体中多数人一致的变化趋向，从而模仿他人的购买行为而形成的购买动机。模仿是一种很普遍的社会现象，其形成的原因是多方面的。心理学家 Asch 的比较长短实验证明，有近 1/3 被试由于从众心理而选择错误答案，把这结论应用于广告，可以发挥出意想不到的效果。有出于仰慕、钦羡和获得认同而产生的模仿，有由于惧怕风险、保守而产生的模仿，有缺乏主见、随大流或随波逐流而产生的模仿。不管出于何种原因，持模仿动机的消费者，其购买行为受他人的影响比较大。一般而言，普通消费者的模仿对象多是社会名流或其所崇拜、仰慕的偶像。电视广告中经常出现某些歌星、影星、体育明星使用某种产品的画面或镜头，目的之一就是要刺激受众的模仿动机，促进产品销售。流行也是一种从众心理的利用，而几乎所有儿童玩具电视广告上都有一大群孩子手执商品，这给荧屏外的孩子及其父母以压力，令广告产生作用。

（8）好癖动机。

它是指消费者以满足个人特殊兴趣、爱好为主导倾向的购买动机。好癖动机的核心是为了满足某种嗜好、情趣。具有这种动机的消费者，大多出于生活习惯或个人癖好而购买某种类型的商品。在好癖动机的支配下，消费者的购买行为较理智且较挑剔，指向比较稳定和集中，具有经常性和持续性的特点。例如，有些人喜爱养花、养鸟、摄影、集邮，有些人爱好收集古董、古书、古画，还有人好喝酒、饮茶。

（9）偏爱动机。

它是指消费者以某种商品、某个商标和某个企业为主的购买动机。消费者由于经常使用某类商品的某一种，渐渐产生了感情，对这种商品、这个商标的商品或这个企业的商品产生了偏爱，经常指名购买。因此，偏爱动机有时也称为惠顾动机。例如，有些人喜欢购买日本货，有些人喜欢购买国产货等，这些都属于偏爱动机。

（10）显耀动机。

它是指消费者以显示地位、身份和财富势力为主要目的的购买动机。消费者在购买商品或从事消费活动时，不太重视消费支出的实际效用而格外重视由此表现出来的社会象征意义，通过购买或消费行为体现出有身份、权威或名流的形象。具有显耀动机的消费者通常所处的社会阶层高，而又必须经常与下一阶层的人在一起，为了与众不同，故常常购买具有社会象征意义的商品。[1]

需要指出的是，上述购买动机决不是彼此孤立的，而是相互交错、相互制约的。在某些情况下，一种动机居支配地位，其他动机起辅助作用；在另外一些情况下，可能是另外的动机起主导作用，或者是几种动机共同起作用。因此，在调查、了解和研究过程中，对消费者的购买动机切忌作静态和简单的分析。

三、消费者的需要与广告定位

广告定位是指把广告的商品放在最有利的诉求位置上。广告定位，是为了突出广告商品的特殊个性，即在同类商品中所没有的优点，而这些优点正是特定消费者的需求。准确的广告定位应能满足特定消费群体的需要，让消费者得到满意的商品信息。

1. 优势需要与广告定位

任何商品都要满足消费者某方面的需要，准确的广告定位策略是从以消费者为中心来进行定位的。马斯洛需要层次表明，人的需要是多方面、多层次的，人的最迫切需要才是激励人行动的主要原因和动力。最迫切的需要就是消费者的优势需要，它决定着消费者活动的方向和力度。能否满足这种优势需要，直接影响到消费者对该商品的态度和购买行为。对特定的消费者来说，突出符合特定消费者优势需要的某种特性或优点，比罗列其他属性、优点更重要。从商品本身来说，通常一种商品具有多种属性，在商品的众多属性中究竟突出哪个或哪些商品信息个性作为该商品的主要诉求内容，这是广告定位中的首要问题，也是进行广告定位的前提。

例如，国外有家制鞋厂，以为所有消费者对有关鞋的属性，关心的顺序首先是式样，其次是价格、料子和小饰件。于是，把广告的主题对准了鞋的式样，但是销路平平。后来该厂进行了实地调查，询问了 5 000 名顾客对鞋的关心点。结果发现：42% 的顾客表示"穿着舒服"；32% 反映"耐穿"；16% 是"样式好看"；9% 为"价格合理"。根据所得到的这个调查结果，制鞋厂果断地改换了广告的主题，由原来注重鞋的式样转变为穿着舒

---

① 杨德志，杨宁华. 现代商业空间中消费者心理研究. 漯河职业技术学院学报（综合版），2006（2）：106～107

服、经久耐穿，结果销量大增。

2. 动态需要与广告定位

动态需要指的是需要的时间特征。从宏观方面说，人类需要的内容、水平和满足需要的方式，都受制于社会经济的发展，即需要有时代性；同时，自然季节的变化也会影响需要的变化，即需要有季节性。从微观方面说，优势需要与非优势需要是会互相转换的。影响这种转换的因素来自多方面，既可以是自身原有需要的满足，也可以是外部的变化，如社会上重大的或激动人心的活动、事件等。例如，步步高无绳电话的电视广告，开始是我们日常生活中经常遇到的收包裹但风把门吹得锁上了，却没带钥匙，随手拿出步步高无绳电话与家人通话，告之"我被关在外面啰"，但在1998年世界杯期间，最后一句广告词变为"看世界杯啰"。广告主题的变换适时地与重大活动联系在一起，消费者在关注重大活动时也不知不觉地注意到广告，从而使产品、企业的知名度随之不断地提高。如2008年在北京举行奥运会，各大商家纷纷推出与奥运相关的各种系列主题广告。

3. 兴趣与广告定位

兴趣是人对事物的一种认识倾向，是价值观的初级形式，伴随着积极的情绪体验，对个体活动，特别是个体的认知活动有巨大的推动力，可以将其看作需要的特殊表现形式，不同年龄、性别、社会经济地位的消费者可能有不同的表现。如何对不同兴趣的消费者进行广告定位，直接影响广告效果。具体说，对于年幼小孩的广告定位，应侧重于自然的需要，即生理的和安全的需要，他们对于高层次的心理需要是不易接受和感到乏味的，如娃哈哈的"妈妈我要喝"，乐百氏的"今天你喝了没有"，旺旺牛奶的"再看，我就把你吃掉"及喜之郎的"果冻我要喜之郎"。而青年人的兴趣范围就大为扩展了，心理需要特别是发展需要、尊重需要和交往需要均超过生理需要和安全需要。因此，广告主题应适合他们的特点或兴趣，如喜之郎针对青年人的产品命名为"水晶之恋"，康师傅绿茶的"绿色好心情"，生力青啤的"有点野哟"等。

性别上的差异可以用妇女对广告画面的偏好来表征。对于她们来说，一般不宜用战争或历险的镜头。那些可能使她们感到害怕的动物形象和枯燥无味的图表亦要少用。她们更愿意看到整洁、舒适的家庭环境，五颜六色的化妆品，天真可爱的婴孩和儿童等。画面中的女性形象应该美丽、端庄和富有审美情趣。社会经济地位高、文化知识层次高的消费者与社会经济地位低、文化知识层次低的消费者相比，前者对产品的心理价值更感兴趣，而后者更关注产品的实用性。因而，广告的定位应该有所侧重。如金利来"男人的世界"，摩托罗拉"飞跃无限"及太太口服液"十足女人味，太太口服液"等主要针对高阶层的消费者；而七宝山老窖"拿得起，放不下"，大宝化妆品"大宝天天见"及高露华"创老百姓买得起的名牌"等都是针对一般家庭的消费者。

四、广告诱发消费者需要的方法

1. 说出消费者真正的需要或深层需要

让我们来看看李奥·贝纳广告公司为宝洁公司的一种新型片装洗洁剂"喝采牌"所做的广告。以往大包装的洗洁剂，每次用时，消费者常常是凭感觉来量出一定量的洗洁剂，这使得洗洁剂的分量不正确，而达不到洗洁剂真正的效果。而"喝采牌"为消费者量出了正确的分量，并制成片装，使消费者感到十分方便，但为此消费者要额外付出很少的费用。在试销期间的调查中，消费者认为这种洗洁剂太贵了，而实际上这种额外的价格差异并不引人注目和使人为难，为什么消费者仍然觉得它太贵了呢？经过动机调查发现，消费者觉得片装洗洁剂仅仅是为了方便而提高了价格。广告如果是以方便为诉求点，则不可能达到很好的效果，因为许多消费者认为为了方便而多花钱并不合算，而消费者的真正需求是使每次洗衣所用的洗洁剂刚好合适，因为正确的分量可以使洗涤效果更好，因而广告以此种品牌的产品可以使你正确地放置洗洁剂量，使洗衣更洁净为诉求点而赢得了成功。消费者不再认为这种品牌的洗洁剂太贵了，因为物有所值。

世界豪华车之王——英国"劳斯莱斯"汽车在 20 世纪 80 年代初曾一度跌入低谷，被讥为"附庸风雅的暴发户"的汽车。1986 年，新上任的彼得·霍特改造了劳斯莱斯的车型，使它更豪华、更安稳，同时，在各国大做广告，扭转了不良形象。该公司在英国的广告强调"买辆劳斯莱斯犒赏自己多年来的辛勤工作"，一语击中了那些事业有成、家庭和睦、辛苦了半辈子后欲享受生活，显示身份地位的成功者的心；在美国，广告则套用了亨利·詹姆士的名言"尽情享受，这是一个不能不犯的错误"，恰与当时美国社会重享乐的风气契合。为了迎合车主的尊贵感，劳斯莱斯还严格控制新车的供给量，使想购车的美国人要在预订半年甚至更长时间后才能拿到车。劳斯莱斯广告的成功之处，就在于它抓住了上层阶层重面子，好显示自己的成功、地位和身份的深层需要，触到了他们的痒处，怎能不让他们动心？

2. 诉诸特殊的需要

当一种产品或服务具有某种特殊的功效，而这种功效又正好是唯一能满足消费者某种特殊需要的产品属性，那么广告就应该以消费者的这种特殊需要和产品的这一特性为诉求点。也就是说，在说什么的问题上，要突出介绍产品的优点和满足消费者特殊需要的利益点。例如，R. 里沃斯为 M&M 巧克力糖果所做的广告，他发现此种巧克力糖果是第一个用糖衣包裹的，于是"只溶在口，不溶在手"的创意立即出现。这种独特的功能带给消费者的好处立即被消费者接受，满足了消费者爱吃巧克力又怕弄脏手的需要。这一广告主题从 1954 年一直沿用到 20 世纪 90 年代，并成功地进入中国市场。

诉诸消费者特殊需要在药品广告中运用得非常普遍。如速立特"专治一年以上慢性肝炎"，红桃 K "血健康专家"、"补血真快"并且声明服用一周后血的各项指标将改善多少，益血膏"益气补血抗疲劳"，排毒养颜胶囊"排除毒素，一身轻松"，太太口服液

"内外调理，自然美丽"，古井阿胶"阿胶补血，古方正药"等。同样是补血产品，针对的消费群体不一样，诉诸消费者的利益点各异，分别满足不同消费者的特殊需要。

戴尔公司把提供消费者喜爱的产品作为企业发展的重中之重。采用的"个性定制"、"按需定制"的方式让消费者根据自己的特殊需求，个性化定制属于自己的电脑。同时，戴尔建立官方博客"戴尔直通车"，定期发布新鲜资讯，解答消费者的疑问；运用社交媒体平台，了解年轻人的所思所想，及时收集消费者的反馈，融入公司发展的战略，最终呈现令人惊喜的众多产品，从而赢得了大批拥护者。

3. 突显商品的心理附加值

消费者购买某种商品，并非只出于一种需求，商品提供给消费者的也不仅仅是其使用功能，还有许多附加的心理功能，这正是商品满足了消费者的社会性和需要的多层性所致。现代社会已进入产品无差别时代，即产品的使用价值越来越相似，这时广告如何使消费者区分出不同品牌，应更多地从商品的附加心理价值上找出路，使消费者在更高层次的需要上获得满足。

在现代社会这种快节奏下，人们已经习惯了省时省力、味道不错的速溶咖啡，此时煮咖啡似乎已被人们淡忘了。美国福尔格牌咖啡利用电视广告大肆宣传煮咖啡的方法，并告诉家庭主妇，煮咖啡可以显示出你对"家庭的尽职与真心"，更可反映出你"高雅的社交能力"。由于这个广告宣传，使得煮咖啡这项费时费力的活动，成为显示个人品位与能力的象征，满足了消费者显示自我的需要。在阿尔卑斯奶糖的电视广告中，在一个欧洲风格的婚礼上，一位牧师正在为一对新人主持婚礼，就在交换戒指的时候，姗姗来迟的伴郎在众人的瞩目下从口袋中掏出的竟然不是戒指而是两颗阿尔卑斯奶糖，在一片愕然声中，新娘和新郎互相剥开一颗阿尔卑斯奶糖幸福地放到对方的口中，在众人眼中品尝"阿尔卑斯"已不仅仅是品尝糖果的味道了，巧妙而又不失风趣地满足了"见证幸福时刻"的心理需求。借助对商品附加心理价值的宣传，可以赋予商品独特的个性，使其从同类产品中脱颖而出。例如，康师傅绿茶宣传的不仅仅是一种解渴的饮料，而是和恋人闹别扭后和好的载体，是一种好心情的象征，配以"绿色好心情"的广告语，赋予产品深厚的心理附加值，所以深受少男少女们喜爱，从而在众多茶饮料中独树一帜。

4. 强调特定需要满足的重要性

每一种产品有其长处，也有其短处。然而商品的长处不一定是消费者最迫切需要的。在这种情况下，广告就要强调这种长处的重要性。例如，冰箱"省电"对消费者来说也许并不重要，但是如果你在广告宣传中着力强调"节约用电"的重要性，那么，消费者也可能对此引起重视。如容升冰箱用形象化的画面告诉消费者，家里用一耗电量大的冰箱犹如养了一头虎，容升节能型冰箱就像一只小猫，每天耗电一点点；美菱节能王冰箱的节能诉求更是直接，"花四年电费，用十年冰箱"。宝马的广告强调"赋予驾驶的喜悦"，强调感性、浪漫的色彩；奔驰车正好相反，其广告承诺是"搭乘者无论坐在前位还是后位，都会觉得安全舒适"，强调理性、实用。

5. 诉诸消费者潜在的需要

许多广告的成功，在于它诱发了很多人没有注意到的、同类产品广告中没有说出来的消费者的潜在需要。潜在需要对指导市场营销活动具有重要的意义。在消费者的购买活动中，大部分是潜在需要在发挥作用。据美国有关资料表明，消费者72%的购买行为是受朦胧欲望支配的，只有28%的购买行为是受现实需要制约的。例如，顾客到商店购买商品，常常没有明确具体的购买目标，走走看看，遇到合适的商品才购买。这里所说的合适的商品就是促使潜在需要转化为现实需要的外界刺激。

研究消费者潜在需要，对于指导企业市场开发、扩大产品销售具有十分重要的作用。有三个推销员向一位老和尚推销梳子，第一个推销员被老和尚骂出来了。第二个推销员对老和尚说，您可以把梳子送给您的香客，老和尚留下了十把梳子。第三个推销员对老和尚说，您德高望重，字也写得好，您在梳子上写上"积善"两字赠送给香客，香客们肯定不好意思白拿，他们就会给庙里捐钱，这样庙里不但有了一部分收入，还会香火不断。老和尚听完特别高兴，当下就和他签了订单。原本对产品没有需求的顾客最后买了推销员所推销的产品。为什么？一方面，我们不可否认推销员的机智聪明；另一方面，我们不难看出，掌握消费者的潜在需要还在于创造需要，市场需要在创造之中。也就是说，占领市场靠企业经营者不断发掘消费者的潜在需要，经常推出满足消费者潜在需要、代表时代潮流的产品。如商务通在推广的过程中，首先推出的是"呼机、手机、商务通一个都不能少"，推出办公公文包的概念，随着市场的发展，针对人们直接手写的方便，推出"商务通连笔王"，再历经"短讯王"、"掌上电脑"等，每一次都推出一个新的概念，创造一种需求。

6. 避免诱发负面需要

我们来看看亚洲电视台（ATV）在香港所做的广告。此广告画面左侧是希特勒及党卫军的照片，右侧是广告标题和文案。标题是："90%的欧洲在他的统治之下，但他还是输了这场战争。""感谢上帝他没有在亚洲电视台做广告。"文案则表示，如果亚洲电视台当时为希特勒做广告，可以针对年轻人做广告，也不损及年长的核心支持者。在结尾还明示："当您决定最后方案之前，请打电话给你的广告代理商或亚洲电视台。"广告登出后，接到许多人的电话，但不是订版面，而是责问，使得亚洲电视台及广告代理公开道歉，为此连刊登此广告的媒体都付出了相当的代价。这则广告失败的原因，是由于它只顾新奇，引起轰动，忽视诱发消费者积极需求的重要作用，反而触发消费者的否定需要，违背消费者现存的观念，使消费者难以接受。

另外，广告诉求中不能诱发违反社会道德、宗教信仰和社会责任等需要，以免对企业和产品产生消极影响。如一则广告中一位女士将太阳神阿波罗圣像推倒，以示男女平等；意大利一家公司在广告中将希腊雅典古城堡的胜利女神庙中4个石柱女变成可乐瓶，引得希腊人认为玷污了其宗教信仰，使得此广告不得不被收回。又如某床垫广告，为了说明其舒适，闹钟响了，小孩伸手把闹钟摔在地上，仍然大睡。这则广告被家长普遍认为是诱导孩子睡懒觉和毁坏东西的坏毛病而受到强烈的反对。

五、卷入、动机与市场策略

1. 消费者卷入

卷入（Involvement）是广告与消费心理领域很重要的概念。研究证实，卷入几乎对各种消费者行为都存在影响，包括品牌搜索、信息加工、态度改变、购买意向形成等诸多方面。但关于卷入的定义，不同的研究者因各自的出发点不同而存在差异。Krugman（1965）将卷入定义为："受测试者把说服刺激内容与自己的生活内容（具有相关性的数量），或者在意识上明确地将刺激内容与个人生活内容进行对照时，每一分钟说出的字数。"[1] Vaughn（1980）认为，卷入是产品和服务所拥有的潜在价值连续体。连续体的高端是那些贵重的产品或服务，它们通常是价格昂贵、社会价值高、自我关联性强或消费者较陌生的商品；而连续体的低端则是价格低廉、风险小的商品。Andrews 等（1990）将卷入定义为，具有指向性、持续性、强度特性的个体的内在唤醒状态。[2] Palanisamy 和 Wong（2003）将卷入界定为，某一刺激或任务与消费者现有需要和生活理想相关联的程度。[3] 卷入的程度根据卷入对象的不同可分为商品卷入、广告卷入、消费行为卷入。

综合各种观点，我们把卷入理解为消费者对产品与自己的关系或重要性的主观体验状态。所谓产品与自己的关系，包含以下两层意思：第一，消费者购买某商标产品符合自身的需要、价值（信念）、态度与兴趣等个体特点；第二，消费者购买某商标产品会引起风险知觉。消费者知觉到的风险主要有经济的风险和社会心理的风险。前者是指购买某商标产品可能带来经济损失；后者则涉及心理的不平衡，他人对自己的不满等。一般情况下，知觉到风险的大小与商品的价格紧密相关，并决定卷入状态。

卷入作为个体的一种内部状态，其包含三个特性：强度、方向性和久暂性。卷入强度分为高低两大类。商品和消费者的相关性高，能使消费者主观上对该商品达到较高的卷入程度，称为消费者的"高卷入"。消费者需要费时费力才能作出购买决定的产品，该商品则为"高卷入商品"。反之，则称为消费者的"低卷入"，该商品为"低卷入商品"。高卷入的消费者表现出很高的热情和兴趣，主动而且努力地去搜寻、评价有关的商品信息，认真地比较不同商标的同类产品的差异，直接作出有关决策。低卷入的消费者不会主动地去搜寻和评价可供选择的产品信息。其对广告和其他来源的信息加工是被动的和肤浅的，很少从信息的评价发展为相应的态度。

卷入的方向性是活动指向的目标。一般来说，卷入目标可以是直接的产品及其广告，也可以是购买决策本身。久暂性表现为卷入状态的延续时间的长短。例如，球迷们对球赛的追求，票友们对戏剧的追求，不仅表现出很高的卷入水平，而且持续的时间也很长，

---

① Harbert E. Krugman. The Measurement of Advertising Involvement. *Public Opinion Quarterly*, 1966, 30 (4): 584.

② Andrews J. C., Durvasula S., Akhter S. H. A Framework for Conceptualizing and Measuring the Involvement Construct in Advertising Research. *Journal of Advertising*, 1990, 19 (4): 27 - 40.

③ Palanisamy R., Wong S. A. Impact of Online Consumer Characteristics on Web - Based Banner Advertising Effectiveness. *Global Journal of Flexible Systems Management*, 2003, 4 (1/2): 15 - 25.

甚至是有些人一辈子的追求。可是，对于某些人，也许只在特殊的场合下表现出短暂的卷入。

2. 不同卷入状态的信息加工方式和传播效果

不同卷入状态的消费者对信息的处理方式是有很大的区别的。Petty，Cacioppo 和 Schumann（1983）的研究表明[1]，消费者会依据两种线路来作信息处理，即中心路径和边缘路径。若消费者采取中心路径，则会对信息仔细地推敲思考，以形成对信息的认知与态度；若消费者采取边缘路径，则不会对信息本身进行深入的思考和判断，而是根据信息外的一些背景线索（如背景音乐、颜色等）来形成对该信息的态度和认知。他们还指出，高卷入的消费者会采取中心路径的信息加工方式，也就是消费者的态度是透过对广告中重要信息的仔细思考推敲之后而形成的，而低卷入的消费者则会根据广告的背景或内容等相关线索来处理信息。中心路径对行为有重要的影响，边缘路径对行为影响较小[2]。Roberson（1976）和 Zaichkowsky（1986）[3] 的研究也表明，高卷入的消费者会积极地寻找与产品相关的信息，而低卷入的消费者正好相反。

广告的传播效果往往受制于受众特征、插播环境和广告自身特点三大因素，这三者作用的大小又均受到卷入水平的调节。众多研究佐证了广告说服证据的作用大小会受到消费者卷入水平的制约。在不同卷入条件下强说服证据（相对弱证据）引起了更为积极的产品态度，但在高卷入条件下，说服证据质量对态度的影响比低卷入条件下要更大。Kardes 等（1988）研究表明，在含有隐性结论（Implicit Conclusion）的广告中，高卷入的被试明显表现出比低卷入的被试更积极的广告态度和品牌态度。而对于显性结论（Explicit Conclusion），被试对广告及品牌的态度不会因卷入水平的变化而变化。[4] Bozman 等（1994）研究发现，在高卷入条件下，消极情感与积极情感的背景音乐对受众品牌态度的促进作用明显大于中性音乐的促进作用；而在低卷入条件下，受众的品牌态度与音乐情感类型呈线性关系，三类背景音乐对品牌态度的影响从大到小依次为积极、中性、消极情感，且差异显著。[5] Chebat 等（2003）研究发现，广告易读性和产品卷入度的交互作用显著。在低卷入条件下，简单明了的高易读性文案能显著提高受众对信息的加工深度、改善受众的广告态度、增强其购买意向；而在高卷入条件下，易读性高低对广告的传播效果没有产生明显影响。[6] Cochran 和 Quester（2004）指出幽默诉求对高卷入产品的

---

① Petty R. E. , Cacioppo J. T. , Schumann D. Central and Peripheral Routes to Advertising Effectiveness: The Moderating Role of Involvement. *Journal of Consumer Research*, 1983, 10（2）: 135 – 146.

② Petty R. E. , Cacioppo J. T. , The Elaboration Likelihood Model of Persuasion. *Advances in Experimental Social Psychology*, 1986（19）: 123 – 205.

③ Zaichkowsky J. L. The Personal Involvement Inventory: Reduction, Revision, and Application to Advertising. *Journal of Advertising*, 1994, 23（4）: 59 – 70.

④ Kardes F. R. Spontaneous Inference Processes in Advertising: The Effects of Conclusion Omission and Involvement on Persuasion. *Journal of Consumer Research*, 1988, 15（2）: 225 – 233.

⑤ Bozman C. S. , Mueling D. , Pettit – O. K. L. The Directional Influence of Music Backgrounds in Television Advertising. *Journal of Applied Business Research*, 1994, 10（1）: 14 – 18.

⑥ Chebat J. , Gelinas – Chebat C. , Hombourger S. , et al. Testing Consumers' Motivation and Linguistic Ability as Moderators of Advertising Readability. *Psychology & Marketing*, 2003, 20（7）: 599 – 618.

广告态度和品牌态度的影响显著大于对低卷入产品的影响。

3. 卷入的市场营销策略

在市场营销活动中，一个容易被忽视的事实是，许多消费者对弄清同类商品中的不同商标及其特性缺乏兴趣，却在缺乏对商标的认知和应有的积极态度的情况下，发生了购买行为。这主要是因为消费者对欲购商品没有知觉到其在经济和社会心理上会有什么风险。这类购买属于低卷入状态。与此相反，另一类熟知的现象是，消费者在购置高档商品时，常常慎之又慎，详细询问，来回比较，好不容易才选定某个品牌的商品。这自然是基于购买决策中的不确定性和决策不当可能带来的严重损失。这样的购买显然属于高卷入状态。

面对上述两类不同的卷入状态，应采取不同的策略，其中之一便是应用不同的传播手段。由于引起消费者低卷入的商品通常与其关系不密切，他对这种商品没有兴趣，购买又无严重后果，所以，购买它时不会付出努力。这类商品的广告应更注重于刺激的外部特征，包括一切能引起不随意注意的特征和所谓的"边缘线索"，诸如图像、色彩、名人介绍、音乐等。另外，情感诉求较理性诉求更起作用。低卷入——否定性的情感诉求是通过购买商品解除或避免某种不愉快的体验。相应的传播程序是"难题——解决"，即先向消费者提出可能遇到的难题，然后推出解决该难题的商品。例如，沙拉娜痘胶膏的电视广告，画面中一名年轻的女孩，脸上长了痘痘，非常烦恼，旁白"用手挤，会留下疤痕，现在好了，用沙拉娜痘胶膏吧……"低卷入状态下的肯定性和否定性两类情感诉求的直接目的，都是唤醒消费者的购买动机，最终实现购买。

可供低卷入的适宜宣传媒介是电视广告，它最容易表现商品的各种外部特征和边缘线索。值得指出的是，对广告本身的有利反应必须跟广告产品联系起来才可收到应有的效果。对于高卷入商品的传播，由于关系密切和风险较大，所以，消费者注重对该商品信息的内部加工，它的传播应以理性诉求为主，明确陈述商品的主要性能和用途，让消费者相信广告信息的真实可靠。高卷入商品也可以借重情感诉求的结合。

高卷入的适当媒体是印刷广告，其策略有如下几种：第一，设法将低卷入消费者推向高卷入水平。可供选择的方法有：①将低卷入商品与问题联系起来，因为问题比产品更容易卷入。例如，把药物牙膏与牙科疾病联系，天然食品与污染对人体的危害相联系。②消除或导入产品属性。例如，在软饮料中，消除咖啡因和糖或加进钙都有利于消费者卷入，因为它关系到人体的健康和体态。③把产品与易卷入的活动或情境相联系。例如，春天到了，人们走出家门去踏青。这正是一个良好的机会，将产品（如运动鞋）与这一令人向往的活动结合起来。第二，将消费者细分成高、低卷入的群体，并制定相应的市场策略。同类产品依个体变量等因素而导致消费者不同的卷入水平，于是，促销策略自然应有所区别。例如，一块新型手表，对于低卷入消费者可能采取电视广告，呈现出它的图像或原型，无须更多的解说。通过多次播放，提醒观众注意该商标的名称。但是，对于试图获得一种新型手表以示身份或形象的消费者，有关该表的详细特征，诸如材料、风险、工艺等，就有必要在印刷广告上加以突出说明。

▷ 4.2 广告的理性诉求

一、晓之以理

消费者的消费行为主要有两大类，即感性消费和理性消费。理性消费是指从感到需要某种产品到做出购买行动，需要很长的思考时间，消费者会主动地比较各类产品的信息，详细地评估产品。这一过程中，消费者常常把产品的各种特性与同类产品的特性作比较，经过逻辑的思考分析，最终作出购买决定。用精细加工可能性理论来分析，理性购买行为是由于消费者对信息的加工是较深层的、精细化的，他会主动去寻找，综合各种信息，搜集和检验有关体验，考察广告的来源，分析和判断广告商品的性能并作出综合评价，在这一过程中，消费者更注重产品本身的特点。此类购买行为常常与消费者的消费观念和投资观念联系密切。这种行为不是盲目的，通常不会仅仅是受到广告的某种煽情式的诱惑而发生冲动性购买。为了促成消费者的此类购买行为，广告大多以理性的诉求为主，对其晓之以理。

理性诉求广告（Rational Advertising）指的是广告诉求定位于受众的理智动机，通过真实、准确、公正地传达企业、产品、服务的客观情况，使受众经过概念、判断、推理等思维过程，理智地作出决定。这种广告策略可以作正面表现，即在广告中告诉受众如果购买某种产品或接受某种服务会获得什么样的利益，也可以作反面表现，即在广告中告诉消费者不购买某种产品或不接受某种服务会对自身产生什么样的影响。这种诉求策略一般用于消费者需要经过深思熟虑才能决定购买的产品或接受的服务，如高档耐用消费品、工业品等。

二、理性诉求的心理策略

从心理学角度看，理性诉求广告欲达到预期的最佳效果，须遵循下列策略：

1. 提供购买理由

理性购买者常常要找到一些合理的理由，才作出购买决定。所以，广告必须把合情合理的购买理由提供给消费者。例如，一般工薪者要去高级饭店吃饭，常常是借着某某人的生日或其他理由，使这种奢侈变得心安理得。再如，中国人一向以节俭为美德，而雅戈尔西服作为中国名牌西服，其价格是一般西服价格的几倍，一般工薪阶层向往名牌，但下决心购买确实有一个痛苦的过程。雅戈尔针对消费者的这一心理，适时提出"男人应该享受"这一宣传主题，为很想购买又舍不得购买的人们提供了一个恰当的理由。

2. 拟定说服的重点

文字广告不可能很长，形象广告呈现的时间亦很短。除了费用的因素外，消费者也不可能花很多的时间与精力去研究某则广告。因此，无论从哪个角度来看，都有必要拟定一个十分明确的说服重点。重点的确定不能是随意的，也不能是一厢情愿式的。它应当是处于几个重要因素的交汇点，并且是这几个因素的有机交融。这些因素包括：目标市场消费者的心理特点；目标市场消费者的需求状况；所欲宣传产品的优点与特点。不能契合消费者的心理特点将会使之拒绝接受宣传内容；与消费者现时的需求状况相左难以使之出现购买行为；自身产品的优点与特点未得彰扬则会出现自己出钱为同行做广告的可悲局面。总之，一则广告若不具备这几个因素或这几个因素处于分离状态，则这则广告是失败的，而当这几个因素同时出现并聚集在同一焦点上时，广告将出现震撼人心的说服力。

3. 论据比论点、论证更重要

不可否认，消费者对厂商有一种天然的怀疑与抗拒心理。因此，厂商的说辞再动人、再有道理，他们也不见得真正相信。"卖瓜的不说瓜苦"这一心理定式无时无刻不在起作用。他们更想看到也更愿相信的是论据，而且是强有力的论据。有鉴于此，在理性诉求广告中，提供论据比漂亮的说辞更重要也更省力。

在广告中出现的论据可分为两大类，一类是人，另一类是物。人又可以分为两种，一种是本产品所属行业的权威人士，另一种是曾使用过该产品的消费者。虽然现代人崇尚独立与个性，但由于知识爆炸局面的出现使之不可能通晓一切生活方面的知识，他们不得不在某种程度上依赖于权威，这就为利用权威人士作为说服消费者的广告主提供了一个最佳契机。当然，并非任何利用权威的广告都能自动显示出最佳功效，这里面还有一系列的技术性问题应予以高度重视。社会心理学家 W. 巴克指出："如果有一种产品经过一位颇有魅力的人物宣传，那么这是否意味着人人都会跑来购买它呢？事情并非如此……如果人们看到，某人的劝导是出于自己的私利，那么这一信息的说服力就减弱了。"可见，在利用权威人物做理性诉求广告时，无论是在形式上还是在内容上，都不能使受众觉察到权威人物"隐蔽的动机"是为了自己的私利或商业目的。如果很好地解决了这一问题，那么说服效果将倍增。消费者的证言具有社会心理学中所说的"自己人效应"，它的作用亦不可低估。在这一点上，广告制作者必须注意的问题是：所出现的消费者应有名有姓有地址，否则，消费者将怀疑此人是否为厂商所"捏造"出来的虚幻人物。

相比较而言，以物作为论据比以人作为论据的诉求更具说服力，因为人的证言不管怎样终究是隔了一层，而物的论据具有更高的直接性。以物作为论据的形式有实物演示、实验数据、图表等。所有这些演示、数据、图表所反映的内容都必须是真实的、经得起反复实验的。如果消费者所购买的商品与广告中表现的情况相距甚远，厂商的形象将会破坏殆尽，甚至会带来法律上的纷争。

4. 运用双向信息交流，增加可信度

在说服过程中，尤其是在带有浓厚商业性色彩的广告宣传中，可信度一直是困扰说服者的一个问题。明明自己绝无假话虚言，可消费者就是不相信或半信半疑。如何解决这一矛盾呢？一种可行的方式就是提供双向信息，即在大力彰扬产品优点的同时，说出产品的一些不足之处。有人曾为同一型号的汽车做了两则广告，一则广告说："这种汽车

的内把手太偏后了一点，用起来不顺手，但除此之外，其他地方都很好。"另一则广告全部讲优点。结果，消费者都相信前一则广告。细加分析，前一则广告的成功是由于采用了欲擒故纵的手法。消费者不是具有怀疑心理吗？那么，先对这一心态予以满足，坦诚相告自己产品的不足之处，使消费者的怀疑烟消云散，然后展开正面攻势，这样就可长驱直入，攻占消费者的心理世界。需要指出的是，人是一个高度非线型的系统，任何单一的推论都不能涵盖全部心理现象。并非任何宣传说服都是以提供双向信息为佳。当目标市场消费者的文化水准较高时，以提供双向信息为佳；当消费者文化水准偏低时，以提供单向信息为佳。此外，当人们原先的认识与宣传者所强调的方向一致时，单向信息有效；而在最初的态度与宣传者的意图相左时，双向宣传的效果比较好。落实到广告宣传中，应遵守这样的准则：新产品及新广告出现之初，可采取双向信息的方式，以打消消费者的怀疑感并建立起信赖感。当消费者已经接受了广告的说服宣传，或基本上接受了广告宣传，这时就可以运用单向信息对消费者已经建立起来的观点予以强化。

5. 将"硬"广告"软化"

理性广告最忌讳而又最易犯的痼疾是"硬化症"，具体表现为语言呆板、口气生硬、术语过多，还有内容太多造成的"信息溢出"也是常见的毛病。但是，理性诉求广告仍然可以做到亲切动人，即使用通俗易懂的大众语言，陈述简洁明快，多用短句和短的自然段，适当贴切地运用比喻和形象化的方法说明，有时还可逗逗趣。但在理性诉求广告的"软化"过程中，要牢记理性诉求广告应用信息唱主角，而"软化"的目的是更好地传递信息。

三、理性诉求的具体方法

1. 哲理性诉求

哲理性诉求是用一种简明的形象或文案（最多是两者结合）将一个富有深刻思想的哲理或人生感悟的道理展现给受众，让受众在接受哲理的过程中认识和感受商品。这类广告多表现在报纸、杂志或招贴广告媒体中。对哲理的探询和思考是人的本质力量实现的过程。每征服一个深度，伴随而来的总是一种愉悦和美感，这是一种人类积极心理情绪，也被大量应用于广告中。利用这种积极心理情绪来认知商品，会收到很好的效果。尤其是现代消费者都非常注重追求内涵丰富的理性深度，有时即使是在鉴赏感性艺术，也会非常关注通过感性所传达给人们的深层哲理，这使得现代广告更多地带有崇尚哲理的色彩。《2001年中国广告年鉴》中人保的两则平面广告如图4-1，图4-2所示。

人生难免起起落落。

生活总是高高低低。

图4-1　人保"起落篇"　　　图4-2　人保"高低篇"

　　图示的处理极为简洁、形象、一目了然。以科技蓝为背底，给人以稳定、信任、平和、广阔的感觉，字体自然、圆润，其设计错落有致，形象动感地体现了其内容。

　　"人生难免起起落落，生活总是高高低低"，这句话许多国人都耳熟能详，不管是从先人诗词歌赋中，还是在现代流行娱乐文化中，抑或是人们安慰别人或者予以自慰，都会有此感慨，这已成为一条普及率极高的人生感悟。在今天这种快节奏的生活中，人们面对繁多的信息、多变的商机，有着沉重的心理压力。听着这样的哲理宣传，消费者能不触动吗？既然这样，能不能最大限度地把握自己的明天，能不能尽量避免挫折带来的不利因素，能不能为自己和家人的未来加一份"保险"？这种广告的宣传是其他直接诉求保险好处的广告无法比拟的。利郎商务男装的电视广告（如图4-3所示）也是哲理性诉求的典范。

　　利郎商务男装用陈道明作为自己的品牌形象代言人。陈道明是一个内敛、有修养、颇具内涵、稳重而不张扬的一线明星，利郎借他表达从容大度且着装品位高雅，两者的形象是很吻合的。陈道明准确地演绎了利郎所诉求的商务男装风格，而简练富有哲理的广告语"简约，不简单"则诠释出利郎所推行的商务男装的内涵。"简约，不简单"不仅仅是众多商务人士所追求的境界，更是一种生活态度和方式，是一种人生的哲学。广告画面简洁、大气、意境深邃，给受众以视觉的美感。同时，这种生活理念的认同也促进了思想的升华和消费者对利郎这一品牌的认同。

图 4 - 3　利郎商务男装 "形象篇"

2. 劝诱

劝诱是指用商品的功能和优点满足或引发受众的相应需求动机，促进其认知和购买。这类广告诉求指称对象的功能特性，受众接受它需要一定的理性认知，尽管在表现手段上可能采用一些感性渲染，但主要还是理性沟通。因此，将其归入理性诉求比较适宜。在现代广告中，直接劝说和提醒很难引起受众的注意和兴趣，一般都在创意上下工夫。好的作品尽管出现不少，但这种表达方法的创意还需要进一步开拓。

第 45 届戛纳国际广告节影视金狮奖广告作品 SONY 游戏站 "微不足道的厨师篇"，其情节是在一家高级典雅的餐厅里，一名厨师正在准备制作薄煎饼和鱼子酱。美食已制作完毕，哦，还有最后一道工序，厨师故意用手指在鼻孔内挖出一块污物，在食指与拇指之间揉成一团，小心地把它加在鱼子酱上，并在上面放上菠萝的嫩枝。一个侍者把这盘 "美食" 端走了。接着，这名厨师开始炸牛排。他将牛排盛到盘子里，不紧不慢地走下楼梯来到工作人员洗手间。他蹲下来，在马桶的内沿里用牛排抹了一圈后，重新回到厨房，将土豆和青菜放在旁边，并在上面摆了一枝香菜。然后，厨师为他的正菜准备苏珊娘油煎鸡蛋饼薄饼。他倒了一杯白兰地，用它漱了漱口，而后将它吐在薄饼上。之后，他点燃一根火柴，让甜点上升起一团火焰。

字幕：请待在家里吧。

如果你是初次看到这则广告，可能会认为这是与 "吃" 相关联的，诸如食品等，片中一个个令人作呕的画面，使你想忘都忘不掉。如果你正在用餐，你很可能会放下手中的碗筷，心中暗骂，这是什么广告。好了，谜底出现了，它是 SONY 游戏台的广告，它在劝你，不要随便出去吃饭，那有何可以消遣呢？待在家里打游戏吧！这是一则典型的劝诱型广告。21 金维他的电视广告也巧用了劝诱的手法，如图 4-4 所示。

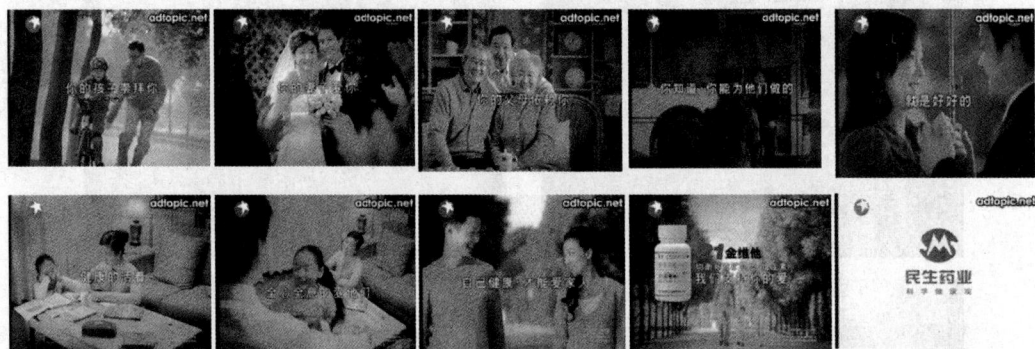

图 4-4　21 金维他电视广告

　　幸福家庭的基本要素包括孩子的崇拜、妻子的爱、父母的依赖，对处于顶梁柱的中年男人来说，这种需要和被需要都是不可或缺的。成就这些爱与被爱必须以健康为保障，21 金维他这则广告扣准了"人在中年"的特殊心理需求，通过生活化的场景，在温馨生动中娓娓道来，营造了"自己健康，才能全心全意爱家人"的理念。这种循循善诱不仅不矫揉造作，反而更富吸引力。

3. 告白

　　告白是直接向消费者诉说广告产品与服务的情况、特性，以及对消费者的利益点，动员消费者购买。有些产品如药品、化学制品及一些耐用日用品，消费者十分关注其产品的功效，故其广告表现手法多采用告白的诉求方式，直接向目标消费者诉求广告产品的利益点。例如，哈尔滨制药六厂的盖中盖、朴锌、朴血、严迪、护彤、护肝片等众多药品在各大电视台热播的电视广告都是请影视明星直接向消费者诉说各药品的功效及适应病症。"巨能钙"的电视广告旁白为："8 位博士，12 位硕士，48 位科学家……经过100 多次试验研制了补钙新药——巨能钙，科学试验是检验真理的唯一标准，买好钙，巨能钙。"用数据直白地告诉大家其科技含量，深得消费者的信任，从而取得了良好的销售业绩。在国际广告界，直白诉求也经常被运用，如第 45 届戛纳国际广告节影视金狮奖广告作品"禁止砍伐森林"的公益广告就是一则艺术性告白诉求的典范，如图 4-5 所示。

　　中外公共类信息的广告，可以说不胜枚举，大大推动了人类的环保事业。此则广告把年轮与历史名人、人类文明联系在一起，非常巧妙地告诉我们：自然是人类生存的家园、文明的传承，如果支撑文明的这棵历史巨树倒了，那么人类也就不复存在。诉求切入准确，有很强的感染力，能够引起受众从内心对广告内容的认知和理解。

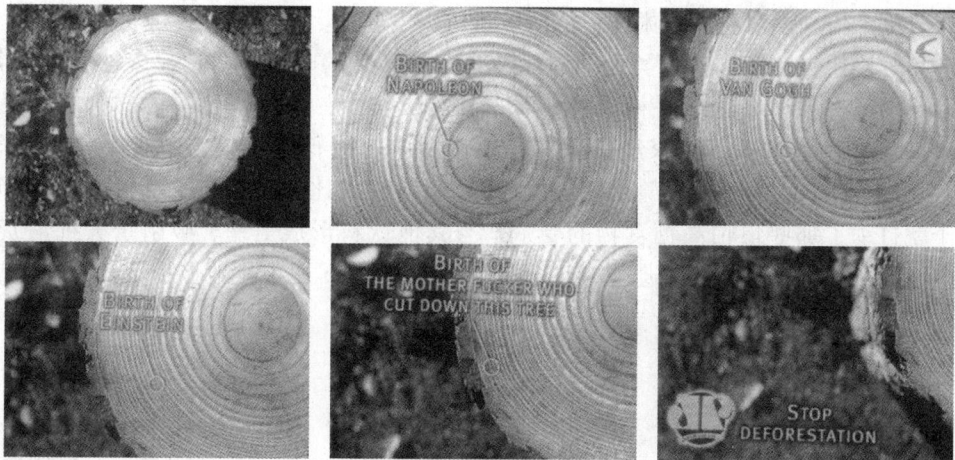

图 4-5　年轮

让我们再来看看奥迪汽车"标志篇"（如图 4-6 所示）。广告以"What do you want in a car?"开篇，而后艺术化地在灰色背景上出现四个挂钩，在第一个挂钩上挂一银色钥匙环，配以"Design?"字样，并在第二、第三、第四个钥匙环，依次配以"Comfort?""Safety?""Sportness?"字样。这样，由四个钥匙环形成奥迪汽车的标志图案，再以疑问句"In one car only?"引发受众的思索。全篇没有任何背景音乐，使人仿佛置身于一个无声世界，从而把注意力高度集中于广告画面。该广告凸显了奥迪汽车所具有的集"设计"、"舒适"、"安全"、"运动"于一身的特点，让人倍感此时无声胜有声。

图 4-6　奥迪汽车"标志篇"

4. 对比

常言道："不怕不识货，就怕货比货。"在对比中，消费者有了选择的余地和评价的尺度。这就是对比销售法具有独特魅力的原因所在。将对比销售法引入广告表现手法之中，于是便出现了对比式广告。传统广告学中，对比广告是指在广告中把自己的产品与他人的产品从质量、功能、价格、服务等多方面进行对比，从而证明自己产品的优异。其实，根据国外广告学界的最新观点，以及大量的广告个案资料，将这种广告称为产品对比广告更为恰当。对比广告中还包括情境对比广告形式。

产品对比广告一般有三种类型，即两种或多种品牌的暗比、两种或多种品牌指名道姓的明比及与想象出来的对手相比较。而在具体操作中，产品对比的方式则非常灵活。如可口可乐与百事可乐，两家经常以对比策略做广告进行互相攻击。通用食品公司的"助凉"饮料上市时，第一则广告就声称，该饮料含糖量比销售领先的可乐饮料低25%，一下子就打动了那些惧怕高糖食物的受众，与其他饮料形成对垒，吸引了大批消费者。南孚电池（如图4-7所示）通过与普通电池对比用1:6形象化地显示了其"一节更比六节强"的超强电力。

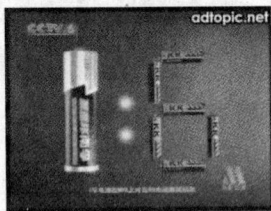

图4-7　南孚电池"对比篇"

产品对比广告最好的方式是自我对比。因为自我对比利用了品牌已有的知名度和品牌在消费者心目中已有的形象，同时展示了产品的更新、变化和发展，突出产品的某一特点，因而容易给人留下深刻的印象，以及进一步提高品牌知名度。如飘柔二合一洗发水的一则电视广告，采用的就是自我对比的手段。在电视画面上先并列展示两种包装颜色不同的洗发水和护发素，然后把另一瓶颜色不同的飘柔洗发护发二合一的洗发水从画面的上面慢慢向下移动，覆盖原来的洗发水和护发素，洗发水和护发素渐隐至消失。在画面表现的同时，配上相应的解说词，以突出说明新飘柔的新功能。

产品对比广告侧重于物与物的对比，在多数情况下要涉及其他竞争品牌，而为了证明自己产品的优势，有意无意间就会美化自身产品而贬低其他品牌。因此，稍有不慎，就会变成贬低对手的违法广告。与产品对比广告所不同的是，情境对比广告的对比对象不是其他产品，而是使用同种产品的不同情境。简单地说，情境对比广告是通过对同种产品在不同时间、地点、使用方式、用途等方面的对比，强调该产品在多种情境下的适用范围，以达到诱使消费者增加对该产品使用次数的目的。它避开了其他品牌的正面冲突，通过间接、温和的手段增加了广告产品的市场容量，能在不易察觉的情况下扩大自己的市场份额。如大宝系列化妆品，用小学教师、京剧演员、摄影记者、纺织女工等多种人物形象进行情境式对比，充分展示了这种产品的广泛适应性。

当然，不管采用哪种对比方式，也不论和谁比，都必须公正平等。最好的对比应该是既无损于人，又有利于己的对比。市场经济的特征之一就是竞争，商品之间的竞争必然反映到广告中来。可以说，绝大多数的竞争者，尤其是处于不利地位的竞争者，出于竞争的天性，都有使用对比广告的愿望，一旦可以绕过法律的规定而又不受道义的谴责，使用对比广告的愿望便按捺不住。有一层干爽网面的护舒宝卫生巾宣称"更干、更爽、更安心"；澳柯玛的"没有最好，只有更好"；高露华的"挑战世界名牌"，言外之意"不亚于世界名牌"；飞利浦"让我们做得更好"的含义，一是"我们比过去做得更好"，二是"我们做得比别人更好"；喜之郎"果冻我要喜之郎"的用意就是"比其他品牌更好"。这些广告常见于各种媒体，都在有意无意地进行对比，但又都没有刻意去贬低别人抬高自己。对比得隐蔽，比较得巧妙，表露得模糊，像这样的广告既不违法，又颇为有效，是对比诉求中的典范。

5. 类比

类比是指将性质、特点在某些方面相同或相近的不同事物加以比较，从而引出结论的一种表现方法。广告的类比表达是用消费者熟知的形象，来比喻广告商品的形象或特长。如雪糕冰棒取名为北冰洋，意指与冰冷的特性类似；芭蕾舞中旋转的动作被用作洗衣机洗涤桶旋转的先导（形貌上类似）。

我们来看看金霸王电池的一则平面广告（如图4-8所示），在电池的负极上，是一个插座的造型，用源源不断的交流电来类比金霸王电池强劲持久的动力，极富震撼力和宣传力。再来看看邦迪创可贴的一则平面广告（如图4-9所示），画面上朝鲜总书记金正日和韩国总统金大中共同举杯祝贺南北会谈的成功，广告语"邦迪坚信没有愈合不了的伤口"一语双关，既将产品功能暗含其中，又表达了渴望统一、心向和平的美好愿望，颇具震撼力。以上两则广告因其独特的创意而获得广告界的一致好评。2002年第八届中国广告节金奖作品"社会公德篇"（如图4-10所示）也是典型的类比诉求广告，整个画面就是一只手拿了三支筷子，其中两支是一对，中间夹了一只花筷子，因此极不协调，再加上"因为多了她，生活从此不安宁……"类比当今社会第三者插足，破坏家庭安宁，影响社会稳定的严重后果。

金霸王　强劲电力之源

图4-8　金霸王电池"插座篇"

邦迪坚信
没有愈合不了的伤口

图4-9　邦迪创可贴平面广告

图 4 – 10　社会公德篇

6. 证明

证明性广告属于理性广告范畴，其以有力的证据来证明广告内容，即产品质量的真实性、可靠性。证明性广告又可分为两类：第一，感性证明，即借用一定事物，从理性的角度感性地表达出证明产品的功效。如在全国各大电视热播的圣象地板"踢踏舞篇"（如图 4 – 11 所示），一舞者在地板上跳踢踏舞，舞者已经把鞋磨穿了，但地板完好如初。这种略带夸张的表现方法给人的第一感觉是真实、自然，令人信服。圣象地板"踢踏舞篇"虽是理性的表达，但却以单纯、幽默的手法来表明地板的耐磨性，令人忍俊不禁，收到了很好的效果。

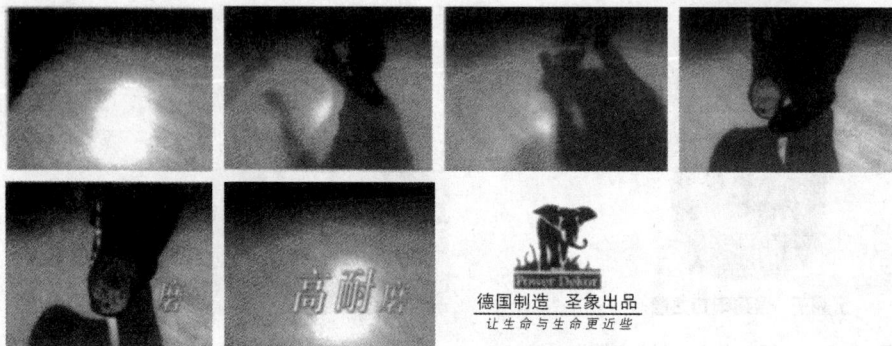

图 4 – 11　圣象地板"踢踏舞篇"

第二，纯理性论证（也叫真实实验法），即当众做实验，或借助电视现场直播形式的广告。最典型的就是美国安利公司系列产品的推销方式：当着目标人群的面，用安利的系列产品当场做试验，把事实摆在受众面前，令人不得不相信产品的功效。此外，还有利用破坏性实验宣传产品质量，以达到立竿见影之功效，即卖锅的故意摔锅，卖刀的故意砍铁。在一次广交会上，河南安阳家用电器总厂跟马来西亚客商基本谈妥吹风机的交易，价格等事也定下来了，可外商仍然心存疑虑，迟迟不敢签合同。第二天，该厂厂长趁马来西亚客商在场的机会，抓起一台吹风机扛在肩上，狠狠地往地板上摔，然后提起来再狠狠地摔，一共摔了50次才停下来。厂长已累得气喘吁吁，仍像有深仇大恨似的把吹风机摔在地上，用脚狠狠地踢，吹风机被踢得满地翻滚，一直踢了100脚才作罢。周围的人一个个看得目瞪口呆，厂长当场对那台吹风机进行测试，结果损耗率在规定的指标之内，在场的中外厂商到这时才真正明白过来，个个叹服不已。这次"活广告"取得了出乎意料的效果，不仅打消了马来西亚客商的顾虑，还使这种吹风机打进12个国家的市场，一举成为抢手货。

然而，证明性广告有时是对产品进行超常态的实验，并非所有的产品都能采用这种方法，如本身就不堪一击的精雕瓷器。也并非所有产品都需要采用这种方法，如质量性能不难判断的食品饮料。证明性广告如果运用不当可能不会引起他人的注意，甚至产品演示过程的真实性会遭到受众的质疑。前苏联著名播音员埃罗蒂耶娃为一家玻璃制品公司的杯子作现场演示，为了证明其坚固耐用、不怕摔，这位女播音员当场摔杯子，但因为用力过大，杯子破了。幸好女播音员用一句风趣自嘲的话，及时免除了这些尴尬，否则就真的弄巧成拙了。

7. 双面论证

在广告中充分肯定产品优点的同时，也适当暴露产品的不足之处，这种手段称为双面论证。双面论证如能得到恰当的使用，可以获得意想不到的效果。例如，英国某刀片公司在一则广告中说："本公司的刀片十分锋利，经久耐用……缺点是易生锈，用后需要擦干保存才能久放。"该产品迅速被广大消费者认同而畅销于市场。但是，如果使用不当，也容易导致反效果。因此，在使用时要考虑受众的已有态度、教育水平、对品牌的知识经验等各种条件。

▷ 4.3　广告的情感诉求[①]

一、动之以情

美国市场营销学家 Philio Kotler 曾把人们的消费行为大致分为三个阶段：第一阶段为量的消费阶段，第二阶段为质的消费阶段，第三阶段为感性消费阶段。在第三阶段，消费者所看中的已不是产品的数量和质量，而是产品与自己关系的密切程度。消费者购物在很多时候是为了追求情感上的渴求，或追求商品与理想的自我概念的吻合。当某种商品能满足消费者的某些心理需求或代表某种新的观念时，它在消费者心中的价值已远远超过其成本。在市场经济大潮中，人们发现，优质产品不再是畅销的同义词。欧美、日本的企业界重新探讨质量定义后，得出结论：优质不是"最好的"，而是顾客"最需要的"。广告的情感诉求是向消费者诉求该产品能满足其情感上的需要，是其所需要的，因

---

① 江波．广告的情感诉求．心理技术应用论丛，2001．150～159

此情感诉求成为当今广告宣传所必须应用的方式。情感诉求广告（Emotional Advertising）亦称为情绪诉求广告、感性诉求广告，是指广告制作者通过极富人情味的诉求方式，去激发消费者的情绪，满足其自尊、自信的需要，使之萌发购买动机，实现购买行为。

二、情感诉求广告的作用

1. 情感诉求影响消费者的认知

在消费过程中，消费者的购买行为并不总是认知的直接结果，其中大部分与人的情感因素相关，而且情感因素也会影响认知因素，两者共同影响到消费行为。而情感诉求也直接影响消费者的情感，它们之间的关系如图4－12所示：

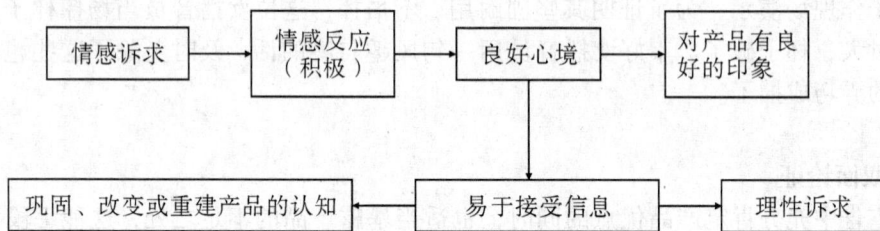

图4－12　情感诉求与消费者情感的关系

从图4－12可看出：广告中情感诉求可引起消费者的情感反应，如果情感反应是积极的，消费者便会产生良好的心境，对该产品有个良好的印象。在这种良好的心境下，消费者易于接受产品诉求的信息，从而巩固、改变或重建对该产品的认知。如20世纪40年代问世的速溶咖啡，这种新品种既省时又方便，且价格低廉，但一开始它并不受欢迎，调查发现，原来主妇们认为这种咖啡是适合懒惰者或不善料理家务的人饮用的。后来广告改为以一名成功主妇为人物模特，她在料理繁忙的家务时，饮用这种速溶咖啡，空出了许多时间去做其他更有意义的事，结果产品销售量直线上升。这项研究告诉人们，在消费者心目中，产品价值不仅表现在商品本身的物理特性上，还体现在符合消费者的消费行为特点或心理因素上，他们的需要、期望、情感体验等个性心理因素势必影响消费者的认知，在评价产品的好坏时产生影响。

2. 情感诉求可增加产品的情感附加值

随着科技水平的不断提高，产品质量已渐渐进入近乎无差别的时代，市场竞争日趋激烈，因此，仅依靠产品质量难以立于不败之地。质量只是竞争的基础，产品除质量外还必须具有竞争优势。上面已论述过，消费者趋向于情感消费，如果能增加产品的情感附加值，其竞争力必将大增。情感诉求可通过影响消费者的情感，使消费者感觉到使用该产品可满足其情感需要。因此，如果广告运用情感诉求方式，使产品增加并非固有的附加价值，那么消费者就有一种超值享受的感觉，他们将更乐意接受该产品。

3. 情感诉求能更好地突出品牌个性

随着市场竞争日趋激烈，产品高度同质化，品牌日渐成为重要的竞争手段。一类产品要从众多品牌中脱颖而出，就必须赋予品牌个性化特征，并且这种特征必须迎合消费者的价值追求。而且现代社会人人追求个性，消费行为也要求有个性。产品是消费对象之一，也要表现自己的个性，以个性来打动顾客，满足其追求个性的心理，促使消费者产生购买动机。现在的广告主仅把广告看作一种机械的操作，一味地宣传产品的自身功效，而不将其看作一种作用于人的感觉活动，没考虑到受众的感情，久而久之，使得消费者产生"王婆卖瓜，自卖自夸"的感觉，对诉求的信息产生逆反心理。广告僵硬了，变成了噪声，品牌也变成了无生命的符号。因此，广告必须从消费者的角度出发，宣传产品的个性。情感诉求展示该产品给消费者所独有的心理价值，赋予品牌的情感附加值，突出品牌个性。将人们引入积极情绪的广告可以增长受众对品牌的积极看法，并减少消极的看法，这能够加强品牌偏好。被引入积极情绪的受众会减少对品牌内在品质的考虑，并且在更高的品牌喜爱度的基础上形成品牌偏好（品牌偏好形成的外围路线）。如"我就是我——晶晶亮雪碧"，将美国"张扬个性，宣传自由"的特有文化注入雪碧中，让人觉得喝雪碧就有一种"自由"的感觉，就是有个性。

4. 情感诉求可提升产品的形象

消费者在选择购买某类产品时，考虑的不仅是产品的质量，还有产品在消费者心目中的整体形象，如包装、使用经验、心理需求等因素。当产品发展到鼎盛时期时，要想进一步打开市场，就必须从消费者心理着手，提升产品的整体形象。广告中情感诉求可使产品附加一些情感因素，从满足消费的层次上升到满足情感需求的层次，消费者购买此产品时，也由满足物质需要上升到满足心理需要，产品形象自然得以提高。如非常可乐的广告词为"中国人自己的可乐"，把可乐形象上升为民族品牌形象；雅士利正味麦片的广告词为"妈妈爱心无限，雅士利正味麦片"，将麦片形象上升为母爱形象。人们自然更愿意购买这类产品。

三、情感诉求的心理策略

情感诉求从消费者的心理着手，抓住消费者的情感需要，诉求产品能满足其需要，从而影响消费者对该产品的印象，产生巨大的感染力与影响力。因此，广告情感诉求有必要采用一些心理策略，以达到激发消费者的购买心理、实现购买行为的目的。

1. 以充满情感的语言、形象、背景气氛作用于消费者需求的兴奋点

产品要想满足消费者某类或某些情感需求，广告制作者必须从消费者的利益着想，并且抓住消费者需求的兴奋点，而且消费者的需求决定着其情感心理活动的方向和结果，而且消费者的需求是情绪、情感产生的直接基础，客观刺激必须通过以消费者的需求为中介才能发挥其决定作用。一旦触发了其需求兴奋点，其情绪必然高涨，而情绪高涨将

促使满足需要的行为更快、更强烈地出现。产品要想深入消费者的内心，必须从其需求入手，把产品与某类需求紧密相连，使消费者一出现这类需求便想到此产品，则说明广告取得了良好的促销效果，达到广告主的希望。如果诉求产品能满足消费者的某类需要，自然能达到上述效果。如"孔府家酒"的广告，牢牢抓住了"家"字，请影星王姬拍摄了一段亲人久别重逢、游子返家的欣喜场面，配上当时广为流行的电视剧《北京人在纽约》的主题曲，一股思家、盼望回家的感情深深地感染了游子，每当游子思家时，自然就想到孔府家酒。再如一则电视广告，好友聚会，主人拿出雀巢咖啡招待客人，雀巢咖啡被染上了一层感情色彩，充满了和谐、亲切的情感，暗示它是招待客人的最佳饮料。

2. 增加产品的心理附加值

作为物质形态的产品，本来并不具备心理附加值的功能，但通过适当的广告宣传，这种心理附加值便会油然而生。美国广告学者指出："广告本身常能以其独特的功能，成为另一种附加值。这是一种代表使用者或消费者，在使用本产品时所增加的满足感的价值。"因为人类的需要具有多重性，既有物质性需要又有精神性需要，并且这两类需要常处于交融状态，即物质上的满足可以带来精神上的愉悦，精神上的满足以物质作为基础，有时甚至可代替物质上的满足。因此，产品质量是基础，附加值是超值，多为精神上的需要，消费者更乐意购买超值的产品。因为购买这类产品可得到双份满足——物质上的满足与精神上的满足。在进行购买抉择时，"心理天平"势必向这类产品倾斜。如"派克钢笔"是身份的象征，"金利来"是成功男人的象征，等等。

3. 利用晕轮效应

晕轮效应（The Halo Effect）是社会心理学中的一个概念，它是指一个人如果被公认为具有某种优点，往往也会被认为具有其他许多优点。如果公众认为某些运动员在运动场上是杰出的，往往还会赋予这些运动员许多不属于运动方向的专长。因此，许多企业不惜重金请体育界、娱乐界的明星甚至是政界人物为自己的企业或产品做广告。原因就在于这些人物是公众的挚爱，他们的行为直接影响公众，使得公众爱他们之所爱，喜他们之所喜，自然购他们之所购。这在心理学上称为"自居作用"，即公众通过与明星购买同类产品，在心理上便把明星身上的优点转移到自己身上，如很多人因喜欢刘若英的知性美而选择达芙妮鞋，有的人因喜欢成龙在影视中塑造的忠厚、值得信任的形象而选择霸王防脱洗发水。还有一种晕轮效应是产品自身产生的，即如果产品的某种优点被公众接受了，那么它也易被公众认为具有另一些优点。如一些产品连续多年销量第一，公众对此易于接受，因此他们自然会认为这些产品质量好、服务好、造型美观等。

4. 利用暗示，倡导流行

有些产品是永久性的使用品，并不存在是否流行，但若人们购买多了，也就成为当时的流行产品。且产品的购买者不一定是其使用者，许多产品是被用来馈送亲友的。消费者不是彼此孤立存在的，他们在社会交往中相互作用，建立起亲情友情，为了表达他们的心情，他们会相互用礼品来送上健康、财运或温暖。因此，如果产品正好符合他们的这些愿望，他们便会主动地购买该产品，而更少地考虑产品的质量、功效。而如果购买这种产品的风气能被广告制作者利用成为一种当今社会流行的时尚，消费者便会被这种时尚所牵引，抢着购买该产品。如雅士利正味麦片诉求的是母亲对子女的母爱，脑白金诉求师徒之间的感情，旺旺饼干诉求家庭和睦和对财旺、气旺、身体旺的愿望，上述产品自然会成为表达他们这些心愿的时尚消费品。

5. 合理引发受众内疚心理

虚拟内疚（Virtual Guilt）是指尽管人们实际上并没有做伤害他人的事情，但如果他们认为自己做了错事或与他人所受到的伤害有间接关系，也会因感到内疚而自责。它是一种基于移情理论基础上的人际内疚理论。这种当事人虚拟出来的"错误"导致的内疚在亲情广告的各个环节都得到了很好的体现，尤其是内疚心理引发的消极情绪的表现方面。我们常见的亲情广告通常都是从讲述童年回忆开始，这种回忆题材的选择也是有讲究的，通常选择的是大多数人都曾有过的回忆，以便引发亲情共鸣，再现一种既往的亲情体验，引起目标受众的兴趣，当目标受众顺利走完这个心理过程之后，广告诉求的目标也就达到了。广告向你推荐的产品似乎给了你一个实现补偿的选择，刺激了目标受众的购买欲望。[1]

如在威力洗衣机电视广告"农村篇"中，通过将女儿的童年体验真实地再现在屏幕上，并加以适当的艺术加工，画外音"威力洗衣机，献给母亲的爱"使这一过程变得更加亲切、感人，再现了随着女儿年龄的增长，与母亲的距离虽远却更加深了对母爱的理解。美国贝尔电话电视广告"长途电话篇"，以简单、寻常、质朴的情节展现了一对老年夫妇在饭厅吃饭时，接到女儿仅仅为了向父母表达一句"我爱你们"而从远方打来的长途电话的画面，最后不失时机地插入旁白："贝尔电话，随时传递你的爱。"耐人寻味，贝尔电话一语道破了为人子女对父母的愧疚心理。

四、情感诉求的方法

1. 形象诉求

形象就是心理学中的知觉，即各种感觉的再现。人们通过听觉、视觉、味觉等感知事物，在大脑中形成一个关于事物的整体印象，这种印象即知觉，也就是"形象"。形象诉求广告的类型主要有以下几种：

（1）企业形象诉求。

现代企业固然必须重视商品力和销售力，但是仅这样做是不够的，还必须关注企业形象力。心理学的研究表明，良好的企业形象容易使消费者对该企业产品产生偏爱和较高的评价，还有利于提高对该品牌的忠诚性和增强其"防御力"，进而导致认牌购买的行为倾向。这些积极的心理效应，对企业产品的销售是十分有利的。

---

① 陈正辉，刘慧磊．"虚拟内疚"理论在亲情广告诉求中的应用．广告大观（理论版），2008（1）：27~31

企业形象诉求是塑造企业形象的主要广告艺术方法。企业形象表达是运用比拟、烘托、说理等形式集中表现企业精神、哲学、理念的广告艺术方法。企业形象表达是现代世界超级公司广告的主要表现方式，一般在企业发展到具有一定规模，趋于成熟，具有一定知名度时采用这种方式比较适宜。企业形象诉求广告主要包括致贺广告、歉意广告、创意广告、响应广告、信誉广告、实力广告。

（2）商品形象诉求。

商品形象诉求是指直接描写和展示诉求对象的视觉形象的表达方式。这类广告属于直述式，并不追求复杂内容，而是以直接的形象诉诸消费者，使其获得直观感受。这类广告在市场经济早期运用较多，在现代广告中也大量存在着，不过在方法上不是简单再现，而是以各种独特形式加以修饰、衬托和美化，使之具有个性特征和更强的感染力。

（3）品牌形象诉求。

品牌形象诉求是指以突出展示商品品牌形象为诉求目标的广告表达形式。奥格威曾指出："每一则广告都应该被看成是为品牌形象这种复杂现象在作贡献。如果你具有这种长远眼光，许许多多日常的麻烦事都自会化为乌有。"品牌形象是消费者对于品牌的知觉性概念，用来表达消费者根据品牌的形象设计来诠释其对一项产品的内存属性与外加属性的看法（认知、感觉）。如果产品已经跻身市场，而且已经在一定程度上树立了商品形象，这时为了创牌或塑造著名品牌，采取品牌形象表达是很适宜的。

大众汽车总体品牌形象广告"中国路　大众心"就是品牌形象诉求的典范。大众汽车是最早进入中国的国际汽车领导品牌，也是与中国消费者最贴心的汽车品牌。该广告将最能代表中国文化精粹的书法艺术运用到国际先进的广告制作之中，以带"心"字的汉字构成画面的一部分，如"忠"、"志"、"慧"、"想"、"悠"等，并结合表现每一个字所代表的品质和精神的画面，这些独具中国文化深邃韵味的汉字和视觉效果与强烈震撼的广告画面融合在一起，相得益彰。在最后一组画面中以"爱"字达到全片的高潮。"爱"是人类最基本，也是最高尚的情感，"爱"源于心，"爱"字充分体现了大众汽车的"大众心"——对中国、中国汽车工业、中国消费者的拳拳爱心。

大众汽车从书法的美学角度来提升汽车文化的灵性，不得不让人对这一创意拍案叫绝。事实上，广告在更深层面上，表达了大众汽车在与中国共同发展的20年中，已经融入中国人生活的方方面面，并与中国文化水乳交融，精悍地诠释了大众汽车"有多少心，用多少心"的经营理念。

2. 幽默

莎士比亚说："幽默和风趣是智慧的闪现。"幽默化广告创意策略，是科学和艺术的智慧结晶。现代心理学认为，幽默是对人们心理的一种特殊适应，它是对心理理性的一种特殊反叛，是以突破心理定式为基础的。所谓心理定式（mind-set），是指人们由于过去的生活体验而形成对周围环境中事物相对固定的感知、评价的惯性。当今社会商品经济高度发达，大量的信息符号通过广告向社会传播，使受众目不暇接，在一定程度上已呈饱和状态，受众在精神上产生了保护性抑制情绪。在这种情形下，广告创意采用幽默化策略，可有效缓解受众精神上的压抑情绪，排除其对广告所持的逆反心理。在轻松、快乐、谐趣的氛围中自然而然地接受广告所传递的商业信息，并完成对商品的认识、记忆、选择和决策等思维过程。幽默化广告创意策略，可以克服众多广告商业味太浓、艺术情趣匮乏、严肃刻板有余、生动活泼不足的弊病，有趣、有效地达到广告目的。

早在20世纪60年代，欧美许多广告人就认为，幽默是一种有效的销售武器。因为人们通常对推销员和广告抱有偏见和抵触情绪，而幽默广告能将严肃的推销目的包容在轻松诙谐的喜剧气氛中，使消费者对公司和产品产生兴趣和好感，在愉悦的心境中不自觉地改变态度。这种理论引发了一场幽默广告创意革命。如由伯恩巴克策划的艾维斯出租汽车的广告运动（"我们是老二，我们更努力"）和大众金龟车运动，在很大程度上改变了广告的面貌。目前，在美国黄金时段播出的广播和电视广告中，幽默广告分别占30.6%和24.4%。在西欧，幽默广告所占的份额也不少。在备受广告人瞩目的戛纳国际广告节上获奖的作品中，大多采用幽默戏剧化的手法。它们超越了民族语言和接受心理的障碍，成为普遍受欢迎的广告方式。让我们来看看百事可乐的一则电视广告（如图4-13所示）。

电视画面：一个小男孩与刚结束比赛的足球明星贝克汉姆邂逅在赛场的后台，大汗淋漓的小贝向小男孩索要手中的百事可乐解渴，小男孩露出难舍的表情，并"趁机"向小贝索要球衣。对常人来讲，小贝是令人激动的明星，小贝的球衣更是值得纪念的宝贝，小贝误认为小男孩索要自己的球衣以做纪念。但事实恰恰相反，对于广告中的小男孩来讲，小贝的球衣远不如百事可乐来得珍贵，他令常人难以预料地用小贝的球衣擦了擦百事可乐的瓶口，然后将其还给小贝。一个与事实相反的影像，令人对百事可乐印象深刻。

图4-13　百事可乐电视广告

但幽默广告本身具有风险。如果幽默广告与产品特点结合得不恰当的话，受众会因为幽默的无趣而对产品产生厌恶感。若没有不同凡响的创意，不如退而求其次，用一种更保险的方法来制作广告。换言之，幽默广告需要广告人有更高的想象力、知识经验和道德感。不是所有的产品都适合做幽默广告。一般而言，感情需求性产品（如快餐、甜点、软饮料）多用幽默广告促销；高理性型产品则不一定，与生命、资产有关的产品、服务则不宜用幽默诉求，如药品。

幽默广告在不同受众中所产生的反响不可能相同。幽默效果可以引起受众对广告的注意，提高受众的广告接触率，促进受众对广告、品牌形成良好的态度。研究发现，不同媒体广告中，幽默效果的使用均对注意力产生了积极的影响（Madden T. J.，Weinberger M. G.，1982；Weinberger M. G.，Campbell L.，1991）[1][2]。Madden 和 Weinberger 的研究表明，幽默广告具有比一般广告更强的注意捕获与维持力。Spotts 等（1997）的研究支持了这个结论。Duncan 和 Nelson（1985）的研究也发现，使用幽默能明显促进广播媒体传播效果，特别是在吸引受众注意、增进其对广告及产品的喜好，以及减少受众可能的恼怒情绪等方面表现得尤为突出。[3] Zhang 和 Zinkhan（2006）的研究显示，对于广告态度、品牌态度而言，尽管受众卷入水平对幽默效果的发挥存在影响，但不论卷入水平如何变化，受众对幽默广告（相对非幽默者）及其品牌均表现出明显的偏爱；在购买意向上，被试表示更愿意购买幽默广告所宣传的产品。[4] Geuens 和 Pelsmacker（1998）的研究结果也发现，幽默比非情感广告激发了更为积极的情感体验，而非情感诉求在无礼、激怒等负性情绪上的得分明显高于幽默广告。[5] 从有关结果来看，影响幽默广告效果的受众因素主要有年龄、性别、教育、种族、文化背景及广告接受氛围等。因此，创作幽默广告不能将目光仅仅盯在产品本身，而要从更广的生活空间去搜寻幽默题材。

3. 恐惧

优秀的广告能打动消费者的心灵，在其心理层面上造成震撼力和影响力。这种"打动"、"震撼"、"影响"，不仅来自正面诉求，也来自反面诉求。利用人们普遍存在的害怕、担忧、担心等心理，在广告创意中运用和发展恐惧诉求，这正是国内外不少广告大师的创作手法。恐惧诉求就是指通过特定的广告引起消费者害怕、恐惧及其有关的情感体验，从而使消费者渴望被解救，自然就被引向广告推荐的产品。广告主通过它来说服消费者，改变其态度与行为。这一策略较多地应用在那些与免受财产损失和人身健康安全等有关的产品上。

第45届戛纳国际广告节影视铜狮奖作品 Dairylea Dunkers 佐餐奶油"恐龙时代篇"的画面是一个惊恐的女子在荒凉、原始的场景里奔逃着。她一边逃命，一边不时地回头张望。突然，一只巨大的恐龙从岩石后走出来，大声咆哮，女子由于惊慌，绊倒在地。恐龙趁机上前抓住女子，女子尖叫着。恐龙拿出一盒 Dairylea Dunkers 佐餐奶油，用牙齿撕开盒盖，把可怜的女子在奶油中蘸了一下，然后一口吞掉她。旁白为"新装 Dairylea

① Madden T. J., Weinberger M. G. The Effects of Humor on Attention in Magazine Advertising. *Journal of Advertising*, 1982, 11（3）: 5 – 14.

② Weinberger M. G., Campbell L. The Use and Impact of Humor in Radio Advertising. *Journal of Advertising Research*, 1991（31）: 44 – 52.

③ Duncan C. P., Nelson J. E. Effects of Humor in Radio Advertising Experiment. *Journal of Advertising*, 1985（14）: 33 – 40.

④ Zhang Y., Zinkhan G. M. Responses to Humorous Ads: Dose Audience Involvement Matter? . *Journal of Advertising*, 2006, 35（4）: 113 – 127.

⑤ Geuens M., Pelsmacker P. D. Feelings Evoked by Warm, Erotic, Hhumorous or Non – emotional Print Advertisements for Alcoholic Beverages. *Academy of Marketing Science Review*, 1998（1）: 1 – 8.

Dunkers 香甜可口，富含奶油，你会愿意用它佐餐一切"。恐龙吞食了女子后，接着把 Dairylea Dunkers 又撕开一层，发现里面有一些面包条。旁白为"然而我们建议你把它和我们提供的面包一起食用"。恐龙意识到自己的愚蠢，拍着自己的脑袋，露出"我真傻"的表情，然后打出字幕"Dairylea Dunkers 佐餐奶油"。恐龙吃人是一个让人非常恐惧的画面，然而，恐龙在吃人之前不忘把可怜的女子在奶油中蘸一下，受众在极端恐惧的过程中，对 Dairylea Dunkers 佐餐奶油留下了深刻的印象。

恐惧广告多用于车祸、戒烟、环保等公益广告之中，因为公益广告主要以改变人们的行为模式和思想观念为目标。许多观念并不深奥，也不难接受，然而要在日常行为中奉行这些观念往往比较困难。以保护野生动物为例，虽已成为人们的共识，但捕食野生动物的现象有增无减，面对如此严峻的形势，必须大力倡导保护野生动物运动。运用和风细语、温情脉脉的劝说方式，恐怕起不到多少作用，而运用恐惧诉求，将捕食野生动物淋漓尽致乃至夸张地表现出来，或许可以使人们受到心灵的震撼。

香港一则劝告开车要系安全带的广告中，玩具木轮小车装着两箱鸡蛋从斜坡冲下来，遇到障碍而突然刹车。结果系了安全带的鸡蛋完好无损，而未系安全带的鸡蛋摔得稀巴烂。广告以悲惨的结局，展示了诉求的主题。

恐惧广告要达到预期效果，还取决于诉求的强度。施以不同强度的威胁，其说服效果大不相同，有时威胁太强烈，效果反而不明显。害怕、威胁的诉求过于强烈，可能激发受众的防御心理作用，导致对面临的问题作出回避反应。如某人寿保险的广告诉求过度，使用人们不愿目睹的各种惨状的照片，令人反感。但威胁太弱同样不能引起受众的注意与重视。

用一种不太直接的方式进行威胁提示往往容易奏效。20世纪90年代，新加坡的几家华文报纸相继刊出"难道你不要脸吗？"的美容广告，独特的用词和别出心裁的广告画面设计，引起了轰动效应。广告画面是一名身材苗条的女模特儿，手持一束鲜花，把整个头部、脸部都遮掩了，一双纤腿交叉屈膝，高高地坐在一张中国传统式的雕花木高圆凳上。这则广告宣传的是新加坡碧丽美发美容中心所提供的美容服务。在一束强光下，女模特儿掩脸无语，黑色的背景上是"脸"和"人"的回答。这则广告构思巧妙，极引人注目，成为名噪一时之佳作。

恐惧诉求通常有理性伴随，需要巧妙地在设下"恐惧"之后，提供解除的方法，受众就会不知不觉被卷入其中。有观点认为，信息的有效性与它制造的恐惧成正比，恐惧感制造得越大，紧张度越强，驱使人们采取购买行为以消除紧张的力量就越大。但 Aaker（1970）的研究认为，太强或太弱的恐惧感不如适当的恐惧感有效。只有适当的焦虑水平才能引起受众态度的改变。

4. 比喻

在现代广告中，创意被视为最为重要的广告竞争手段。而优秀的创意大多采用了比喻的表达方法。比喻与直述式、告知式截然不同，它隐晦曲折，"婉而成章"。比喻借助事物的某一与广告意旨有一定契合相似关系的特征，"引譬连类"，使人获得生动活泼的形象感。它给人的美感深沉、绵长，其意味令人回味无穷，收到较好的传播效果。

在众多的药品广告因直接宣传产品"疗效好"而显得平庸、自夸时，也有不随俗流的优秀药品广告脱颖而出。如"特利通"的产品广告，画面很简单，是一个人的头像，鼻子被巧妙地设计成水龙头，上面是旋扭，鼻孔下放置着马桶搋子。广告人别出心裁地把感冒病人鼻塞不通、鼻涕不止的症状，借用比喻，形象地表现出来——龙头失控，通道堵塞，以致要用马桶搋子猛捅猛捣。画面的上方和下方是解说词：同时解除伤风引致的鼻塞、流鼻涕和头痛，要通一遍吗？伤风疗效三合一先进配方"特利通"。在这里，借着比喻的修辞手法，广告看起来生动逼真，幽默诙谐，让人过目难忘。它的说服效果与那些构思雷同的药品广告不可同日而语。又如"达克宁"借用"野火烧不尽，春风吹又生"的概念诉求，以双手连根拔起脚底的野草这个形象的比喻传达"达克宁"对付真菌具有治标治本的突出疗效，使刻板的药品广告形象化、生动化，帮助消费者快速、清晰地理解广告信息。

在1996年戛纳广告节获得平面广告作品金狮大奖的日本沃尔沃汽车就以一枚别针来比喻其"安全"。这枚别针上面弯曲成汽车顶盖形，下面弯曲成汽车底板和车轮形，针环为车尾，针扣为车头，整体显出了沃尔沃汽车的轮廓，十分传神。奇怪的是针尖并未扣在扣槽之内，而是跳了出来，给人以不安全稳妥的感觉，这给受众造成极大的悬念。该广告的诉求目标是"安全"，标题为"沃尔沃，令你信赖的汽车"，这与沃尔沃车一贯宣传的特点"车外壳钢特别好，碰车不变形，安全系数高"是相吻合的。它想告诉受众：别针的钢坚韧，不易变形，即使针尖跳出扣槽之外，也很难用外力碰撞使之变形。受众从别针自然联想到沃尔沃汽车的外壳。别针针尖出槽尚且如此，何况谁都会知道别针使用时针尖绝不会出槽的，这当然更是安全牢固无虑了。沃尔沃汽车的所有结构精良合格，其安全牢固程度可想而知。沃尔沃汽车用一种日常生活中最不起眼的物品来比喻，引起受众自然联想，诉求点准确、到位。

5. 夸张

在广告中，把广告要着力推荐介绍的商品的某种特性，通过极度夸张的手法表现出来，一则强化了特定的诉求点，二则因夸张带来的良好传递性而增加了广告效果。汽车广告有不少平庸之作，如用美女加香车的画面，配上阐释汽车性能的宣传，虽言之凿凿，但因叙述语言的专业性较强，很难调动起受众的兴趣。有一则国外广告公司做的汽车广告，成功地表现了商家提出的要求——展示产品具有"可灵活运用的双面滑动式车门"这一特点。它的主要情节是：两个男孩在打雪仗，看到一辆车驶来，便搞恶作剧，伺机"袭击"它，谁知司机机敏地启动双开门，结果两个男孩用力掷出的雪团穿越车门而过，在他俩脸上开了花。这里，广告人借用夸张手法，表现了司机的机警和车门的灵活。整个情节颇有戏剧性和幽默感，丝毫没有因为专业的阻隔而让传受双方产生距离。

百事可乐公司有一则广告颇有意思。在海风习习的沙滩上，一个顽童用吸管吸百事可乐。他的表情是那么投入，吸得那么专心致志。随后脸部不断变形，头部逐步缩小，最后居然将自己吸到可乐瓶中。没有哪个观众会相信生活中会出现类似情形，同样谁也不会因此怀疑百事可乐的诱人魅力。这便是广告夸张术的神奇作用。

从修辞学的角度讲，夸张不外乎两种情形。一种是尽量将事情向快、高、大、好、强、重等方面伸张扩大，或者尽量向慢、低、小、坏、弱、轻等方面收敛缩小，这是"一般夸张"方法。另一种是把后出现的事情提到事前来说，这是"超前夸张"方法。广告在运用夸张手法时，无非在这两种方法上做文章。

我们再来看一则卫生巾的电视广告（如图 4 - 14 所示），该广告以低沉阴霾的天气开篇，向受众展示了突如其来的电闪雷鸣和暴雨让一群女人陷入了惊恐、无助、慌乱的情景，这时我们可能并不知道该广告要表达什么，而后，一片"横空出世"的卫生巾遮住了乌云和暴雨，天气豁然明朗起来，这种表现手法"不言自明"地展示了该品牌卫生巾的强吸收性，受众看了之后只会产生"如果这样都不行的话，只能待家里了"的强烈共鸣。此则广告堪称卫生巾广告中的高明之作。

图 4 - 14　日本某卫生巾电视广告

根据夸张在广告中的不同运用，广告夸张表现手法可分为以下几类：

（1）功能特点夸张。

如图 4 - 15 所示，一名穿着小碎花长裙的女士在洗手间内惊惶失措，因为长裙被一股力量拽进了排水孔。在另一间洗手间内因为互通吸尘器的超强吸力，从排水孔中把隔壁女洗手间女士的碎花长裙给吸进来了。创意者细心地借用生活中的场景，将夸张手法和一个饶有趣味的情节结合起来，形象直观地表达出互通吸尘器超强的吸力。文案与画面配合默契，高度凝练，幽默风趣，使受众在莞尔一笑中自然而然地理解了广告传达的信息。

图4-15 互通吸尘器"非礼篇"

（2）产品业绩夸张。

如："车到山前必有路，有路必有丰田车"；"无论你到何处，都能买到柯达"；"三人行必有我师，三人行必有我鞋"（皮鞋广告）。

（3）使用效果夸张。

如："往身上洒一点，任何事情都可能发生"（香水广告）；"在劳斯莱斯轿车以每小时60英里的速度行驶时，车里最大的声音来自车里的闹钟"；"不要对刚从这里走出来的姑娘调情，她很可能是你的外祖母"（美容店广告）。

（4）背离常理夸张。

如："还不快去阿尔卑斯山玩玩，6 000年之后这山就没了"（旅游广告）；"从12月23日起，大西洋将缩小20%"（航空公司广告）；"创造第五季"（空调广告）。

（5）警示劝诫夸张。

如："请司机注意你的方向盘，本城一无医生，二无医院，三无药品"；"酒杯＋方向盘＝棺材"。

6. 情节诉求

在现代广告中，有不少是运用情节性表现手法创意的。这类广告采取带有情节的故事片断（有些甚至有矛盾冲突），使人们在引人入胜的情节中，认知、感受商品，接受广告意向。这类广告在电视、广播媒体中运用得较多，在张贴、杂志媒体广告中运用得也不少。特别是一些名牌产品的系列广告，使故事片断带有连续性。例如，新一代电影女神妮可·基德曼与巴兹雷曼演绎的Chanel No. 5香水爱情故事（如图4-16所示）的情节是这样的：一名从电影首映式上溜走的女演员，被狗仔队穷追不舍，邂逅了一名英俊陌生男子，光彩熠熠的女明星爱上了痴情的贫穷男子，镁光灯与荣誉的包围无法阻挡她对爱情的追求。仓皇逃脱后两人独处，在片刻宁静宛若无人的城市上空谱写了一段转瞬即逝的罗曼蒂克的故事。一场《罗马假日》的桥段在广告中影射，尾声处的过渡留给了"明天"——刻骨铭心的爱情一如Chanel No. 5香水的深沉隽永。这则唯美的浪漫故事为

Chanel No. 5 香水增添了一分经久不衰的神秘幽香。法国白兰地酒广告,采用了拿破仑家族的生活细节,反映出白兰地在贵族生活中是不可缺少的消费品。情节类表达的广告形式多样,随着市场经济的发展,以及人们对广告感受力的提高,情节广告的范围已大大拓宽,早已不再只局限于商品使用过程的情节本身。

图 4 – 16   香奈尔 5 号香水电视广告

7. 谐趣

谐趣性表达广告是指运用理性倒错,寓庄于谐的表现手法,造成风趣幽默效果,引起受众乐趣,并在此心态中认知广告意向的广告形式。这类广告在国外比较普遍。在我国,此类广告近年来也越来越多地被人们所重视。谐趣表达是现代广告表达中十分重要的一种,许多不同类型表达手段中都有谐趣的成分。它之所以广泛引起受众的注意和青睐,是因为它符合现代人在快节奏压力下寻求心理轻松和平衡的精神追求。谐趣性表达广告的美学价值在于它给受众带来了轻松愉快和令人玩味的心理情绪,这种情绪是一种生动而积极的美感效应。

加拿大一广告公司为横滨轮胎制作了一则电视广告,情节是:四只老鼠偷吃奶酪时,被猫发现了,老鼠赶忙驾车逃跑,猫紧追其后。老鼠在前面时而加速,时而急转弯,时而急刹车,猫被折腾得狼狈不堪。追赶中,车子撞翻了牛奶并从四溢的牛奶上驶过,车子却一点没打滑。一番惊心动魄后,车子终于停在老鼠洞口,老鼠们平安到家,猫却因为惯性没站稳而扑了个空。广告语是"现在你胜券在握"。在现实生活中,人们喜爱猫而讨厌老鼠,但广告中,广告人反其道而行之,让猫处处露拙,老鼠却充满智慧,整个情节因此滑稽有趣。在轻松的幽默气氛下,产品高超的防滑性能得以充分展现。这则广告曾荣获美国莫比广告奖。

AGFA 水下摄像机有一则广告(如图 4 – 17 所示),其电视画面为蓝蓝的大海边,一个瘦弱的小伙子站在海水里,水已经没到他的胸部。三个女孩引起了他的注意,因为她们正在嘲笑他。"姑娘们,你们好!"小伙子向三个女孩打了个招呼。当姑娘们从正面看到他时,笑得更厉害了,原来他戴着厚厚的眼镜,看上去并不帅。他意识到原来她们是觉得他的样子滑稽可笑而不是有魅力,为此他觉得很害羞和难过。这时,女孩子们脱下自己的比基尼泳裤,以此来嘲笑他,因为她们确信他无法看到她们在水中的裸体。只听到"咔嗒"一声响,眼中之所见使我们吃了一惊,原来他无意中按动了手里一直拿着的水下摄影机的按钮。这则广告因其独特的创意获得第 45 届戛纳国际广告节金狮奖。

图 4 – 17　AGFA 水下摄像机"笑到最后篇"

在 1996 年戛纳国际广告节优秀作品金狮奖中有一则摔跤运动员形象的平面广告，十分惹人注目。两个彪形大汉，正在进行激烈的摔跤比赛，突然一个大汉紧紧搂抱对方，闭着双眼，撅起嘴唇，使劲地闻着对方脸颊，他完全陶醉在一种奇香异味之中。而对手被这突如其来的举动搞得不知所措，他力图推开，使劲挣脱，但无济于事。他不知这是怎么回事，目光充满疑惑。裁判员也为这种场面惊诧，以为运动员犯规而发出警告。这种突发状态，引起了人们极大的兴趣和悬念。然而当人们搜寻缘由时，发现了 DIESE 牌香水品牌和产品形象时，不禁恍然大悟：由于对方使用了香水，浓郁的气味使他深受感染，忘乎所以。这一广告的创意新颖、构思巧妙，一反香水广告惯用绅士美女衬托的普遍程式，别开生面，令人耳目一新。

8. 荒诞

今天，广告信息铺天盖地，要想使自己的广告信息突显出来，必须增强刺激力度，这样就产生了专以强刺激为艺术手法引起受众接受广告诉求目标的荒诞诉求方法。荒诞在本质上是一种事实错位，其刺激是与人们常见的事物形象具有较大差异的极端状态，这种状态使人吃惊、诧异和激动。男人怀孕，这在生活中是不可能发生的，但广告人借这种一反常态的事件制造出了极佳的宣传效果。1978 年，英国家庭计划协会推出一则劝说公众计划生育的公益广告（如图 4 – 18 所示）。画面上是一名大腹便便、精神沮丧的男子，看得出他身怀六甲。这样的男性形象让人忍俊不禁。再看看广告语"如果怀孕的是你，你是否会更小心点呢？"对这一则广告，人们在发笑之后，不由得思考广告中所提到的严肃问题。这种寓庄于谐的说服方式，比起那种板起面孔的说教要高明得多。

图 4 - 18 计划生育公益广告

荒诞广告既违反常规又合乎逻辑，以其突出的促销效果受到广告人的高度重视，在西方国家尤为如此。但创作荒诞广告，首先必须弄清目标市场和目标受众中是否存在接受荒诞诉求的社会心理基础。本田的荒诞广告可以在美国受众中大行其道，关键在于美国公众，尤其是青年一代易于接受，能产生情感共鸣。中央电视台曾播出过国内某感冒灵的广告，产品用布蒙着，各种昆虫、动物——从旁边爬过，足球飞出画面，字幕上显示出："蝴蝶会感冒吗？金鱼会感冒吗？那么企鹅呢……"最后一只小动物将布扯去，露出产品真面目。这是一则典型的荒诞广告，与本田小型摩托车广告如出一辙。然而两者的效果大相径庭，中国观众未见有几人为其叫好。这一广告的致命伤不在于它拙劣的创意模仿，而在于它偏离了特定的文化氛围和国民心态，因为中国人的趣味偏好与美国人明显不同，中国人既不推崇也不欣赏荒诞。广告没有人叫好，等于白做，其促销作用可想而知。

五、理性与情感的融合

Petty 和 Cacioppo（1983）发表的研究成果表明，商品广告的目标受众对广告信息进行处理加工，基本上是通过边缘心理路径和中枢心理路径两种路径，但其侧重点有所不同。

经由边缘路径对广告信息进行心理加工时，受众侧重的是广告信息中的边缘线索，诸如商品外观是否为当下流行的样式；同事、朋友是否有好的评价；广告模特是否是自己喜欢的类型；商品推荐人、形象代言人的名望如何；拥有或者使用这种商品能不能使自己产生优越感，等等。相反，受众对传媒广告的画面及声音、文字中涉及商品本身性能方面的信息并不在意，整个心理过程未进行周密的逻辑推理，而是以直接作出感性层面的反应为主。

经由中枢路径对传媒广告信息进行心理加工时，情况正好相反。信息接收者认真考虑广告的实质性内容，进行精密细致的信息加工，综合多方面的信息与证据，进而对广告中涉及商品性能的诸多因素进行分析、判断，并在这一基础上形成一定的品牌态度。从这一心理过程可以看出，受众通过中枢路径接触、理解广告信息，主要是侧重广告商品内在的东西——性能。整个心理过程是以理性为主导的。[1]

因此，以受众的两种心理机制为依据，在制定广告策略时我们可以采取不同的诉求方式。

一般来说，消费者是理性与感性的结合体，随着社会的发展，受众的理性程度越高，感性越个性化。只有当广告向受众表明为什么尝试某种产品对他们最有利及如何尝试这种产品时，广告才可能获得成功。因此，在广告中光讲产品有什么功效、为什么有这种功效是远远不够的，广告还必须表明该产品对每一个受众现在的或未来的生活方式、目标等有什么意义。因此，成功的广告应抛弃理性与情感的片面性，将两者的优势融合起来，即"晓之以理，动之以情"。

在物质条件丰裕的今天，人们更多的是渴望精神上的需要。如果广告一方面通过理性诉求满足消费者的基本需要，另一方面又能用感性诉求帮助消费者满足其情感上的需求，消费者就会愉快地接受广告并乐于购买广告所宣传的产品。如雪碧的广告语"我就是我"、"晶晶亮，透心凉"，把雪碧本身晶莹透亮的特质和真实生活中透明的自我紧紧联系起来。尤其是它强调"我就是我"，迎合了当今年轻人特立独行的心理，因而赢得了一大批年轻消费者。此外，瑞士的塔格豪尔手表，它的定位是职业运动表，其广告语"顶住压力，永不趴下"，一方面说明手表的质量绝对过硬，另一方面又给拥有者赋予了一种永不言败的品质和身份。

那么，如何评价一则广告作品是否实现了理性与感性的融合呢？现有研究表明应从以下几个角度来衡量：[2]

1. 在广告的内容上实现可爱与可信的结合

理性广告以商品的实际功效为基础，追求客观的"真"，让人感到产品的可信；感性广告以人内在的情感和价值为依据，追求主观的"善"，让人感到其可爱。如果只强调"真"，广告就会变得粗俗无味；如果只强调"美"，广告就会变得虚幻。只有将理性与感性的内容结合起来，同时表现真善美，才能使消费者真正认同产品，采取购买行动。

2. 在广告形式上实现科学与艺术的合璧

只有科学与艺术融合的广告作品才能既表现产品又打动受众。也就是说，好的广告作品传递给消费者的是富于美感的产品信息。因此，广告的科学性要求广告传达产品的信息，表现产品的特点、功能、使用方式等内容，而要打动消费者，广告作品还需用渲染、联想、暗示等艺术手段作用于产品的表层形象，创造出其深层幻象，开拓消费者对

① 杨鹏，柳珊. 受众心理机制与广告劝服效果. 现代传播，2002（1）：108～110
② 缪文海. 广告诉求策略：理性与感性的融合. 江南大学学报（人文社会科学版），2003（5）：110～112

产品体验的心理空间，这样才能引发消费者强烈的美感和浓厚的兴趣。

3. 在广告符号上体现智力注意与情感参与的互补

若一则广告作品过多地运用理性知识符号，要求"长久"注意，则易引起人们心智疲倦。而过多的情感经验符号，一味吸引消费者参与其中表现的情感，使人轻松愉快，则容易转移消费者的注意力，从而使商品的功能信息注意力更加弱化。一件令人赏心悦目的广告作品须同时具有引人智力注意的理性知识符号和引人情感参与的情感经验符号。

4. 在广告对象上深化消费者需求与欲望的融合

消费者是理性与感性的结合体，其既有理性需求，也有感性欲望。面对多元化的社会和个性化的消费者，广告通过理性诉求传达产品功能利益信息，可以满足消费者的基本需要，进一步通过感性诉求帮助消费者寄托某种情感、精神，消费者就会愉快地接受广告并乐于购买广告产品。

▶ 4.4 广告的潜意识诉求

随着商品经济的发展，广告行业的发展也突飞猛进。从单纯宣传商品信息，说服消费者购买发展到以强调消费者为主体，满足消费者多方面的需要，对广告与消费心理学的研究硕果累累，但绝大部分停留在消费者的意识层面上，很少从潜意识层面进行研究。弗洛伊德认为，心理并不等于意识，处于意识之外的东西并不处于心灵之外。因此，关于人类的心理，如果只关注意识告诉我们的说法，那么我们就永远也不能彻底理解它，反而常常误解它。所以在进行广告创意、制定广告策略的时候，不但要考虑消费者的意识，还要考虑消费者的潜意识，特别是在广告信息泛滥的今天，消费者潜意识里对广告有一种抵触情绪，研究消费者的潜意识，根据消费者的潜在需求制定相应的广告策略是非常必要的，也是广告发展的必然趋势。

一、润物细无声

广告界有一句名言："科学的广告术是遵循心理学法则的。"也就是说，广告要想获得成功，务必符合消费者的心理特点。对于这一点，广大的广告人均持赞同态度，并且也是这样做的，但我们目前对广告心理的研究，对消费者心理的探索往往只停留在意识层面，很少关注消费者的潜意识。人的心理现象应包括意识和潜意识两个领域。按照弗洛伊德的理论，潜意识是人类精神世界的基础和外部行为的内驱力，它决定着人的意识，所以只有对这两大领域进行全面了解，才能对消费者的心理进行准确、全面的把握。潜意识这一反映形式的存在有其客观必然性。对消费者的认识来说，它是一个不可或缺的反映形式。潜意识在广告中的作用具体表现如下：

1. 可使消费者在潜移默化中接受广告信息

随着现代宣传工具的发展，广告几乎到了无孔不入、无时不有的地步。为了吸引消费者的注意，促进消费者的购买行为，广告人使出浑身解数。然而一个严峻的事实是，许多人一遇到电视广告节目，便起身"方便"而去，或迅速转换频道。面对泛滥的广告信息，特别是劣质的、苍白无力的广告，消费者有着明显的抵触情绪，即使一些能满足消费者某种心理需求的优秀广告也因鱼目混珠而很难取得消费者的信任。潜意识被压抑在人的意识阈限之下，其作用是隐蔽的、暗中表现的，如果在广告中针对目标消费者的潜意识，满足其潜意识的需求，就能使消费者在潜移默化中接受广告信息，从而达到意想不到的宣传效果。

2. 关注潜意识才能全面把握消费者心理

人的意识只能反映客观刺激中与社会规范相一致的部分，与意识对立的东西，如被认为不合理的想法、不高尚的动机、不光彩的体验便被压入潜意识中。这些被压抑在潜意识中的本能、欲望不能因为它与社会规范不一致而忽略它的存在，相反，它是人类精神世界的基础和人类外部行为的内动力。作为诱发消费者对宣传的产品产生好感，激发其产生购买行为的广告活动，更不能对它置若罔闻。据美国一家商场的实地调查发现，72%的购买行为是在消费者只有朦胧欲望的情况下实现的；真正具有明确购买计划的购买行为，只占整个购买行为的28%。广告能合理地引导人们的这种心理状况，营造潜意识表达的信息环境，那么广告就可以在一定程度上满足受众的心理需求，以引发购买行为。

3. 潜意识广告接受效果高于意识广告

科学家发现，潜意识状态每秒钟所接受的信息远远超过意识状态。实验证明，一个人的潜意识几乎可达到并记住一生中某些事的每个细节。

4. 关注目标消费者的集体潜意识与社会潜意识才能避免营销活动的失败

在市场营销中，经常发生这样的情况：一种产品的质量和服务都很好，却在市场中备遭冷落，其中一个很重要的原因就是没有考虑到消费者的集体潜意识和社会潜意识，没有体现甚至违背了当地的风俗、习惯、信仰和价值观等文化和亚文化的影响。广告活动必须深入研究目标消费群的集体潜意识和社会潜意识，研究潜在的目标市场所具有的特定的文化背景，才会知道自己的产品是否为该社会成员所接受，才能有效地把产品特征传递给消费者，以达到说服购买的目的。我国的国宝大熊猫，憨劲十足，深受许多国家和地区的人民喜爱，因此，我国不少出口产品都愿意以它来命名，如"熊猫"炼乳，但该产品运到某国后竟遭到客户拒绝。原来客户认为熊猫与该国某种禁忌类同。这次营销活动的失败就是没有充分考虑当地消费者的集体潜意识和社会潜意识。

二、潜意识的诠释

潜意识指的是潜藏在我们一般意识底下的一股神秘力量，是相对于"意识"的一种思想。从不同的心理学角度，可以将其分为以精神分析理论为基础的"动力潜意识"（Affective Unconscious）和以信息加工理论为基础"认知潜意识"（Cognitive Unconscious）两类。

1. 动力潜意识（Affective Unconscious）

潜意识是精神分析理论的一个基本概念。其概念由精神分析学派的创始人弗洛伊德正式提出。精神分析理论认为人的精神生活可分为三个部分，即意识、前意识和潜意识。意识是我们在任何时候都能意识到的现象，前意识是如果我们注意它就能意识到的现象，而潜意识是我们意识不到也不可能意识到的现象。弗洛伊德认为，精神生活的主要部分是潜意识的，其操作遵循不同于意识活动的原则。意识过程通常是理性的，是按逻辑规则进行的；而潜意识过程是非理性的、无逻辑的，它体现在梦、口误、精神病患者的想法、艺术的象征性作品、仪式及儿童思维的某些方面。潜意识包含着愿望、驱力和动机，即潜意识中含有动力的成分。因此，弗洛伊德及当今的精神分析学家们所强调的潜意识被称为动力潜意识。[①] 下面就对有关动力潜意识的理论作简单的介绍。

（1）个人潜意识。

弗洛伊德从他的精神病治疗实践中发现，在患者意识的背后隐藏着一种更主要的、更强大的力量，这就是潜意识的力量，而精神病正是由于过分压抑了这种力量而发生的。他认为，以前通常被误认为是人类心理之全部的心理部分事实上并不是最主要的，相比于潜意识，意识只是第二性的、派生的东西。人类心理的基本部分和基本的能源中心是在不为我们的意识所觉察的潜伏在心理结构深层的潜意识方面。它包含着许多不容于风俗、习惯、道德等个人的原始冲动、本能。由于不容于社会和文化或会引起个人心灵深处的极度不安，它们被压抑到意识阈之下而成为不被意识到的潜意识。弗洛伊德认为，潜意识表现为人的被压抑的欲望、本能等。它是人类心理最原始也是最不安分守己的因素，虽然处于心理的最深处，却有着巨大的能量和强烈的活性，按照"快乐原则"去追求满足，寻找发泄的出处。在弗洛伊德看来，潜意识是人类世界的基础和人类外部行为的内驱动力，它决定着人类的全部有意识的生活，甚至决定着个人乃至整个民族的命运。而意识则是与直接的感知相关的那部分心理过程，表现为人的自觉活动，并受社会舆论、伦理道德及其他行为规范的影响和调节，服从"现实原则"。弗洛伊德认为，前意识是无意识和意识之间的边缘，它由可以回忆起来的经验所构成，主要功能是在无意识和意识之间从事警戒，不允许那些反理性、反社会的本能渗透到意识中去。

（2）集体潜意识。

集体潜意识是 Carl Gustav Jung 对于心理学最主要的贡献。弗洛伊德认为，潜意识只

---

① 李长庚. 认知潜意识：潜意识研究的新动向. 井冈山师范学院学报（哲学社会科学版），2004（3）

是个人生活中被遗忘或被压抑而从意识中消失了的内容，并认为性本能的冲动则是被压抑的潜意识的主要内容。Jung 不同意用"性欲"来解释潜意识的基本性质，他把潜意识划分为个人潜意识和集体潜意识两个部分。他认为："集体潜意识是心灵的一部分，它有别于个人潜意识，就是由于它的存在不像后者那样来自个人的经验，因此不是个人习得的东西。"它是集体的、普遍的、非个人的，是通过继承和遗传而来，由原型这种先存的形式所构成的。原型是遗传的先天倾向，不需要经验的帮助，即可使一个人的行动在类似情况下与其祖先的行动相似。Jung 认为原型有多种，其中的四种最为突出，可以分别代表各自的人格系统。它们是人格面具（Persona）、阿妮玛（Anima）、阿妮姆斯（Animus）、暗影（Shadow）。人格面具是人格的最外层，是个体在环境的影响之下造成的与别人接触时的假象，它掩饰着真正的我，与真正的人格不符。他的行为在于迎合别人对他的期望。阿妮玛和阿妮姆斯的意思是灵气，分别代表男人和女人身上所表现的双性特征。阿妮玛是指男人身上的女性特征；阿妮姆斯是指女人身上的男性特征。暗影又称黑暗自我，处于人格的最内层，是具有兽性的低级的种族遗传，包括一切激情和不道德的欲望及行为，类似于弗洛伊德所称的伊底。

（3）社会潜意识。

精神分析社会学派代表人物 Erich Fromm 综合马克思和弗洛伊德的思想，提出了"社会潜意识"的概念。社会潜意识是指社会的大多数成员共同被压抑的领域，这些共同被压抑的因素正是该社会所不允许它的成员们意识到的内容。由于每个社会都有特定的意识形态、风俗习惯、行为规范和禁忌令，因此每个社会都只允许符合该社会需要的思想认识和态度情感保留于意识之中，并通过社会压抑把不符合社会需要的思想情感排斥在社会意识之外，这些被压抑和排斥的内容就构成了社会潜意识。社会潜意识既克服了弗洛伊德仅仅把潜意识应用于"人的性冲动和它们的压抑，很少或根本没有应用于人类存在的广大现实，没有应用于社会现象和政治现象"这一狭隘性，又避免了"正统马克思主义者敏锐地意识到社会行为中的潜意识因素，但是他们却出乎意料地不知道评价个体动机"这一缺陷，从而把个体与社会、主观动机和客观动力统一起来，使社会潜意识成为经济基础决定社会意识的中介环节。在说明了社会潜意识的性质之后，Fromm 指出"社会过滤器"是社会潜意识的产生机制，并具体分析了"语言"、"逻辑"、"禁忌"三种常用的过滤器，认为它就是产生社会压抑的文化机制。

（4）后潜意识。

后现代精神分析学派代表 Jacques Lacan 针对弗洛伊德的继承者似乎动摇潜意识的基础地位，提出了"回归弗洛伊德"的口号，他借助于当时的结构主义语言学，对弗洛伊德的精神分析学进行了重新解读，发现了潜意识—语言—梦之间的活动规律的相似性。进而提出了两个重要的命题——"潜意识具有类似语言的结构"和"潜意识是他者的话语"。他把弗洛伊德的潜意识视为一种具有类似语言的独特结构，创立了潜意识话语理论，将弗洛伊德的潜意识概念纳入结构主义语言学的框架，使精神分析学由医学分析模式转变为语言学的人文模式。

2. 认知潜意识（Cognitive Unconscious）

随着认知理论的发展，20 世纪 50 年代后，认知心理学家也开始了对潜意识的系统研究，并提出了以认知的信息加工理论为基础的认知潜意识观。所谓认知潜意识，其实就是一种阈下知觉，是指主观上对自己的知觉状态无觉知，客观上知觉对象的某些特征已经明显影响着自己。① 它所涉及的认知过程是自动的、不能控制的、发生于知觉之外的过程，只需要很少的贮备和注意容量。

认知潜意识的提出，扩大了潜意识的研究与应用领域，提供了认识潜意识现象的新视野。它与动力潜意识是两种不同范畴的潜意识，是相互补充而非对立的。潜意识现象是复杂多样的，不应该囿于精神分析理论对潜意识的描述，而应该以现代科学理论为依据，不断开发并加以利用。

三、潜意识诉求方法②

1. 个人潜意识诉求

西方学者对个人潜意识诉求广告心理机制的研究更多地将其定位于感性诉求，它主要影响消费者的情绪、情感体验。Karremans 等人（2006）在潜意识广告的实证研究中指出，广告的个人潜意识启动能够暂时增加对启动品牌的熟悉的感觉，也就是一种情感体验，这些感觉可能会被错误地归因，让被试觉得启动的品牌可能是正确的选择。这种错误归因在那种熟悉感觉产生的源头不知道的前提下尤其有可能发生，就像性诉求广告对消费者产生作用后，消费者不能明确地指出自己的好感是来自所宣传产品的哪个部分，就能更加坚定他们对该产品的选择。相反，当他们的感觉有依可寻，也就是当启动是阈上时，或者是当他们被告知这种感觉是来自潜意识启动的处理当中时（如来源已知），他们就会对这种熟悉的感觉打折扣。这种观点是建立在"来源遗忘"的理论与研究基础之上的（Jacoby，Kelley，Dywan，1989）。③

（1）情侣表达。

情侣表达是通过男女情爱来说明和衬托商品，感染受众的广告艺术形式。这是一种常见的表达方式，适用于日常生活用品和女性商品。直接展现情侣恩爱形象是情侣表达的传统形式。

如人头马酒的一则平面广告（如图 4 - 19 所示），整个画面就是一对情侣爱抚、缠绵的图片，只是在画面右角的很小位置有一瓶人头马酒。配以"在爱抚中感受人头马"的广告语，温馨浪漫，富有很强的视觉冲击力和震撼感。现代的情侣表达与传统形式有很大不同，不注重视觉层面的一般恩爱形象，而更注重内涵，注重用现代情爱方式来突出商品，注重新颖创意。

---

① 周仁来，杨莹. 阈上与阈下知觉启动之间的差异：来自 Stroop 效应的证据. 心理科学，2004，27（3）：567～570

② 江波. 广告的潜意识诉求：一种精神分析的观点. 中国广告，2003（10）

③ Johan C. Karremans, Wolfgang Stroebe, Jasper Claus. Beyond Vicary's Fantasies：The Impact of Subliminal Priming and Brand Choice. *Journal of Experimental Social Psychology*, 2006（42）：792 - 798.

图 4 - 19　人头马酒"爱抚篇"

情侣表达广告的创意要点为：

第一，要有一个新的创意。现代广告中情侣表达如果仍然是传统的老一套程式，那是无人问津的。一定要有新创意，既反映情侣间爱的吸引和纠葛，又以一种全新的方式给人以惊奇。新的形式要求创作思路开阔，不拘一格。有些创意图像可以出现情侣形象，有些可以只是一种信号暗示，有些甚至可以表现情侣间与恩爱反向的负面情感所牵连的微妙关系等。不落俗套的创意可以给情侣表达这种传统形式注入生命活力，引起受众诸多联想，增强这种以视觉形象见长的表达方式的丰富内涵。

第二，处理好情侣和指标对象的关系。许多情侣表达广告将受众注意点放在情侣形象或情侣感情关系上，这是应该的，却往往忽视了对指称对象的表现，或对指称对象表达不得体。处理好情侣和指称对象的关系十分重要。这里有两个问题应该引起重视：一是恰当地确定好指称对象目标，日常用品和女性商品比较适宜用这种方式表达；二是坚持情侣为指称对象服务的原则，不要让广告手段游离在广告目标上。

第三，增强图像的艺术氛围。情侣表达的力量在于以情感人，由于是爱的情感，其感人力度更强烈。但世界上爱的情感往往伴生着环境的熏陶作用，如月光下和阳光下的恋情效果有着巨大的不同。这说明情侣表达除了要有情侣形象本身的表情动作之外，还要进行必要的艺术渲染，造成一种气氛和意境，以增强图像的特色和魅力，提高广告的审美价值。

第四，充分体现时代感。以情爱为手段表达广告诉求目标，应与现代人们的审美趣味相一致，应认识到爱是个永恒的主题，在现代广告中同样具有魅力。但现代和过去的爱在方式和内涵上有着很多不同，爱情观是时代性较强的一种人生感情和观念。现代情侣表达广告的创意和设计既要体现现代消费者，尤其是年轻消费者的爱情观、价值观和生活方式、生活情趣，也要注意东西方文化的区别及其融合，要能使受众欣然接受并感受到一种现代文明。

第五，文案应少而精。情侣表达一般适宜于产品的成长期与成熟期，在需要扩大市场阶段使用。应将重点放在广告的视觉效果上，文案应突出标题，正文简短精练，不要冗长的说明。

（2）性感表达。

随着时代的发展，性诉求（Sexual Appeals）[①] 在所有广告中所占的比率越来越高，性信息的表达也越来越丰富、外显。有调查发现，在美国杂志广告中，穿着暴露的女性模特所占的比率1983年为28%，1993年为40%，而2003年已达45%；同时，模特间互动也更性感化，如异性模特间外显的情爱接触所占的比率从1983年的21%上升至1993年的53%。电视广告中的性诉求尽管比杂志媒体的要少，但其投放量也不低，1993年电视广告中有近8%的模特有煽情行为，根据模特的穿戴和媚人体态，18%的模特被评价为"非常性感"；1998年，网络电视上有近21%的广告含有煽情行为。在国内的广告中，性诉求手段的应用也有愈演愈烈之势。性诉求一般被定义为各种传媒利用含有性内容且以说服受众购买相关产品、服务或接受相关信念为目的的信息所进行的诉求。广告中所运用的与性相关的内容是多变的，包括广告中一切可被人们理解为性的东西。

在性诉求广告的认知加工效果研究中，研究证实性诉求广告比非性诉求广告更有趣、更迷人、更能吸引并维持受众的注意。对性诉求广告的情绪情感反应效果的研究发现，随着广告模特性感水平的增加，被试的唤醒强度也在上升。如果被试对性信息体验到积极唤醒，那么他们对广告的态度是积极的。相反，如果被试对性信息体验到紧张唤醒，他们对该广告就会形成消极评价。另有实验显示，大学生对性诉求广告的评价更为积极，他们认为，性诉求广告更能抓住眼球，更亲切、更有趣，也使他们有更多的情感卷入。

性诉求常用与性有关的画面和语言来表现，Reichert（2003）的研究表明，经典性诉求内容包括裸体、性行为、肉体吸引、性指示和性嵌入五个维度。[②] 例如，身穿泳装、袒胸露背、赤身裸体、谈情说爱、拥抱接吻的表现等都与性诉求有关。性诉求在广告中的运用，是以富有魅力的姿色、激发美感的情景吸引男人或女人。如"苹果牌"牛仔裤的一则平面广告（如图4-20所示），画面为蔚蓝的大海、蓝天、白云，一个非常漂亮、性感的裸体女子背对着画面，坐在海面上，在夕阳的照耀下，女子的臀部映衬出一个非常美丽的苹果。这则广告没有出现商品，也没有实物，有的只有苹果的意象、性感的美丽，给人以无尽的遐想，受众在接受性感美的同时牢牢地记住了苹果的品牌。

---

① 周象贤，金志成. 性诉求广告及其传播效果探微. 中国广告，2008（5）：107~110
② T. Reichert. Sex in Advertising：Perspectives on the Erotic Appeal. In T. Reichert，and Jacqueline Lambiase（Ed.）. Mahwah，New Jersey：LEA，Publishers，2003. 11-38.

Nobody makes jeans like Texwood does

图 4 - 20   苹果牛仔裤广告

　　研究表明，性诉求广告有吸引男人或女人注意的价值。当同一页杂志上有几则广告时，大多数人会先看含有性诉求的广告。但性的问题向来是人类伦理道德的敏感区，因一些创意低劣、近乎淫秽的劣质性诉求广告一度猖獗，使得消费者对其嗤之以鼻。但性诉求是一种以表现性特征、性心理为手段的具有一定审美价值的广告表达形式，好的作品不但可以促进销售，还可以给受众带来美感。如国外一则防晒膏的平面广告，与传统为了表现人体使用防晒膏的效果大多采用穿着比基尼在海滩日光浴的女士形象不同，其人体形象采用三名女子的全裸特写，尽管镜头表现的是躯干的背部，却给受众以一览无遗的感受。在这种无遮掩的视觉观照中，受众真实而充分地直观感受到使用该产品后的高性能效果，特别是那黝红的色彩，使人感到防晒膏在炙热的阳光下强劲地抗拒着阳光，有效地保护皮肤。三名女子不规则地排列，形成一道自然、生动的人体屏障，广告以此作为背景，将模特藏于身后的防晒膏瓶及其品牌自然地展现在受众眼前。这种衬托对受众注意和认知指称对象作用极大。无论是突现商品形象还是展示人体使用效果，目标都指称对象。这则广告大胆地表现了性感，但非常健康。画面色彩、人物体态、皮肤弹性，无不体现着青春和生命的活力，且非常感性地说明了产品的独特功效，是一则集商品性和艺术性于一体的优秀广告作品。

　　运用性感广告形成人的心理积极情绪来认知产品早已被全世界许多广告人所看重，在欧美等发达国家，性诉求在广告中已被普遍运用。在近几年戛纳广告节、纽约广告节获奖作品中，性感广告占了很大的比例。在国内的各种广告大赛中，性感广告也屡获大奖。但性一向是人们最为敏感的话题，在人们的眼中，性常与色情、暴露、屏幕污染、少儿不宜等挂钩，所以广告在进行性感诉求的时候必须慎重，应考虑消费者的接受心理。

　　（3）象征表达。

　　性是人类永恒的话题，但又是人们最敏感的话题。今天，由于改革开放，东西文化交融，优秀的性感广告人们可以欣然接受，但我国几千年以含蓄为美的文化心理积淀是无法也是不可能逾越的。弗洛伊德认为，人的本能和欲望受到超我的压抑，所以只能以幻想的形式来实现。他的这一思想，使现代广告中象征手法大行其道，广告通过传递浪漫的、含蓄的象征含义，以引起消费者的联想和幻想，激起消费者浓厚的兴趣和强烈的欲望。例如，用高山、太阳象征男性，流水、月亮象征女性。Bamboo 的胸罩广告，画面上是两只乳形的西瓜和品牌名称，此外一无所有；而 Vassarette 的内衣广告，连这种以瓜喻乳的手法也不用，只是营造浓郁的性感气氛——在柔和的灯光下，展现挂在椅背上的女性内衣。

　　性感的表现不一定都要展现人体的美态。一些似是不相干的物像，经过设计师巧妙的安排，运用象征的表现手法也可以表现出性感联想。如 Kiss（《吻》）杂志的一辑平面广告（如图 4-21 所示），利用芒果和蜜桃作为这本独树一帜男性杂志的代表，使人在会心微笑的同时留下深刻印象。

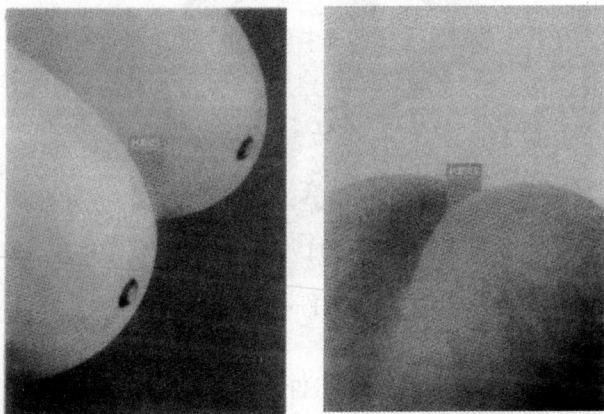

图 4-21　Kiss（《吻》）杂志广告

2. 集体潜意识诉求

　　分析心理学的代表人物 Jung 把潜意识分为个人潜意识和集体潜意识。他认为集体潜意识是人类在种族进化中所遗留下来的心理烙印，它不是个人的，而是全体的、普遍的，处于个性的最底层，由阿妮玛（男人身上的女性特征）、阿妮姆斯（女人身上的男性特征）等原型构成。Jung 的集体潜意识理论已被有意识地运用到广告创作的实践中，尤其是阿妮玛和阿妮姆斯这两个概念，作为异性的理想形象，常常含蓄地运用到广告诉求中。如美国著名品牌"美特"牌女性长筒丝袜的广告。广告画面出现两个穿"美特"牌长筒袜的漂亮的长腿。然后画面下移，而后出现绿草地、运动场和观众的欢呼。接着画面出现运动员强健的腿，在草坪上奔跑着、跳跃着，令人眼花缭乱，看得出有人穿了"美特"牌丝袜。画面定格，显现出穿"美特"牌丝袜的是美国家喻户晓的著名棒球运动员乔·纳米斯，他说："我不穿女式长筒丝袜，不过如果'美特'牌丝袜能使我的大腿变得漂亮，我想它也能使你们的大腿变得漂亮。"这个广告成功地激起了女性潜意识中的阿妮姆斯，使广告大获成功，使"美特"牌长筒丝袜走俏美国市场。

　　集体潜意识诉求广告在国际广告大赛中也时有出现，如 1998 年美国纽约广告节金奖广告中有一则"Lady First"女性内衣的平面广告（如图 4-22 所示），画面为一位十分健美的男士，上身戴着胸罩，下身穿着女性三角短裤，配以一句极有诱惑力的广告语："If you have a man on your mind."这则广告打破常规，成功地激起了女性潜意识之中的阿妮姆斯，使广告大获成功，获得业内人士的一致赞许。

图 4 - 22   "Lady First"女性内衣广告

有则刊登在男人经常阅读的杂志上的广告，广告的画面是：一位身着白色高级西装的男士，左手拿瓶子，右手拿着一个高脚杯。桌子的台面上是一个棋盘，上面零星地摆着几个棋子，还有一个印有"××牌白兰地"字样的酒瓶塞子。一个微缩的身穿性感金色舞衣的美女跪坐在棋盘上，犹如天方夜谭里的公主。她迎面向上，对着那名没有露脸的拿着美酒高杯的绅士。在画面的上方，有一行小字，写着"非为美酒俯君前"。在这则广告中，没有一个字提到这个品牌的白兰地酒的特别之处。广告传达出的信息已经暗示了消费者，喝过这种酒，就能让下棋的对手无条件投降，并获得"梦中情人"的无条件投降。这无疑激发了男性心中的阿妮玛——希望有一个天仙般的美女拜倒在自己的面前。

3. 社会潜意识诉求

社会潜意识是由社会不允许其成员所具有的那些思想、认识、态度和情感组成的。它是社会大多数成员共同被压抑的，所处社会不允许其成员意识的内容。如中国传统的儒家思想要求女子要"三从四德"，今天虽然男女平等，但在人们的意识中，女人应贤淑、端庄、内秀，要爱家庭、爱孩子，而对男人却没有这么严格的要求，甚至还流传着"男人不坏，女人不爱"的观点，社会给男人与女人不同的社会定位、社会期待，其实男人和女人都是自然中的人，他们有共同的思想、共同的期待。为什么男人可以"男人不坏，女人不爱"，而女人却不能"坏"呢？其实男人和女人的社会潜意识中都有"坏"的倾向。我们来看看第23届台湾广告金像奖获奖作品——花王海香皂、洗发水和摩丝的系列电视广告，三则广告都是展示年轻女子用了花王产品后，青春、靓丽、性感迷人甚至挑逗的画面，最后都用统一的广告语"让女人的坏更坏"收尾。这则广告深刻、敏锐地洞察了台湾地区女人的社会潜意识，并且一语点破，满足了目标消费群的社会潜意识，使人们从内心深处接受这一广告，进而接受广告的产品。

Fromm 指出，社会潜意识产生的机制是"社会过滤器"，而"禁忌"是最重要的"社会过滤器"，"它宣布某些思想和感觉是不合适的、被禁止的、危险的，并且阻止这些思想和感觉达到意识这个层次"。所以，聪明的广告人越过禁忌，激发消费者的潜意识而获得成功。例如，英国老牌产品"保卫尔"（BOVRIL）在开发台湾市场之初受到了很大的阻力，因为在台湾当地的居民中，很多家庭都有不食牛肉的习惯。这是台湾民间多年来流传的迷信习惯。大家看到牛肉，就会想到耕牛，吃耕牛的肉是件多么残忍的事！当地的算命先生常常会对求神问卜的人说："你近来的命运不太好，你过去吃过牛肉吗?"或用警告的语气说："你的命运要转好，但是要忌吃牛肉。"在这种情况下，"保卫尔"一直打不开市场。直到英国厂方委托格兰广告公司进行全面广告营销策划。格兰公司进行深入的市场调查之后，发现消费者对该产品的味道还是很乐意接受，只是由于禁忌而不愿实施购买行为。格兰公司针对青少年，特别是争取升学机会、埋头苦读的青少年，利用报纸广告，先打出一条很有力的标题——"助孩子一臂之力"。广告内容中，先避免显著刊出牛肉字样，只强调这种产品能使孩子们发育得更健壮，它所含有的维生素和铁质的成分能补充考生在夏天所需的大量营养。这则广告避开社会禁忌，大肆宣传该产品的优点，充分满足了消费者的社会潜意识，从而使产品销量显著增加，最终助长了食牛肉的风气。

日本索尼收录机的电视广告曾在泰国遭到灭顶之灾：画面上，佛祖释迦牟尼脸色庄重，闭目凝神，潜心修炼，纹丝不动。然而，当佛祖戴上索尼收录机的耳机之后，竟然凡心启动，在佛堂上眉飞色舞，手舞足蹈……佛祖之威严和宗教之虔诚荡然无存。泰国是"佛教之国"，这则广告触犯了国教，激起了所有泰国人的愤怒。这个实例表明，忽视各民族的文化差异会铸成大错。因此，在广告活动中，考虑目标消费群的文化传统、宗教信仰、风俗习惯和价值取向，是十分必要的。

4. 隐喻诉求

Lacan 认为，潜意识具有类似语言的结构，而语言在本质上是隐喻的，隐喻是意义的制造者。他写道，语言可被隐喻地用来"指称与它表达的截然不同的东西"，换言之，语言的隐喻特性允许一个词去指代超出它的字面意义和所指对象的某种东西。在说出话语的后面，存在它原本想说的意思，而在它原本想说的东西背后还有另外的意思，这个过程永无止境。在广告艺术创作中，隐喻也是一种极为重要的表现手法和表现技巧。特别是在广告创意中运用隐喻，会激发人的性本能，满足人的潜意识需求。

只要我们稍加留意就会发现，人们生活中的许多事物都与性有着直接或间接的联系。反映在语言上，有大量看似与性无关的字眼，却往往被赋予深厚的性文化色彩。据国外语言学者统计，在美国英语中，高达 20% 的词汇与性有关或具有强烈的性文化意味。中国虽然未作这方面的统计，但从文化学的角度来看，汉语中的这个比例也不会低。所以我国有相当多的保健品强调使用后身体的某些部位"挺""大"，即使你更性感；还有许多食品和药品广告，原本是想强调服食后能增强你的"性"能力，但是，避免在广告语中直接出现"性"之类犯禁的字眼，就使这些原本想在广告中强调的东西，通过隐喻表达出来。

"没什么大不了的！"这原是一句俗语，意思是"没事儿"、"不可怕"、"没什么了不起"，用在可使女性乳房增大的商品上，一语双关，令人产生无穷的联想。沿着这一思路，海南的另一同类商品又推出"做女人挺好！"的妙语。在平面广告上，把这一广告词特意作了技术处理，突出一个"挺"字。用来描述女性的乳房更具动感和冲击力，折射给人们更多的空间，这则广告也因其精妙的创意而得到业内人士的一致认可。香港《新周刊》将这则广告语评为中国广告 20 年来十大"令人叫绝的广告创意"之一。"他好，我也好"本是一句极为普通的话语，被汇仁肾宝用作广告语，就隐喻着因为有了汇仁肾宝，丈夫身体好，所以夫妻生活和谐，从而家庭幸福。这类广告语充分利用了语言的谐音、多义、双关性等特点，通过隐喻与暗示，激发起受众丰富的联想（对某些特定商品来讲主要是性联想，往往收到事半功倍的效果）。

但用广告语言来隐喻"性"一定要自然，不能牵强附会、损害生活环境，甚或危及人们的身心健康、误导消费行为，否则就会适得其反，引起人们的反感甚至唾骂。一则海狗鞭的保健品，在说明能干的男人才能赢得房子、车子、妻子、票子之后，接着强调本产品就是使男人能干的。然后赫然写道："女人就喜欢能干的男人！"由于是用在滋阴壮阳类特殊商品上，此处"能干"的男人就极富性的意味，从而使这一广告具有浓厚的猥亵色彩，消费者普遍表示反感。更有甚者，最近看到一则为某网站做的广告，内容是让人们都上他们的网站去看看，广告语竟然是令人惊讶的"是男人就上"，即使是一个纯粹的男性网站，这种原本与性毫无关联的事物，偏偏使用极具性暗示的表达，实在是有点过了。

另外，广告语言的隐喻不仅仅是对性的隐喻。例如，IBM rs/6000 网络计算解决方案（Internet 服务器）平面广告用半个版做产品品质说明，另外半个版面是一个颇为耐人寻味的摄影广告：画面下半张是俯拍的一双脚的特写，一双黑黑的皮鞋结实而考究，还露出脚踝处笔挺的裤管，由此推想出此人是事业型男人。这双脚站在一道高高架起的褚红色钢梁上，往下望去是一片蓝蓝的湖水，湖面上跳动着点点光斑，依稀可见一对情侣荡着一叶小舟。显而易见，站在钢梁上的这位西装革履的翩翩君子，分明是想跳下去，与美丽的自然和可爱的人生诀别。为什么？映入眼帘的是这样一段文字：这人刚听说，他的竞争对手运用了 IBM rs/6000 网络计算解决方案。答案不言而明，因为对手运用 IBM 最新型的网络服务器，所以自己在竞争中的惨败已成定局，于是彻底绝望而自杀。这种意思在广告画面中并没有直言，而是通过隐喻暗示出来，使受众有了回味的余地，从而增强了广告作品的表现力。

四、潜意识广告的信息加工研究

从信息加工的角度来讲，阈下广告运用的就是认知潜意识诉求，阈下广告采用的具体方法是向人们的阈下呈现信息，以期对其行为产生影响。早在 20 世纪 50 年代，美国初级行政官员 James Vicary 就尝试证明阈下广告对消费者的影响：他在新泽西州的一家电影院里，利用速读训练器——一种装有高速快门的电影放映机，每隔5秒在银幕上闪出一个图像，停留时间为1/3 000秒——进行试验。在放映过程中，速读训练器快速闪出广告词"请吃爆玉米花"和"请饮可口可乐"，这些词只在银幕上停留1/3 000秒，并不干扰电影的正常放映，观众也没有一人自觉地意识到自己已经看到了广告词。但是，当电影结束后，人们涌入门廊购买爆玉米花和可口可乐。在一次为期六周的速读训练器试验里，影院的可口可乐和爆玉米花的销售量分别增加了18.8%和57.7%。这个研究结果振奋人心，但是在接下来的一段时间里，没有一个人能够复制 Vicary 的实验以验证他的发现，这好像是一个公开的骗局。尽管如此，Vicary 的实验深深地启发了研究者，这种阈下广告给广告界提供了一个新视角。阈下广告到底有没有用？如果有，怎样才能发挥它的作用？它的信息加工方式是怎样的？众多的中西方学者就这些问题展开了细致深入的研究。对阈下信息材料的选择、广告时的主客观条件影响、大脑的电位变化等都作了大量的研究。下面就对这些研究成果作简单的介绍。

1. 阈下信息材料的选择[①]

在阈下呈现信息能够影响人的思想或行为，但并不是所有的信息都具有这个作用。研究发现，能产生阈下启动的信息往往只包含一个或两个很简短的词（如可口可乐）或图片（如悲伤的图片），而不是整个句子（如我有高自我价值和高自尊）。（Greenwald，1992）美国消费者每年在利用阈下信息来提高自尊、增强记忆力、减肥等这些自我提升方面的消费超过了5亿美元，却没有研究能够证明阈下信息能够对这些方面产生作用。如 Greenwald 等人进行阈下信息对自尊的影响研究（1991）；Audley 等人进行阈下信息对记忆的影响研究（1991）；Merikle 等人进行阈下信息对减肥的影响研究（1992）。这些为数不少的研究都不能证明阈下信息发生了作用。究其原因，除了上面指出的整个句子难以产生阈下启动之外，Greenwald 指出启动仅仅使一些相关的概念更容易接通（如呈现"可口可乐"可能会使解渴与可口可乐的联系更强），是不可能提高记忆力或自我概念的。

所以说，阈下信息的材料选择应该定位在少数的字词或图片上（这在后面所引用的研究中都可以得到证实），而非句子。

2. 个体的动机作用

从 Vicary 的实验开始，关于阈下广告是否有效的争论就一直没有停止，直到有研究者指出个体的动机作用是阈下广告产生作用的关键点后，越来越多的研究者证明了这种观点。在此关键点上所进行的研究大致可以分为两类：第一类是以 Strahan 等人为代表的利用阈下刺激来启动个体的动机，进而增强与动机相关联的阈上广告的说服力的研究；第二类是以 Krrremans 等人为代表的立足于个体原有的状态，向被试呈现与动机相关联的特定品牌信息，进而影响被试去选择该品牌的研究。

---

① Johan C. Karremans, Wolfgang Stroebe, Jasper Claus. Beyond Vicary's Fantasies: The Impact of Subliminal Priming and Brand Choice. *Journal of Experimental Social Psychology*, 2006（42）：792–798.

（1）动机的阈下启动①。

Strahan，Spencer 和 Zanna（2002）实验发现，在阈下呈现"干燥"、"酷热"等词，能够促使被试形成"解渴"的动机。Strahan 等人又通过实验进一步发现，在阈下呈现"干燥"、"酷热"等与"解渴"动机相关联的信息后，解渴方面的阈上广告的说服力显著增强了，产品的销量也增大了；同样，在阈下呈现"悲伤"的与"追求心理康复"动机相关联的图片后，一些含有让心情恢复明朗的音乐的销量也增大了。

（2）品牌的阈下启动。

Krrremans 等人（2006）从饮料的广告研究中发现，在被试口渴的状态下，向被试的阈下呈现特定品牌的饮料（Lipton Ice），相对于呈现其他无意义的词会显著增加被试购买该品牌的饮料来解渴的可能。Bermeitinger 等人（2009）也发现，只有在疲倦状态下的被试才会更多地消费在阈下呈现过的特定品牌的右旋药片。②

第一类研究所采用的方法能直接影响被试的动机，但它对具体某一品牌的产品影响不大；第二类研究所采用的方法能使具体某一品牌从同类品牌中脱颖而出，但它仅仅局限在本身所具有一定动机的被试中产生作用。可见，在不同的场合，可以采用不同设计形式的阈下广告。这里要特别指出的是，第一类研究的优势恰好是第二类研究的劣势，而第二类研究的优势恰好是第一类研究的劣势，将两类研究结合使用，集两家之长应该是研究、实际应用的主要努力方向。

3. 相关的 ERP 研究

事件相关电位（ERP）是一种特殊的脑诱发电位，通过有意地赋予刺激特殊的心理意义，利用多个或多样的刺激所引起的脑的电位。它反映了认知过程中大脑神经点的生理变化，也被称为认知电位，也就是指当人们对某课题进行认知加工时，从头颅表面记录到的脑电位。ERP 不仅仅是大脑单纯生理活动的体现，而且反映了心理活动的某些方面。

（1）阈上知觉和阈下知觉启动之间的差异③。

周仁来等人（2004）对阈上知觉和阈下知觉启动之间是否存在差异进行了 ERP 研究。在他们的实验中，启动刺激为灰色的"红"或"绿"字，目标刺激为红色或绿色的方块或星号，启动刺激与目标刺激之间一致与不一致的比例分别为 25% 与 75%，启动刺激分别以阈上或阈下条件呈现，被试的任务是根据所提供的信息迅速通过按键判断所看到的方块颜色。结果发现，阈下启动中能观察到典型的 Stroop 效应，阈上启动观察到的则是反转的 Stroop 效应。而且，阈下知觉启动具有一定的时间延续性（在目标刺激呈现后的 $300 \sim 400$ ms），并不局限在某一特定的时间点上。他们认为，在阈上启动中，由于启动刺

① Erin J. Strahan, Steven J. Spencer, Mark P. Zanna. Subliminal Priming and Persuasion: Striking while the Iron is Hot. *Journal of Experimental Social Psychology*, 2002 (38): 556-568.

② Christina Bermeitinger, Ruben Goelz, Nadine Johr, Manfred Neumann, Ullrich K. H. Eckerb, Robert Doerr. The Hidden Persuaders Break into the Tired Brain. *Journal of Experimental Social Psychology*, 2009 (45): 320-326.

③ 周仁来，杨莹. 阈上与阈下知觉启动之间的差异：来自 Stroop 效应的证据. 心理科学，2004，27（3）：567~570

激被有意识地知觉到，使被试可以根据启动刺激预测即将到来的目标刺激，因此，被试的反应是有目的的；而在阈下启动中，被试对启动刺激的知觉是无意识的，由此所引起的对目标刺激的反应是自动的、不受控制的。

（2）阈下启动产生的 P3 电位（也称为 P300）。

Marzouki 等人（2008）在研究中发现，呈现真实有意义的阈下刺激（如 B、K）相对于呈现虚假的无意义的阈下刺激（如变形的 B、K）能够产生 P3 电位。P3 与大脑自动加工过程及定向反应（Orienting Response）有关，是一种能有效地反映信息自动加工的指标。可见，有意义的阈下信息的呈现是能够使大脑进行加工的。[①] 另外，Marzouki 等人（2007）的另一研究发现，外部给予不同的空间线索能够调节 P3 电位的振幅，不同的空间线索是通过影响阈下启动的早期信息加工过程而产生影响的。[②]

总结以上内容，阈下广告在一定条件的控制下是可行的，要想使其更加有效地为营销服务，应该从多个角度对其进行研究并加以利用。如可以利用空间线索增强阈下启动的效果，也可以通过阈下启动激发动机，或通过阈下的品牌启动使其在同类中脱颖而出。

［关键词］

消费者需要　购买动机　广告定位　卷入　理性诉求　情感诉求　晕轮效应　虚拟内疚　形象诉求　情节诉求　潜意识诉求　动力潜意识　认知潜意识　性诉求　集体潜意识　社会潜意识　阈下广告

［本章要点］

◆ 需要、动机是消费者购买行为的基础。消费者的购买动机有求实、求新、求美、求名、求廉、求便、模仿或从众、好癖、偏爱、炫耀等。广告诱发消费者需要的方法有：说出消费者真正的需要或深层需要；诉诸特殊的需要；突显商品的心理附加值；强调特定需要满足的重要性；诉诸消费者潜在的需要；避免诱发负面需要。

◆ 为了促成有理性的消费者的消费行为，广告大多采用理性诉求。理性诉求心理策略有：提供购买理由；拟定说服重点；论据比论点、论证更重要；运用双向信息交流，增加可信度；将"硬"广告"软化"等。理性诉求的具体方法包括哲理性诉求、劝诱、告白、对比、类比、证明、双面论证。

◆ 现代人的感性消费使广告的情感诉求备受人们青睐。情感诉求的心理策略有：以充满情感的语言、形象、背景气氛作用于消费者需求的兴奋点；增加产品的心理附加值；利用晕轮效应；利用暗示，倡导流行；合理引发受众的内疚心理等。情感诉求的具体方法有形象诉求、幽默、恐惧、比喻、夸张、情节诉求、谐趣、荒诞等。

◆ 人的心理包括意识和潜意识两个层面，消费者在意识中对广告有抵触情绪，研究消费者的潜意识、进行潜意识诉求是广告发展的必然趋势。从古典的弗洛伊德主义到修

① Yousri Marzouki, Katherine J. Midgley, Phillip J. Holcomb, Jonathan Grainger. An ERP Investigation of the Modulation of Subliminal Priming by Exogenous Cues. *BRAIN RESEARCH*, 2008（1231）：86–92.

② Yousri Marzouki, Jonathan Grainger, Jan Theeuwes. Exogenous Spatial Cueing Modulates Subliminal Masked Priming. *Acta Psychologica*, 2007（126）：34–45.

正的弗洛伊德主义，再到新的弗洛伊德主义以至后弗洛伊德主义关于潜意识的理论认识，我们提出潜意识诉求包括个人潜意识诉求、集体潜意识诉求、社会潜意识诉求及隐喻诉求。

[思考题]

1. 消费者需要的特征和形态各是什么？
2. 影响消费者购买动机的因素有哪些？如何激发消费者的购买动机？请举例说明。
3. 简述卷入及其在市场营销中的应用。
4. 什么是广告的理性诉求？请举出两个理性诉求的广告，并说明判断线索。
5. 广告的情感诉求有哪几种方式？请选择一种商品，与你的搭档对其做情感诉求创意。

[案例分析]

真的"他好，我也好"吗？[①]

引用人家这句"怵怵的、麻麻的"广告词做题目时，不免有点异样的感觉。转念一想，唉，咱堂堂君子害什么羞呢？看看、听听眼下的媒体广告，哪样不比你更那个，勾人的媚眼、吸人的酥胸、撩人的大腿……看过之后，脸红了没有？想想那句广告词，不也是一位漂亮的女士拉着一位男士当着亿万受众的面讲的吗？8岁的小学生都知道"做女人'挺'好"，你该脸红吗？再看看那些卫生巾用品广告里，小姐们眉飞色舞，尽展人体曲线的"图解"，就差"掰开皮儿说馅儿"了。一位小学语文老师上公开课时要求学生用"更"造排比句，懵懂的小男生"极富创造性地"脱口而出"更干、更爽、更安心"，令人哭笑不得。面对"黑云压城城欲摧"的类似广告及其引发的"后遗症"，我们能不脸红吗？又岂能是一个脸红了事！你好得起来吗？

不能怪那些抛头露面、袒胸露背、扭捏肢体的广告小姐们，谁不想"勤劳致富"呢？守着"富矿"而受穷，不是傻帽是什么？也不能怪产品的商家，谁不希望自己的产品适销对路，获得利润呢？企业效益好了，起码还能多发点奖金，多安排几个人就业呢！若不斥巨资进行铺天盖地的宣传，你能知道这商品吗？你会买吗？也不能怪广告的企划制作人，不"创造"出这些"起鸡皮疙瘩的"肉麻广告，能引起你注意吗？再说，广告"上了国际水平"，成本大，赚谁的钱去？"你能看懂吗"？这就是中国特色，中国广告不曾在戛纳国际广告节上获奖，那该怪媒体吗？谁不想创收，"给我钱，我可以不发"。倒霉的是广大受众，怎么也体会不到"他好，我也好"的感觉。我想，稍有社会责任感的人都不会有这种感觉。

两年前，岛国新西兰查禁了这样两则广告，一是宝马牌跑车的广告，但见一滴鲜红的水珠沿着广告小姐的人体曲线流动着，刹那间切换进宝马牌跑车沿着弯曲的公路飞驰的画面；二是可口可乐的广告，一土著教员与学童们拿着可口可乐瓶纵情歌舞。有关人士在回答查禁原因时说，前者是贩卖色情，后者是漠视民族文化特征。想想类似这样的

① 黄军. 真的"他好，我也好"吗？. 现代广告，2000（6）

广告，在我们的媒体上比比皆是，大行其道，为什么就没有人去责问"贩卖色情"、"漠视民族文化特征"呢？为什么他人都能做到捍卫人的尊严，坚守民族文化，而我们就做不到呢？广告业发展到今天，已是现代文明的一个主要标志。在注重经济效益的同时，放弃精神文明建设，不仅不利于广告自身的发展，还会使业已形成的文明出现倒退！如果真的有一天产生那样的消极后果，光有几个钱又有什么用？中国的广告业，任重道远！

真的"他好，我也好"①

前不久，在《现代广告》上看到一篇题为《真的"他好，我也好"吗?》的文章，作者说道，在引用这句广告词时，怵怵的，麻麻的，有点异样的感觉，说到8岁女孩都知道"做女人'挺'好"，讲到一小学生用"更"字造句脱口而出"更干、更爽、更安心"，并用"黑云压城城欲摧"来形容局势的严峻。从作者的口吻，似乎整个中国广告界都在"贩卖色情"，看后心中有一种莫名的冲动，想大胆地喊一声"真的'他好，我也好'"。

当我们了解了汇仁肾宝的主治功能后，我们不禁为其主打广告语"他好，我也好"的创意者而叫好，其主治功能为"调和阴阳，温阳补肾，用于阳痿、遗精、腰腿酸痛、妇女月经过多、白带清稀等症状"。创意者跳出了同类产品常用的传统的直接功能诉求方法，而是紧扣产品的功能效用，满足目标消费者多方面的需求。"他好，我也好"，首先使人理解为"因为他好，所以我也好"，寓意着因为有了汇仁肾宝，丈夫身体好，所以性生活和谐，从而家庭幸福。同时也充分体现出我国女性以丈夫、家人幸福为自己幸福的传统美德，易引起消费者的共鸣。"他好，我也好"还可看作并列复句，寓意着服用了汇仁肾宝后丈夫身体好，自己身体也好，紧扣该产品的功能特点，既可治疗男性疾病，也可治疗女性疾病。该广告语定位准确，内涵深蕴，含而不露，在各大电视台播出后，我从来没出现过"怵怵的，麻麻的"感觉，我想广大消费者听后也是报以会心一笑。

再让我们来看看三源美乳霜的"做女人'挺'好"。从"没有什么大不了的"到"做女人'挺'好"，我们不得不叹服其创意之奇巧，不仅功能诉求极其到位，而且广告语十分简洁、准确却又含而不露，让人心领神会，莞尔一笑。这则广告语也得到业内人士的一致认可，香港《新周刊》更将这则广告语评为中国广告20年来十大"令人叫绝的广告创意"之一。

不能否认国内确实存在一些如上文作者所说的"勾人媚眼、吸人酥胸、撩人大腿"的哗众取宠的劣质性感广告。但我们说，性感是人类最基本、最强烈的情感之一，性感广告是一种以表现性特征、性心理为手段的具有一定审美价值的广告表达形式，它是对自然人体的审美肯定。在欧美等发达国家，性诉求在广告中已被普遍运用，在近几年戛纳广告节、纽约广告节获奖作品中性感广告占了很大的比例。在国内的各种广告大赛中，性感广告也屡获大奖，我们要将它与低级庸俗的色情广告相区别，不能一味地谈性色变，一棍子打死。

但性一向是人们最为敏感的话题，在人们的眼中，性常与色情、暴露、屏幕污染、

---

① 江波. 真的"他好，我也好". 现代广告，2000（8）

少儿不宜等挂钩，所以广告在进行性感诉求的时候必须慎重，应考虑消费者的接受心理，具体如下：

（1）性感表达必须具有一定的美学价值，健康高尚。

性感广告是以人体、恋情为表现手段的一种广告艺术形式，它带给我们的是一种艺术的美感。但它必须把握好一个度，必须以维护社会道德为前提，使受众得到健康的陶冶和欣赏。即使有较多的"露"，甚至全裸，也应是健康的、圣洁的。否则，过"度"了，方式不当，极易陷入低级庸俗的性暴露、性诱惑、性暗示，这点必须加以避免。

（2）性感诉求必须紧扣产品的功能。

研究表明性感广告有吸引男人或女人注意的价值。当同一页杂志有好几则广告时，大多数人会先看含有性诉求的广告。但也存在受众的注意力只停留在广告模特上，而对产品的品牌及主要诉求点忽略不计的情况。那些与性感完全无关的产品采用性感诉求，只是为了吸引广告受众的最初注意力，这种做法是很危险的。

（3）性感广告要适合目标市场的文化背景及民族心理。

人类的道德观在很大程度上是因国家、文化心理而异的。东方人温柔含蓄，西方人率直坦白，两种性格有着太多的差异。即使改革开放后形成了文化交融的强劲趋势，但历史形成的文化心理沉淀是很难逾越的。西方的性暴露、性诱惑广告必然会引起东方消费者的反感和拒斥，不但会失去受众的认同，而且会给销售带来巨大的损失。而那些符合东方人的审美特点的含蓄性性感广告在我国将会有极大的发展空间。

（4）适宜运用象征手法，激发受众的想象与幻想。

弗洛伊德认为，人的本能和欲望受到超我的压抑，所以只能以幻想的形式来实现。他的这一思想，使西方现代广告中象征的手法大行其道，广告通过传递浪漫的、含蓄的、象征的含义，以引起消费者的联想和幻想，激起消费者浓厚的兴趣和强烈的欲望。如用高山、太阳象征男性，用流水、月亮象征女性。

（5）做好广告事前测评，了解目标受众对广告中的性信息的接受度。

每个人对广告的解码会因生活经历、教育程度、性别等个人因素的影响而不同，对广告中的性信息也会有不同的解码，性感广告要能使其性信息被广告受众进行健康解码。所以在发布性感广告之前，最好能就广告中的性信息作一次小规模的调查，了解受众的印象和评价，估测他们可能的接受度。

讨论题：

1. 比较两篇文章的观点，谈谈你对性诉求广告的看法。

2. 结合本章案例分析，谈谈在我国进行广告的性感诉求时需要注意消费者哪些方面的接受心理。

5

广告媒体心理

成功的广告就是在合适的时间向合适的人发送合适的广告。

——广告界流行语

本章导读

当你枯燥无聊地在站台等车回家的时候，你是否会留意身边橱窗中的广告？当你穿梭于城市的大街小巷而百无聊赖的时候，你是否会为一则新奇的户外广告而驻足观赏？当你面对电脑埋首工作而深感窒息的时候，你是否会因电脑里闪烁移动的网络广告而眼前一亮？是的，不同的广告媒体以其独特的优势吸引着受众的眼球，也受到了各大广告商的青睐。我们知道，广告媒体直接影响广告的效果和整个广告宣传活动的成败。但是，各大媒体具有哪些特点？其相应的心理效应是什么？如何选择经济、合适的媒体投放广告？在进行广告宣传活动时，我们可以采取何种有效的创意策略呢？

▷ 5.1 广告媒体的心理效应及创意策略

广告媒体决策就是寻找成本效益最佳的媒体，以便向目标受众传达预期的展露次数。媒体决策的目的就是经济有效地选择广告媒体。一般来说，正确选择广告媒体要依据产品特性、传播对象、媒体性质、传播成本、竞争态势进行选择。

一、报纸

在传统的四大媒体中，报纸无疑是种类最多、普及性最广和影响力最大的媒体。报纸广告几乎是伴随着报纸的创刊而诞生的。随着时代的发展，报纸的品种越来越多，内容越来越丰富，版式更灵活，印刷更精美，报纸广告的内容与形式也越来越多样化，所以报纸与读者的距离也更接近了。报纸成为人们了解时政、接受信息的主要媒体。

1. 报纸的特点

（1）覆盖面广，阅读率高。

我们在这里论述报纸媒体特征，当然是以广告商可能选择为前提的，而这样的报纸具有一定的市场基础，也就是说它有一定的覆盖面，阅读率较高。在我国，不少报纸是一人订众人看。如《人民日报》，可能单位只订一份，但实际情形是从领导到群众多人重复阅读，《人民日报》的日发行量是 300 多万份，但实际读者至少有 8 000 万人，传播范围非常广。

（2）信息量大。

传递信息是报纸的基本功能。由于报纸主要以文字为传播工具，信息密度高，而且多数报纸是以日报形式出现的，每份报纸至少有四个版面，多者有二三十个版面。所以不论是从横向还是从纵向上看，报纸所承载的信息量都较大。

（3）易保存，可重复。

由于报纸的特殊材质及规格，相对于电视、广播等其他媒体，报纸具有较好的保存性，而且易折易放，携带十分方便。一些人在阅读报纸过程中还有剪报的习惯，根据各自所需分门别类地收集、剪裁信息，粘贴成册。这样在无形中强化了报纸信息的保存性及重复阅读率。

（4）印刷难以完美，表现形式单一。

最近几年，在高新科技的支持下，报纸的印刷技术不断得到突破与完善。但到目前为止，报纸仍是印刷成本最低的媒体。受材质与技术的影响，报纸的印刷质量难以企及专业杂志、直邮广告（DM）、招贴海报等媒体的效果。报纸仍需以文字为主要传达元素，表现形式相对于电视的立体感、其他印刷媒体的斑斓丰富，显然要单调得多。

2. 报纸广告的心理效应

（1）阅读主动性。

报纸把许多信息同时呈现在读者眼前，增加了读者的认知主动性。读者可以自由地选择阅读或放弃哪些部分；哪些地方先读，哪些地方后读；阅读一遍，还是阅读多遍；采用浏览、快速阅读还是详细阅读等方式。读者也可以决定自己的认知程度，如仅有一点印象即可，还是将信息记住、记牢；记住某些内容，还是记住全部内容。此外，读者还可以在必要时将所需要的内容记录下来。

（2）权威性。

消息准确可靠是报纸获得信誉的重要条件。大多数报纸历史悠久，且由党政机关部门主办，在群众中素有影响和威信。因此，在报纸上刊登的广告容易使消费者产生信任感。

（3）高认知卷入。

报纸广告多数以文字符号为主，要了解广告内容，要求读者在阅读时集中精力，排除其他干扰。一般而言，除非广告信息与读者有密切的关系，否则，读者在主观上是不会为阅读广告花费很多精力的。读者的这种惰性心理往往会减少他们详细阅读广告文案内容的可能性。换句话说，报纸读者的广告阅读程度一般较低。不过，当读者愿意阅读时，他们对广告内容的了解就会比较全面、彻底。

（4）注意度不高。

在一份报纸中，有很多栏目，也有很多广告，它们竞相吸引着读者的注意。只有当广告格外醒目时，才容易引起读者的注意；否则，读者可能对其视而不见。

（5）单调呆板。

由于印刷上的原因，报纸广告通常缺乏动态感、立体感和色泽感，因而对读者的吸引力不大，也难以使读者产生情感联想。随着印刷技术的发展，报纸广告的这一弱点会在一定程度上得到改善。

（6）时效性短。

一般人阅读报纸主要是为了了解当天的新闻，隔天的报纸很快就成为历史，很少有人再去翻阅它，所以报纸广告较之其他媒体广告，寿命犹短。一般来说，报纸广告的效果大约可以维持 3 天。

3. 报纸广告的创意策略

（1）体现新闻性特点，引起受众注目。

报纸是一种专门传播新闻的大型媒体，由于其发行渠道普遍和通畅，因而具有极高的新闻性、时效性特征。在大众传媒中，新闻总是对读者具有极大的吸引力。报纸广告一般都具有发行及时、传播面积大的特点，因此，报纸广告适宜于诉求指称对象的最新信息。在表达中，应突出媒体的这一特点，尤其应在标题中加以表现，可以造成很大影响。新闻性可以在正题中加以体现。但由于报纸广告的图像视觉效果因纸质及印刷的原因，不可能达到最精美的表现，因此许多正题着力于艺术性表达。在这种情况下，新闻性可以力求由正题兼之体现，也可以另设引题专门突出新闻性。

（2）文案第一，图像第二。

尽管现代印刷业为报纸的印刷质量提供了足够的保证，并由此带来了版式灵活、图文并茂等新特点，实现了从黑白到套红再到彩版的飞跃。但从报纸媒体本身的特征来看，文字仍是其首要的传播元素。这一点对报纸广告的创意、表现的内容、重点、主次、版面结构都有相应的指导意义。标题应醒目、富有"新意"，能强调产品的利益，充分吸引消费者的注意；正文应精简、准确、有针对性，能诱发消费者的购买欲望。

（3）报纸广告的图像——绿叶衬红花。

在报纸广告中，图像的配合也很重要。随着印刷技术的升级换代和大众欣赏要求的不断提高，报纸系统也在高新技术的支持下，不断拓展新的表现空间。报纸从原来的纯文字传播到加入黑白插图、套红印刷，从黑白摄影到现在的彩版技术，呈梯级演变，这也直接为报纸广告的表现带来了新的突破。图像的渗透与丰富，一方面为信息的传达提供了更多的表现渠道；另一方面，增添了报纸的表现元素，提高了观赏性，图文并茂，从而使读者更易于接收和理解信息。但是，归根到底，报纸仍以文字为主要传播元素，图像只是起辅助和配合的作用。这种关系正如我们常说的"绿叶衬红花"，不能够本末倒置。

（4）采用悬念与系列性表达，增强吸引力。

在报纸广告中适当运用悬念，可以有效刺激读者的阅读兴趣，并会借着悬念把这种兴趣和热情延续到下一轮广告；系列广告则可以分解产品的信息，使每一则广告主题鲜明、诉求单一，并维持消费者对品牌的关心度。一般而言，悬念式广告通常都是通过两则以上的系列形式出现；同样，系列广告中也常常借助悬念这种技法。系列广告可运用形式多样的提示语及一致而又略有变化的标题，使每则广告的内容既各有侧重又呈现出整体和谐性，具有形式美。如沈阳金龙保健品有限公司出品的保龄参，广告有"亲情篇"、"节日篇"；惠泉啤酒系列广告则分"策略篇"、"技术篇"、"人才篇"等。标题强调产品名称、同一产品的共性，不同的标题各有侧重地道出其产品的特性等内容。如江苏天宝药业有限公司的"中脉烟克"系列广告，以"戒烟是爱"为主题，分为"一切为了孩子"、"一切为了妻子"、"一切为了父母"，分别以爱心、爱情、孝心的名义重申"戒烟是爱"的主旨，劝导吸烟者加入戒烟行列。

（5）创造特殊版面，产生特殊效果。

根据报纸广告在报纸中所在的位置，可分为新闻下、新闻中、报眼（外报头）、插排（散播在新闻标题中，旁白小型广告）、中缝、分类等。正常情况下，报纸以版面来计数，报纸广告常以整版的几何对分来确定规格，如全版、半版、1/4版、1/8版……但报纸广告的版面也不完全是固定不变的，有时候通过智慧、构思和公关策略，可创造一些特殊版面。在位置和规格上突破传统、另辟蹊径，将产生意想不到的特殊效果。特殊版面有以下几种：

①跨版。跨版广告是指广告内容跨越报纸的版面区分，从一个版面直接延伸到另一个版面。通常有两种情况：一种是两个全版之间的跨版，这种情况一般是在特定的时期展示企业实力和形象的；另一种多是版面之间1/8、1/4两个通栏的连接，一气呵成。这种情况，一方面是借用超长空间展现有气度或宽度特质的产品及说明个性；另一方面，由于跨版这种形式本身在阅读情况下蕴涵一定的悬念，能有效激发读者的兴趣。

②L形版面。L形版面是指两个同等规格的版面相互连接，拼成正90°的排列，形成一个"L"形。这种版式安排得当，将会在工整规范的其他广告版面中脱颖而出，十分引人注目。另外，这种特殊的L形版面，在排版设计、广告内容的安排、文字与图像的配合方面都为广告创作人员提供了较为灵活的表现空间。形式与内容的搭配，将大大提高产品的特别性。

③不规则版。不规则版是指广告是不规则地散布在报纸的整个版面上，造成视觉上的不协调，形成不规则美，从而吸引读者的注意力。如图5-1，在这张报纸上，Aquafresh牙膏的广告版式不是通常采用的1/4、1/8版等规则版式，而是不规则地陈列在版面的右下角，牙膏的膏体弥散在整个版面上。在报纸按正常规则的排版下，出现不规则的广告，极富视觉冲击力和广告效果。

④反白。反白也是一种对比方式，即在色彩上故意颠倒排列以引起视觉上的冲击力。正常情况下，报纸印刷都是白底黑字，但有的广告为了突出所要强调的内容，将背景转换成黑色，而让文字（或图像）呈现白色。这样能够充分体现主体信息，吸引更多读者的目光。

⑤装饰与留白。装饰与留白是有效引起读者阅读兴趣和保持阅读方向的较好方法。装饰，有时候是为整个广告版面而进行装饰，有时候则是为广告所要强调的信息而进行装饰，目的都是为了让读者更注意广告及其内容，如在广告四周加上边饰，就可以使所有要素聚集在一定范围之内，有利于区分其他版面；在主信息上加注箭头、阴影、色块，就可以使相应的文字和图像醒目、突出，同时美化版面，丰富视觉效果。留白就是报纸广告中不编排任何要素的部分（甚至也可以黑色或其他颜色为背景而非白色）。留白可以用于对一个孤立的要素集中注意力，若能在文案周围大量留白，将使它看起来如同位于舞台中央，十分抢眼。

图 5 - 1　Aquafresh 牙膏报纸广告

二、杂志

杂志也是一种印刷平面广告媒体，尽管与报纸广告相比，它明显缺乏时效性，而且覆盖面有限，但由于它印刷精美，具有光彩夺目的视觉效果，故深受特定受众的喜爱。由于杂志种类繁多，雅俗均有，而且出刊周期短的杂志种类最多，影响颇大，因此成为现代广告四大媒体之一。由于印刷技术的发展和人类思维的进步，以往的单纯平面设计模式不断被打破，新的设计形式不断出现，这都展现了杂志广告的广阔前景。

1. **杂志的特点**

（1）读者阶层和对象明确。

杂志的读者不像报纸那么多，但分类较细、专业性较强，这便于广告选择特定阶层，更能做到有的放矢。同类杂志的读者，在质的方面大体相同，因此，在广告文案的制作上也容易得多；反过来说，每一类杂志都拥有其基本的读者群，那么就可以针对不同的消费者选择不同的杂志。所以，为了更好地利用杂志媒体，应该根据广告目标对象的要求，对能利用的杂志进行分类。

一般来说，杂志的读者都有一定的文化水平，有较好的理解能力，而且凡是订阅某种杂志的人，对该杂志的性质与刊登内容都有一定的了解和兴趣，读者对专业杂志刊登的东西容易接受，这样就有利于广告发挥作用。此外，订阅杂志的人生活水准较高，有能力领略广告介绍的内容，所以新产品在开辟市场时，杂志媒体也是一个有效的媒体。

（2）杂志印刷精美，阅读率高，保存期长。

杂志媒体的用纸较好，尤其是广告用纸更为讲究，在广告的印刷上要比报纸精美得多，尤其是彩色广告，色彩鲜艳，引人注目，可以逼真地再现商品形象，激发读者的购买欲望。杂志广告大多用全页或半页，版面较大，内容多，表现深刻，图文并茂，容易将广告客户所提供的信息完整地表达出来。

杂志媒体比起广播、电视来说，生命长得多。广播电视，一播即逝。而杂志阅读时间长，可保存下来反复阅读，因此，杂志广告能反复与读者接触，有充分时间对广告内容进行仔细研究，加深人们的印象。

（3）杂志媒体版面安排灵活，颜色多样。

在版面位置安排上可分为封面、封底、封二、封三、扉页、内页、插页，可以是黑白，也可以是彩色；在版面大小上有全页、半页，也有 1/3、2/3、1/4、1/6 页的区别，有时为了适应广告客户做大幅广告的要求，还可以做连页广告、多页广告，效果十分强烈，影响巨大。

杂志的缺点有：

（1）杂志的出版周期长，读者对杂志广告的反应不及电视、报纸那样迅速。

（2）杂志读者的范围较为固定，如果调查不足，一旦媒体选错，会产生无效益广告。

（3）杂志的表现手法不如电视活泼，而且由于出版周期长，若中途发生变化，修改版面困难。

（4）有的杂志不如报纸那样严肃，使广告宣传效果受到影响。

2. **杂志广告的心理效应**

杂志与报纸同属印刷媒体，这就决定了它们之间存在着一些共同的心理特性，包括阅读主动性、高认知卷入、保存性和可信性。但是，杂志与报纸也存在着很大的差别。在内容上，杂志不像报纸以新闻报道为主，而是以各种专业和科普性知识来满足各类读者的需要；在印刷质量上，杂志一般也优于报纸。因此，杂志具有一些不同于报纸的心理特性。

（1）读者针对性强。

杂志的内容有较大的倾向性、专业性。不同的杂志一般可以在广大区域里拥有不同的和比较稳定的读者层。如摄影杂志，读者以摄影行业和业余摄影爱好者为主，若有关摄影器材的广告登在摄影杂志上，广告对象与该杂志的读者相近，可有效争取这些读者成为购买该商品的顾客。

（2）知识性。

许多杂志的内容以专业知识和科普知识为主，因而容易使读者对杂志阅读产生知识性期待。这与报纸的消息性一样，杂志的知识性也成为杂志广告的一个心理特性。

（3）重复性。

杂志的内容丰富多彩，长篇文章较多，读者不仅要仔细阅读，而且常常要分多次阅读，甚至保存下来日后再读。读者的多次翻阅增加了他们与杂志广告接触的机会，有利于在记忆中留下较深的广告印象。

（4）美感好，引人注目。

杂志的纸质较好，可以印上较美的彩色图片，较逼真地再现商品原貌。同时，杂志广告多是商业广告，广告登载量不多，一般集中刊登在一定的书页上，排列整齐美观，因此，杂志广告有较强的艺术感染力，引人注目，能给人以美的享受。

（5）时效性差。

杂志是定期刊物，发行周期较长，有周刊、半月刊、月刊、季刊、半年刊，甚或一年刊，因而影响广告的传播速度。即效性广告和时间性强的广告，如企业开张广告、文娱广告、促销广告等，一般不宜选用杂志媒体，否则容易错过时机，达不到广告效果。对时间性有一定要求的广告，需要刊登杂志广告，如新电影即将上映，可采取预告性广告刊登在电影杂志上；而时间性不受限制的广告刊登在杂志上是有利的。

3. 杂志广告的创意策略

（1）注重图像视觉艺术。

现代造纸和印刷技术的快速发展为杂志广告提供了品质精良的纸质和精密度极高的印刷效果，使印刷品越来越美，魅力无穷。现代杂志广告首当其冲地以视觉图像艺术获得了广大读者的青睐。但是，随着市场的竞争日趋激烈，杂志广告视觉图像的竞争也越来越激烈。这就要求这类广告首先要有一个具有较强冲击力的视觉图像，将广告意图通过视觉语言表达出来。彩色印刷是一项制作过程复杂、众多人员参与的行业，从对原稿的照相、分色、制版、打样以至印刷、装订，无不需要精密的仪器设备及丰富的经验和技术，特别是广告，讲求彩色、技巧、特殊效果的质量印刷。

（2）注重创意新颖性。

正因为杂志媒体的视觉效果显著，因此创作者很容易将创作精力只集中于图像的视觉艺术本身，而忽视图像的内涵，这是不符合现代受众的审美心理的。现代广告受众对广告所表现的智慧美非常敏感，较关注广告全新的、巧妙的创意，这要求杂志广告必须将具有独创性的创意与精美的视觉图像结合起来，通过不同凡响的创意来表达内容丰富的视觉形象。杂志广告的艺术欣赏性很高，许多广告是人们长久珍藏的艺术品。只有创意内涵和视觉效果两方面配合表现，才能大幅提高其艺术价值。

（3）注意版面选择策略。

一般来说，杂志广告是一版一则的，具有很大的独占性，很少受到其他广告的影响。但就版面种类来说，则有封面、封底、封二、封三、插页、跨版双页等。版面类别不同，受众对其注意率也有较大差异。选择版面要根据广告目标和经济支持力来决定。注意率越大，广告有效率越高，对开拓市场和塑造形象的广告，效果尤佳。当然，这需要较强的经济支持力。另外，杂志媒体具有较强的专业性，即使是大众杂志，其读者群也较大众性报纸小，而且比较固定，因此，杂志的选择要注意广告目标与读者的对应。

（4）发挥形式多样的制作技巧。

要开拓思维，充分运用现代技术手段制作杂志广告的新形式。例如，插页广告、跨页广告与杂志装订结构的巧妙结合，折页广告（从一折到多折）、联券广告（可撕下的礼品券、优待券、竞赛券等）、有声广告、立体广告、香味广告等。

（5）文案要有艺术性。

在杂志广告中，标题常常和图像相得益彰，是艺术性很高的两个因素。因此，广告一定要创作出一个具有震撼力和感染力的标题。广告正文是杂志广告的一项重要内容，读者的阅读率较高，但必须简明扼要，惜墨如金。

三、广播

现代科技日新月异，新媒体不断出现，广播媒介面临着越来越多的挑战和冲击，然而广播一直作为广告的四大传统媒体之一而受到人们的重视，不能不说是与广播广告自身的特点分不开的。这些特点决定了广播广告既有其优越性，也有其局限性。只有充分了解了这些特性，才能扬长避短，进一步挖掘广播这一媒体的潜力。

1. 广播广告的优越性

（1）传播方式的即时性。

所谓即时性，就是说广播广告的传播速度最快。广播可使广告内容在信息所及的范围内，迅速传播到目标消费者耳中。不论身在何地，只要打开收音机，广告对象就可以立即接收到。如果广告策略、战术的临时调整需要紧急发布某些广告信息，如发布展销会、订货会、折价销售等时效性要求较强的供求信息时，广播广告可以在数小时内完成播出任务，有时还可以做到即写即播。广播广告的这种即时性优势是其他媒介所无法取代的。

（2）传播范围的广泛性。

由于广播广告是采用电波来传送广告信息的，电波可以不受空间的限制，并且广播的发射技术比电视简单得多，所以广播的覆盖范围特别广泛，它可以到达全世界的每一个角落。广播覆盖范围的广阔性使得人们不论是在城市还是在乡村，不论是在陆地还是在空中，都可以收听到广播的内容。广播不受天气、交通、自然灾害的限制，尤其适合于自然条件比较复杂的地区。我国有80%的人口在农村，农村中报纸、杂志的订阅量不高，电视还没有完全普及且受接收条件的限制，而在全国却有5亿多台收音机。对于那些市场广阔的产品来说，广播广告再合适不过。

（3）收听方式的随意性。

收听广播最为简便、自由、随意。因为它不受时间、地点的限制，不管是白天还是晚上，不管你在哪里，也不管你在干什么，只要打开收音机，都可以收听到广播的内容。科技的进步，使收音机向小型化、轻便化发展，有的甚至只有火柴盒大小。尤其是"随身听"这种广受年轻人青睐的收听工具的出现，使收听更随意。从某种程度上说，广播媒体可以被受众随身携带。

（4）受众层次的多样性。

印刷媒介对受众文化水准、受教育程度的要求较高。而广播可使文化程度很低甚至不识字的人也能听得懂广告的内容，所以广播媒体的受众层次更显出多样性。尤其是在我国，文化教育事业还不是很发达，仍有很多文盲和半文盲，而这一部分人是任何广告主都无法忽视的消费群体。要想针对他们发挥广告的告知与说服功能，广播是非常合适的广告媒体。

（5）制作成本与播出费用的低廉性。

广播广告单位时间内信息容量大、收费标准低，是当今最经济、最实惠的广告媒体之一。同时，广播广告制作过程比较简单，制作成本也不高。

（6）播出的灵活性。

因为广播广告是诸媒介中制作周期最短的，所以广告主要根据竞争对手的举动来调整自己的战术行动，快速作出反应。广播广告是最方便、最得心应手的工具。报纸和电视广告除了制作较为复杂以外，刊播时段和版面一般较紧俏，需要提前预订；而广播广告在安排播出和调整时段上相对比较容易、比较灵活。

（7）激发情感的煽动性。

广播只能靠声音进行传播，诉诸人的听觉，给人以无限的想象空间，而这正是广播的魅力之所在。广播广告的特色正是通过刺激人的听觉感官，帮助收听者产生联想，因为广播的声音是实在的、具体的，特别容易撩拨人的心弦、煽动人的情绪，而广告也常在这种情形中不知不觉地完成其传达与说服的功能。

2. 广播广告的局限性

（1）稍纵即逝，无法保存。

由于广播的传播方式是依照时间流程展开的线性传播，而每则广告不过几秒或数十秒钟，所以转瞬即逝，听一遍就过去，不留痕迹。如果不是专门收录，广播广告是无法保存和反复收听的。同时，广播的节目是一维性质的，而电视和报纸展示的都是二维空间，电视在二维空间中还可以表现出三维空间，报纸也可以上下左右反复阅读，读者的主观选择性很强。相比之下，广播广告则略显单薄。广播没有任何的选择自由，而且需要借助收听者的想象力对内容予以充实；再加上听众都是在毫无心理准备的情况下被动地收听，因此对转瞬即逝的广告内容很难记忆，只能靠广告创作的精彩之处和重复播放来弥补。

（2）可听不可视，传播方式单一。

电视是视觉与听觉的传播，而广播只是单一的声音的传播。俗话说"百闻不如一见"，在人类的感觉系统中，视觉是占第一位的，听觉远不如视觉来得实在、具体。听觉虽然能够唤起人们头脑中的经验，使人们头脑中浮现出某些视觉形象，但毕竟只是想象，缺乏真实感。因此，广播广告无法直接展示商品的外观，给人以直观的印象，也无法进行示范表演，不易产生强大的说服力。电视广告还可以用图表、字幕等方式来补充画面的不足，以达到立体传播的效果，帮助观众加深印象、强化记忆，而这些都是广播广告做不到的。

3. 广播广告的创意策略

（1）内容必须一听就明白。

文字是有声语言的符号，但又不完全等同于有声语言。中国文字中有许多音同字不同的汉字，写出来清清楚楚，但是只听读音却常常会引起误解、发生歧义，有时候甚至一点也听不懂。例如，"××商店出售食油"，是食用油还是工业用石油？"有75%的儿童缺锌"，以及"每到3月，桑事繁忙"都极易闹笑话。

（2）必须整体规划三要素。

一般说来，每一条广播广告都是用三种声音，即人声、动效和音乐来传达信息的，所以在广播广告创作中，要特别注意这三者的整体规划与把握。否则，就可能成为"一条广告三张皮"，破坏广告效果。

（3）要有一个好的开篇。

一开始就要抓住人，因为大多数听众是在无意注意的状态下收听广播广告的。一般说来，听众只会准时收听自己喜爱的节目而不会专门等待收听广告，所以广告的开头至关重要，如果开篇不能引起听众的注意，之后听众就很难再进入状态，广告的效力也就损失了大半。因此，优秀的广告都是在如何开个好头上狠下工夫。

（4）要亲切感人。

老舍先生说过："世界上最好的文字就是最亲切的文字。所谓亲切就是普通话，别人这么说，我也这么说。不是用了一大车大家不了解的词汇。"所以，广播广告中的语言要让人听着顺耳、顺心，必须以情感人。要像与朋友聊天那样，和蔼可亲，不能教训人，多用商量的口吻。只有这样才能贴近听众，而只有贴近听众，广告才有可能起作用。创作广播广告要尽量少用书面语言、少用华丽的语言、少用修饰的语言，要多用生活中的口语、多用短句。

（5）尽量简洁单一。

广播广告的听众较其他任何媒介的受众更多地处于一种随意状态，且没有视觉的参与，所以越是简洁单一的概念，越容易进入听众的脑海，也越容易被记住。在信息爆炸的今天，只有单纯的、简洁的东西才不会给疲惫的听众加重记忆的负担。广播广告最忌讳冗长、复杂，说得越多，越面面俱到，越适得其反。

（6）充分调动听众的想象力。

广播广告只靠声音传播，因此它可以激发起人们丰富的联想，从而产生无穷的魅力。

它那亲昵的话语、迷人的音乐、悦耳的声音，让人心旷神怡。借助听众的想象，广播可以完成其他任何媒体所不能完成的使命。美国营销学家曼尔玛·赫伊拉说过："不是卖牛排，而是卖煎牛排的吱吱声！"善于充分调动人们的想象力，利用听众的想象力在广播广告的创作中是极其重要的。

（7）努力塑造声音的个性。

在五光十色的广告海洋里，没有个性、没有特征的广告是难以让人记住的，广播广告也是如此。在创作中，一定要注意努力塑造一个与众不同的声音或令人难以忘怀的音乐形象，并注意始终保持统一；力争让听众一听到你的语音或旋律，就知道你来了，而不会与其他任何品牌形象混淆。当然，这是一个长期的战略任务。

四、电视

1. 电视广告的特性

（1）视听合一传播。

直观性最强的电视能让在它面前的人们亲眼见到并亲耳听到各种活生生的事物，如同在自己身边一样，这就是电视视听合一传播的结果。单凭视觉或单靠听觉，或视觉与听觉简单地相加而不是有机地合一，都不会使受众产生如此真实、信服的感受。电视广告的这一种直观性是其他任何媒介所不能比拟的。它超越了读写障碍，成为一种最大众化的宣传媒介。它无须对观众的文化知识水准有严格的要求。即便不识字、不懂语言，也基本上可以看懂或理解广告中所传达的内容。

（2）瞬间传达，被动接受。

全世界的电视广告长度均差不多，都是以 5 秒、10 秒、15 秒、20 秒、30 秒、45 秒、60 秒、90 秒、120 秒为基本单位，超过 3、4 分钟的广告比较少，而最常见的电视广告长度是 15 秒和 30 秒。这就是说，一则电视广告只能在短短的瞬间之内完成信息传达的任务，这是极苛刻的先决条件。而且广大的受众是在完全被动的状态下收看电视广告的，这也是作为电波广告媒介的电视区别于其他任何广告媒介的特点。

（3）有较强的冲击力和感染力。

电视是唯一能够进行动态演示的感性型媒体，因为电视媒介是用忠实记录的手段再现信息的形态，即用声波和光波信号直接刺激人们的感官和心理，以取得受众感知经验上的认同，才令受众的感觉特别真实、强烈，因此，电视广告对受众的冲击力和感染力特别强，是其他任何媒体的广告都难以达到的。

（4）受收视环境的影响大，不易把握传播效果。

电视机不可能像印刷品一样随身携带，它需要一个适当的收视环境，离开了这个环境，也就阻断了电视媒介的传播。在这个环境内，观众的多少、距离电视机荧屏的远近、观看的角度及电视音量的大小、器材质量以至电视机天线接受信号的功能如何，都直接影响着电视广告的收视效果。

（5）费用昂贵。

所谓昂贵，一是指电视广告片本身的制作成本高，周期长；二是指播放费用高。就制作费而言，电影、电视片这种艺术形式本身就以制作周期长、工艺过程复杂、不可控制因素多（如地域、季节或天气、演员等）而著称，且电视广告片的要求比一般的电影、电视节目高得多。广告片拍片的片比通常是100：1，所以国际上拍一万呎胶片，最后只选45呎（30秒）广告片的事情也不足为怪。可见，仅胶片一项，电视广告片就要比普通电影、电视剧节目超出许多倍，而且为广告片专门作曲、演奏、配音、剪辑、合成都需要大量的金钱。

就广告播出费而言，电视台的收费标准也很高。我国中央电视台 A 特段 30 秒的广告收费就是人民币 4.5 万元。而国外电视台黄金时段的播出费用比这还要高得多，美国的电视广告每 30 秒要 10 万 ~ 15 万美元，如果在特别节目中插播广告则更贵，有的高达几十万美元。

2. 电视广告的心理效应

（1）有较高的注意率。

经济发达的国家和地区，电视机已经普及，观看电视节目已成为人们文化生活的重要组成部分。电视广告注意运用各种表现手法，使广告内容富有情趣，增强了视听者观看广告的兴趣，广告的收视率也比较高。电视广告既可以看，还可以听。当人们不留神于广告的时候，耳朵还是可以听到广告的内容。广告充满了整个电视屏幕，也便于人们集中注意力。因此，电视广告容易引人注目，广告接触效果是较强的。

（2）有利于不断加深印象。

电视广告是一种视听兼备的广告，且有连续活动的画面，能够逼真地、突出地从各方面展现广告商品的个性。例如，广告商品的外观、内在结构、使用方法、效果等都能在电视中逐一展现，观众如亲临其境，能留下明晰深刻的印象。电视广告通过反复播放，不断加深印象，巩固记忆。

（3）有利于激发情绪，增加购买信心和决心。

由于电视广告形象逼真，就像一位上门推销的推销员，把商品展示在每个家庭成员面前，使人们耳闻目睹，容易对广告的商品产生好感，引发购买兴趣和欲望。同时，观众在欣赏电视广告时，有意或无意地对广告商品进行比较和评论，激发兴趣，统一购买思想，这有利于增强购买信心并作出购买决定。特别是选择性较强的日用消费品、流行的生活用品、新投入市场的商品，运用电视广告容易引人注目并激发消费者对商品的购买兴趣与欲望。

（4）不利于深入理解广告信息。

电视广告制作费用高昂，黄金播放时间收费最贵。电视广告时间长度多为 5 ~ 45 秒。要在很短的时间内，连续播出各种画面，闪动很快，不能作过多的解说，影响人们对广告商品的深入理解。因此，电视广告不宜播放需要详尽理解性诉求的商品，如生产设备之类的商品。一些高档耐用消费品在电视播放广告时，还要运用其他补充广告形式作详细介绍。

（5）容易产生抗拒情绪。

因为电视广告有显著的效果，运用电视广告的客户不断增加，电视节目经常被电视广告打断，容易引起观众的不满。

3. 电视广告的创意策略

（1）把握动态演示，注重情感诉求。

电视广告媒介是诸多广告媒介中唯一能够进行动态演示的感情型媒体。它以视听结合的方式刺激人的感官和心理，从而具备一种特殊的感染力。所以，电视广告应着重情感诉求而不是逻辑诉求，在实际运作中，电视广告应该特别注意情绪的渲染、动态形象的塑造，尽量避免静态画面。在视听语言的运用上，应该在允许的范围内尽可能加大视觉与听觉的刺激度，力求最迅速、最大限度地撩拨起受众的情绪，使之产生强烈而深刻的印象。

（2）信息要简洁、单一。

电视广告的时间极为短暂，不可能承载过多的或复杂的信息。电视广告一定要使人易认、易记，尽量减轻受众的认知与记忆负担。在当今这个信息爆炸的时代，只有单纯、简洁、明确的信息才有可能被受众吸收。

（3）适时选对目标对象。

慎重地选择目标对象是电视广告成功的关键。在策划电视广告之初，务必确切地把握住你的目标对象究竟是怎样的人，他们关心什么，喜欢什么，心理趋向如何，什么时候会坐在电视机前。否则，区区几十秒的电视广告是难以"击中"目标受众的。

（4）创意要有震撼力。

电视广告在众多广告接二连三快速演播和受众厌倦的情况下，要靠创意和震撼力的出奇制胜才能给观众留下深刻印象。创意要充分发挥独创性和非凡的想象力。美国著名的 DDB 广告公司总裁威廉·伯恩巴克指出："要使观众在一瞬间发出惊叹，立即明白商品的优点，而且永不忘记。"这才是杰出的销售创意。销售创意要有个性，必须靠有力、明确及干净利落的构思来体现。

（5）技法综合运用。

电视广告的表现技法十分复杂。例如，不同景别（远景、全景、中景、近景、特写）具有不同的表现力；不同的镜头运动方法（推镜头、拉镜头、摇镜头、跟镜头）具有不同的表现力；蒙太奇技巧等更是变幻丰富，"三维"和"特技合成"的合理应用能实现常理上不能实现的东西，包括物的创造及时空的自由穿梭转换等，增强了广告的表现力。电视广告要综合运用其特点，克服单一化的呆板倾向。

五、户外

凡是能在露天或公共场合通过广告表现形式同时向许多消费者进行诉求，能达到推销商品目的的物质都可称为户外广告媒体。户外广告可分为平面和立体两大类，平面户外广告有路牌广告、招贴广告、壁墙广告、广告画、海报、条幅等；立体户外广告有霓虹灯、广告柱、广告塔灯箱广告及空中各种飞悬式广告等。在户外广告中，路牌、招贴是最为重要的两种形式，影响甚大。设计制作精美的户外广告带是一个地区的象征。

1. 户外广告的优势

（1）户外广告对地区和消费者的选择性强。

户外广告一方面可以根据地区的特点选择广告形式，如在商业街、广场、公园、交通工具上选择不同的广告表现形式，而且户外广告也可以根据某地区消费者的共同心理特点、风俗习惯来设置；另一方面，户外广告可为经常在此区域内活动的固定消费者提供反复的宣传，使其印象深刻。

（2）户外广告可以较好地利用消费者在途中或散步游览的时间，以及在公共场合的时间。

这时，一些设计精美的广告、霓虹灯多彩变化的光芒能给人留下非常深刻的印象，能引起较高的注意率，使其更易接受广告。

（3）户外广告具有一定的强迫诉求性质，即使匆匆赶路的消费者也可能因对广告的随意一瞥而留下一定的印象，并通过多次反复而对某些商品留下较深的印象。

（4）户外广告表现形式丰富多彩，特别是高空气球广告、灯箱广告的发展，使户外广告更具有自己的特色。户外广告还有美化市容的作用，这些广告与市容浑然一体的效果往往使消费者非常自然地接受广告。

（5）户外广告内容单纯，能避免其他内容及竞争广告的干扰，且户外广告费用较低。

2. 户外广告的劣势

（1）覆盖面小。由于大多数户外广告的位置固定不动，覆盖面不会很大，宣传区域小，因此设置户外广告时应特别注意地点的选择。广告牌一般设立在人口密度大、流动性强的地方较好。在机场、火车站、轮船码头等地，南来北往的流动人口较多，可以做全国性广告。

（2）效果难以测评。由于户外广告的对象是在户外活动的人，这些人具有流动的性质，因此其接受率很难估计。且由于人们总是在活动中接触到这些广告，因此注视时间非常短，甚至只有几分之一秒，有时人们在同一时间可能接触到许多户外广告，所以要取得广告效果，就要做到让人们视觉暂留，这点非常重要。

3. 户外广告的创意策略

（1）具有很强的视觉冲击力。

现代城市是户外广告的海洋，但能给受众留下深刻印象的只有极少数。这就要求户外广告必须以强大的视觉冲击力引起受众的注意和兴趣。根据现代受众的审美需求和建筑物的高大广远特征，首先，广告必须巨大、醒目，在视觉阈限占有一定位置；其次，广告在内容设计上应有刺激性和震撼力，尤其是创意的内涵要足以诱发人们的注意和兴趣。否则，户外广告只能美化城市，而不会给广告主带来任何实际价值。

（2）简洁单纯。

户外广告是以行进中的受众为对象的。这样的受众对广告的视觉注意力和持久力都很小。因此，户外广告设计绝不能太繁杂，而应简洁单纯。文案要简化到最少，有时甚至可以减少到只有一个品牌名称。必不可少的文案和图像，都要突出产品或企业形象的主要信息，减少信息量，扩大可视度。标题是户外广告的眼睛，要下工夫做好，做到既能引起受众的注意和兴趣，又要对理解广告起到提示作用。

（3）开拓创意思路。

户外广告一定要克服路牌告知的老程式，开拓思维，不拘一格，在创意上下工夫。国外有一则户外广告，创意很新奇：某航空公司的广告只是一个立在机场边上的巨型边框，人们通过边框可以看到正在起飞的飞机。深圳机场的"新鲜粒粒橙"广告，是以切开的巨型橙瓣模型做成的路牌广告。这些广告以奇特的构思，给人首创的启迪。

（4）不拘一格，因地因势制宜。

现代科技手段的发展给户外广告的开发创造了有利的条件。户外广告应充分利用现代科技手段，因地因势创造出新的形式，如福建漳州广告公司曾做过一个可口可乐广告，利用路旁山势凿出可口可乐品牌标志，气势磅礴，蔚为壮观。日本利用一个三岔路口将麦当劳的 M 标志做成一个巨大的不锈钢立体拱门，车来人往，穿行其中，既树立了企业形象，又成为人人赞叹的城市景观。

六、售点

售点广告媒体也是户外广告媒体的一种，又叫 POP 广告（Point of Purchass，简称 POP），20 世纪 30 年代出现于美国。今天，POP 广告以新的形式出现，而且备受重视和广泛运用。

今天的 POP 广告媒体，既包括橱窗陈列、柜台陈列、货架陈列、货摊陈列等，又包括销售地点的现场广告，以及有关场所门前的海报、招贴。随着无人销售形式的出现，尤其是超级市场的出现与普及，售点广告的功能也在逐渐扩大。售点广告还包括售点发布的各种广告包装纸、说明书、霓虹灯、小册子、赠品、奖券、闭路电视等，不过售点广告最主要的形式还是以商品本身为媒体的陈列广告。

售点广告媒体按装饰场合大致分为店外、店内两类。店外 POP 广告，是使消费者认识店址、吸引消费者进入商店的广告，如招牌和橱窗。店内 POP 广告，是最接近消费者的广告，由柜台展示、货架陈列、地面展示、墙面广告、天花板装饰、商品包装、动态装饰等部分组成。

售点广告媒体实际上是其他广告媒体的延伸，能对潜在购买心理和已有的广告意向产生非常强烈的诱导功效。美国有人统计过，购买者在出门前已确定买什么商品的情况只占全部销售额的 28%，而在销售现场使潜在意识成为购买行为的占 72%。可见，销售现场广告的作用是巨大的。销售现场广告的具体作用如下：

（1）售点广告媒体能加深顾客对商品的认识程度，能更快地帮助顾客了解商品的性质、用途、价格及使用方法；能诱发顾客的潜在愿望，形成冲动性购买。它不像其他媒体那样必须给人留下深刻印象和记忆才产生购买行为。正因如此，这类广告更应在表现形式上考虑如何提高广告的注意率。

（2）售点广告媒体能增强销售现场的装饰效果，美化购物环境，制造气氛，增进情趣，对消费者起着诱导作用，是无声的推销员。

（3）售点广告媒体的表现形式和真实度都是其他媒体不可比拟的。这类广告一般更重视实物的展示，能补充四大媒体的不足，使抽象的或仅仅是印象的商品成为活生生的实物。

（4）售点广告设计一次，长期使用，能节省宣传费用。

七、网络

网络广告又称 Internet 广告（Internet Advertising），即通过 Internet 发布的广告。自 1994 年 10 月 4 日，美国著名的《热线杂志》（*Hotwired*）首开网络广告先河以来，网络广告即以迅雷不及掩耳之势席卷欧美大陆，成为当今欧美国家最热门的广告宣传形式，并且正在迅速地扩展到世界其他国家和地区。随着网络用户的剧增，电子商务的迅猛发展，难以想象网络广告将以何等速度阔步向前。

1. 网络广告的特点

（1）小众媒体。

互联网作为一个媒介，有一些非常特殊的性质，它不是一个大众媒体，而是承担一个小众媒体的角色。.com .cn 网有 38 776 个，平均 258 人一个网站。美国有 5 000 万用户，200 万个网站，平均 25 人一个网站。作为小众媒体上的广告，其必须深入研究目标受众群体的心理需求，才能有的放矢，达到预定的广告目标。

（2）互动性。

网络广告的互动性决定了网上的旗帜广告与电视广告不一样。电视广告可以强迫收看，保证大部分观众能看到。但是网民上一个网站的时候，他们是有目的的，对那些在网站上闪来闪去的广告常常是不看的。所以要深入研究消费者的心理，充分吸引网民的无意注意。

（3）超大信息容量。

一般而言，一个网站会有数十个乃至数百个网页。网页信息采取非线性文本形式，通过链接方式将不同的网页互相连接起来，组合成一个有机的整体，更为关键的是，网络广告所负载的信息，可以由广告受众自主选择。消费者强烈的主动性及强大的信息量要求我们要深知消费者的需要，以及根据不同类型的消费者对信息进行分类，以使广告受众深入点击，获取更多的广告信息，提高广告的宣传效果。

（4）付费性。

对于作为互动的网络广告而言，能不能吸引受众到你的站点是非常必要的，因为网络广告的受众是自己花钱上网来看广告的，广告要具有十足的吸引力和亲和力，要能引起他的极大兴趣，他才有可能参与进来。

2. 网络广告独特的心理效应

网络广告和传统媒体广告一样，也是一个信息传播的过程。消费者接触网络广告同样也会产生认知、情感、态度、行为等心理效应。这些心理学指标同样也是网络广告心理效果评价系统的基本指标。但网络广告是一个新兴的媒体广告，它有自己独特的手段和技术，对消费者的心理有着独特的影响。

（1）吸引有意注意程度。

网络广告是一种非强迫性传播，它不像电视、广播、报纸、户外广告等具有强迫性，能将有关信息塞进受众的脑子以引起人们的无意注意。网络广告作为一种传播活动，毫无疑问要吸引人们的无意注意，吸引人们在信息的海洋中注意它、点击它，但它独特的交互性主要吸引的是人们的有意注意，并力求调动人们的自觉性和主动性。一句话，在一般媒体上，广告找人看；在网络媒体上，人找广告看。所以吸引消费者有意注意的程度水平是评价一则网络广告心理效应的重要指标。

（2）引起兴趣，满足需要程度。

互联网是一个分众媒体，它提供的是一种双向的沟通方式，并能将信息按照用户的个人情况和需求进行"个人化定制"。人们在互联网上是一种自助的信息消费行为，信息的选择和使用完全按照用户个人的兴趣和需要来决定。只有引起消费者的兴趣、满足消费者的某种现实需要或潜在需要的网络广告信息，才能吸引消费者深入点击，接受广告信息。因此，能否引起消费者的兴趣、满足消费者的需要是决定网络广告成败的一个重要因素。

（3）易辨认、易识别程度。

全球第一家网络广告公司 CKS Interactive 总经理 Pete Snell 认为："网络广告最根本的特性是互动性，互动性广告的重心应在于互动信息的传递。"超大信息容量是网络广告优于传统媒体广告的一个十分突出的特点。一般而言，一个网站有数十个乃至数百个网页。面对如此庞大的信息量，如何使消费者辨认、理解这些信息，并从中提取自己所需要的信息，是评价一则网络广告不可或缺的指标。

（4）信息的针对性、亲和力。

网络互动广告的一对一模式要求信息传播个人化，让每个接触广告的人都能感到广告产品是专门为自己准备的，让广告信息走近每个人，想其所想，爱其所爱。因此，广告信息是否有针对性、是否富有个性、是否具有亲和力应是网络广告心理效应测评系统中的一个重要指标。

（5）引起在线购买程度。

网络广告是一种针对目标市场进行广泛劝说的传播活动。与其他大众传播方式相比，网络广告有更明确的广告对象。网络技术可以帮助广告主选择用户、跟踪用户，多方面掌握用户资料，然后有的放矢、对症下药，因此网络广告可望成为一种最富针对性的促销行为。网络这种全天候、全球性的市场交流媒介，使它不仅能建立品牌认知度，还能吸引人们仔细打量一种产品，促成购买，并提供售后服务和售后支持。所以网络广告能否引起人们的直接在线购买行为也是评价网络广告的一个重要指标。

3. 网络广告的心理效应模式①

依据广告发布这种信息传播的一般心理效应，结合网络广告独特的心理效果，我们认为网络广告的心理效应模式如图 5 - 2 所示。

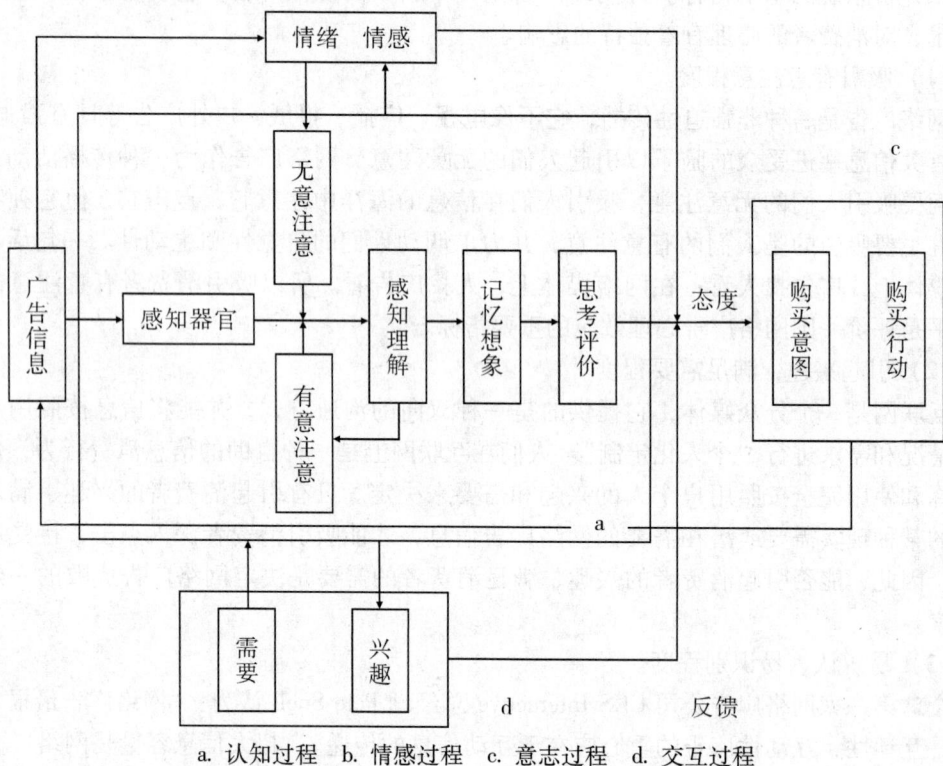

情绪　情感

无意注意

广告信息　感知器官　感知理解　记忆想象　思考评价　态度　购买意图　购买行动

有意注意

c

a

需要　兴趣

d　　　　反馈

a. 认知过程　b. 情感过程　c. 意志过程　d. 交互过程

图 5 - 2　网络广告的心理效应模式

该模式表示，网络广告对消费者产生的心理效应包括认知过程、情感过程、意志过程及交互过程四个部分。网络广告先作用于消费者的感觉器官，经过无意注意或有意注意被感知，进而对广告信息进行辨别、理解，产生记忆，发生想象，从而进行思考评价。伴随着认知过程，消费者会对广告或宣传的商品产生各种情绪、情感体验，这种情绪、情感又反过来影响消费者对广告的理解情况，从而对认知过程产生直接影响。在认知过程中还受到消费者的需要、兴趣等个性心理特征的交互影响。在认知过程、情感过程、交互作用的基础上，消费者可以确立对广告及其所宣传商品的态度。然后对是否购买广告产品作出决策，产生购买意图，最后产生购买行动。

① 江波. 网络广告心理效应模式初探. 心理学动态，2001（3）

Psychology of Advertisement and Consumer　广告与消费心理学

4. 网络广告的创意策略①

（1）网络广告要尽可能与电子商务相结合。

网络广告与电子商务是一对孪生姐妹，是网络经济的两大支柱产业。这也是与网络广告独特的特征联系在一起的。因为网络是唯一一个有机会能够把广告 AIDA 四个步骤一气呵成的媒体。所以网络广告的一个趋势就是，都带有产品销售的性质，都与电子商务相结合，纯粹的形象广告越来越少。

再者，消费者对购买方便性的需求也决定了网络广告要与电子商务相结合。一些工作压力较大、高度紧张的消费者会以购物的方便性为目标，追求时间、精力、劳动成本的尽量节省，特别是对于需求和品牌选择都相对稳定的日常消费，这一点尤为突出。如果这些人在网上看到自己喜欢的产品广告后，能立即购买的话，就会大大方便消费者，大大提高广告的宣传效果。

（2）赋予网络广告更多的趣味性，增强其吸引力。

在现代生活中，由于劳动生产率的提高，人们可供自由支配的时间日益增多，一些自由职业者或家庭主妇希望通过购物消遣时间，寻找生活乐趣，保持与社会的联系，减少心理孤独感。因此，他们愿意多花时间和精力去购物，而前提是购物能给他们带来乐趣。而网络的无限性及网络广告的趣味性，可使这一部分消费者在畅游网络天地时，在网络广告的指引下，充分享受购物的乐趣。

网络广告含有比传统媒体广告更多的技术成分，特别是自网络技术问世以来，新技术不断涌现，网络成为实时、动态、交互的多媒体世界，呈现出一幅丰富多彩的画面，使得网络广告具有文字、声音、图片、色彩、动画、音乐、电影、三维空间及虚拟视觉等所有广告媒体的功能，能满足人们求新、求变的心理，因而可以充分引起消费者的兴趣，吸引消费者的注意。

（3）注重网络广告更深页面的设计。

目前，我们国内的一些广告主在选择网络广告版位的时候有很大的盲目性，他们还在沿用传统媒体投放广告时的方式、方法。如我们知道报纸、杂志的封面、封底的广告价格最贵，因为这些位置最容易被看到，只要有钱就去买这些位置。因此，在各网站就出现这样一种情况，在流量非常大的首页，广告非常集中，而越往下，广告越少。其实，从广告效果来看恰恰相反。从许多网站的经验来看，除了一些适合在首页做广告的大众消费品外，对一些比较专业的产品来说，流量越大的页面，点击率越低；流量越小的页面，点击率越高。因为越往深处，内容越专业，虽然暴露次数少，但都是有价值的暴露。前不久，一家经营摄影器材的客户在新浪网上投放广告，开始在首页上做，结果点击率只有 0.5%；最后换到深处的专业页面上做，结果点击率达到 20%，比在首页上增加了40 倍。

再者，从网络广告设计的情况来看，目前的网络广告非常注重首页的创意、设计，但对更深页面的创意、设计不够，而这些更深页面上的信息往往是广告的主体信息，如

---

① 江波. 网络广告要注重心理效果测评. 网际商务，2001（23）

果不能吸引消费者深入点击的话，网络广告的效果就会大打折扣。

（4）建立全面的资讯平台。

在进行网络广告策划时，首先要做的便是构建、策划资讯平台，主要包括以下几方面：

第一，明确广告目标资讯。广告目标指引着广告的方向，这一点对网络广告同样成立。只有明确了广告活动的总体目标之后，广告策划者才能决定网络广告的内容、形式、创意，以及网站的选择、广告对象的确定。网络广告传播能达到的广告目标大致分为两种：一是推销品牌，像传统媒体广告一样实现的是以信息传播为手段来达到影响受众的目的；二是获得受众的直接反应，这是网络广告与传统媒体广告所能达到目标的最大不同。

第二，准确的目标对象资讯。广告目标对象决定着网络广告的表现形式、广告的内容、具体站点的选择，从而影响着最终的广告效果。不同的目标对象有各自特有的生活习惯，如上网时间、感兴趣的网页内容、对信息的反应速度等。针对不同的广告对象，要采取不同的广告策略。

第三，随时注意竞争对手的资讯。俗话说："知己知彼，百战不殆。"在网络社会中，这同样是广告商战考虑的必要前提。你的竞争对象有没有在网上做广告？他们在哪些网站做广告？做什么类型的广告？广告的主要诉求点是什么？投入量大不大？等等。只有与竞争对手对应起来考虑，在网络广告策划中才能做到有的放矢、突显个性。否则，可能导致广告行为的盲目性。

八、手机

拨打朋友的电话，听到的不是彩铃声而是一段与生活密切相关的日用品广告；在杂志上看到一款心仪的产品，用手机扫下附带的二维码，发送到固定号码后，马上就可以获得商品经销商赠送的电子打折券……的确，你现在所见所闻的正是手机增值服务的拓展，手机广告正在逐步进入人们的生活。

1. 手机广告的优点

（1）个性化。

广告商对手机广告的兴趣源自这样一种理论：手机广告能够创造与消费者的亲密联系。广告商们将手机用户的年龄、性别、职业、地域等人口统计学属性按性质分门别类，然后与不同企业的不同目标消费者进行匹配，这就使得手机广告的传播具有精确的分众性，且更突出个性化。

（2）定向性。

手机广告的定位是个人传播，而其随身携带性给了广告一对一的期待。手机广告的定向性是指一旦确定了广告目标受众，手机便能定向发送，是"对传播渠道的定向，对传播终端的定向，对传播人群的定向"。

（3）互动性。

手机媒体的互动性直接为手机广告带来了价值。因为互动，受众可以通过移动电话、短信、邮件等形式对广告商作出回应；相应地，广告商可以及时了解广告受众的动向，跟踪传播效果，获取量化的数据，为调整传播策略提供依据。

（4）私密性。

手机作为个人物品，有着绝对的私人性质，从而使得广告的投放效果更加精确且不受外界干扰。

（5）定量化。

手机广告的定量化特点表现在两个方面：一方面，对广告效果的监测。手机广告可以通过发送系统及时统计用户反馈的信息，对广告发布过程进行量化的监测和管理，是一种有质量的量化管理。另一方面，在理论上，手机媒体可以通过对广告发布过程的监测和互动反馈，掌握用户对广告的反应和行为，随时更新手机用户数据库的用户消费习惯等特征，量化用户数据库，保障数据的真实性和准确性。

（6）高效性。

在预先定位的基础上，广告主可以选择用户感兴趣或能够满足用户当前需求的信息，确保消费者所接受的信息就是他想要的。

2. 手机广告的缺点

（1）屏幕小。

由于手机是随身携带的私人物品，手机屏幕无法达到电脑或电视屏幕那样大，所以在观赏画面时，只能追求清晰度、像素、分辨率的提高，但其始终无法传达某些画面的震撼效果，致使有些信息会被忽视。

（2）垃圾短信。

由于手机号码是由数字组成，所以任何人的手机号码都可以重复排列和随机组合，这样便被一些人员通过群发信息的形式发送垃圾短信。

3. 手机广告的创意策略

（1）合理利用隐性广告。

手机是隐性广告依附的又一新式载体。其在受众没有意识到的情况下，将产品的图片、品牌借助短信息等形式传递给他们，广告隐而不见却又时时涌现。而这个时候，人们一般会觉得这些广告元素不是向他们传达广告信息或有其他的传播目的，只是环境等因素同时附带的，从而避免了受众对广告入侵的反感，达到"随风潜入夜，润物细无声"的效果。

（2）引起兴趣，积极互动。

手机广告将一定的信息传达给用户后，通过设置悬念或疑问等方法引起受众兴趣的同时，经常会留下如此的话语"请回复×××到×××"，这其实就是一种互动和沟通，即时了解受众的需要，并及时给予满足。

▷ 5.2 广告媒体的选择

广告媒体既然存在如此多的种类，且每一种广告媒体既有其独特的优势，又不可避免地存在着不同形式的弊端，因此，在运用广告媒体时就要进行选择。在广告活动中，对广告媒体的选择十分重要，因为只有适当的广告媒体才能有效地覆盖企业的目标市场，只有适当的广告媒体才能完美地表现产品的特征，才能引起目标市场消费者的注意和兴趣。因此，广告媒体的选择需要考虑众多的因素，必须强调与企业的产品特征、市场特征、经营特征和环境相"对应"。只有广告媒体选择得当，才能有效地传递信息，说服受众，促进销售，真正发挥广告宣传的积极效应。

正确地选择广告媒体，一般要考虑以下因素：

一、企业的营销目标

广告归根到底是为了实现企业的营销目标，人们往往较多地从广告的内容制作方面考虑如何实现营销目标，而很少或根本不考虑在媒体的选择上如何与企业的营销目标紧密结合，其结果必然会削弱广告的效果。因为媒体的特点决定了它们在传播广告信息上的广度与深度的差异，从而对实现企业的营销目标产生不同的作用。一个恰当的广告媒体加上一个恰当的广告内容才会使广告在实现企业的营销目标过程中起到事半功倍的作用。

如果把企业的营销目标简单地归结为扩大销售额、增加市场占有率、提高企业或产品声誉，那么选择媒体就应该针对这三种不同的营销目标，根据媒体的特点合理地进行选择。

（1）扩大销售额要求广告能促使消费者立即购买，缩短他们的购买决策过程。这时，较为理想的媒体选择顺序应该是电视、电台、售点（POP）广告、直邮（DM）广告、报纸、杂志。这个顺序是由媒体本身的传播速度及信息接受者的接近方式所决定的。

（2）增加市场占有率主要表现为商品与商品的竞争，它要求广告一方面能争取新的消费者，另一方面能把已使用竞争对手商品的消费者吸引过来，以加强自身的竞争地位。对这个营销目标，以报纸、杂志广告效果最佳，其次是电视与广播，再次是售点广告、直邮广告等。

（3）提高企业或产品声誉的着眼点不在于一时一地的销售数量，而应放眼于将来。这并不要求广告促使消费者立刻购买，而是要求广告能使受众对企业或产品产生好感。对于这种目的，选择报纸广告、户外广告、交通广告最为适宜。当然，广播、电视也有助于其实现目标。另外，体育比赛场地广告、精彩电视节目的赞助性广告也能起到很好的作用。

二、目标市场

目标市场是企业经营活动指向的对象，它既是对广告媒体进行选择的基本因素，也是关键因素。广告作为企业营销组合和策略的一部分，要求在广告媒体的选择上，能保证有效地通过媒体把促销信息传播到特定的目标市场。

（1）针对以地理范围划分的目标市场选择广告媒体。

企业的目标市场如果是以地理标志来划分的，可以归纳为两种类型，即全国范围目标市场和重点目标市场。若企业的产品已经在全国范围内建立销售网，想进一步把产品推向全国，企业就应在全国范围内开展大规模的广告促销活动，可寻求一个成本低、广告信息暴露量尽可能大的媒体组合，而杂志、广播及交通的媒体组合较理想，也可以考虑在发行量大的全国性报纸和全国性电视台集中投放广告。以全国范围目标市场为对象的广告活动毕竟不多，较多的是企业选出一个重要的特定细分市场作为自己的目标市场。针对重点目标市场，媒体的选择要能有效地覆盖这一特定市场，因此，选择地方性报纸、地区性电台及户外广告、交通广告最为适宜。

（2）针对不同目标群体选择广告媒体。

针对不同的目标市场，可运用撇脂媒体选择法来选择广告媒体。所谓撇脂媒体选择法，就是企业首先把广告集中投放到最有能力购买本企业产品的消费者层中，如果在这一层消费者中，产品的销售没能达到预期的目标，就选择另外一个消费者层，这时候只要在广告媒体中找到一个最能适应这个消费者层次的媒体就可以了。这里要考虑受众的接触习惯和接受能力。从接触习惯来讲，女性对电影、电视、画报等感兴趣，在这些媒体上做化妆品、流行服装、妇女用品等广告，容易引起她们的兴趣；而农药、化肥等农业生产资料的购买对象是农民，他们有收听广播的习惯，所以利用广播来介绍这些商品就比用报纸、杂志更容易被农民接受。从接受能力来讲，在文化水平不高的地区，报刊广告的效果必然较差；在经济条件很差的地区，电视机的普及率不会很高，因此在电视上做广告不适宜。要因人因时因地，有的放矢地选择广告媒体。

三、产品特性

不论是生产资料还是消费资料，各种商品的特性都有所不同，而广告主在传递广告信息时，大多以宣传产品所具有的各种特性为主要内容，所以在选择广告媒体时，要考虑广告宣传的产品具有的特性，使消费者大致了解这种产品的独特之处。具有不同特性的产品，消费对象不同，媒体的适应性也不同。一般来说，生产资料技术性强、用途复杂的产品宜用文字、图形印刷广告，诸如报纸、杂志、说明书等，这些广告媒体能够详细地说明产品的结构、性能、维修保养方法，而广播、电视则受到时间的限制。日用消费品最好用形、声、色兼备的电视广告媒体，因为电视已深入各个家庭，收视率很高，且电视媒体具有形象感，能诱发消费者的购买欲望。

四、广告目标的要求

广告者发布广告,都有特定的目标要求,这个目标要求是由企业的经营活动及目标决定的。因此,选择广告媒体,必须考虑广告目标这个因素,看其能否与企业的经营活动紧密配合。

五、媒体本身的状况

一种商品广告究竟选择哪种媒体才能收到最好的广告效果,这就要考虑广告媒体本身的性质和特点等状况,诸如媒体的威信、媒体的普及状况(即覆盖状况)、媒体收视状况、媒体的使用条件、媒体的费用及效果等。

六、广告的暴露次数

广告暴露的次数过少,就不能发挥作用。美国学者鲁卡斯和布利特曾指出:"介绍性的广告所造成的印象不会太深,不足以引起购买兴趣,连续性的广告可以把已经形成的肤浅印象加深到足以采取行动的水平,因而能收到更好的效果。"另一位美国学者克鲁曼则认为广告需要三次暴露,第一次暴露用于引起人们独特的感觉反应,第二次暴露便是造成刺激,第三次暴露用于提醒那些想购买但还未采取行动的人。

广告主比较关心的是广告活动所要达到的暴露频率分布,它主要用于描述特定时期内人们对广告接收的次数。一般要求接受广告次数中等的人居多,接受少或多的人均匀分布在两边,即正态分布最好。

广告媒体的选择还要考虑其他因素,主要是营销环境,不同国家、不同地区在广告媒体的运用上存在着客观上的差异,这种差异是由于地理、历史、社会文化及政治法律等环境因素所造成的。例如,许多国家明令禁止香烟、酒类在电视和广播上做广告,这些商品只能通过报纸和杂志两个媒体传送信息;伊斯兰国家对电视、电影的限制较严格,因而这些国家的广告媒体只能偏向其他媒体的选择。

▷ 5.3 广告媒体策划和运用

有效的广告宣传活动在媒体方面不仅仅是简单的选择,还应当进行整体的策划。广告媒体的策划包括媒体目标策划、单个媒体运用策划、媒体组合策划、媒体覆盖策划、媒体时间发布策划。

一、媒体目标策划

媒体目标是广告主利用广告媒体所期望达到的程度和效果。一般用覆盖程度、接触率、平均个别接触频率等指标来表示。

（1）覆盖程度。

覆盖程度一般是指利用各种广告媒体所期望达到的广告信息的覆盖面，它表现在两个方面：一是地区的分布，二是覆盖的人数。这个指标反映了广告信息传播应该达到的程度。

（2）接触率。

接触率一般是指目标市场中接触广告的人数占目标市场总人数的比重。这个指标说明的是目标市场中应有多少人接触广告信息，反映的是广告信息传播应达到的有效程度。

（3）平均个别接触频率。

平均个别接触率一般是指目标市场的受众接触某一广告信息的平均次数。如目标市场中接触两次广告信息的人占50%，只接触过一次的人也占50%，那么，

平均个别接触频率 = $2 \times 50\% + 1 \times 50\% = 1.5$（次）

这个指标反映了利用各种广告媒体而使广告信息传播所达到的期望深度。

二、单个媒体运用策划

单个媒体运用是指仅使用一个他营广告媒体，不包括已有的自营广告媒体。单个媒体多为财力有限的小企业所用。一些大中型企业有时也使用单个媒体，但多数是临时的，短期内使用。选择单个媒体的常用方法有：

（1）尝试法，又叫经验法。

企业经过使用多种广告媒体后，发现其中某一个媒体的效益最好，便在一定时期内，只集中使用这个媒体进行广告宣传。

（2）剔除法，又叫分析法。

通过调查分析选定一个媒体，将不符合要求的媒体剔除。

三、媒体组合策划

为实现广告宣传目标，许多企业特别是有实力的大中型企业常采取多种媒体协同宣传的做法。这就是媒体组合，即在同一时期内运用各种媒体发布内容基本相同的广告，造成强大声势，以期增加广告传播的广度和深度。有人将其戏称为"地毯式轰炸"策略，因为它能迅速扩大广告覆盖面，提高产品的知名度，增强广告的"火力"，提高广告传播的力度，从而产生立体传播效果。这种策划对于企业开拓新市场、推出新产品、增强竞争攻势，起到了鸣锣开道、推波助澜的作用。其效果远远胜过单一媒体的运用。

媒体组合之所以能产生良好的促销效果，主要是因为它能产生立体传播效应：

（1）延伸效应。

各种媒体都有各自覆盖范围的局限性，但将其组合运用则可以增加广告传播的广度，延伸广告覆盖面。

（2）重复效应。

媒体组合使用将使部分广告受众增加，也就是增加广告传播的深度，从而增加产品的注意度、记忆度、理解度。

（3）互补效应。

不同媒体各有利弊，组合运用能取长补短，相得益彰。运用两种以上的广告媒体来传播同一广告内容，对同一受众来说，其广告效果是相辅相成的。

正因如此，与其用同样的广告费在一个媒体上做多次广告，不如多在几个媒体上做广告。

需要说明的是，多媒体协同宣传并不是各种广告媒体的随意凑合，而应当根据各种媒体的功能、覆盖面、表现力等方面的特征，从广告宣传的目标和任务出发，对它们进行有机的组合，使其能产生综合立体效应。这就要求，一是要认真选择好各种有效的广告媒体，并注意它们之间在功能、层次和效益上的互补性；二是对各种媒体的利用程度、利用时间和利用方式作出安排，注意是否可能产生综合立体效应；三是根据所形成的媒体组合，将广告经费按媒体分别作出预算、进行分配，以确保媒体组合计划得以顺利实现。

媒体组合有多种方式，其中最常用的有：

（1）视觉媒体与听觉媒体的组合。视觉媒体更直观，给人以一种真实感；听觉媒体更抽象，可以给人丰富的想象。

（2）瞬间媒体与长效媒体的组合。

（3）大众媒体与促销媒体的组合。能做到"点面结合"，起到直接促销的效果。

四、媒体覆盖策划

广告主都希望将广告信息传送到尽可能大的范围，这就要根据不同的广告目标和广告任务的要求，选择适当的策略，使目标市场范围的受众人尽皆知。

媒体覆盖的策略主要有：

（1）全面覆盖。

即覆盖整个目标市场，这就要选择覆盖面广、观众数量多的电视和报纸作为广告媒体。

（2）重点覆盖。

即选择销售潜力大的市场重点覆盖，这能节省广告费，适宜于新产品上市。

（3）渐次覆盖。

即对几个不同地区分阶段逐一覆盖，采用由近及远的策略，它是紧随重点覆盖的。

（4）季节覆盖。

主要针对某些季节性较强的产品，在临季和当季大量覆盖、大力宣传，过季时有限覆盖，提醒消费者不要忘记该产品，这样有利于来季的销售。

（5）特殊覆盖。

在特定的环境条件下，对某一地区或某一特定的消费群体有针对性地进行覆盖。常用的撇脂策略就是适应市场撇脂策略而采取的特殊覆盖策略。广告主采用撇脂的方式很多，不仅可以从新产品的消费者和高收入阶层的消费者方面进行撇脂，还可以根据产品特有的性能和功效，从消费者的年龄、性别、种族、文化程度、癖好等许多方面实施撇脂策略。

五、媒体时间发布策划

媒体时间发布策划是指广告发布的具体时间和频率的合理安排。广告时间策略的运用，要视广告产品的生命周期、广告的竞争状况、企业的营销策略、市场的供求变化等多种因素的变化而灵活运用。广告发布时间策略运用是否得当，对广告效果的影响很大。具体策略如下：

（1）集中时间策略。

集中时间策略是指集中力量在短时间内，对目标市场进行突击性的广告攻势。其目的在于集中优势，在短时间内迅速造成广告声势，扩大广告的影响，迅速提高产品、企业的声誉。这种广告策略又称为闪电广告策略，主要运用于新产品投入市场前后、新企业开张前后、流行产品上市前后、广告竞争剧烈时刻，以及商品销售量急剧下降时。

（2）均衡时间策略。

均衡时间策略是一种有计划地、反复地对目标市场进行广告投放的策略。目的是为了持续加深受众对企业或产品的印象，保持显在消费者的记忆度，发掘潜在市场，扩大商品的知名度。运用这种策略时，要注意广告表现要有所变化，不断给人新鲜的感觉，不能长期单调地重复同一广告内容，广告频率也要适当变化。

（3）季节时间策略。

季节时间策略主要用于季节性较强的商品广告。一般在销售季节到来之前，就要开展广告活动，为销售旺季的到来做好信息和心理准备；销售旺季时，广告活动达到高峰；旺季过后，广告要收缩；销售季节结束，广告便可停止。运用这种广告策略时，要掌握好季节性商品的变化规律，过早地开展广告活动，会增加不必要的广告费用；过迟又会延误时机，直接影响商品的销售。

（4）节假日时间策略。

节假日时间策略是零售企业和服务行业常用的广告时间策略，这种广告策略与季节时间策略有相似之处。在节假日之前，便开展广告活动；节假日一到，就停止广告。这种广告策略要求有特色，把品种、价格、服务时间及异乎平常之处等信息突出地、快捷地告知消费者。

广告的频率是指一定广告周期内广告发布的次数。广告可依据需要，交替运用固定频率和变化频率。

（1）固定频率。

固定频率是均衡广告时间策略常用的频率，以求有计划地持续地取得广告效果。固定频率有均匀序列型和延长序列型两种。前者是指广告的频率按时限平均运用；后者是指广告的频率固定，但时间距离越来越长，这主要是为了节约广告费，但又是按照人们的遗忘规律来设计的，使时间距离由密到疏。

（2）变化频率。

变化频率是指广告周期内用各天广告次数不等的办法来发布广告。变化广告频率使广告声势能适应销售情况的变化，它常用于集中时间策略、季节时间策略与节假日时间策略，以便借助广告次数的增加推动销售高潮的到来。变化频率有波浪序列型、递升序列型、递降序列型三种。

波浪序列型是广告频率从递增到递减的变化过程，这一过程使广告周期的频率由少到多，又由多到少，起伏变化。波浪序列型适用于季节性、流行性强的商品广告。

递升序列型是指广告频率由少到多，至高峰时戛然而止。节假日广告常用此法。它能节约广告费。

递降序列型与递升序列型的变化相反，广告频率由多到少，由广告高峰跌到低处，在最低潮时便停止。如文娱广告、新影片上映，未上映前大做广告，上映后广告次数减少至终止。

各种广告时间策略，并不是截然分开的，可视需要组合运用。集中时间策略与均衡时间策略交替运用，固定频率与变化频率组合运用。

[关键词]

报纸　杂志　广播　电视　户外　售点　网络　手机　目标市场　心理效应　广告媒体策划　立体传播效应

[本章要点]

◆ 广告传递商业信息必须借助于一定的载体，这种载体就是广告媒体。广告媒体回答的就是"用什么做广告宣传"，起到的是一种"交通工具"的作用。

◆ 广告媒体心理介绍了报纸、杂志、广播、电视、户外、售点、网络及手机等主要媒体的特点、心理效应及创意策略。

◆ 广告媒体如此众多，而每一种媒体都有其独特的优势，也存在着不同形式的弊端，所以，广告媒体在运用时就要进行选择。选择广告媒体时一般要考虑企业的营销目标、目标市场、产品特性、广告目标的要求、媒体本身的状况及广告的暴露次数等因素。

◆ 有效的广告宣传在媒体方面不仅是简单的选择，还应当进行整体策划。广告媒体策划包括媒体目标策划、单个媒体运用策划、媒体组合策划、媒体覆盖策划、媒体时间发布策划。

[思考题]

1. 广告媒体有哪些？其各自具备的特点有哪些？

2. 主要媒体（报纸、杂志、广播、电视、户外、售点、网络、手机）广告有哪些相应的心理效应？

3. 主要媒体（报纸、杂志、广播、电视、户外、售点、网络、手机）广告的创意策略有何不同？

4. 举例说明选择广告媒体时应该考虑的因素有哪些。

5. 广告媒体策划包括哪些内容？

[案例分析]

创意媒体

1. 麦当劳的硬币

在麦当劳购物后，麦当劳小姐在给顾客找零时，经常在硬币背面贴上麦当劳的标志，以期当这种货币流通时，不断地为麦当劳做广告。由于这种标志趣味性很强，人们也乐意接受它。有的在硬币背面贴上麦当劳的各种食品标志（如鸡肉汉堡、薯条、鸡腿等），使这枚硬币实际上已成为购买某类食品的筹码，顾客再次光临时，只需将后面贴有所需食品的硬币递给服务员就行了。这样，既可以节约双方的时间，又可吸引老顾客光临。由于这种购物方式奇特，而麦当劳的顾客主要是小孩和年轻人，他们很乐意收集这些硬币，甚至相互交换，持有硬币的数量成为他们的一种资本。当然，这些硬币只能在麦当劳消费。

2. 请不起美女借美女

有这样一则广告，首先映入眼帘的是一块广告牌，可仔细一看，这块广告牌竟然会动，原来这是一块由人举着的广告牌（当然广告牌挡住了人脸），广告牌的边上是这个人的手，他往往会以一个手势向受众示意"向左看"或"向右看"，当人们真的朝他示意的方向看去，可以看到一块户外广告牌（广告牌是另一个产品的广告，画面主体是一个身材非常好的美女）。看完这一切，你如果不是很明白，必定会回过头来看那个人手上的广告牌上究竟写了什么，原来上面写的是"如果想要身材和她一样好的话，请用××产品"。这时，你才明白，原来这是一则巧借他人广告为自己做的广告。也许它的产品不是很知名，也许它只是一个小企业，请不起美女，但借助别人的广告、借别人的美女使传播内容一目了然，效果自然不错。

3. 鸡蛋上的柯达

以色列耶路撒冷地区一家禽蛋公司特地选出100万只黄壳鸡蛋，在每只鸡蛋的蛋壳上印上"柯达"商标，运往南美的一些国家和地区。柯达公司付给这家禽蛋公司500万美元。柯达广告随着鸡蛋进入南美的千家万户，人们在接受鸡蛋的同时，也接受了"柯达"胶卷。

讨论题：

1. 请分析这三则广告的媒体创意策略。

2. 在我国，这些媒体创意方法是否可行，请谈谈它们对我国企业广告媒体策划的启示。

3. 讨论、分析我国现阶段广告媒体的运用情况。

6

广告表现心理

我寻找了解并熟谙如何做好广告的撰文与艺术指导的人员，他们必须技艺娴熟，丢下的一砖一瓦皆有旨趣。

——Leo Burnett

本章导读

唯美的画面，优雅的音乐，明快的色彩，低沉而感性的旁白"牛奶香浓，丝般感受"，一气呵成，其独特的创意与表现手法，成就了德芙巧克力爽滑的口感、纯美的品质，也成就了德芙在中国巧克力市场上的领导地位。如此质感的广告，让受众在赞叹不已的同时，更享"美"的视觉盛宴。我们不禁要问：透过画面、音乐、语言、效果声等传达的产品的特质是如何通过制作技巧表现出来的？这些广告的必备要素又是如何默契协作，以强烈的视觉吸引力激发受众相应的心理效应？我们在创作过程中需要特别注意哪些事项？

▷ 6.1 广告要素的心理效应及创作原则

一则广告是由许多要素构成的，每一个要素都有其特定的作用。画面、语言和音响是广告作品的三个主要组成要素。除了电视广告包含这三个要素之外，其他广告媒体基本上只包含这三个要素中的两个要素（如报纸、杂志和广播）或一个要素（如一些户外招贴广告和直邮广告）。下面着重讨论各个要素的心理效应和创作原则。

一、画面

广告画面在印刷媒体上通常称为插图，在电视媒体上有时称为画面，有时称为图像。插图是静态的，图像一般是动态的。插图和图像在一则广告中具有某些相同的功能，但也存在着某些差异。画面的心理效应主要表现为：

1. 吸引和维持受众的注意力

国外有一家化妆品公司曾以一幅普通的黑白广告和一幅相同图案的彩色广告进行注意效果程度差异的调查。其结论是，在两幅广告中，最引人注意的地方都是商品的照片，彩色广告的注意率达84.1%，黑白广告的注意率为46%。文案部分的注意率较低。注意率最低的是文字标题，彩色广告的注意率为7%，黑白广告第一眼注意标题的几乎是零。

广告插图易引起读者的注意，广告艺术顾问安辛·阿姆斯特朗把插图的这一作用称为"突然袭击"，并对此作如下描述，"假设你的读者正在小心谨慎地阅读杂志，他从心理上对一切广告都感到天生的厌烦。在他缓慢阅读的过程中，你为他设置了一个突然的陷阱——让他面临一个断崖绝壁而茫然无措。他急忙悬崖勒马，失去了平衡而险些一头栽下去。他手足无措，终于像爱丽斯掉进兔窝那样地跌入深渊。在那里，他却发现了简单的真理而马上掌握了它——这是他从前未见到过的。这就是怎样让他跌下去并跟着你爬上来的办法"。另有研究表明，图形与文字在一个广告中同时出现时，图形的注意率为78%，而文字的注意率仅为22%。

在电视媒体上，图像能使观众把注意力维持在电视广告的收看行为上。有资料表明，人们通过视觉获得的信息约占人们所获信息的83%，而来自听觉渠道的约占11%。

2. 强化受众对言语信息的理解和记忆

广告向受众传递情报性信息主要是借助于广告语言来实现的。通过广告语言，广告主能够向受众比较详细地描述商品的性能、用途、质量、购买时间、地点等情况，为广大消费者提供确切的信息。广告能否达到这一目的，其前提是受众能否很好地理解和记住广告所传递的信息。而受众对广告信息的理解、记忆程度又部分地取决于广告画面。因为如果广告语言与画面中特定的人物、景物由于同时或连续呈现，受众会产生联想记忆。另外，如果电视广告的图像与语言表达的内容相同，它们分别同时刺激人的听觉和视觉器官，信息分别由听觉系统和视觉系统进入记忆系统，因而达到双重编码的功效，所以记忆效果比较好。

3. 有较强的说服作用

美国全国广告人协会的调查表明，广告中如果没有图片，将减少75%的效果；而如果广告中没有声音配合说明，效果只减少25%。可见，画面在广告的综合效果中占了非常大的比重，有着较强的说服效果。

由上述关于广告画面心理效应的分析可见，画面的设计制作是相当重要的。关于画面如何进行设计制作，J. R. 罗斯特和L. 佩斯认为广告视觉表现原则为：

1. 总的来说

（1）多用比言语内容更有影响力的视觉内容。

（2）多用高意象（较具体）的视觉内容，少用抽象的视觉内容。具体的视觉内容是指描述那些看得见、摸得着、听得到的人物和事情。

（3）将产品与视觉内容中的产品运用情境与人物联系起来。

（4）利用色彩唤起情绪、黑白提供信息。

2. 对印刷广告来说

（1）运用尽可能大的插图。

（2）利用多要素的插图（有趣的细节）以保持注意而非吸引注意。

（3）将标题置于标题和文案被阅读之前能被看到的位置。这并不是说标题必须在插图之下，而是说插图应该先能吸引注意。

（4）在不同的广告中围绕同一主题改变插图，防止注意疲劳。

3. 对电视广告来说

（1）确保关键画面至少保持 2 秒钟，关键画面要么显示商标，要么描述主要信息点。

（2）与关键画面有关的声音应该跟在关键画面之后，置于次要画面之中。次要画面是给观众时间以停顿和注意听觉文案的填充性或过渡性画面。

（3）在词语的运用上，在肯定句中应运用高意象词，而在否定句中则用低意象词。

（4）不同的广告围绕同一主题改变画面，减少各种形式的疲劳。

二、语言

人类的交流是利用语言（包括口头语言与文字语言）、手势、动作、表情来传达意识的。不过，就传达意识的工具来说，最重要的仍然是语言。据调查，日常生活中，我们接收到的情报种类很多，其中视觉的占 65%，听觉的占 25%，其他感觉器官的占 1%。而广告的信息，可以用语言与图形表达，但语言是基础，可以有没有图形的广告，但绝不能有没有语言的广告。没有语言，便没有广告。

1. 广告语言的作用

我们先来回忆一个在广告史上非常有名且一直被广告大师奥格威引以为豪的例子——波多黎各经济开发署的广告文案。这则广告的目的是吸引工商业者到波多黎各投资，奥格威为它写了一篇包括 5 个小标题、长达 961 个字（英文）的广告文案。这则广告获得的效果是："……1.4 万读者剪下了这则广告中的回单，当中的几十个人后来在波多黎各开办了工厂。我职业方面的最大满足就是看到在我写广告前在死亡线上挣扎了 400多年的波多黎各社会开始迈向繁荣。"这则广告的成功，完全是广告语言的功能。

我们将广告语言对广告作品的作用概括为：

（1）传达广告信息。

这是广告语言最基本的作用。一则广告如果不能传达任何广告信息，那么它的存在就没有丝毫的意义。广告文案通过它的各个组成部分，分别传达商品或服务的功能、特点、对消费者的承诺等信息，使消费者对这种商品或服务产生认知、兴趣、好感，进而引发其购买行动。

（2）表现广告创意。

这是广告语言的又一重要职能。广告创意是关于广告信息如何表现的基本概念，广告语言和广告画面是这一概念的物化表现。停留在广告创作人员头脑中的创意是无法对广告受众产生作用的，只有通过恰当的语言和必要的画面才能将广告的诉求内容传达给受众。

（3）塑造商品、服务或企业的形象。

同类商品、服务或企业的本身也许并无明显差别，但是在消费者心目中的形象可能完全不同，而完成这种有差异性的形象塑造的最主要手段就是广告文案。广告文案通过语言文字、语言文字的表达方式、表达语气、表现风格及文案中包含的令受众切实可感的形象和意境，以及由它们引发的受众对商品、服务或企业的有益的联想，来塑造商品、服务或企业的形象，而这种通过广告创造出来并且传达给受众的形象常常可以赋予平淡无奇的商品、服务或企业崭新的生命。

（4）限定广告画面的内涵。

如一则汽车电视广告，画面上只出现一辆汽车翻山越岭长途跋涉，有的观众会认为它是一辆节省油料的车，有的观众会认为它是一辆行驶平稳的车，有的观众会认为它是一辆乘坐舒适的车，而广告要告诉受众的是它特别突出的"安全"性能。如果没有必要的字幕、画外音或人物对话来对画面的内涵进行限定，那么广告所要传达的信息与受众实际接受的信息恐怕要相差十万八千里了。

（5）借助于语言，广告效果才得以持久。

一种商品在市场上的推广，往往不是一两个月的短期行为。一则广告的刊播，往往也不是为了获得暂时性的效果。大多数广告主都希望广告所获得的传播效果越持久越好。然而，当我们回忆所接触过的广告时，我们能回忆出来的大多数是广告语，如"太阳最红，长虹更新"，"海尔，真诚到永远"，"金利来，男人的世界"，"十足女人味，太太口服液"等。这不是偶然的现象，它说明了广告语在维持广告传播效果中的作用。从心理学的角度来说，图像材料由于意义的不确定性而容易在人们的记忆中消失。语言由于结构性强、语义确定，一旦进入人们的记忆之中，可以保持相当长久的时间，而且具有相对稳定性。特别是那些反复呈现次数多、顺口押韵的语言材料，记忆更加持久、深刻。

2. 广告语言创作的心理原则

广告语言包括标题、文案、口号和解说词等。它要依靠一定的广告媒体，才能传达到特定的消费层。不同的广告信息，不同的广告媒体，不同的消费层，都有不同的传递与接受特性。

（1）信息的理解性。

广告信息一般分为商品、劳务、企业、观念等类型。广告信息的诉求方式，因广告信息的内容不同，以及人们对接受广告信息的理解要求不同，常采用理性诉求或情感诉求，或两者兼有。这些诉求方式的差异，在广告文稿上表现为不同的文体，在广告用词上则表现为不同的语体。广告的理性诉求以说理为主，广告文稿多用说明、议论的表达方式，有较多的科学语体。广告的感情诉求以激发消费者的购买情绪为主，广告文稿多用叙述、描写、抒情等表达方式，有较多的口语语体和文学用语。一般来说，生产资料广告以理性诉求为主，以便购买者易于理解这类商品的实际使用价值，从而放心购用；而生活资料广告以感情诉求为主，或理性诉求与感情诉求兼备，使消费者觉得购买这类商品既能满足物质的实用需求，又能满足精神的某些需求。

（2）适应媒体的心理效应。

不同的广告媒体是由不同的物质和技术构成的，因而不同媒体的广告处于不同的时间与空间，有不同的传达广告信息的方式，会对消费者引起不同的心理效应，这便是广告媒体的心理特性。广告语言的表达方式，要适应不同广告媒体的心理特性，才会有良好的广告效果。从媒介角度来看，现代广告主要有报纸广告、杂志广告、广播广告、电视广告、网络广告等。由于其依附的媒介不同、基本结构不同，因此广告语言的创作艺术各不相同。如广播广告的语言强调通俗易懂、生动活泼、节奏明快、适当重复和口语化的要求；报纸广告讲究形式多样、条理清晰、逻辑性；杂志广告的文案创作侧重于正文，而电视广告的文案创作侧重于解说词、对白和屏幕文字。所以，在广告语言创作中，应该高度重视对媒介的特性分析，以创作出符合特殊宣传媒介所需要的广告宣传用语。

（3）目标对象的针对性。

广告语言的创作，在用词上应该适应宣传内容、宣传方式和公众对象的需要，强化用词的针对性，以提高广告语言的感染力。广告对象因其性别、年龄、职业、文化水平的不同，对接受广告语言的心理要求也不同。如以老年人为对象的电台广播广告，却用小孩的语言来推荐商品，就有点轻佻与讽刺的意味；反之，供应给儿童的商品广告，却用老成持重的语言去介绍，也会大大削弱广告的效果。

（4）受众心理的鼓动性。

广告语言是为商品促销服务的，不同于一般作品的叙述、抒情、论证，尤其强调感染力和号召力，使公众一看到广告文案就涌现出美好的意境，产生强烈的好奇心，这样就可以创造出广告的轰动效应。强化广告文案的鼓动性，除了立意准确、鲜明以外，尤其要注意以下几点：

第一，宣传用语要富有动作色彩，借用祈使句的形式，直接诱发公众的参与心态和动作意识。如"重病缠身，不断努力，挑战自己的极限"（补品广告），"下岗不必灰心，创造第二人生"（再就业广告），"请大家告诉大家"（皮鞋广告），"别以为你丢了头发，应看作你赢得了脸面"（理发店广告），"请注意，好机会稍纵即逝，现在你还勉强选房子，晚来一步只能房子选择你"（房地产广告）等，这种带有明显祈使句色彩的广告标语，均具有较强的心理驱动性。又如"拥有一片故土"，"迎接夏日之吻，装点美好青春"（太阳镜广告），"带给您的小天使融融爱意一片"（尿不湿广告）等，这种广告标语虽无明显的祈使字句，但带有强烈的动作性，因而也具有较强的鼓动性，容易诱发公众的购买行为。

第二，要善于制造意境、梦想。人的行为受制于自己的意念，意念有时是公众自己形成的，有时是在他人的暗示下形成的。如果我们能在广告文案的正文部分设计出美好的意境、创造出美好的梦想，使公众受到感染，在暗示的作用下，马上会产生相应的行为。

三、音响

音响是广播、电视广告的一个重要组成成分，它包括音乐和效果声。由于音响不能直接负载商品信息，所以在广告创作中常常被放在次要位置，没有得到充分的重视。不过，近些年来，广告音乐越来越受到人们的重视。例如，在现在的电视广告中，以音乐为主的产品广告占有相当的分量，且越来越多的歌唱家、歌星进入广告圈。有些广告主也不惜重金制作广告音乐片。

1. 音乐

音乐从表面上看是非常抽象的，它不可能像语言那样确切地传达具体的信息，却能极大地影响人的情绪和环境气氛，能够很好地表现地方特色和时代特征，有力地烘托主题，也有着极强的象征作用。因此，音乐在电波广告中的作用是不能低估的。音乐是电波广告的主要辅助声音，是指配合广告主题及语言声音的音乐背景声。构成音乐的基本要素是旋律和节奏，所以音乐主要也是通过旋律和节奏来烘托电波广告主题、丰满语言声音的。音乐分器乐与声乐两种。下面我们分别叙述。

（1）器乐。

受制作费用、周期等因素的影响，广播广告的音乐声音一般以器乐形式出现。制作者通常会选择现有的音乐资源，如各种风格的器乐合奏曲、独奏曲、电声乐曲等，经过剪辑处理，为所要传递的广告主题服务。选择广播广告音乐，要坚持以下两个原则：

第一，音乐风格与广告主题风格一致。音乐是最有感情色彩的，钢琴华丽，小提琴抒情，吉他浪漫，古筝典雅，唢呐高亢，每种乐器的感情基调本身就不同。而随着节奏与旋律的变化，音乐的感情色彩也会随之发生变化，所以选择何种类型的广告音乐，是热闹，或清新，抑或神秘，应根据广告主题风格的特征来确定。

第二，音乐旋律节奏与语言声音节奏一致。在广播广告中，语言声音是主声音，音乐起烘托与陪衬作用，两者结合得好，才能有助于听众对声音的理解。这中间，最关键的是要让两种声音在音量上和节奏上达到和谐。童谣、快板、顺口溜等形式之所以广受欢迎，就在于这两种声音的统一产生了韵律感与和谐美。

（2）声乐。

声乐是以歌唱的方式呈现音乐声音的一种形式。在电波广告中，声乐也有两种类型：一是借用现成的歌曲，以引起听众的好感与偏爱。二是原创广告歌曲，指专门为某一特定电波广告所作的歌曲。这种音乐形式比较具有新鲜感，且因是为某个产品量身定做的，在旋律、节奏风格上较贴近广告主题，能展现产品独特的个性。我们应针对不同消费者、不同的产品特性，选用不同的广告歌曲。具体原则如下：

第一，活泼轻快的歌谣，能让儿童产品更快地被接受，并可能借由相互传唱在无形中增强品牌记忆，增加指名购买率。娃哈哈果奶"甜甜的酸酸的，有营养味道好……"和喜之郎果冻布丁"美味健康，快乐营养和你欢聚一堂"的熟悉旋律，赢得了众多小朋友的喜爱，"娃哈哈"与"喜之郎"也成为同类产品中的第一品牌。

第二，流行曲风的广告歌，可以充分利用其旋律性和传唱性吸引年轻人的注意，并进而影响到他们对品牌的注意率及好感度。如"曾经的欢乐、悲伤，我们同分享，未来的路漫长，我们一起闯"（金芒果集团），"悠悠岁月久，历历沱牌酒"（沱牌曲酒），"你看到了什么？我看到了健康美味新生活"（银露花生牛奶）等，在年轻观众中相当有市场。

第三，名人加歌曲，广告与唱片市场双赢。商家与唱片公司联手，商家斥资请名歌手以主打歌的形式为产品或企业做代言人，产品与企业的信息巧妙地隐藏在歌词与相应的 MTV 画面里。在具体操作上，商家常常从一首完整的 MTV 里套剪出 30 秒、15 秒等多种形式的电视广告版本，而唱片公司则借助广告的强势在无形中为歌手及其主打歌作了广泛的宣传。如娃哈哈矿泉水先后以景岗山的《我的眼里只有你》，以及毛宁、陈明的《心中只有你》作递进式形象推广；湖北旭日升集团以羽泉的《冷酷到底》为旭日升冰茶摇旗呐喊；张惠妹的一曲《给我感觉》使雪碧饮料深受少男少女欢迎。

2. 效果声

效果声又称音响声音，简称音效。它是用各种器械制造模拟声或通过科学方法从生活中采集自然界和现实生活中的各种声音，音响声音在介绍环境、烘托气氛、推进情节、制造悬念等方面发挥着重要的作用。音响声音具有强烈的提示功能，人们一听到那些熟悉的声音就知道在什么环境正发生什么事情。当然，运用音响声音也要有原则，讲分寸。

（1）精选慎用，用则传神。

广播广告一般在 30 秒左右，最长也不宜超过 1 分钟，因此只有在确有必要之处才使用音响声音。如果音响声音使用多而杂，就会干扰主信息的传达，甚至成为噪音。若要用音响声音，就要用得真、用得巧、用得神，让音响声音真正为创意服务。

（2）诉诸感情，身临其境。

音响声音来自生活和语言声音，与音乐声音比起来，它显得更真实、更真切。所以运用音响声音，一方面要尽可能唤起听众生活中的熟悉反应，让他们有身临其境的感觉。只有在这个前提下，他们才可能有兴趣去了解、消化你所传达的广告信息。另一方面，自然音响也常常与人的心情高涨低落相对应，人们听到声效后会有一种本能的情绪反应。要想衬托、说明某一个特定时刻的心理状态，就要选择具有相应感情色彩的音响声音，这样的音响声音才能在真正的广告创意中起到作用。第四届全国广告作品展评出的广播广告银奖作品"舒尔麦克风"就把音响声音运用到了极致。

（雷声巨响……）

声音的震撼力，并不在于音量的高低。（旁白）

（流水声……鸟鸣声……）

而是在于它是否真实，自然，长久地感动了你。（旁白）

（帕瓦罗蒂"我的太阳"前奏）

美国舒尔麦克风的名字，代表着纯粹自然的原音效果和异乎寻常的优质与耐用。（旁白）

这就是为什么世界优秀的表演艺术家及专业音响人士信赖舒尔产品长达 70 多年之久

的缘故。（旁白）

（帕瓦罗蒂原唱）

美国舒尔麦克风，崇尚科技，追求自然。（旁白）

在乎您的感受。（旁白）

（爆炸声……）

我们能深刻地感觉到，广告中穿插的自然界的声响如雷鸣闪电、流水鸟鸣及最后的爆炸声。每一种声音都在配合主信息的传递，都在烘托舒尔麦克风自然纯正的高品质。

6.2　广告制作的表现技巧

广告活动中，如果说创意是灵魂，是理想，那么广告设计制作就是将这个理想付诸现实的工作。创意是一个永无止境的追求，设计同样有着无比宽广的空间供你驰骋。尤其在今天这个信息时代，各种各样丰富多彩的媒体为广告人提供了无穷的表现手法。

应当说，广告设计制作是将创意者的天才思维传达给受众必须经过的过程。没有准确的表现，广告就无法达到预期的效果，一切天才构思都将付诸流水。本节我们就讨论一下广告表现的技巧。

一、平面设计的视觉强化

1. 用色彩传达情感

色彩对人的心理有着普遍的影响，这一点我们在生活经历中肯定早有感受，它能够唤起各种情绪、表达感情，甚至影响我们正常的生理感受。因此，在广告设计中充分运用色彩可以有效地加强广告对受众的情感影响，从而更好地吸引有效注意、传达商品信息。

一般来说，每种颜色都与一些相应的情感相联系。白色一般会使人想到清洁、纯洁、神圣、诚实。少女穿上白色的服装会给人以纯洁的感觉。但在中国的许多地方，送葬时穿的是白色服装，因此，白色也会使人产生死亡的联想。黑色是夜晚的象征，因而会使人产生罪恶、悲哀、压抑、死亡、庄重的感觉。红色具有刺激人的生理欲望的作用，同时与温暖、危险、争斗、愤怒相联系；此外，红色还有吉利、吉祥、好运气的意思。黄色表示愉快、舒适，也可以使人产生富裕、高贵的联想。绿色是生命的象征，容易使人产生和平、充满生机及平静、安宁的感觉。蓝色与广阔的天空和大海相联系，会使人联想到遥远、冷淡、寂寞、朴素。紫色可以使人联想到优雅和威严，还有给人以优美、满意、希望、生机的感觉。青色是鬼火的颜色，具有冰冷、恐怖、神秘的感觉。

由于不同的颜色各有其不同的心理意义，所以在进行企业形象的视觉设计及个别广告的创作设计时，应该注意颜色的运用要与广告活动的理念、主题、基调及产品的特点相协调。从一些国际知名品牌的广告活动中，我们也可以看出，它们非常重视广告色彩的选择运用。例如，Courvoisier XO 的一则杂志广告，其主色调是暖色，最引人注目的是 XO 酒瓶和周围环境中的火红色彩，这是一种非常强烈、热情的色彩，标示着酒的品质卓越，富有激情。酒瓶外缘几道金黄色的流线型光泽是由火红色的明度逐步加强而来，在画面上是最亮的部分。这些都给人以辉煌卓越的感觉。而上部紫色背景上的黑色拿破仑剪影，又运用色彩标示出另外一些信息。紫色常使人联想到神秘、幻觉与浪漫，黑色则给人以凝重、威严的感觉，这喻示着 Courvoisier XO 的文化背景和卓越品位。这是一则较为典型的运用色彩对人的情感影响来进行广告宣传的作品，图片上只有简单的点题广告词"优秀与典雅 Courvoisier，与生俱来的领袖"。

但是运用色彩传递情感时，我们应注意：

（1）切勿为了标新立异而滥用色彩，或许你选择的色彩很吸引人，但并不恰当。如翠绿的叶子好看而翠绿的手却让人恶心。

（2）别让受众的眼睛太累。

（3）在选择颜色时，要注意颜色的心理意义因地区和文化的不同而不同。在许多国家，绿色都象征着生命与和平；而在马来西亚，绿色则会让人想到森林和疾病；此外，绿色还是埃及和叙利亚的国色，用在商品上不受欢迎。在我国，红色象征着喜庆、欢乐和胜利等，爆竹染上红色是合情合理的事，而西德人和瑞典人不爱滥用红色，所以我国原先出口到这两个国家的红色爆竹不受欢迎，改为灰色后则销路大增。

2. 字体形象化

在广告表现中，将品牌名称或标题口号深深印入受众的记忆，是广告创作者追求的目标。字体形象化是一种非常有效的手段，可以扩大文字的内涵、传播更多的信息。同时，字体被变幻成形象，也使文字不再仅仅是一种符号，而变得富有生气。这样，它可以既作为文字又作为形象，通过受众的抽象思维和具象思维一起发生作用。事实证明，这是一种成功的做法。

中国民间艺术中有一种画字，你可以看到卖字老人是如何用手中丰富多彩的颜料来画字的。他一会儿画一轮红日，一会儿描一只白鹤，很快一副"福如东海长流水，寿比南山不老松"的对联就写成了，所有的部首都是七彩的形象，跃然纸上。在西方最典型的例子是把 LOVE 中的"O"变成心形，非常简单却非常成功。

读者群遍布全世界的《时代》（*TIME*）周刊成功地运用了这一手法，把它为自己做的一个广告成功地送入了受众的记忆。在画面上，TIME 的四个字母中的 T、M 和 E 都是端正的大写字母形象，呈立体，竖立在一个平面中。但应该是 I 的位置上却端放着一个苗条的玻璃花瓶，内插两支玫瑰。花瓶晶莹剔透，形如水滴，两朵玫瑰盛开怒放，衬以错落有致的几片叶子，情致盎然。另外，再辅以朗朗上口、音韵优美的一段歌词"Music, the greatest good that mortals know/And all of heaven we have bellow."这样，如诗、如花、如乐的杂志形象被塑造得极其完美。而仅仅一个单词 TIME 是不可能做到这一切的。

我国古井酒业集团的标志就是把其品牌名"古井"两字进行巧妙的变形、组合而成。标志下面是一个红色的圆，上面是一个苍劲的书法"井"字，组合在一起就是一个"古"字，单看标志的上部就是"井"字。标志就是把品牌名进行有机的变形，如果能达到简洁明了，内涵深蕴，易识易记，极富视觉冲击力的效果，那便是一个非常成功的标志。

泰国航空公司也在他们的广告中使用了字体形象化的手法。他们在口号上做文章："AS SMOOTH AS SILK"（如丝绸一般平滑）。在广告中，SMOOTH 中间的两个字母 O 分别幻化为花。两朵花类似中国的杜鹃，呈玫瑰红，非常可爱，名为 fresh orchid，这是泰航的一种特色标志。文案中写道："不论您搭乘经济舱、执行舱还是一等舱，你都会得到优雅的欢迎和一束 fresh orchid 胸花。这是我们服务态度的象征，也是其他航空公司所仰慕的。"在另一则广告中，两个字母 O 则变化成两把油布竹骨伞的形象，一把红色，一把黄色，极富泰国民族特色。

字体形象化可以使广告诉求力得到加强，让枯燥的文字符号变成美丽的形象。实际运用时需要考虑以下几个问题：

（1）不要把文字形象化到不能再称其为文字的地步。

（2）形象化的部分不要重复出现太多，否则会引起厌烦情绪。

3. 让画面残缺

在一般的广告表现中，创作者总是用画面的完美来喻示产品或服务的无懈可击。但是，画面的不完整一样可以传达很出色的诉求。因为受众总是对不同寻常的事物有着极大的兴趣，渴望知道原委，在求知欲的驱动下，他会读完整个广告。这时候广告创作者的目的就达到了。画面残缺还可以成功表达一些广告诉求，展示给诉求对象一个信息：如果没有这些，那么就会这样。它还可以激发受众改变这种状况的欲求，直接起到推广产品或服务的作用。

韩国三星公司曾创作了一则广告，画面是一幅海滨别墅房间的照片。室内光线非常柔和，以木质的黄色调为主，是一个温柔舒适的家居场景。室内的家具非常精致典雅，茶几和小圆台上陈放着家用笔记本电脑、微型收音机、便携式移动电话和 CD WALKMAN，面向沙发的是一台大屏幕落地电视机，木质的墙板上巧妙地镶嵌着组合音响和喇叭。毫无疑问，这是一个享受高科技成果的优越家庭。可是，在画面的左下角，沙发的旁边却出现了一个不规则形状的空白。这是什么呢？好奇的读者在版面上寻找的结果是左下方一幅小狗的照片，小狗的上方有一句话：Something we don't have the technology to make（我们的技术无法制造的东西）。受众在看完这一切后，广告所表达的内容也就不言而喻了：在人们今天生活的环境里，只有大自然的生物是三星公司的技术所无法制造的。企业的雄厚实力得以显现，同时也反映出三星公司强烈的自信心。

画面残缺的形式多种多样，英特尔（Inter）计算机公司的广告引用了当今世界公认的绝世佳作《蒙娜丽莎》。画面上，蒙娜丽莎眼中依然带着神秘的光泽。不过，在本应是双唇的地方，现在却只有皮肤了。大吃一惊的读者马上会在旁边看到两行字："一台没有英特尔集成电路块的计算机看起来就是这样。"公司将其产品的重要性强调到这种程度，诉求力相当大。文案中有如下词句："再看一遍。也许看上去令你难忘，但是如果你的个人电脑没有一个英特尔微处理器，你将永远不会看到它最完美的状态，因为微处理器是个人电脑运作中最重要的因素，更不必说它能用什么软件了。现在以及将来。"无疑，这则广告里对受众最具冲击力的是无唇的蒙娜丽莎，紧紧抓住受众正是广告所应做到的第一步。

运用让画面残缺的表现手法时要注意以下几点：

（1）画面上残缺的应该只是小的部分，不要让受众无法识别整体画面是什么。

（2）要明显到能使受众一眼就发现画面是残缺的，亦即缺失的部分不应可有可无。

（3）注意不要引起负面的情感，如没有手的人看起来是令人极为不快的。

（4）在受众的好奇被激起之后，应当尽快把"答案"告诉受众。

4. 使画面充满韵感

广告感性诉求的一种典型做法是营造氛围，通过某种氛围对消费者进行感染。其中，韵感是平面视觉设计中很有效的表现手段。创造韵感即通过运用色彩明暗的调节、线条柔刚的选择给受众以韵律感。

《商业周刊》上刊登的通用汽车公司别克车的广告便具有某种韵感。版面主体是一张彩色照片，这是一幅夕阳西下或者说朝霞满天的景象。照片上部是整个画面中明亮度最高的部分，远山笼罩在金红的霞光中，在起伏的山峦间，流水般的一条公路由天边蜿蜒而来。公路上的中央分隔线和边线是明黄的，在画面上呈现出几道光滑圆润的曲线，给人一种幽雅的感觉。相对山峦的高低起伏和色影斑驳，公路的均匀色彩和完美曲线仿佛是在喧哗的闹市间忽然传来的天籁雅韵。整个画面的气氛被烘托出来后，广告适时地展示出一辆崭新的红色 Regal 车，诉求十分有力。

视觉平面设计中的韵感主要靠线条、色彩明度的变化来创造。流畅变化的光滑线条和色彩明度过渡自然的视觉形象，尤其能够创造出韵感。广告摄影家常用柔和的光线及影像来创造这种韵感。

一则香水广告几乎完全是靠这种手法来表现的。画面背景是黑色的，主体被摄物为一朵花和一个香水瓶。摄影师巧妙地设置了灯光，使流线型造型的香水瓶看起来充满了各种各样柔和的光滑曲线，黑黄白等色彩错落有致、明暗相间，玻璃的透明处焕发出一种纯净的蓝色。洁白的花和玻璃台板上倒影的映衬，使瓶子成为一件完美的艺术品，宛如一支浪漫的小夜曲。标题为："奥斯卡·德·拉·伦达知道是什么令一个女人美丽。"整个广告没有多余的话，营造出的浪漫气氛已经传达了这样的广告信息：这种香水可以让你拥有相同的美好感觉。

韵感能够营造氛围，但还应考虑到以下方面：

（1）这是感性诉求的一种表现手法，但并不适用于任何产品。

（2）版面要适当宽松，过多的视觉点会破坏韵感。

二、电波广告的印象加强

1. 语音特质化

电波广告的发布，多以语言传播商品或劳务资讯。播音者的声音是信息的载体，所以如果创作人在播音者的语音上做文章，可以有效地引起受众注意，加深广告印象。比较好的做法是语音特质化，即让语音拥有与众不同的特色。这样，由于语音的特质，广告可以从众多的信息中凸现出来，在极短的时间内给听众留下深刻印象。

之前在全国各大电视媒体热播的"华英鸭"的电视广告片，请"唐老鸭"的配音者李扬来配音。李扬极富个性的"唐老鸭"的声音，把华英鸭送入千家万户，"华英鸭，品质共分享"这句广告语也被广为传诵。

除了播音者的语音可以主动调整变化外，还可以充分运用现在的电子技术、拟音技术和录音技术对广告语音进行加工处理，使之具有形象性或特殊性，从其他广告中脱颖而出。以下介绍几种语音特质化的方法：

（1）电话声质。这是指在广告中使用模拟电话声音的做法。这种做法已经被用得相当多了，尤其是在影视中，既可以听到此方声音，又可听到对方声音，广告情节可以迅速展开。

（2）回音处理。在人们的生活经验中，产生回声的地方多为山谷、空屋、大厅等空旷的地方，因而回声能给听众空间感。美国 Motorola 寻呼机的口号是"摩托罗拉寻呼机，随时随地传信息"，广告诉求点确立在寻呼机可以在很大的时空范围内发挥作用，满足传递信息的需求，其电视广告中有一段对白，最后一个"摩托罗拉"被回声处理过。演员以慢速一字一顿说出，并伴以回声，循环回荡。给听众的听觉联想是摩托罗拉的信息可以跨越很大的时空传递出去，广告主旨被很好地表现出来。

（3）幻化音质。如果广告情节中有梦想、理想、未来的内容，一般不容易在声音中得到表现的。此时可用音响技术进行处理，赋予语音一种魔幻色彩。话音报时钟的语音就是这样一个实例。

2. 歌以颂之

广告歌渊源已久，在电波媒体产生以前，可以认为叫卖吆喝是它的前身。自从 20 世纪电波媒体产生以来，广告歌便在商业广播广告中占据了极为重要的地位。它是把广告创意用一定的音乐旋律和歌词表现出来的广告形式。关于广告歌的论述在前面已作了详细介绍，下面只引述日本作曲家昌山浩一对广告歌特性的看法：

感染性，广告歌可以一传十、十传百地进行传播。

煽动性，指音乐旋律对人的生理、心理活动的必然影响。

传播性，声音旋律无孔不入，只要曲调优美动听、简单易学，广告歌便会自然传唱、不胫而走。

反复性，反复播放广告歌不会像反复说一段广告语那样引起受众的厌烦情绪。

诉求对象的广泛性，无论男女老幼，只要能听能说，都能留下印象，并可进行二度传播。

塑造印象性，指视听联想效果，听到熟悉的广告歌便会联想起企业或产品形象。

购买时间、地点的再生性，再生是指把过去的记忆重新唤起的意识，意识支配行动，因此再生可以在购物时影响消费者的选择。虽然购物行为是受需求支配的，但在具体品牌的选择上，过去的经验的再生却可发挥重要作用。

广告歌的创作历来为广告创作人重视，但要很好地运用它还应注意以下几点：

（1）广告歌究其根本是广告而非艺术，其广告实用性应被置于第一位，切不可忽视广告的商业目的。

（2）创作务必通俗平易，不可将受众范围人为地缩小。

（3）广告歌应当与产品或企业密切联系，诸如在歌词中嵌入商品名、企业名或品牌名。否则，歌是流行了，可受众对产品、企业或品牌的印象却一丝未有。

（4）广告歌如果配以精彩的广告影像或广告词，其内涵可以得到丰富和加强。

3. 纪实传真

电视广告的制作方面近年来出现了一种纪实主义手法，即采用新闻纪录影片的表现方式，意在加强广告信息的可信度，增强广告诉求力。运用纪实主义手法拍摄广告影片的做法有两种：一种是以纪录片作为广告影片；另一种是以纪录片的拍摄和制作手法来拍摄广告影片。前者要求以纯粹的新闻纪录片拍摄方式来表现产品或劳务信息，以纪录片所实录的内容实施广告诉求；后者则仅仅是运用了表现手法而已。简单地说，即"看上去像真的一样"。

纪录片广告常被一些大企业采用，可用以展现企业形象。如一些企业广告采用了一组纪录片镜头，包括厂房、设备、技术、科研及生产线上繁忙的工作场面等，同时配以背景音乐和画外音解说，有力地表现了企业的形象。用这种"据实以告"的做法，使观众全面而深刻地了解企业和产品资讯，产生"眼见为实"的信任感。中央电视台设置的"优秀企业厂歌 MTV 展播"、"优秀企业故事展播"实际上就是这种广告的一种形式。

后一种可称之为"纪录片式"广告，具体手法有同期录音、现场实拍、自然光照明等。有时制作者甚至使用某些人为的可以造成真实感的手法，如嘈杂的声音、摇摆不稳的镜头、选用群众演员等。如宝洁公司的汰渍洗衣粉、碧浪洗衣粉一直都是采用纪实主义表达方式创作广告片。其广告都是深入居民家中，采访家庭主妇对产品的看法，当然这些被采访者都是在诉说产品的优点及独特之处，这样拍出的广告片给观众很强的真实感、亲切感，从而产生信任感和品牌偏爱。

把事实陈列出来，将消费者置于专家的地位，请他们自己来说服自己，纪实主义广告便是基于这种考虑而出现的。在实际运用时，还应考虑以下几个方面：

（1）将纪录片作为广告片播出，花费相当大，需要企业具有一定的经济实力。

（2）可以用一些手段来加强广告诉求的真实感，但是不能出现欺骗行为，欺骗必定会得不偿失。

（3）注意内在逻辑性，因为广告片的时间毕竟很短，多镜头切换不要破坏逻辑性。

（4）注重简洁，应只保留广告信息的核心内容，不要渲染气氛和其他多余的东西，否则会削弱广告效果。

（5）纪录片作为广告片播放，因内容过多，可能会引起观众的厌烦。

三、网络广告的设计艺术

策划网络广告，实质上就是熟练地运用各种广告制作软件，创作适用于互联网发布的广告作品，借助简洁生动的宣传文案、丰富多彩的专业知识、实用有益的生活信息、令人惊奇的视觉和合理的布局安排，形象生动地向网络用户传递广告信息。网络广告在设计过程中应注意以下几个方面：

1. 信息应简单易懂

在网络上，强而清晰的文案比制作复杂的影音效果更能吸引网友点选。由于频宽的限制，图档过大的广告（如动画设计），传输速度过慢，一般为网友所放弃。必须确保广告出现的速度够快，通常 10 KB ~ 20 KB（依不同媒体及版面而异）是一般网络媒体接受的图档大小，也是网友能接受的传输速度。

2. 增强娱乐性

公众上网有两个基本动机，即求知和娱乐。特别是青少年网络用户，其娱乐要求似乎更加突出。为了吸引他们点击、访问企业的网络广告页面，加深其印象，制作网络广告时应该充分利用电脑软件技术，特别是信息的文本、图像、动画和声音表现技术，借助文字、图片、色彩、动画、三维空间、虚拟视觉的科学组合，从视觉上虚拟化地满足公众的娱乐要求。另外，在网络广告中，企业应该提供一些娱乐信息，如体育比赛信息、文化娱乐信息、明星趣闻、校园幽默、社会幽默等，引导公众出于娱乐需要来访问企业的网络广告页面。

3. 发展互动性

交互性是网络媒体区别于传统媒介的根本之处。网络用户在寻求知识和娱乐时比较注重即时互动，刻意追求主动，喜欢主动搜索而不是被动地接受信息，期望尽情地表达自己的意见而不是接受他人的观点，在网络这个虚拟的世界中尽情地表现自我，自主意识和自我表现欲望特别强。因此，网络广告的策划应该充分注意公众的需求心理，设置具有良好交互机制的"参与窗口"，安置免费服务信息，激发公众的表现、探索和交流欲望，点击并访问企业的网络广告页面。在这方面，常用的手法主要是在网络广告中设计浏览者可以控制的三维虚拟画面、游戏和竞赛方案，提供搜索、数据库查询、讨论场所，策划让利于公众的内容如免费下载流行软件、提出建议即获赠奖甚至提供旅游机会等。

4. 适当使用动画

为了使广告在网络上更显眼、醒目，设计者喜欢表现动态画面，采用 GIF 档作动态呈现，或以 Flash 制作图档，并以下拉式画面延伸广告版面等。但要注意，动画表现应该是为了强化概念，而非为了点击。运用得不好会造成图档过大而降低传输速度。

5. 控制曝光率

网友有个普遍特点就是喜新厌旧，点击率会随着广告上挂时间的增加而降低。网页如果能够经常给网络用户提供他们感兴趣的信息内容，他们就会经常光顾企业的网站页面。因此，企业应该及时更新网站页面的内容，不断提供更加深入、详细和新颖的信息。

曝光率达到一定的程度后，就必须考虑换掉该广告。

▷ 6.3 包装广告及其心理分析

俗话说"货卖一张皮"。据美国的一项调查，有50%～60%的消费者是受产品包装的影响而产生购买欲望并付诸实际购买行为的。正是由于包装对产品销售的重要作用，许多企业才极为重视包装策略。包装已经成为企业强有力的营销手段。

一、包装的心理功能

商品包装的最初功能是承载和保护商品，使之避免损坏、散落、溢出或变质。随着人们生活水平和审美情趣的提高，消费者对商品包装的要求也越来越高，不仅要求包装能妥善保护商品，而且要能美化商品，有效地展示其特性，增加商品的附加值或心理功效，实现包装的实用化、艺术化和个性化。同时，随着科学技术的进步和新材料的广泛应用，商品包装的手段和方法也日趋多样化，从而为充分发挥其心理功能提供了更为广阔的前景。因此，包装被称为"沉默而极具说服力的推销员"。具体地说，包装对消费者具有以下几种心理功能：

1. 识别功能

商品包装及装潢已经成为产品差异化的基础之一。一个设计精良、富于美感、独具特色的商品包装，会使商品从众多商品中脱颖而出，以其独特的魅力吸引消费者的注意并留下深刻印象。由此可以有效地帮助消费者对同类商品的不同品牌加以辨认。同时，包装上准确、详尽的文字说明，有利于消费者正确使用商品。

2. 便利功能

牢固、结实、适用的商品包装，可以有效地保护商品；安全、可靠的商品包装，有利于商品的长期储存，延长商品的使用寿命；开启方便的商品包装，便于消费者使用。总之，根据实际需要，设计合理、便利的商品包装，能使消费者产生安全感和便利感，方便消费者的购买、携带、储存和消费。

3. 激发购买动机

俗话说"三分人才，七分打扮"。包装是商品的脸面和衣着，它能够美化商品，激发消费者对商品的兴趣和购买欲望。如包装精致、小巧玲珑、新颖奇特，能给人以美的享受的商品，能极大地引起消费者的喜爱。国外一些发达国家对消费者购买行为的调查也表明，大概有60%的人是受精美包装的吸引而购买商品的。随着人们生活水平的提高、审美意识的增强，商品包装对消费者购买行为的影响会越来越大。

4. 增加产品的心理价值

包装能影响消费者对商品的印象和对商品质量的把握。包装精美、豪华、气派，能使消费者产生丰富的想象和美好的联想，从而产生商品高档名贵、质量优良的感觉。商品包装高雅华贵，可以大大提高商品档次，使消费者受到尊重，自我表现等心理得到极大满足。若包装简陋、粗糙、低劣，则容易给消费者留下商品质量不佳、价值不大、档次不高的印象。例如，我国出口产品宜兴瓷像，原先采用简易的瓦楞纸盒包装，这种包装既容易破损，又给人以廉价的印象，在国际市场上每盒卖25美元都无人问津。后来厂家改进包装，配上绸缎锦盒，商品显得高雅华贵，结果每盒售价250美元还供不应求。

5. 持久的广告效果

商品的零售包装，不仅在销售现场有广告的作用，而且在商品售出之后仍在发挥广告的作用。因为在商品用完之前，商品包装一般是不会被抛弃的，甚至在商品本身消费掉以后其包装还被保存下来。

二、包装设计的心理要求

商品包装要获得广大消费者的喜爱，不仅要进行包装物理性能方面的设计，还必须进行包装心理性能方面的设计。尤其要充分利用包装外观形象，满足消费者对包装及其内容物的心理要求。现代商品包装的各项设计，一般应达到以下心理要求：

1. 安全便利

在市场上，一些采用密封式、携带式、挂包式、折叠式、喷雾式、拉环式、按钮式等包装的商品之所以受到消费者的普遍欢迎，一个重要的原因就在于它便于携带、保管、使用且安全。因此，我们在设计包装时应充分考虑其是否安全与便利。例如，吸附性较强的商品，应选择不带气味的包装材料；易碎怕压的商品，应设计抗压性能较强且便于携带的附有衬垫材料的包装结构；可以多次使用或使用期较长的商品，应设计便于开启与保管的包装形式。此外，在商品包装上印有使用和保管等方面知识的介绍，也是在为消费者提供方便方面不可缺少的设计要素，这样才能激起消费者的惠顾动机，促进重复购买行为。

2. 突出形象

商品包装虽然能产生较强的吸引力，但对大多数消费者来说，最关心的还是包装的内容物。因此，包装设计必须运用多种手段，直接或间接地反映商品的特性，突出地显露商品形象，以缩短消费者认识商品的过程，满足其求实心理或习惯心理需要。例如，设计透明或开窗式包装，直接显示商品形象；设计印有鲜明真实的商品实体或使用效果的摄影包装，间接显示商品形象；设计惯用式包装或系列化包装，使消费者只要看到商品包装就能想到商品形象。

同时，各种商品的包装设计都应力求与商品的特点、价值和使用者的个性心理相吻合，使包装与商品在情调上协调，能让消费者明晰商品的特质。例如，妇女用的化妆品要求包装造型柔和、装潢雅洁；精美的工艺品要求包装造型独特、装潢华丽；儿童用品要求包装五彩缤纷、活泼可爱；糖果、饼干等食品包装，应能引起消费者的食欲。

3. 新颖富有时代气息

随着社会的向前发展，人的心理需求不断发生变化。商品包装设计无论在材料研制、制作工艺还是在装潢、造型等方面，都必须充分利用当代科学技术，采用现代装潢艺术，赋予包装以浓厚的时代特色，给消费者以新颖独特、简洁明快、科学先进的感觉。

4. 美观且深具艺术魅力

商品包装的图案设计无论是怎样的艺术风格和图案内容，都必须使构图形象生动、色调清新明快、图案和内容和谐统一；都要讲求美观大方、深具艺术魅力，能满足消费者的审美心理需要。美观的包装还可以作为美化环境的装饰品，使消费者产生愉悦之情。消费者往往会被包装的艺术魅力所吸引，继而产生购买兴趣。因此，美观且深具艺术魅力的包装是促进商品销售的一种手段。

5. 诱发联想，滋生好感

由于个人因素，诸如种族、民族、性别、年龄、职业、信仰、收入、经验等的不同，消费者需求会出现一定的差异，甚至是很大的差异。包装的每一项设计，如造型、绘画、文字、线条、符号、色彩及采用的材料和形式，都会引起消费者的不同看法，产生不同的联想。因此，包装设计要全面考虑消费对象的爱好与忌讳，了解他们喜欢什么、害怕什么、渴望什么、讨厌什么、信仰什么、反对什么，力求使设计的各项内容积极而健康，能引起消费者的美好联想，激发他们的购买动机。

三、包装设计的心理策略

1. 色彩心理策略

消费者在接触商品，尤其是与商品有一定空间距离时，首先进入视线的是色彩。因此，商品包装采用何种颜色，会直接影响消费者的视觉感受。包装色彩搭配的协调性强调，色彩设计既要与商品的特性和使用环境相互协调配合，又要与消费者的心理习惯相符。

黑色的包装具有重量感和压力感，运用到音响、电视等商品上，会使人确信商品的精密和优质。白色、粉红色、淡蓝色、淡绿色的包装用于化妆品上，会给人以柔和自然、品质高贵的感觉。红色是一种温暖热烈的色彩，用于结婚礼品包装上，可以增加喜庆气氛。而对比较笨重的物品配以浅色的包装，可以减轻重量感，显得轻巧。当然，包装颜色的选用还应顾及风俗习惯中的禁忌。例如，对中国人来说，喜庆的商品不宜用白色或黑色的包装。

2. 性能心理策略

许多商品由于物理、化学性质不同，其存在状态也不同。根据商品的形态和性能设计商品包装，是必须遵守的设计原则之一。例如，易燃、易爆、剧毒的液体商品，包装不仅要密闭、安全，还应在包装上作出明显的标记。总之，包装设计应符合商品性能，强调包装的科学性、实用性和安全性，给商品提供可靠的保护，给消费者以安全感。

3. 便利心理策略

商品的包装必须为消费者提供方便，便于消费者观察、挑选、购买和携带。因此，采用"开窗式"、"透明式"、"半透明式"包装会给消费者直观、鲜明、真实的心理体验。这种包装在食品类商品中应用得最为广泛。此外，将若干相关的商品组合在一起进行包装，也会给消费者带来方便。例如，化妆套盒内包括口红、粉饼、眼影等常用化妆品，并附有小镜子和化妆刷，便于消费者外出时随身携带，因此深受女性消费者青睐。

4. 系列化心理策略

系列化包装设计是指企业对其生产的各种品质相近的产品，采用同种包装材料及相似的形态、图案、色彩等，给消费者一个统一的印象。这种设计可以强化消费者对产品系列的认识，促进其对系列产品的连带购买。统一食品集团生产的"统一"牌方便面，不同风味的品种之间包装色彩、图案在基调一致的基础上稍有差别，使消费者能迅速辨别出该品牌的系列产品。系列化的包装设计可以使商品拥有统一的视觉识别形象，也有利于消费者通过产品形象加深对企业形象的认识。

5. 错觉心理策略

这是指利用人们视觉的错觉，使其获得心理的满足。运用错觉心理策略设计包装，会在商品的分量、品位上造成不同的心理效果。例如，两个同等容量的商品包装，扁形的看起来要比圆柱形的大，矮胖的包装看起来比瘦长的包装容量多。故低档商品包装可设计成扁、胖、矮形，以显示其容量充足、实在；高档商品包装可设计成高、瘦、圆形，以显示其质高价贵。

6. 个性化消费策略

消费者因收入水平、生活方式、消费习惯及购买目的不同，对商品包装也有不同的要求。有的追求豪华高档，有的喜爱朴实无华，有的则注重简易廉价。因此，包装设计应强调对特定消费者群的针对性。如果商品多用于送礼，则包装要设计得精美、考究，设计成礼品装，显示商品的高雅、贵重、喜庆、华丽等不同情调，供不同购买目的和品位的消费者挑选；如果要求经济实惠、价格低廉，以满足消费者日常生活节约实用的心理要求，则可采用简易包装策略。为了适应不同年龄层消费者的需求，可根据不同年龄的审美特点分别设计老年用品包装、中青年用品包装、少年儿童用品包装等。

四、包装的改变与消费者接受心理

消费者一般很少注意包装上的改变，但若改变的频率增加，大家便会注意到新包装的出现。一种商品改变其包装或许是由于以下各种理由：增加销量；降低成本；提醒用户注意其产品品质的改进；利用更理想的包装材料；与其他制造商的新包装竞争。

制造商改变包装，可能有两种方式：一种是采用渐进法逐步改变；另一种是做一次全面改变。前者较能维持用户对包装的印象及其好感，并可将工厂和经销商所有的旧包装存货问题降到最低限度。但大多数包装专家赞成第二种方式，他们指出只要包装设计确属新颖，如能很好地推广，必可使产品畅销达到高潮，经销商与推销员都将被产品的新包装刺激而加倍努力，广告宣传活动也可因新包装的问世而别开生面，其结果当然可使产品销量增加。如以制造化妆品闻名于世的露华浓公司采用新包装设计后，配合广告活动大做文章，使其化妆品销量直线上升，便是这个原因。

日本包装设计大师、大智设计事务所所长大智浩说：商品的包装，应随时代之潮流而改良，以期符合一般消费大众的胃口。因此，在新旧包装更改前后的危险势必难免，只要研究出如何防止或减少此种危险的办法，即可实行更改包装设计。更改时有下述方法可行：如新旧包装更换时，分地区施行，在实施地区适量采用新包装供应，然后逐渐扩大地区范围；新旧包装同时供应，经过一段时期以后，新包装在市场上已站稳脚跟，一般消费者有所认识后，逐渐将旧包装收回，以减少危险。

商品包装改变的速度宜快或宜慢，间隔多久改换一次，不能一概而论。因为各行各业的情况不同，即使同一行业中的情况也有所不同，这就需要企业及广告商进行周密的市场调查后才可谨慎从事。

[关键词]

画面　广告语　音响　效果声　字体形象化　韵感　语音特质化　包装广告　系列化设计

[本章要点]

◆ 画面、语言、音响是广告作品的三个主要组成要素。本章介绍了每一种要素的作用、心理效应及创作原则。

◆ 没有准确的表现，广告就无法达到预期的效果，一切天才构思都将付诸流水。广告制作时可运用用色彩传达情感、字体形象化、让画面残缺、使画面充满韵感等手段增强平面设计的视觉冲击力；运用语音特质化、歌以颂之、纪实传真来加强电视广告的震撼感；网络广告的设计则应该遵循信息简单易懂、增强娱乐性、发展互动性、适当使用动画和控制曝光率等原则。

◆ 包装是"沉默而极具说服力的推销员"，是企业强有力的推销手段。本章详细论述了包装的心理功能、包装设计的心理要求，适时提出了包装设计的心理策略，并根据消费者的接受心理提出了改变包装的策略方法。

[思考题]

1. 广告作品的组成要素有哪些？
2. 广告作品的组成要素的作用、心理效应和创作原则分别是什么？
3. 广告制作的表现技巧有哪些？
4. 包装的心理功能、包装设计的心理要求是什么？
5. 包装设计的心理策略和相应的改变方法有哪些？

[案例分析]

让我们做得更好

以生产和销售小型家用电器及照明设备著称的飞利浦品牌，其在报纸上采用的广告形式是系列广告文案。

（一）

标题：请把握时机，表达您对家人的细心关怀

广告语：让我们做得更好

正文：因为飞利浦 TLD 高效荧光灯管，色调与自然光极为相近，有利于您和家人的眼睛。我们采用特殊氖气及高质量荧光粉，令飞利浦高效荧光灯管耗电量比普通荧光灯管节电 10%，亮度却高出 20%；特殊的螺旋灯丝，可令灯管寿命延长。……

（二）

标题：如履平地般轻松，全靠飞利浦蒸汽熨斗

广告语：让我们做得更好

正文：无论是丝绸、棉布甚至牛仔衫裤……飞利浦蒸汽熨斗都能轻易使之熨帖顺滑。飞利浦蒸汽熨斗特有先进的自动清洗装置，有效地清洁电熨斗内的水垢，防止蒸汽通道被阻塞，使电熨斗更长久耐用。……

（三）

标题：既温暖又安全，除了妈妈的呵护还有飞利浦电暖炉

广告语：让我们做得更好

正文：与家人一起，纵是凛凛寒冬，也倍感温馨，再有飞利浦充油式电暖炉及暖风机相伴，这个冬天便更加温暖。飞利浦充油式电暖炉及暖风机，均采用符合国家安全标准的电源线，安全可靠，兼有两年免费保修服务，质量备受信赖。让您和家人在安全舒适的环境中度过寒冬。……

讨论题：

1. 试评析飞利浦系列广告文案的效果。
2. 结合飞利浦系列广告文案，谈谈系列广告创作过程应注意的问题。

7

广告文化心理

观乎人文以化天下。

——《周礼》

本章导读

在经济全球化的今天，企业都不遗余力地开拓国际市场。广告作为市场先行兵，对打开新市场尤为重要。肯德基在西方并非行业第一的快餐店，在不习惯吃快餐的中国，为什么能在相对价格较高的情况下吸引到如此多顾客，销售如此火爆？企业在进入异国市场时应注意什么？为什么有的广告在阿拉伯国家被禁止播出？为什么百事可乐与可口可乐广告在中国要重新制作并启用本土明星？中国传统的价值观念又是怎样影响现代广告的？一切似乎都与文化有关。我们不禁要问，文化对消费究竟有多大的影响，它是怎样起作用并影响我们每一个人的？

▷ 7.1 广告与文化

广告是一种用于推销产品、服务的宣传手段，而文化是对某一社会的一种描述，使之与其他社会相区别。广告体现文化、宣传文化，甚至在一定程度上改造文化、创造文化。随着交通和通信技术的迅猛发展，经济全球化势不可挡，文化对国际营销的影响更是举足轻重，因此，广告中所反映的文化价值引起了研究者的广泛关注。

一、文化

1. 文化的概念

文化一词有多种定义，泰勒的解释是：文化是作为社会成员的人类所取得的知识、信念、艺术、道德、法律、惯例及习惯的复合总体。人类学者 Linton 将文化定义为，作为学习的行为和行为结果的结合体，它们的构成要素由特定社会的成员共同拥有并流传。因此，文化是特定社会的成员为适应周围环境而设计自己人生时所产生的独特的生活方式及一种社会性遗产。如果社会是器皿，那么文化就是器皿里的东西。

人们一般认为，文化有广义与狭义之分。广义的文化是指人类创造的一切物质财富和精神财富的总和；狭义的文化是指人类精神活动所创造的成果，如哲学、宗教、科学、艺术、道德等。在消费者行为研究中，由于研究者主要关心文化对消费者行为的影响，所以我们将文化定义为经过学习获得的、用以指导消费者行为的信念、价值观和习惯的总和。

2. 文化的特征

（1）文化的习得性。

每种文化都是通过学习得到的。学习有两种形式：一是"文化继承"，即学习自己民族（或群体）的文化。正是这种学习，保持了民族（或群体）文化的延续，并且形成了独特的民族（或群体）个性。二是"文化移入"，即学习外来文化。在一个民族（或群体）的文化演进过程中，不可避免地要学习、融入其他民族（或群体）的文化内容，甚至使其成为本民族（或群体）文化的典型特征。例如，中国人现在已经习惯了的西装，就是学习、借鉴西方服装文化的结果。

（2）文化的共享性。

构成文化的东西，必须能为社会中绝大多数人所共享。显然，共同的语言为之提供了基础。在现代社会里，大众媒体在传播文化的过程中有着无与伦比的地位。广告则不时地向受众传递着重要的文化信息，如怎样穿着才合适、怎样装饰住宅才体面、拿怎样的食品招待客人才不落伍等。

（3）文化的无形性。

文化对消费者行为的影响就像一只"看不见的手"。文化对人们行为的影响是自然而然的，也是自动的，因此人们根据一定文化所表现出来的行为通常被看作理所当然。例如，要理解有的社会中人们每天使用各自喜爱的牙膏刷两次牙是一种文化现象，而另一社会中的人根本就不刷牙，或者以非常不同的方式刷牙。

（4）文化的发展性。

为了实现满足需要的功能，文化必须不断改变，从而使社会得到最好的满足。导致文化变迁的原因很多，如技术创新、人口变动、资源短缺、意外灾害等，文化移入也是一大原因。文化的变迁最明显的表现为风尚演变，这是营销者应当密切关注的。比如在美国，当健康意识增强的时候，街头一下子出现了许多跑步者、散步者和步行者，一些厂商便看准时机，迅速推出各种舒适的鞋袜，结果大获成功。

二、亚文化

所谓亚文化，是指某一文化群体所属次级群体的成员共有的独特信念、价值观和生活习惯。每一种亚文化都会坚持其所在的更大社会群体中大多数主要的文化信念、价值观和行为模式，能为其成员提供更为具体的认同感和社会化。每一种文化都包含着许多较小的亚文化，如企业文化也是由许多亚文化构成的，包括部门文化、职业文化等。因此，营销人员可以根据各亚文化群体所具有的不同需求和消费行为，选择不同的亚文化群体作为自己的目标市场。

亚文化有许多不同的分类方法。目前，国内外营销学者普遍接受的是按民族、宗教、地理、性别、年龄等人口统计特点来划分亚文化的分类方法。

1. 民族亚文化

大部分国家是由不同民族所构成的。不同的民族，各有其独特的风俗习惯和文化传统。民族亚文化对消费者行为的影响是巨大的、深远的。例如，我国是一个统一的多民族国家，除汉族外，还有50多个少数民族，其中人口超过百万的就有10多个。各个民族在宗教信仰、崇尚爱好和生活习惯方面都有独特之处，尤其要注意的是他们不同的禁忌。

2. 宗教亚文化

不同的宗教群体具有不同的文化倾向、习俗和禁忌。如我国有佛教、道教、伊斯兰教、天主教、基督教等，这些宗教的信仰者都有各自的信仰、生活方式和消费习惯。宗教能影响人们的行为，也能影响人们的价值观。

宗教因素对于企业营销具有重要意义。宗教可能意味着禁用一些产品，如印度教禁食牛肉，犹太教和穆斯林禁食猪肉。这些禁忌一方面限制了一部分产品的需求，另一方面又促进了另一些产品特别是替代品的需求。伊斯兰教对含酒精饮料的禁忌，使碳酸饮料和水果饮料成了畅销品；牛奶制品在印度教徒、佛教徒中很受欢迎，因为他们当中很多人是素食主义者。宗教也可能意味着与一定宗教节日有关的高需求、高消费期，如基督教的圣诞节。

3. 地理亚文化

地理环境上的差异也会导致人们在消费习俗和消费特点上的不同。长期形成的地域习惯一般比较稳定。自然地理环境不仅决定了一个地区的产业和贸易发展格局，而且间接影响着一个地区消费者的生活方式、生活水平、购买力和消费结构，从而在不同的地域形成不同的商业文化。如我国历来有南甜、北咸、东辣、西酸的食品调味传统。在我们的印象中，南方人聪明机灵，北方人热情直爽；南方人喜欢吃米饭，北方人爱吃面食，等等。

4. 性别亚文化

性别亚文化不仅是一种生理现象，也是一种文化现象。任何文化中都对不同性别有着不同的规范要求，从某种意义上说，不同性别的人有着不同的亚文化。虽然学者们对性别的划分有着不同的看法，但在消费者行为研究上，通常区分为男、女两大性别。例如，女性消费者一般在消费行为中具有以下四个特点：第一，利用直观，追求美感；第二，购买中常含情感；第三，注重实用，考虑周全；第四，注重他人的评价。

5. 年龄亚文化

每个年龄组的人实际上也构成一种亚文化。尤其在现代社会，几代人之间的代沟越来越大，这与文化越来越接近和趋同的现象形成鲜明对照。例如，少年儿童、青年、壮年、中年、老年这五个年龄阶段的消费者各有不同的消费特点。

三、广告的文化超越

中国的广告业伴随着改革开放和市场经济发展的进程，取得了令人瞩目的进步，短短十几年，中国的广告业取得了西方发达国家用几十年乃至上百年才取得的成就。但是，中国广告无论是艺术水准还是发展规模，与西方发达国家相比都有一定的差距。至今为止，我们还没有一件广告作品荣获象征广告最高荣誉的戛纳国际广告奖。我们的广告人总是报怨评委不是华人，不了解中国文化，不了解中国作品的含义。但第43届戛纳国际广告节主席罗杰的一句话让我们输得心服口服。他说："我不能代表评委的观念，但我知道你们中国人对'可口可乐'、'麦当劳'的广告是很喜欢的，特别是你们中国的孩子。"

面对世界上大广告集团公司的全球化经营方略和凭借技术、人才和资金优势强占互联网络的前沿举措，我们何去何从？中国广告的发展之路在哪里？中国广告人进行了深层次的反思。固然，经济是基础，是物质发展的原动力。但我们不能等经济发展了，经济在全球范围内领先了，我们才与之抗衡，那是没出息的。中国广告人现在需要的是行动，这个行动就是超越，准确地说就是要先于文化的超越。这并非将中国的文化符号简单地植入广告，而是挖掘中国文化的深意，将之与商品结合，融入广告中，使之表现出中国文化的精神，而非文化的外衣。中国审美讲究的是意境，是一种空筐美学，中国文化讲究的是仁、礼、中庸之道，借助唐诗宋词、明清小说，以及秦俑、唐三彩、剪纸、布老虎，等等，我们完全有理由将中国文化融入广告之中，对西方广告实现一次文化上的大超越，同时实现中国广告的一种自我升华和自我超越。除了文化超越，我们别无选择！①

7.2 文化对消费行为的影响

人的社会属性决定每个消费者作为社会成员之一，都生活在一定的生活环境中，并与其他社会成员、群体和组织发生直接或间接的联系。文化对个体的影响如图7-1所示。消费者的购买行为不可避免地受到社会环境和各种群体关系的制约和影响。特别是在全球化进展越来越快的今天，了解文化，尤其是了解不同文化之间的区别，可以说是成功营销的前提。

---

① 李建立. 广告文化学. 北京：北京广播学院出版社，1998.3~9

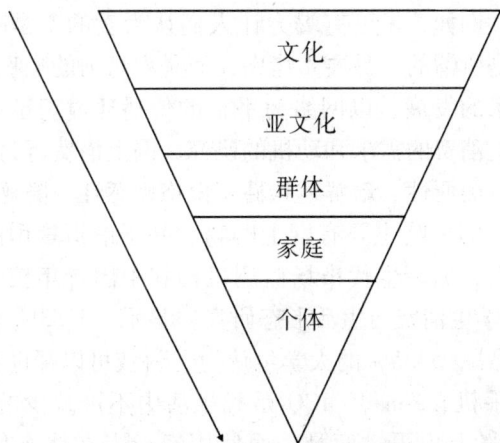

图 7 - 1　文化对个体的影响

一、个人因素对消费行为的影响

1. 生活方式

生活方式是文化所赋予的一种社会活动方式。马克思在年轻的时候就强调：人们是什么样的，与他们的生产是一致的，既与他们生产什么一致，也与他们怎样生产一致。20 世纪 50 年代，马克思进一步阐述了生产决定消费、消费制约生产的辩证法。人们生活方式的差异，自然会形成不同的消费心理与购买行为。例如，在发达国家，由于生活节奏快，人们喜欢到快餐店就餐，即使在家里吃饭，也是购买半成品做饭。所以快餐食品、半成品食品非常流行，有很大的市场。在我们的传统文化中，饮食文化占有相当重要的地位。千百年来，饮食一直以家庭制作为主；相比之下，快餐食品、速冻食品只是在人们外出办事或条件不具备的情况下的偶尔消费。近年来，随着生活节奏的不断加快，这类食品已有了很大的市场，各种类型的快餐店如雨后春笋般出现，不断侵占着我国传统的餐饮市场。

由生活方式所导致的人们行为的差异不胜枚举。这给企业的跨国营销带来了许多难以想象的困难。例如，一家洗涤用品公司，在当地媒体做宣传时的广告是这样设计的：左边一套脏衣服，右边的衣服则变得整洁挺拔，两者中间是一箱洗衣粉。但是，由于当地人看物的习惯是从右到左，所以，广告的受众恐怕都会得出这样的结论，使用该洗衣粉将会越洗越脏。

除了国家和地区的不同所导致的生活方式差异外，时代的发展导致的生活方式的变化更为明显，这也导致了消费行为的巨大差异。例如，消费主义起源并盛行于西方，现已在中国流传很广。其消费的目的不是为了实际需要的满足，而是在不断追求被制造出来、被刺激起来的欲望的满足。[①] 基于这一生活方式，许多广告会给自己的产品定义一

---

① 黄平. 生活方式与消费文化：一个问题、一种思路. 江苏社会科学，2003（3）：51～56

个符号借此诱导消费者。例如，星巴克竭力让人们认为卖的不是咖啡，而是高品质的品味、情调和气氛。这就是所谓的不是要卖烤肉，而是卖烤肉的嗞嗞声。

另外，随着信息技术的发展，以网络为平台的传播环境正迅速改变我们的生活和消费习惯。根据对目前网上消费的需求和动机的研究，网上消费行为的特点可以总结为 7 个方面：个性化、互动性、简便性、新鲜趣味性、价格敏感性、隐秘性、全球性。[①]

网络对青年消费行为的影响主要有网上购物、基于虚拟货币的虚拟消费、网络广告三种。以大学生群体为例，据新生代市场监测机构和中国青年校园先锋文化有限公司发布的《2005 年度中国大学生消费与生活形态研究》显示：57.3% 的大学生声称"我喜欢购买具有独特风格的产品"，54.5% 的大学生认为"科技可以帮助我实现对生活的梦想"，61.4% 的大学生承认"手机、e-mail、ICQ 是我生活中不可缺少的通讯工具"，15.6% 的大学生过去一年中在网络上购买过商品，而使用银行卡在线支付的费用达到生活费的29.1%。由此可见，网络对青年消费行为的改变所起的作用是非常巨大的。

2. 价值观念

价值观念是人们对客观事物价值的主观评价，是消费者评判和衡量商品价值的标准。从心理学角度出发，Milton Rokeach 把价值观定义为指导行为和判断的最核心、最持久的信念，也可以理解为对某些行为的长期偏好信念。价值观使人们对某一特定刺激的反应制定了一个标准。例如，在消费活动中，消费者买不买某种商品，首先取决于他对商品的价值判断，如果消费者认为商品的价格符合商品的价值，或者认为这一商品对自己具有较大的价值，他就有可能购买这一商品；相反，他就不会购买该商品。所以价值观念能直接影响人们的消费心理，能够决定购买行为是否会发生。

价值观念也是社会文化的基本内容，不同的社会文化决定了人们不同的价值观念和价值取向，并且激励人们作出符合社会价值观的消费行为而避免不符合的消费行为。例如，中国人习惯储蓄，讲究勤俭过日子，所谓"家中有钱，心中不慌"；而在西方一些发达国家，情况恰好相反，人们不大注意节约储蓄，往往是有钱就花，花完再赚。

价值观念分为目的性价值观和操作性价值观。目的性价值观决定的是要过怎样的生活、完成怎样的自我，因此与商品类型的选择大有关系；而操作性价值观与商标的选择有联系。

值得一提的是，消费者的价值观念并不是固定不变的，它会随着社会的变化而变化。过去人们往往认为，吃大鱼大肉就是吃得好，生活过得幸福；而现在则主张荤素搭配得当，五谷杂粮都吃，营养合理齐全。以往人们的消费水平比较低，购买商品时十分注重商品的使用价值，而不大注意商品的外观和包装；而如今人们在选购商品时，在关心商品的使用价值的同时，还特别重视商品的包装和外观，注意商品给自己带来的地位和威望。

广告能够反映出社会的主流价值观。例如，西方社会是个人主义的社会，讲究个人高于社会，处处强调个人价值的体现；而东方社会刚好相反，属于集体主义社会，讲究

① 肖煜. 网上消费者消费行为研究. 开发研究，2004（5）：93～95

个人服从于集体。意大利休闲时装品牌 Diesel 在 2002 年的平面广告 "Action! For successful living"（行动吧！为了生活！）（如图 7－2 所示）就是对个性和自由的追求的极致发挥，体现了西方个人主义价值观。

图 7－2   Diesel 平面广告

广告中游行的年轻人抗议的主题是 "种多点花"、"世界需要更多的情书"、"请信任数字'13'"、"尊敬你妈"、"周末要四天" 等这种 "鸡毛蒜皮" 的小事，但这则广告得到了大多数西方年轻人的认同。因为在他们看来，越是充分地表现自己，就越能体现人生的价值。而追求什么、抗议什么都是个人的自由，自由是人人拥有的权利。

著名品牌耐克的广告语 "Just do it!" 和兰蔻奇迹香水的 "天地间，你就是奇迹！" 也都是对个人主义的宣扬，它们强调人的平等、强调自由和人权不受侵犯、强调个人高于社会、强调社会应该以个人为核心。个人主义价值观几乎在西方的所有广告中都有体现。

相反，中国是一个注重集体主义的国家，讲究的是集体的分享与荣耀。如可口可乐的新年广告 "刘翔篇"，恰逢刘翔退赛后处于失意状态，爸爸问他跨了多少栏，点出目前也是一个需要他跨过的栏。最后合家团圆庆新年，刘翔感到了家的温暖、家人的支持，点出主题——"新年第一瓶可口可乐，你愿意与谁分享？" 广告强调了家人的支持、关爱和分享，充分体现了东方集体主义的价值观。

3. 审美观

审美观是文化的深层次内容，它与价值观、消费习俗、宗教信仰有着极为密切的关系。文化不同，这些基本内涵不同，审美观自然也不同。

在生活中，由于地域、年龄、教育程度的差异所造成的审美观也有显著不同。例如，缅甸的巴洞人，以妇女长脖为美，为了使脖子长长，在少年起就要在脖子上套许多铜圈；非洲的一些民族则以文身为美；西属撒哈拉的雪地土著人以妇女肥胖、丰腴的程度作为判断美的标准。

在消费上，由于审美观念不同而形成的差异是复杂多样的。例如，欧美女性在结婚时习惯穿白色的婚纱，在她们看来，白色象征着纯洁、美丽；我国女性在结婚时大多喜欢穿红色的婚礼服,因为在我国,红色象征着吉祥如意、幸福美满。在大部分亚洲国家和南美洲地区,人们喜欢穿大红大绿的花衣服;而在经济比较发达的欧洲,则流行中性色服装。由于不了解某些国家和地区的审美观念,中国的出口行业在品牌名称上一开始就举步维艰。例如,"青蛙"在中国被认为是可爱的象征,用来做品牌名称或者品牌形象无可厚非;但是,在有些国家,"青蛙"与"癞蛤蟆"无异,是令人讨厌的,是丑陋的象征。"荷花"在中国象征冰清玉洁,出污泥而不染;而在日本,荷花被认为不吉祥。在中国,紫色代表风花雪月的浪漫情怀;而在英美大多数国家里,紫色是皇家教会的象征。再比如,在中国,"竹子"素来是文人争相颂咏的对象,它给人幽雅宁静、清新秀美的联想;但在西方,"竹子"并无此类联想意义。

二、群体因素对消费行为的影响

几乎所有的消费行为都是在群体背景下发生的,并且群体也是消费者社会化和学习的基本媒介。所以理解群体如何运行对于理解消费者行为非常重要。

群体由两个或两个以上具有一套共同规范、价值观或信念的个体组成,彼此间存在着明确或隐含的关系,其行为相互依赖。参照群体则是指存在的某一群体,其看法和价值观被个人作为他(她)目前行为的基础。

群体一般按照成员资格、接触类型、吸引力分为三类。成员资格标准,即具有或者不具有某种群体成员身份。接触类型指群体间成员相互人际接触的频繁程度,人际接触频繁的称为首要群体,不频繁的称为次要群体。吸引力指某一群体的成员资格受个人的仰慕程度,当个人具有成员资格并且依照群体规范、信念行事时,该群体称为接触群体;当个人不具有成员资格但希望加入群体时,该群体称为渴望群体;当个体对某群体呈负面仰慕时,如个体拥有成员资格,该群体称为背离群体;若个体没有成员资格,该群体称为厌恶群体。

1. 参照群体对消费过程的影响

(1)参照群体影响及测量。

在群体的作用下,消费者将调整自己的行为,其中以参照群体的影响最为有力。参照群体是指存在的某一群体,其看法和价值观被个人作为他或她目前行为的基础。参照群体的影响是一个多维度的概念,关于其测量,以 Park 和 Lessig(1977)的研究最具代表性。Park 和 Lessig(1977)基于 Deut sch 和 Gerard(1955),以及 Kelman(1961)的研究,将参照群体影响划分为信息性(Informational)、功利性(Utilitarian)和价值表现性(Value Expressive)三个维度,并开发了相应的量表。[①]

———————————

① Park, C. W., and Lessig, V. P. Students and Housewives: Difference in Susceptibility to Reference Group Influence. *Journal of Consumer Research*, 1977, 4(3): 102 – 110.

表7-1 参照群体的影响①

维度	动机	导向	过程	表现	结果
信息性影响	规避风险	获得满意的产品	内部化	从他人那里搜寻信息；观察他人的消费决策	提升消费决策能力与知识
功利性影响	遵从社会	建立满意的关系	顺从	通过消费选择来迎合群体的偏好、期望、标准和规范	赢得来自参照群体的赞扬；避免来自参照群体的惩罚
价值表现性影响	提升自我；心理隶属	获得心理满足	认同	通过消费选择来与自己所向往的群体建立联系，并与自己所否定的群体或想要避开的群体进行区别	强化自我概念；提升自我形象；表达对参照群体的喜爱之情

（2）参照群体影响的情境及程度。

表7-2 两种消费情境特征与产品或品牌的选择②

	必需品 参照群体对产品的影响力弱	非必需品 参照群体对产品的影响力强
消费可见 参照群体对品牌的影响力强	公共必需品 （影响力：对产品弱，对品牌强）	公共奢侈品 （影响力：对产品、品牌均强）
消费隐蔽 参照群体对品牌的影响力弱	私人必需品 （影响力：对产品、品牌均弱）	私人奢侈品 （影响力：对产品强，对品牌弱）

①当产品或者品牌的使用可见性很高时，群体影响力最大。
②产品的必需程度越低，参照群体影响力越大。
③个体对群体越忠诚，参照群体影响力越大。
④消费行为与群体的相关性越高，参照群体影响力越大。
⑤个人在购买中的自信心越不足，参照群体影响力越大。

另外，与西方人注重个人自我（Personalself），将自我看作具有独特人格和特性的个体不同，东方人更加注重社会自我（Social Self），强调自我与他人的关系，因而更容易

---

① 贾鹤，王永贵，刘佳媛等. 参照群体对消费决策影响研究述评. 外国经济与管理，2008（6）：51~58
② 德尔·I. 霍金斯，罗格·J. 贝斯特，肯尼思·A. 柯尼. 消费者行为学（第七版）. 符国群等译. 北京：机械工业出版社，2000. 132~133

受他人的影响。[1] 且学生和女性更容易受到参照群体的影响，尤其是传统女性。

（3）参照群体的相关实证研究。

①接受群体影响差异研究。

表 7-3 接受群体影响差异研究[2]

研究者（年份）	结论
Park 和 Lessig（1977）[3]	在进行产品购买决策时，学生受参照群体的影响比家庭主妇大
Byrd（1986）[4]	在进行服装购买决策时，单身成年人会更多地向同性征求意见；在以男性职工为主导的行业中，单身成年人受女性的影响较小，而那些在传统上以女性为主导的行业中工作的人，会更多地受女性的影响
Childers 和 Rao（1992）[5]	与处于核心家庭文化中的消费者相比，处于扩展家庭文化中的消费者在进行购买决策时，受家庭成员的影响要大于受同辈的影响
Webster 和 Faircloth（1994）[6]	在美国，对西班牙文化认同度高的消费者群体更容易受上述三个维度的参照群体的影响
鲁直、何锡浩和蒋青云（2005）	在手机购买决策中，女性比男性更容易受参照群体的信息性和功利性影响，学生比在职人员更容易受参照群体的功利性影响
Guzman，Montana 和 Sierra（2006）[7]	与西班牙消费者相比，墨西哥消费者在选择公共服务时更容易受参照群体的信息性和价值表现性影响

---

[1] Childers, T. L., and Rao, A. R. The Influence of Familial and Peer Based Reference Groups on Consumer Decisions. *Journal of Consumer Research*, 1992, 19 (1): 198 – 211.

[2] 贾鹤．王永贵．刘佳媛等．参照群体对消费决策影响研究述评．外国经济与管理，2008（6）：51 ~ 58

[3] Park, C. W., and Lessig, V. P. Students and Housewives: Difference in Susceptibility to Reference Group Influence. *Journal of Consumer Research*, 1977. 4 (3): 102 – 110.

[4] Byrd, S. G. Information Sources and Reference Group Use and Influence by Young, Single Adults in Clothing Purchase Decisions. Dissertation for Ph. D., The University of Tennessee, 1986.

[5] Childers, T. L., and Rao, A. R. The Influence of Familial and Peer Based Reference Groups on Consumer Decisions. *Journal of Consumer Research*, 1992, 19 (1): 198 – 211.

[6] Webster, C., and Faircloth, J. B. The Role of Hispanicethnic Identification on Reference Group Influence. *Advances in Consumer Research*, 1994, 21 (1): 458 – 463.

[7] Guzman, F., Montana, J., and Sierra, V. Brand Building by Associating to Public Services: A Reference Group Influence Model. *Journal of Brand Management*, 2006, 13 (4/5): 353 – 362.

（续上表）

研究者（年份）	结论
Yang，He 和 Lee（2007）①	在购买手机时，中美两国的消费者在受参照群体的功利性影响方面存在显著差异，而受信息性和价值表现性影响则没有显著差异

②施加群体影响差异研究。

表7-4　施加群体影响差异研究②

研究者（年份）	结论
Dot son（1984）③	与非正式工作群体相比，正式工作群体会对群体成员的购买决策产生更为显著的信息性影响
Byrd（1986）④	在购买服装时，橱窗展示、报纸和电视广告、男性与女性朋友、母亲和姐妹对单身女青年购买决策的影响依次减弱
Brown 和 Reingen（1987）⑤	与消费者联系密切的主要参照群体（如亲近的朋友）对消费者的影响，要大于与消费者联系较弱的次要参照群体（如较少接触的朋友）的影响
Childers 和 Rao（1992）⑥	在购买奢侈品时，消费者受同辈的影响较大；而相对来说，必需品的购买决策则更大程度上受家庭成员的影响。对于公共场合的使用品而言，消费者的品牌选择更多地受同辈的影响；而消费者对私人场合使用品的品牌选择则更多地受家庭成员的影响
Hayg（1996）⑦	与社会主流观点相比，参照群体的观点对消费者的影响更大

① Yang, J., He, X., and Lee, H. Social Reference Group Influence on Mobile Phone Purchasing Behavior: A Crossnation Comparative Study. *International Journal of Mobile Communications*, 2007, 5 (3): 319 –328.

② 贾鹤，王永贵，刘佳媛等. 参照群体对消费决策影响研究述评. 外国经济与管理，2008（6）：51～58

③ Dot son, M. J. Formal and Informal Work Group Influences on Member Purchasing Behavior. Dissertation for D. B. A., Mississippi State University, 1984.

④ Byrd, S. G. Information Sources and Reference Group Use and Influence by Young, Single Adults in Clothing Purchase Decisions. Dissertation for Ph. D., The University of Tennessee, 1986.

⑤ Brown, J. J., and Reingen, P. H. Social Times and Word of Mouth Referral Behavior. *Journal of Consumer Research*, 1987, 14 (3): 350 –362.

⑥ Childers, T. L., and Rao, A. R. The Influence of Familial and Peer Based Reference Groups on Consumer Decisions. *Journal of Consumer Research*, 1992, 19 (1): 198 –211.

⑦ Hayg, O. Reference Group Influence on Opinion Expression. *International Journal of Public Opinion Research*, 1996, 8 (4): 335 –354.

（续上表）

研究者（年份）	结论
Lord，Lee 和 Choong（2001）[1]	消费者更倾向于向次要参照群体征求有关消费决策的意见，因为消费者与主要参照群体的频繁接触使得他们在偶然随意的交谈中已经可以获得大量信息，因此没有必要再主动与该群体进行有关消费决策的交流

（4）参照群体在广告营销中的应用。

一组潜在的顾客——一些小企业的老板和推销人员——被带到一个地方参加销售展示。当每种设计被展现时，作演示的推销员迅速浏览群体中每个人的表情，以便发现最赞赏该设计的那个人（如他不断点头）。然后询问此人的意见，当然，他的意见一定是赞同的。推销员还请他详尽地发表评论意见，同时观察其他人的神情，以发现更多的支持者，并询问下一个最为赞同者的意见。一直问下去，直到那位起先最不赞成的人。这样，鉴于第一个人的榜样作用，以及群体对最后一个人产生的压力，推销员使群体中的全部或大部分人公开对该设计作出了正面的评价。

2. 不同职业群体的消费心理与行为

不同职业的群体有着不同的需要和爱好，消费行为自然也不同。首先，消费者需要购买与职业相关的商品。例如，作家会购买书籍、纸笔，画家会购买绘画用品，摄影师会购买摄影器材，教师会购买辅导资料等，这就是需求的不同。其次，职业的不同会影响一个人的爱好或消费倾向。例如，教师需要为人师表，着装上一般选择得体大方的服饰；艺术家则需要突出自己的性格和特征，着装上显得狂放不羁；科学家则容易不修边幅。另外，当一个人从一种职业向另一种职业转变时，其消费行为必定会发生相应变化。例如，学生多选择休闲装、运动装，而当其面临毕业找工作时，则需要选择职业套装及相应的办公用品等。

现在流行的开心农场游戏是以农场为背景的模拟经营类游戏，允许网友拥有一块地耕种、收获、卖钱，还能偷好友的菜，给好友放害虫捣乱等。由于该游戏抓住了白领群体求便、求新、多社交、喜欢搞怪，且休闲时间不多的心理特点，游戏推出几个月时间用户已超过 2 000 万人，很多白领痴迷到定好闹钟半夜三更起床，兴致勃勃地去偷朋友种的"菜"。

---

① Lord, K. R, Lee, M., and Choong, P. Differences in Normative and Informational Social Influence. *Advances in Consumer Research*, 2001, 28（1）: 280-285.

图7-3　开心农场界面

3. 不同阶层群体的消费心理与行为

社会阶层体系是指对社会进行等级划分，即将社会按态度、价值观和生活方式等划分为几个具有独特特征的人口群体。每个社会阶层的成员都有一套独特的行为模式，其需求和消费模式并不一样，社会阶层的不同会影响其成员的偏好、购买、消费和沟通等。划分社会阶层最有用的标准有四个，分别是职业、教育、财产、收入。

社会阶层在很大程度上直接关系到消费者的决策，包括产品和品牌的选择、购货频率、消费者间的关系和创新行为。但是，社会阶层更为重要的运用是在细分市场的划分上。

（1）社会等级与产品忠诚相关。

Ennis和Paul认为，受教育程度低或者职业地位低的消费者比那些来自较高社会集团的消费者更加忠诚。另一种说法是忠诚与等级地位低相联系，大概是由于便利而形成购买习惯。有研究者认为，社会等级低的成员比中高等级成员更受消费习惯的束缚。

（2）社会等级与商店光临相关。

这是一种类似于产品或品牌忠诚的现象，市场地理学家提出"社会等级是影响商店光临最重要的元素"。消费者的偏好不仅是收入和商品价格的反映，如果商店的气氛符合消费者的期望，他们愿意付更多的钱，而这在很大程度上是由等级因素造成的。

在中国，哈根达斯是小资心目中的必需。这不仅仅是因为哈根达斯的冰淇淋可以满足口腹，更重要的是，哈根达斯通过各类平面广告传达出时尚、浪漫、情调的气息。小资阶层经济较为富裕，需要寻找生活的情调和心灵的休憩。哈根达斯的诸多平面广告都透出享受爱情、爱护自己的暗示，尤其能够拨动时尚女性敏感的心弦，故深得小资阶层的喜爱。

（3）社会等级与创新消费。

罗杰斯的创新者观察模型暗含了以下观点：创新者与其所处社会阶层有关。格雷罕姆的研究证实，革新产品的接受是一种与社会等级相关的现象。

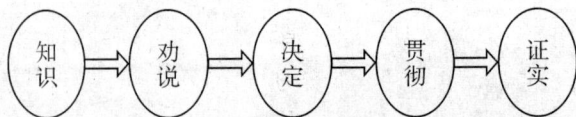

图7-4 罗杰斯的新产品适应扩散模式

三、社会因素对消费行为的影响

1. 情境因素

情境因素作为一个社会因素，在消费行为的发生和改变上起着一定的甚至是决定性的作用。当消费者置身于某一具体情境时，可能会因为情境的压力而自发地调整自己的消费行为，但情境因素并不一定都是偶然的。

在日常情境下，消费者对于各种商品都有一定的卷入程度。例如，对于运动爱好者而言，运动鞋是高卷入产品，他们会积极地搜集产品特性本身的有关信息并力求作出最好的购买选择；而对于普通人而言，更多的是品牌知名度、外观、价格等外在因素对购买行为起决定作用。但是，在某些情境下，低卷入商品也会变成高卷入商品。例如，牙膏的购买一般不会经过太多选择，但是，如果某天你突然听到有人背地议论你有口臭时，恐怕牙膏立刻就会升级为高卷入产品，你甚至可能购买以前没有考虑过的漱口水等商品。许多不道德的美容机构在街头发送免费的检测券或者洁面券，但是等到消费者真的进去躺在美容椅上时，专业或者不专业的美容师会就你的皮肤问题大谈特谈，在狭窄的美容间里只有你们两人，而他（她）是这方面的权威，此时由于情境带来的压力，使得美容产品立即与你有相当高的相关性，一般人在这种攻势下往往会乖乖地掏钱买下美容师介绍的产品，出门后头脑清醒了则立即大呼上当。

相对于其他因素而言，情境因素是最容易改变的，因此，许多营销都是针对情境因素，力争增加消费者与产品的关联性，再配以产品特性介绍促使消费者选择自己的产品。但是，必须说明的是，刻意制造威胁情境的广告是不道德的，在许多国家也是被禁止的。

2. 风俗习惯

风俗习惯是人类社会最早出现的社会行为规范，是人类在生产劳动活动中世代沿袭与传承的习惯性行为模式。习俗作为一种影响消费行为的社会因素，对消费者的购买行为产生着广泛而深远的影响。风俗习惯对消费行为的影响主要表现在以下几个方面：

第一，使消费行为具有普遍性。一种行为习惯的形成是由于人们相互模仿，约定俗成，大多数人共同遵守的结果。由此出发，风俗习惯所导致的消费行为就是一种普遍性的消费行为，因为它能够引起社会上绝大多数消费者对某些商品产生共同的需求。例如，在中国传统节日春节里，各家各户都积极购买各种商品，其购买商品的数量远远高于平时的几倍。这就是说，在春节习俗的影响下，消费者会普遍出现一次消费高潮。

第二，使消费行为具有周期性。某些消费行为具有周期性，而这种周期性的原因往往是风俗习惯的周期性出现。例如，每年端午节吃粽子，中秋节吃月饼，春节包饺子、放鞭炮。随着这些风俗习惯的周期性出现，消费者就要周期性地购买某些商品。

第三，使消费行为具有长期性。即消费习俗一旦形成就会世代相传地进入人们生活的各个方面，强有力地影响着人们的消费行为。

第四，使消费行为具有无条件性。风俗习惯之所以能约束人们的行为，在于它能够内化为人们的意识，变为自觉性行为。因此，风俗习惯所引起的购买行为是无条件的，没有任何强制性，消费者到时候就会自觉地做出相应的消费行为。

过去，企业仅仅局限于对消费习俗需求的被动满足，随着市场竞争日趋激烈，蕴涵在消费习俗中的营销商机渐渐被企业所关注，科学地分析消费习俗商机并采取有效的营销对策，将大大提高企业在市场中的竞争力。比如与习俗对应的消费行为表现在信仰、饮食、服饰、日常起居、礼节与交往活动等多个方面。同时，在过去相当长的时间里，由于生产力水平低、经济发展落后，满足人们基本生存需求的饮食习俗被特别强化，其他方面的习俗则被淡化了。因此，适时挖掘除饮食以外的消费习俗、重现消费习俗的丰富内涵，甚至将一些"冷门"的节日重新炒热。例如，中国传统的七夕在20世纪90年代并不太引人注目，红豆集团将其与自己形象"相思红豆"相结合，通过大量宣传将传统的七夕变成与2月14日并列的中国情人节，大大拓宽了人们的消费视野与领域，满足了人们的精神需要和心理需要，由此给企业带来了广阔的获利机会。[①]

3. 流行

流行是指一个时期内社会上流传很广、盛行一时的大众现象和社会行为。依靠广告创造出流行，从而使广告产品成为消费者竞相追逐的对象，这是广告人经常使用的一种营销方式。如宝洁公司的"飘柔"洗发水电视广告，以空姐这一大众心目中颇具神秘色彩的职业女性为模特，向受众诉说她所发现的"秘密"。然后转到"秘密"的扩散，"我只将秘密告诉她，谁知一传十，十传百，成为全国皆知的秘密"，引出主题"表现最好，自然全国最流行"。该广告呈现出一种消费者竞相仿效的生活方式，并促使广告受众卷入从众者的行列之中，创造了流行，取得了很好的促销效果。

时尚与新闻一样，贵在"新"。只要是与众不同的新鲜事物，都有可能在大众中迅速扩散。一方面，广告要挖掘广告商品的新颖特质，引起消费者的兴趣；另一方面，广告要迅速传播已具有时尚趋势的商品信息，带动消费者的趋从，使其更具示范效应。"金利来"系列服饰用品就是通过展现男士风采的广告，使品牌成为男士用品的时尚。其电视广告以营造高贵、典雅和成就感等常说常新的话题来强调自己的男性属性，表现自己所营造的"男人的世界"，在男士中形成以穿戴"金利来"而感到优越和自豪的心理时尚。

但是，广告要想引导时尚、创造时尚，并不是件简单的事。消费者今非昔比，他们有自己独特的判断和偏好，不会完全听命于广告宣传的鼓动。例如，某些酒广告中一再宣传这是"今年最流行的酒"，可消费者的反应异常冷淡。原因很简单，广告根本列举不出这些酒如何时尚起来的充分理由，仅是广告主一厢情愿的自作多情而已。绿色食品之所以在很短的时间内风行起来，就在于消费潮流正向着无污染无公害、有利于身心健康

---

① 孙晓红. 论消费习俗商机与营销对策. 全国商情（经济理论研究），2006（3）：49～50

和生态保护的方向发展。广告主题要融入这种时代潮流，向时尚文化靠拢，才能吸引人、打动人。

7.3 中国文化对消费行为的影响

一、中国文化的核心价值观及对消费行为的影响

1. 中国文化的核心价值观

一个社会的核心价值观将从根本上直接影响和制约所属成员的消费行为及其他一切行为。因此，市场营销人员对此应该有充分的了解。但中国文化历史悠久、丰富多彩，且现在处于转型时期，其核心价值观实难概括，我们在这里只简要介绍几种与消费者有关的最核心的价值观。

（1）中庸。

大理学家朱熹认为，中庸就是"不偏之谓中，不易之谓庸"。通俗地说，中庸的主要含义是：事物的发展过程都有一定的标准（常规），超过或者未能达到这个标准（常规）都是不利于事物本身的发展的，最理想的结局就是遵守这一标准（常规），做到不偏不倚。中庸是中国人一个重要的价值观，几千年来一直深深地制约着中华民族的思想和行为。凡事讲究"度"，反对超越"常规"的思想和行为，反对根本性的变革，强调持续和稳定。这种价值观反映在消费行为中，就是强调与他人看齐，强调与社会保持一致的重要性（消费中的集体主义取向）；反对超前消费，反对消费中的标新立异（求同、重传统）；反对铺张浪费（精打细算、节俭）。

（2）重人伦。

中华文化一向强调血缘关系，也就是以家庭为本位。现在，虽然家庭核心化，三世同堂或四世同堂的现象不太多，但传统的家庭伦理观念仍然保持着，亲子之间的相互依存关系很明显。个人的消费行为往往与整个家庭紧密连在一起，一个人不仅要考虑自己的需要，还要考虑整个家庭的需要。在目前的广告中，不少就是以温馨的家庭氛围为背景的，"家有什么，如何如何"，"保您全家怎样"之类的口号不绝于耳。其中更富有中国特色的是运用母慈子孝的心理，子女孝敬父母，而父母为子女不惜倾囊投资，这类场景在电视广告中时有所见。

中美大都会人寿可谓紧紧抓住中国人这一心态，如图 7 - 5 所示的这则平面广告，画面上的三只手从大到小让人情不自禁地联想到一个三口之家，印有中美大都会人寿标识的笔画出一条连通家庭成员的心和情感的流畅蓝线，画面底端的宣传语"生命中总有人让你无法割舍，就让我们为你好好筹划未来"配合得天衣无缝，表现出企业为家庭的美满、幸福和安宁做出的努力，自然能够打动消费者。

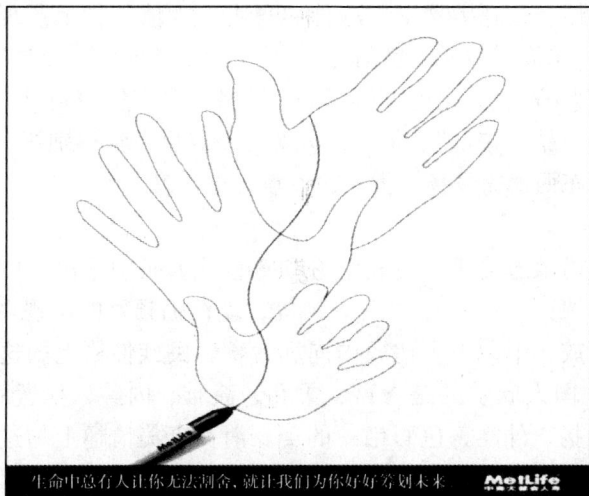

图7－5　中美大都会人寿平面广告

（3）面子主义。

中华文化的一大特色是人际交往中讲究自己的"形象"和在他人心目中的地位，重视"脸面"。近年来的社会心理学研究表明，"脸面"是一个多义的复合概念，它主要由两个小概念构成，即"脸"和"面子"。所谓的"脸"，是指社会对个人的道德品质所具有的信心，以及由此而给个人带来的名声。近百年来的研究文献表明，与其他民族相比较而言，中国人尤其注意通过印象整饰和角色扮演力图在他人心目中形成一个好的形象，获得一个众口称誉的好名声。所以，中国人对"丢脸"之事深恶痛绝，而对"露脸"之事心向往之。所谓的"面子"，是指个人在社会生活中，借助勤奋努力和刻意经营而在他人心目中形成的声望和社会地位。所以，中国人特别注重给他人或自己留"面子"、给"面子"。否则，有关当事人就会因"丢面子"而大为光火。中国人的这种"面子主义"的形成与中国传统文化对"礼"的强调有着极为密切的关系。反映在消费行为中，中国消费者过于看重"体面的"消费，过于看重与自己的身份地位相一致、与周围的人相一致的求同消费和人情消费，在许多时候出现了"死要面子活受罪"的不良消费行为。

（4）重义轻利。

注重情义和精神价值，轻视物质利益，强调人与人之间的感情和道义，是中国文化的一大特色，也是中西文化之间的主要差异之一。中华文化的这种重义轻利传统，主要表现在两个方面：一是在人际交往和正常的工作关系中过于重视超越规则的感情交流，忽视了"游戏规则"或者"正式规范"对双方行为的制约作用，导致非正式的人情关系干预或影响正式的组织行为。二是在人际交往中热衷于互相馈赠各种礼品甚至金钱，以强化相互的关系。重义轻利在消费行为中的表现就是人情消费盛行，在婚丧嫁娶中相互攀比、搞排场；购买产品时重视产品的美学价值和情感特征，忽视对产品进行认真细致、科学理性的分析。

（5）怀旧恋古。

中国文化一向比较怀旧恋古。对故乡的眷念，对往事的回忆，对先人旧友的缅怀，往往超过对未来的憧憬。而在消费上，这种"思古之幽情"加上了现代科技的包装，如"集传统秘方之精髓，采高科技研究创新之大成"，"皇家贡品"，或者干脆"重新发现了久已失传的××"，似乎都让人觉得可信。更有甚者，在广告中翻出一本典籍，引用其中的一两句话为自己的产品"佐证"，但中国人对此一点也不觉得别扭。当然，中国传统文化中确有许多珍贵的东西值得发扬光大，这一点无可非议。

（6）谦逊含蓄。

中华文化一向崇尚谦逊含蓄。自我谦逊和尊重他人是中华民族的一贯道德准则，像谦称"在下"，尊称"您"、"君"、"阁下"等，现在仍频繁的出现。一般来说，西方人表现得较为外向和奔放，中国人则比较内向和含蓄。民族性格上的这种差异直接导致了不同的审美情趣。中国人欣赏的是含蓄、柔和、淡雅、内敛、朴素而庄重、和谐的美，而西方人崇尚的是张扬、外露、色彩艳丽的美。消费审美情趣上的这种差异表现在三个方面：一是服装上，中国人喜欢淡雅、朴素的服装，西方人则喜欢袒露的、能够展示人体美的艳丽服装；二是建筑上，中国建筑强调和谐与含蓄，西方建筑则注重冲突与明快的节奏；三是产品包装上，中国的产品包装重在保护产品，不太讲究外包装的宣传和美化作用，西方的产品包装则强调充分展示产品的属性，重在美化和广告宣传。

以上这些核心价值观并不一定会在每个中国消费者的身上都体现出来，也不一定在每种消费行为上表现出来。随着市场经济的发展和外来文化的冲击，现代社会中一些共同的核心价值观念也开始在我们社会中生根发芽。

2. 对消费者购买行为的影响

文化作为企业重要的宏观环境因素，对消费者行为和企业营销的影响是广泛而深远的。下面我们主要结合中国文化的核心价值观，讨论文化在消费者认识问题、收集信息、判断选择、购买决策和购后评价这五个阶段的影响。

（1）认识问题阶段。

认识问题即消费者察觉到了需要解决的问题，产生了对产品的需要，这是购买决策的起点。在不同的社会文化背景下，有的需要被肯定和强化，有的需要则被贬抑和压制。几千年来，中国人民一直崇尚勤俭持家的消费观念，反对任何形式的挥霍浪费和超前消费。换句话说，我国传统文化崇尚节俭，以节制个人欲望为美德。反映在消费领域就是，花钱较为慎重，不尚奢华，重视计划和积累，主张生活开支要"精打细算，细水长流"，以做到"年年有余"；用于购置生活必需品方面较多，而用于享受方面的奢侈品较少；崇尚实惠、耐用的消费观念。它典型地反映了我国人民节俭和压抑的消费观念。

（2）收集信息阶段。

消费者的信息来源主要有四个途径：个人来源、商业来源、大众来源及经验来源。其中，商业来源告诉消费者信息，非商业来源则对这些信息起验证和评价作用，往往是购买行为的最终决定因素。从中华文化的特点来看，我国消费者更易于相信和接受非商业来源信息，特别是更依赖于口头传播的方式。

此外，符合特定社会的文化价值观的广告内容，也更易于引起目标受众的关注，并激发他们的兴趣和购买欲望。例如，中国人一般具有很强的家庭观念，因此，许多广告便出现了以幸福家庭生活为背景的广告诉求。

（3）判断选择阶段。

在收集信息阶段，消费者会收集到大量属于同类产品的各种不同品牌的信息。消费者的文化价值观会影响消费者所考虑及重点考虑的品牌。一些具有强烈崇洋崇名倾向或者因具有较强社会、自尊需要而强调社会身份地位和声望的消费者，在购买中往往只考虑进口品牌或著名品牌，对其他品牌的价值常常作出不公正的评价；另一些崇尚节俭的消费者则往往重点考虑价格较低的品牌。

由于中国文化传统中集体主义的关系，中国消费者一般具有较高的品牌忠诚度和企业忠诚度。他们往往只选择已赢得其信任的企业和品牌，通常只光顾少数几家零售商店。他们也乐于购买"熟人"推荐的产品或品牌。

（4）购买决策阶段。

经过评价后，消费者会产生一定的购买意图。但购买决策的最后确定，除了受消费者个人喜好的影响外，还受他人的态度、购买力变化、支付方式等其他因素的影响。文化价值观在其间会产生一定的影响作用。我们知道，中国文化强调集体意识，要求个人服从整体。这一文化特点在消费者购买决策中有多重体现：①在购买决策方式上，人们往往以集体为单位进行决策，如家庭成员的大部分收入都集中起来由一名"当家人"统筹安排。在具体购买决策，特别是单笔支出较大的购买决策中，还需要家庭成员的集体讨论。②在产品和品牌选择上，人们较少标新立异，强调与他人保持一致。③在购买决策的最后确定上，特别是在购买一些社会意义较强的产品如汽车、服装等时，他人的态度具有重要甚至决定性的影响。

（5）购后评价阶段。

消费者购买后还要对产品的实际效用和价值作出评价。评价的结果关系到消费者的购后行动，如重复购买，退、换货，投诉和抱怨，转让给他人等。文化价值观将影响消费者在购后所采取的行动方式。在不满意时，有的消费者采取积极的公开行动，如退、换货，向公司提出抱怨，向消费者协会投诉，或者在朋友面前诋毁该产品和品牌；有的消费者以"忍气吞声"、"息事宁人"的态度，不采取任何行动；有的消费者则通过寻求能够确证其产品具有较高价值的信息来减少内心的不和谐感。上述这些不同的心理和行为反应，在一定意义上都可以说是一定文化价值观作用的结果。①

二、现代广告的传统文化心理反思②

1. 现代广告中传统文化的心理误区

（1）传统文化的"庸俗"。

传统文化是一个历史范畴，随着社会的发展，文化中的内容历经风霜，有的如陈年

① 符国群. 消费者行为学. 北京：高等教育出版社，2001. 282～285
② 江波，彭彦琴. 现代广告传统文化心理的反思. 心理科学，2004（1）：2～4

老酒愈久弥香，有的则随着时代发展而衰退，被当代社会所摒弃。传统文化中消极的东西若被用于广告中，宣扬那些早该摒弃的渣滓，不仅腐蚀人们的心灵，而且使特权主义、男尊女卑等思想重新在一些人的脑海里复燃。受众不仅不会接受，反而不耻。例如，曾经被网上评为中国十大恶俗广告的"脑白金"广告："今年过年不收礼，收礼还收脑白金"，公然宣扬了送好礼、贵礼，拉拢感情好办事的送礼文化。再比如新时代的"皇帝的新衣"游戏：在一片大雪后的树林中，随着小太监的一声"皇帝踏雪了"，一趾高气扬的皇帝走进林中，他把一团雪砸在了小太监的脸上，面对小太监极尽卑躬屈膝的样子，皇帝爆发出极度夸张的开怀大笑，这时，镜头推出了"俞兆林牌"内衣的画面，皇帝大声赞道："俞兆林牌内衣真棒！"学者肖鹰对此的看法是："这个广告是诉诸人们的皇帝梦意识的，它叙述的主题不是俞氏内衣的保暖性或美观，而是把这种内衣与皇帝形象相组合，从而将购买和穿着这种内衣转换成为一个消费者自我高贵化、特权化的梦幻过程。"[①]

然而，来自传统文化的最广泛的污染当属各式各样的性别歧视广告。关于性别歧视的广告，大部分建立在女主内、女性取悦男性、维持家庭为主的内容上。例如，夏士莲广告——镜头之一：一个中国姑娘穿着非常暴露的上衣，展示给路边的一个欧洲男性看，这男子只是瞟了一眼，就继续看他的报纸，女性声音："他说这样没关系。"（男性主体许可了）镜头之二：还是这个中国姑娘穿着长裙，裙子的中缝开得很高，露出性感的大腿，展示给同一个男子看。男子还是不动声色。女性声音："他说这也没关系。"（又许可了）镜头之三：该女子原先的长发变成了又短又乱的短发。这次男子看后勃然大怒，拍案而起："绝对不行。"镜头之四：女子恢复了原先的长发，经过处理以后油光发亮（画面上出现"夏士莲"的广告语）。这是一则十分典型的体现性别歧视的广告：女性的外表装束与身体管理必须得到男性的认可，因为这种"管理"的目的就是取悦男性，化妆品的力量就在于增强女性吸引男性的青春资本。

（2）传统文化的"形式"。

早就有人大声呼吁把传统文化融于广告创作，以提升中国广告的文化品位，也就是说"植根于沃土"。意思很明确：把传统文化"化"到广告创作中，当代广告这棵小苗就可以汲取丰富营养，有望长为参天大树。而我国目前用传统文化提升广告的文化品位，在创意上大致有两种做法：一种是借用古人、古事、古物等作为创意点或表现题材；一种是在创意中着意化用传统观念，竭力渲染传统人文情感。两种方法都喜欢运用国粹，如古乐、国画、围棋等来营造气氛。但这些广告创意与产品本身的结合并不紧密，甚至相游离，使得广告词不达意。

例如，某头痛药的电视广告，取材于古代战争场面，在古城墙上，大敌当前，战鼓轰鸣，旌旗飘扬，形势非常危急，这时主帅一手按着头，非常痛苦和焦急地说："头痛让我谋略不得。"这时，一个长着花白长须的老者递过来一瓶头痛药，主帅服后，头不痛了，精神大振，从而指挥若定，打败敌军。过后，主帅仰天大笑，说道："有了某某药，我再也不怕头痛了。"创意者良苦用心，想告诉消费者这种药为古方正药，并且这种药有奇特的功效。但消费者未必会领情，因为消费者在日常生活中很难把头痛药与古代战争

① 肖鹰. 皇帝内衣与广告的政治无意识. 现代广告，2001（2）：18

联系在一起，这种生硬的"拉郎配"给消费者的感觉就是假，因而或不屑一顾，或无动于衷。

我们不能把传统文化简单地等同于传统的符号、形式、图案、历史事件，更不能简单地等同于皇上、妃子，等同于国画、武术、古乐、京剧和围棋，等同于孔孟老庄儒道释。我们提倡将传统文化融入广告创作，融的是理念，融的是精神，融的是精髓。广告的文化品位不是创作者甩开产品随意附加上去的，它首先来源于产品本身潜在的文化内涵。倘若创意者能够敏锐发现、准确揭示艺术表现的文化内涵，广告才会有真正的文化精品。

（3）传统文化的"隔阂"。

广告文化虽产生于广告商品推销者手中，但形成于广告商品所面向的消费大众之中，广告必须具有广泛的渗透性，必须顾及广告受众的文化层次，使广告文化内容平民化、生活化，使其尽可能与其目标受众进行深入的沟通，引起他们情感上的共鸣。而现实中，很多广告只顾表达广告主的个人意愿，而不顾消费者的接受心理，从而使其置身其外，感到陌生。例如，中国人民保险公司的一则电视广告为了树立其实力雄厚、安全可靠的企业形象，整个片子就是长城、泰山、黄河、红日、飞鹰、火箭升空等大场面的快速切换，气势磅礴，再配以雄浑有力的旁白"中国人民保险公司 PICC"。不可否认，长城、泰山、黄河、红日这一系列中国文化标志性意象确实能给人以震撼感，但震撼之余，你会发现这些气势不凡的文化意象与我们每一位平凡的消费者内心深处真正所渴望的相去甚远，带给受众的感觉必然是隔靴搔痒，不能产生真正情感上的沟通。而台湾一则银行的电视广告，描述住在同一个社区的两个年轻男女，一个住在银行的左边，一个住在银行的右边，广告片是这两个年轻人经常碰面的场景，一会儿两个人抢一辆的士，一会儿两个人骑自行车相撞，一会儿两个人在菜场邂逅，中间穿插银行的标牌，最后两人日久生情，恋爱结婚，女孩就搬到男孩的家中。广告旁白"昨天在你的左边，今天在你的右边，某某银行时刻伴你左右"。人所尽知，中国人最为推崇伦理之美、亲情之美，并以潜意识的形式深深地扎根于每一个人的内心世界。这则广告恰到好处地选取了中国人生活中最普通的情节，生动地再现了中国人这一情感原型。它以极细的倾诉拨动了人们心灵最敏感的部位。与人们心灵相通、使受众认同的文化所产生的感染力和穿透力足以让每一位受众不由自主地生情、动情，这是任何大声疾呼的广告所无法比拟的。

还有一些广告过于倚重"文化"，玩"文化"，似乎玩得越深沉、越高深，品位就越高，但消费者理解与否，感动与否却无暇顾及。试想，如果广告不能艺术地揭示产品本身潜在的文化内涵，不能在接受过程中与受众的文化心理合拍，那么，使消费者感到陌生的广告，其文化品位又怎能体现出来呢？

2. 传统文化心理与广告策略

要想使现代广告很好地植根于传统文化这片沃土，必须要精确地把握传统文化心理。从心理学角度看，传统文化心理主要表现在思维方式、情感模式、人格特征和集体无意识四个方面。下面我们对这四个方面进行深入的分析，并提出相应的广告策略。

（1）意象相融的思维方式与广告策略。

心理学研究早已证明，大脑左半球具有言语及逻辑抽象机能，右半球则在空间图像、艺术能力方面起主要作用，且两半球机能既有分工又有协作。任何思维活动的开展必然是形象思维与抽象思维的协作。发轫于农耕文化的中国思维模式，由于受到天人合一、阴阳相济观念的影响，一直以来善用感性直觉去把握抽象逻辑内涵。以艺术创作为例，中国人追求的最高境界是意境，那么究竟什么是意境呢？按照字面直译，意境就是意所到达的境域。最为通俗的解释是情景的交融。美学家叶朗则认为，所谓意境，"就是在感性的（形而下的）日常生活和生命现象中，直接呈现某种形而上的意味"，"就是超越具体的、有限的物象、事件、场景，进入无限的时间、空间，对整个人生、历史、宇宙获得一种哲理性的感受和领悟"。① 因此，对于广告而言，通过图像、声音、文案等形象元素的有机结合，来达到传播理性商业信息的有效目的，合理应用传统文化所提供的思维模式是必不可少的。

针对传统文化中意象相融的思维方式，在具体的广告创意中可通过以下几种手段与途径来适应：

第一，取象比类，即运用事物在形态、功能、属性、关系上的接近、相似来达到以此物拟彼物的目的，具体地说是通过一种熟悉的日常形象来获得对另一抽象概念的直接把握，使受众在快速、准确地理解广告信息的同时，获得一种通透了然的快感。具体为运用比喻、象征、联想、类推等手法来表现广告作品。在众多的药品广告直接地宣传产品"疗效好"而显得平庸、自夸时，达克宁借用"野火烧不尽，春风吹又生"的概念诉求生动地表现了脚气带给人的无穷烦恼，并用"斩草除根"——双手连根拔起脚底的野草这个形象的比喻来传达"达克宁"对付真菌具有治标治本的突出疗效，使刻板的药品广告形象化、生动化，帮助消费者快速、清晰地理解广告信息。它的说服效果与那些构思雷同的药品广告不可同日而语。

第二，创造意境，即将若干具有无穷魅力的审美表象进行巧妙地组合，营造一种灵动至美、只可意会不可言传的境界，使受众在沉浸于回味无穷、一唱三叹的愉悦之情的同时，欣然领悟广告所要表达的信息。如曾在全国各大媒体热播的白沙集团电视广告，其画面为在郊外，一位中年男子光着脚，卷着裤腿，张开双臂在泥泞的田野里奔跑，追赶一些悠然自得、自由翱翔的小精灵，中年男子双手合十与飞舞的白鹤一起飞翔。广告通过蓝天、白云、田埂、芦苇、悠然自得的白鹤等审美表象，营造了一种优美、淳然的自然环境，寓示了人们渴望自由、回归自然、与自然和谐一体的感悟。在给受众带来清新美感的同时，充分表达了企业关注生态的责任感及关怀人文的亲切感。

（2）儒道互补的情感模式与广告策略。

21世纪，广大消费者不仅对消费品质量变得更加"挑剔"，而且非常注重消费品的审美情趣，要求消费品必须符合自己的情感和心理需求，所以业界人士认为，人们的消费行为已经进入情感消费阶段。因此，广告中的情感诉求备受人们青睐。而中国传统文化中蕴涵的是一种儒道互补的情感模式。它是指个体的情感由两种类型组合而成，既有儒

---

① 叶朗. 胸中之竹：走向现代之中国美学. 合肥：安徽教育出版社，1998. 57

家重理性认知的道德情感，又有道家重感性体验的审美情感，两种相互独立且相辅相成的情感类型可视个体所处的不同环境灵活切换。道家的审美情感可使一味强调政教伦理规范的儒家道德情感得以调和。社会化的道德情感辅之以颇具个性体验的审美情感既可使儒家道德情感不至于过分僵直呆板，又可使道家审美情感不至于滑向极端的宣扬个人情绪的险坡。如此，当这两种情感类型互补相融时，则可使人们在理性的严谨与感性的鲜活中出入自由，来去无碍。这样，个体既可获得社会所许可接纳的合乎规范的社会情愫，又可享受到精神畅游、回归本真的个体情趣。中国历史上许多名垂千古的成功人士之所以既能在庙堂中功成名就，又能在山林里怡情养性，就是通过儒道互补的模式使情感的心理调适功能在现实生活中得到最充分、最完整的发挥。①

面对身蕴儒道互补情感模式的中国消费者，在具体的广告创意中如何对之进行情感的感化？我们认为应注意以下三个问题：

第一，符合目标消费群的个性体验。中国农业社会的生活形态是孕育"人情文化"的温床。虽然现在的都市化和工业化改变了传统的生活形态，但中国人的亲情观、人情观不但没有消失，而且在现代社会中以感性诉求得以丰富展现。因此，在广告创意中，那些注重营造家庭祥和、夫妻恩爱、邻里和睦、怀念故乡的作品易于引起国人的共鸣，达到非同一般的效果。但是，我们在诉求这些传统道德情感的同时，要注重目标消费群的审美情感体验方式的差异。同样是以"爱情"为情感诉求的基点，对老年夫妻和青春伴侣应选择不同的诉求角度。例如，"昂立多邦"胶囊的诉求为"身体好，相伴才能相伴到老"，它突出的是历经一生的老年夫妻质朴、平实、相互扶助的亲情；而"水晶之恋"果冻则着重突出其"代表爱的语言：紫色——有你真精彩，红色——真的好想你，粉红——爱你一生不变"。它寓爱情于果冻之中，突出少男少女之间朦胧、浪漫而绚丽多彩的纯真爱情。因此，前者成为最受老年人欢迎的保健品，后者则俘获了无数情窦初开的少男少女的心，成为情人节炙手可热的礼物。

第二，注重把握"露"与"隐"的关系。广告要有人文关怀，但这种关怀不是肤浅的、流于生活表面的，它要求关注人的生存状况、捍卫人的尊严，注重把握"露"与"隐"的关系。当今把孝敬老人作为主题的广告有许多，而"椰岛鹿龟酒"独辟蹊径，在广告中不着力宣传子女向老人送酒的场面，也没有过度张扬酒的名字，只有两个抢着夸自己孩子送的酒好的老人，当他们停止争吵、坐到一起的时候，露出了开心的笑脸，因为他们发现自己与对方喝的是同一种酒，享受的是子女同等分量的爱心。在广告中，没有惯常的儿女向老人直接送酒的场面，因为老人并不希望自己作为一个被施舍者出现在儿女面前。他们有自尊，有好胜心，他们渴望真正的、非仪式化的亲情。②

第三，切忌"滥情"。情感是人类永远不老的话题。但广告人在进行情感诉求的时候，要抛弃简单的煽情主义，克服庸俗的"感情投入"和"无病呻吟"。因为这些东西常会引起受众的反感。如纳爱斯雕牌洗衣粉的"下岗工人篇"，采用的是亲情诉求：妈妈下岗了，小女孩用雕牌洗衣粉帮妈妈洗衣服，妈妈回家时，小女孩已经熟睡，在桌子上留

① 彭彦琴. 中国传统情感心理学中"儒道互补"的情感模式. 心理学报，2002（5）：540～545
② 肖建春等. 现代广告与传统文化. 成都：四川人民出版社，2002.357

下字条："妈妈，我能帮你干活了。"妈妈感动得热泪盈眶，心疼而更欣慰。这则广告被有的学者描述为"最令人恶心"的广告，也让受众感到堵得慌，这完全违背了想好好让观众感动一把的广告创作者的初衷。

（3）理欲并重的人格特征与广告策略。

中国传统文化对于人格的设计，一是源自儒家，强调个体与社会相统一、相和谐，以社会关怀、现实关怀为心理取向的伦理人格；另一个则是强调个体自身的生存需求，关注主体自身价值与天性自由，以自我关怀、终极关怀为心理取向的个性人格。一般而言，个性人格对生命自由的推崇比追求道德价值的伦理人格更贴近审美的特性，以善为美终究不如为美而美来得直接，但这并不等于伦理人格不具备个性人格的审美意义。在现实生活中，任何主体的审美人格都兼具伦理人格和个性人格，只不过具体的对象与情境对于审美人格的社会化、个性化要求有所差异，有时社会化特征更突出，有时个性化特征唱主角，但不论是哪一方占上风，另一方都存在，正因如此才有了形态各异的人格类型。正是由于伦理人格与个性人格的相互和谐统一，才使中国传统文化心理既非一味正襟危坐的生硬面孔，也非一泻千里的情欲躁动，而有一种不即不离、若即若离的独特魅力。此处仅以性诉求广告为例。

古语云：食色，性也。性本能是人的行为的内在潜力，这种本能促使人们通过各种方式获得满足。运用它形成人的心理积极情绪来认知产品早被全世界许多广告人所看重，在欧美等发达国家，性诉求在广告中已被普遍运用，在国内的广告中也时有出现，且有愈演愈烈之势。性诉求在广告中的运用，是以富有魅力的姿色、激发美感的情景吸引男人或女人，它带给受众的是一种艺术的美感。但它必须要把握好一个度，必须以维护社会道德为前提，使受众得到健康的陶冶和欣赏。即使有较多的"露"，甚至全裸，也应是健康的、圣洁的。否则，过了"度"，方式不当，极易陷入低级庸俗的性暴露、性诱惑和性暗示。[①]

如汇仁肾宝的"他好，我也好"的创意，寓意着喝了汇仁肾宝，丈夫身体强健，所以性生活和谐，从而家庭幸福美满。同时也充分体现出中国妇女以丈夫、家人幸福为自己幸福的传统美德，易引起消费者的共鸣。[②]另一则世好啤酒的平面广告也是性诉求广告中难得的佳作。画面是一位身着旗袍婀娜女子的下半身的侧影，高开衩的旗袍隐约露出女子性感、优美的曲线，画面的右下角是一瓶世好啤酒。简洁的造型，庄重的色调，配以"世界为你叫好"的广告语。这则广告的绝妙之处就于隐约可见的性感曲线，在激发起受众审美人格中原始生命冲动的同时，有效地表达出为世好啤酒叫好、为中国女性叫好、为中国文化叫好的审美意蕴。这则广告之所以能焕发出如此持久、强烈的魅力，就在于它恰到好处地将人性中的情欲冲动规范于社会伦理的框架之内。这与我们常见的性感女子裸露的"低得让你心动"的丰胸所带来的情欲躁动的即刻满足有着天壤之别。

（4）天人合一的集体无意识与广告策略。

集体无意识与意识一样构成了受众心理的深层结构，这已是不争的事实。有着深厚

① 江波. 权威效应对性感广告态度改变的 Q 技术研究. 九江师专学报，2002（5）：35

② 江波. 真的"他好，我也好". 现代广告，2000（8）：10

文化底蕴的中国人，其心理结构中同样积淀着自己的集体无意识。我们知道，构成集体无意识的必须是中华文化的"中坚思想"，即一种文化特有的内质、核心。对此，朱立元先生认为，中华传统文化精神的内核为天人合一。所谓天人合一，一方面指自然的人格化，任何自然之物均可成为人们情感、思想的载体，被赋予人格特征；另一方面指人格的具象化，任何情感、思想皆可从自然物中找到化身。当自然与人实现共通相融、达到物我合一境界时，就会产生强烈的愉悦体验。这种天人合一的集体无意识必须通过种种原型，投射到人们的心理活动之中。对于中国人而言，原型已成为象征中华民族共同的、集体的心理经验，它负载了中国人典型的人生体验，成为一种约定俗成的典型情境。任何一个受众在接触这些原型时，都会被其典型形象激起共同的情感体验，使人产生强烈的共鸣。[①]

　　对于广告而言，必须利用这些审美原型，使之融于创意之中。如嘉士伯啤酒在我国进行本土宣传时的一则平面广告（如图7-6所示），画面是中国传统的两合门，门上贴着门神，其中一个门神不见了，画面上只留下门神的刀，造成视觉的极为不协调，仔细一看，原来这个门神跑到另外一张画面上，正在和另一个门神畅饮"嘉士伯"。人们在谐戏叹服之余，留下深刻印象，正是由于它巧妙地运用体现传统文化特质的原型进行创意。门神在中国老百姓心目中无疑是一个熟悉典型，它寓意着平安吉祥与喜悦之情，受众在接触这一原型的同时，就体验到这一原型所寓寄的情感，自然也就接纳了广告传播的产品信息。同样，可口可乐也是运用这种手段获得了巨大的成功。在其新春广告中，我们可以看到，中国泥娃娃阿福抱着大鱼变成了一瓶大可乐，受众在体验年年有余之时，自然也就接受了可口可乐。

图7-6　嘉士伯啤酒平面广告

①　彭彦琴．中国古典美学中辩证观的心理学分析．心理学探新论丛，2000：64~66

▷ ## 7.4　广告的文化策略

现代公众具有较强的文化性消费心态。根据公众的文化性心态，在广告策划中，应该引进文化，利用文化机制来提高广告的文化品位，进而提高广告宣传的影响力。现代广告常见的文化策略主要有文化适应策略、文化包装策略、文化导向策略、文化诉求策略等。

一、文化适应策略

文化适应的早期研究主要见于人类学，是指"已完成某文化社会化过程的个体，在不断暴露于另一个全新而陌生的文化之中较长一段时间之后，其内部所发生的变化过程"[①]。Redfield 和 Her skovits（1936）将文化适应界定为："当不同文化群体的人们进行持续不断的直接接触时，一方或双方的原文化类型所产生的变化称为文化适应。"企业在广告中倡导的观念、提倡的科学生活方式，只有与公众的文化观念相一致、适应公众的文化要求、与公众文化相吻合，才能得到公众的认同，从而起到较好的宣传效果。这就要求我们在广告宣传活动中，充分尊重公众的文化精神，并根据公众的文化体系修正自己的宣传作品，表现出足够的应变性，充分照顾到各种文化背景下公众风俗人情的不同，迎合公众的文化需求。例如，20 世纪 70 年代，万宝路来到香港市场时宣传产品，香港人对终日策马牧牛的牛仔形象不持好感，因为在香港人心目中，牛仔是低下的劳工，自然不会接受这种牛仔形象。后来公司改变了宣传作品中的人物形象，不再是美国西部文身的牛仔，而是年轻、洒脱、在事业上有所成就的牧场主，结果很快获得了公众认可，取得了良好的宣传效果。从这个实例中我们可以看出，在广告宣传活动中，要想获得公众的认可，对公众产生心理影响，必须适应公众的文化观念，从公众文化需求角度策划活动方案，这是最基本的要求。

在广告宣传活动中，文化适应战略的实施主要从以下几个方面着手：[②]

（1）主题内容上的适应。

主题是广告宣传活动的灵魂，广告宣传活动如果能从灵魂、统帅方面满足公众的文化需求，必然能赢得公众的肯定与支持，塑造良好的企业形象。反之，则必然面临失败结局。例如，日本丰田车为霸道等三款新车举行隆重的上市仪式并适时推出新品广告（如图 7-7 所示）。

广告刊出后不久即在网上引发轩然大波。有读者触景生情，认为图中的石狮就是卢沟桥的狮子，为此感到羞辱和愤怒；还有读者认为该广告有商业征服之嫌，损害了中华民族的感情。2003 年 12 月 2 日，认识到问题严重性的日本丰田联合一汽丰田紧急召集记

---

①　Kim，Y. Y. *Communication and Cross Cultural Adaptation*. Philadelphia：Muitilingual Matters，1988.

②　何修猛. 现代广告学. 上海：复旦大学出版社，2001. 496～501

者招待会，公开向公众道歉，盛世长城广告公司也公开道歉，立即停止投放"问题广告"。在这方面，如果企业能够站在社会角度，选择一些公益性的宣传主题，如赞助文化艺术活动、设立保护儿童与老人的基金会、开展传统文化宣传等，不仅可以提高企业的知名度，而且可以发展企业的文化形象和人格形象，获得更加理想的广告宣传效果。

图7-7 "丰田霸道"平面广告

（2）人物、动物形象上的适应。

在企业的宣传作品中，人物、动物形象是不可缺少的主要组成部分。但人物、动物都有其文化含义，有的是一种社会亚文化的代表，有的甚至是国家主权文化的代表，如果在广告宣传作品中滥用这些人物、动物形象，或使用不当，就会引起公众的误解，造成冲突，引起公众的抗议。让国人记忆犹新的"盘龙滑落"广告（如图7-8所示）颇能说明这一问题。

图7-8 立邦漆"盘龙滑落"平面广告

画面旁附有对作品的介绍，大致内容是：右立柱因为涂抹了立邦漆，使盘龙滑了下来。众所周知，龙是我们中华民族的象征，我们自称"龙的传人"，而立邦漆是日本产品，这则"盘龙滑落"的广告显然是我们民族心理上无法接受的，所以引起了民众的广泛争议和不满。

总之，在运用人物或动物形象时，我们要充分尊重公众的文化象征意义，在性别、年龄、容貌乃至服饰诸方面，都力求符合公众原有的文化色彩，以获取公众的积极反应和认可。

（3）宣传用词上的适应。

词语是文化的重要载体，离开词语，任何宣传的影响范围都是极其有限的。因此，在广告宣传活动中，要尽可能创造美的词语、营造美的意境，以美感冲击力影响公众。但是，由于一个国家、一个民族在历史、政治、经济、文化等方面的差异，使得字、词在含义上呈现出较强的差别，而且这种差别往往带有文化色彩。有时这个词在这个国家只表示一个简单的含义，而在另一个国家含有丰富的内涵。例如，"鹅"这个词，在中国人看来，它只是一种动物的代号而已；但在欧洲一些地方，它除了表示一种动物外，还表示"蠢女人"。如果企业用"鹅"作为商品名，肯定无法打开市场。因此，当企业开展跨文化传播时，尤其要注意字、词的文化含义，避开公众的文化忌讳，迎合公众的文化习性，以获得公众的认同。

（4）商标、图形上的适应。

企业形象最直观的标识就是商标。公众对商标的认同，取决于商品的质量与服务。但是，就像其他人文符号一样，商标不是一个简单的图形，其中蕴涵着丰富的文化意义。因此，公众对于一个商标的评价，常常用文化的眼光、文化的观念进行分析，根据自己的文化体验，作出某种反应。好的商标给人以美的享受，具有强大的吸引力，容易赢得公众的喜爱。所以，我国的商标设计都喜欢表示一种积极向上、团结创新的新风貌。但在设计企业标志和图案时，特别要注意公众所在国家、所属民族在图案方面和文字方面的忌讳。例如，信奉伊斯兰教的国家，禁用猪或类似猪如熊、熊猫等图案、文字作商标，而英国忌用人像、大象（代表蠢笨无用、沉重的包袱）和山羊（比作不正派男人）作商标。如果违反了这种文化习俗，不仅不能起到宣传、标识作用，反而会断送市场。在跨文化的广告宣传活动中，尤其要注意不同图形在不同国家的文化含义和禁忌。

（5）颜色运用上的适应。

颜色由于掺入了人类复杂的思想感情和生活经验，因此成为一种思想的表达。人们看到某一种颜色时，自然会根据"颜色文化"产生相应的色彩感情和联想。例如，红色不仅给人温暖的"生理感觉"，更多的是给人热情、喜庆、积极向上等方面的"文化联想"。这些都会影响人们的行为反应与评价。例如，犹太民族不喜欢黄色，在他们的历史记忆中，黄色代表着民族的不幸。试想，如果在这里做广告而不懂得忌讳黄色的话，效果可想而知。在广告宣传中，要善于从文化心理的角度选择恰当的色彩，并加以妥善处理，以激发公众基于颜色心理而作出积极反应。但由于国家、民族、区域的差异，不同的公众有时会有不同的色彩文化联想机制。因此，要想在颜色上适应公众的文化要求，还必须充分顾及公众所在国家、所在民族的颜色文化理念和颜色禁忌。

二、文化包装策略

在广告宣传活动中，只停留在文化适应阶段是不能充分吸引公众的。在适应公众文化的基础上，还要积极推行、运用文化装饰的手段，形成广告宣传的文化包装氛围，以鲜明的文化特性赋予广告宣传活动明快的文化色彩，这对提高广告宣传活动的文化品位、满足公众的文化需求具有重要的意义。

1. 文化搭台、广告唱戏

纯粹意义上的广告宣传活动，对公众的吸引力是有限的。我们可以在广告宣传活动中，根据公众的具体文化需求和宣传的主题基调，引入合适的文化内容和文化形式，使广告宣传活动融于文化艺术之中，达到"文化搭台、广告唱戏"的目的，即以文化色彩引起公众注意、吸引公众自觉参与，使公众在自己的文化需求驱使之下，接受企业的影响，从而提高企业的知名度和美誉度。

在广告宣传活动中，开展"文化搭台、广告唱戏"，把文化艺术形式引入广告之中，借"文化之台"，行"宣传之实"。常见的手段有以下几种[①]：

（1）举办商品文化节活动。即开发商品自身的文化主题，以商品文化节为载体，形象生动地展示商品的文化含义，借助商品文化感染公众的消费心理，引导公众的消费行为。

（2）举办社会文化主题庆典活动。即利用社会生活中的重大事件，从中提炼出主题性文化，并加以渲染，开展社会文化性庆典。如许多企业借助"申奥成功"这一事件，大加渲染，举行各种庆典活动，宣传企业形象。

（3）举办地方性文化艺术节。通过挖掘地方历史题材，找到具有地方特色的文化仪式，策划并持续举办文化艺术节活动，以地方文化特色吸引公众，为广告宣传活动添加文化色彩、艺术气息。这方面比较成功的有山东潍坊的风筝节、哈尔滨的冰雕艺术节、大连的国际服装节等。

（4）举办历史文化仪式活动。即挖掘某些历史事件的价值，在相应的时间里，开展具有民族特色、历史特性的活动。如"三国城"、"唐人街"等，均以渊源的历史文化博取公众的好感。

（5）开展知识营销活动。即根据公众的知识水平和生活需要主动策划生活知识和科学生活方式的宣传、推广活动，向公众传播科学知识，让公众在接受知识的过程中更加信赖企业提供的商品。如一些药品企业举办的"义诊"、"健康咨询"等。

（6）举办文艺演出活动。即在广告宣传的现场或商厦门口的广场，策划并定期举办格调高雅的音乐会、传统戏曲会或流行歌曲会之类的演出、比赛活动。借助这种活动，不仅能够吸引公众，而且能在满足公众的精神需要的同时，有效地刺激公众的商品需要，从而增加商品销量，出色地完成广告宣传任务。

---

① 何修猛．现代广告学．上海：复旦大学出版社，2001.496～501

时尚界的大牌 Benetton 一直通过"Benetton 睁开双眼"展览宣传其无国界理念，通过其附属创意机构 Fabric 所做的各种无国界艺术活动令人震撼。在坦桑尼亚的一个被称为 Lukole 的难民营、香港九龙的一个公屋村、俄罗斯莫斯科的宇航员基地 Star City，还有精神病院、监狱、学校……Benetton 致力于无国界医生和无国界品牌的宣传，每一次展览都让人感受到它独特的气质，视角普通却震撼。

2. 赞助文化艺术活动

企业如果能根据公众文化需求拟定一个系列化的主题，围绕主题资助一系列相关的文化艺术活动，也能为企业成功地进行文化包装。如白沙集团赞助"国际金鹰艺术节"、春兰集团创办"春兰杯"围棋赛、"脑白金"赞助"全国首届模特大赛"等，都取得了很好的宣传效果。

3. 举办文化性仪式活动

文化性仪式活动是公众文化活生生的代表，而且具有很强的娱乐性、趣味性，对公众极有吸引力，所以也是现代广告宣传活动中进行文化包装的重要形式。如亚细亚商场每天早晨的升旗仪式。

提起文化包装，不能不提到海尔集团的高明营销①。在众多广告充斥电视屏幕让观众生厌的时候，海尔集团没有像其他企业那样在各种广告媒体上狂轰滥炸炸出一个知名度，而是独辟蹊径，与中央电视台制作了大型系列动画片《海尔兄弟》。片中不仅展示出中华五千年的辉煌历史文化，也传递出从古埃及王国到网络黑客，从小孔成像到核能航天等丰富的科学和人文知识。自播放以来，它深受儿童的喜爱和家长的赞许。海尔正是看中了少年儿童潜在的购买力和他们在中国家庭中的重要地位，孩子不仅影响家长的购买倾向，而且当他们长大成人有购买力后，他们的首选将是海尔产品，因为海尔兄弟的形象已深深地印在他们幼小的心灵中。特别是在黄金时段播出的近 20 多分钟的节目与那些花费巨资争得十几秒钟的"标王"广告相比，其经济效益、社会效益不言自明。

而同时，海尔集团致力于公众性文化娱乐活动以打造品牌——从 1996 年 8 月起，青岛海尔冰箱股份有限公司陆续投入近千万元，为 200 多个县的农民放映近两万余场电影。海尔冰箱放映队在每场电影放映前总要放一段专题片。该专题片中不仅有宣传"海尔"及其产品的有关内容，而且集中宣传中国民族家电工业的发展道路及其在国际市场竞争中的地位，以教育农民支持民族工业，为民族工业的发展出力，为国争光。海尔充分利用这样一个极好而又难得的机会在农民兄弟心目中塑造、传播和维护了海尔良好的企业形象。在电影场，他们把精心设计、印刷精美的《农村手册》赠送给农民兄弟。手册中有许多农民熟悉而又陌生的，且是作为一个新时代农民所必须具备的知识。通过这项活动，海尔创造了一个与广大农民消费者共通、互动、共鸣、共感的机会，进而在海尔未来最有潜力的目标社会公众（包括目标市场消费者）中塑造、传播和维护海尔"真诚到永远"的

---

① 李朋. 广告文化的超越——论海尔集团广告营销策略与企业文化策略的整合. 辽宁工学院学报（社会科学版），2003（3）

良好企业形象，并为海尔未来的发展创造出难以估量的市场机会和经济利益。

三、文化导向策略

企业作为社会的组成部分，不仅要善于适应社会文化，运用社会文化开展广告宣传活动，而且要积极宣传社会文化，倡导科学的文明观念。这既是企业的义务，也具有良好的广告宣传价值。因为这种活动能表现企业强烈的社会责任心和社会责任感，体现为公众负责、为社会尽责的宗旨，能引起社会和公众的好评，从而更好地树立企业的良好形象。

企业对公众进行文化导向，主要有策划公益宣传和倡导新文化两种手段。

1. 策划公益宣传

广告公益性宣传，就内容来源而言，它属于政府部门；但就宣传形式而言，它又具有现代广告色彩。开展这种响应式的文化型广告宣传活动，关键是要在正确理解有关文化精神的基础上，对文化内容的提法加以革新。也就是说，在内容上它强调忠于原意，在形式上突出新颖，最后达到既宣传社会文化又吸引公众、塑造形象的目的。

可口可乐在公益广告上一直卓有成效。荣获戛纳广告节平面广告金奖的两组广告（如图7-9所示）利用随处可见的场景宣传了至少三种公益理念：第一，可乐瓶可以给条件简陋的人们作为喷雾瓶使用，可乐箱在街头为儿童遮挡烈日（可口可乐关心低生活条件的人们）；第二，可口可乐为你的身体（头发）补充水分，给你的身体带去清凉；第三，可口可乐无处不在。可谓"平凡处见真功"，将公益与商品宣传很好地融合在了一起。

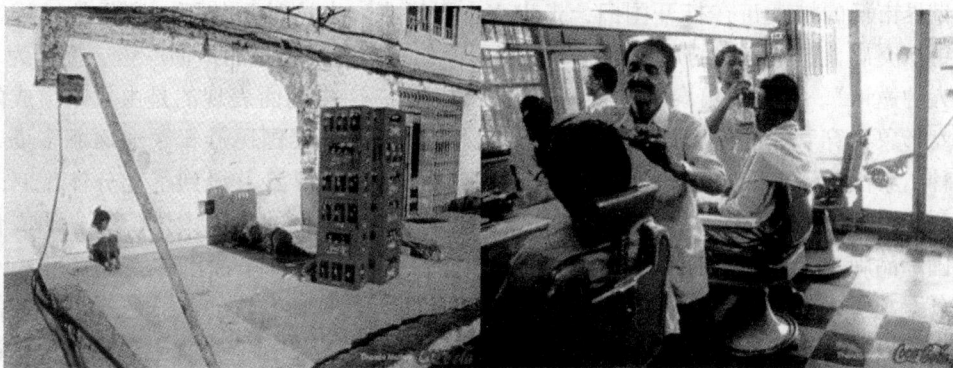

图7-9 可口可乐广告

目前，国内企业的公益广告意识还比较淡薄。纵观我国目前公益广告的整体水平，从"量"上看，与我国广告营业额大幅度增长的态势不相符。国外一些发达国家，公益广告总数已占社会广告总数的10%以上。从"质"上看，我国公益广告的创意水平明显落后于商业广告。在当今企业与消费者的广告意识有了极大提高的背景下，一个良性的公益广告运行机制急需建立。

2. 倡导新文化

在这里，企业完全以新文化倡导者、创造者的身份出现，而不是一般的响应，能够表现出强烈的主动性，更能获得公众的好评。提倡新文化，无论是站在时代前列大声疾呼，还是针对现实有感而发，由于文化的清新性和超前性，对塑造企业文化形象更加有效。就其内容而言，大至社会观、自然观、政治观、科学观，小到生活观、时间观、消费观、竞争观、价值观等，都可以提出新的要求。这种新观念、新方式，都可以新文化的形式作用于社会、作用于公众。哈药六厂的公益广告"父母是孩子最好的老师"，让受众更进一步了解到家庭教育的重要性，情真意切；雀巢咖啡的"孩子的成长只有一次"推出后，许多中国母亲表示看到这则广告后自己的心都快碎了，创意者成功地将本民族具有的某种亲情感迁移到产品中去，突出了家庭教育的重要性，从而消除了消费者对外来物品的排斥心理。中央电视台以"批评、规劝"为主题思想的公益广告栏目"广而告之"，以及一些以热爱祖国，保护环境，遵守公德，关心爱护老人、妇女和儿童为主题的公益广告，日益引起社会的重视。由国家工商行政管理局倡导，于1996年在全国范围内开展的"中华好风尚"主题公益广告倡导新社会、新文化，也引起了社会公众的普遍关注①。

四、文化诉求策略

广告的民族文化诉求是以突出表现独特的民族文化风格和特色来传达商品信息实现广告目的的。特别是一些民族文化特征比较突出的商品和观念，采用这种形式来表达可以获得更好的效果。现在世界已经出现了文化交流融合和经济一体化的趋势，现代广告随着世界市场的扩大正在打开国门，走出去、引进来。在这种形势下，广告的民族文化特征更加突出，艺术表现的形式更加丰富多彩。如一则泰国大米的平面广告，标题为"泰国诱人的邀请"。为了突出泰国的特色和诱人的力量，广告画面表现的是由大米组成的泰国舞女形象，穿着标准的泰国民族舞蹈服饰，跳着地道的泰国民族舞蹈，婀娜多姿，风情万种。泰国的风格，泰国的气息，泰国的文化，在舞女形象上得到了充分体现。受众在得到泰国独有的民族艺术享受的同时，接受了广告所宣传的泰国大米。广告的文化诉求是国际品牌本土化惯用的手法。如飘柔洗发水在中国的一则平面广告（如图7-10所示）就是典型的利用中国文化表达的方式：画面背景是一块柔软的深红色丝绸，在画面正上方端放着一把传统的中国木梳，木梳中轴上刻着一行文字"一梳梳到尾，全年都顺利"。画面正下方及右下角是一行小小的文字和一瓶飘柔洗发水。广告创意者对中国文化确实驾轻就熟。这则广告也因其独特的创意而荣获第21届亚太广告金像奖金奖。

---

① 何修猛. 现代广告学. 上海：复旦大学出版社，2001. 496～501

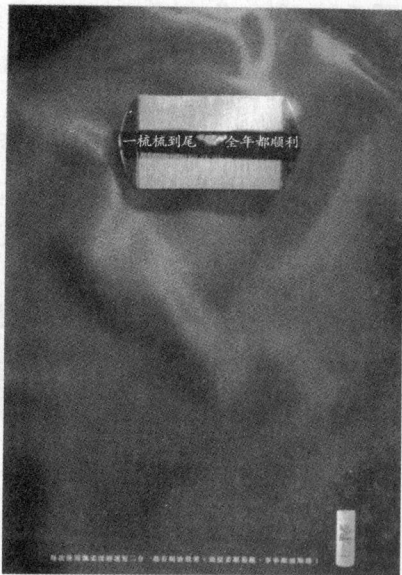

图 7 – 10　飘柔平面广告

　　百事可乐与可口可乐在中国是碳酸型饮料的行业翘楚，广告全部启用中国本土明星，并且充分突出了中国文化。例如，可口可乐抓住中国人喜欢喜庆的中国红这一点与自身形象相结合，广告力求塑造出年轻、活力、动感的形象，其代言人也多为年轻偶像。而百事可乐走深蓝色路线，力求塑造经典、魅力形象，代言人如郭富城、早期的王菲等天王天后都独具魅力。

　　在跨文化传播中同样值得一提的是宝洁公司的汰渍产品。众所周知，中国是一个儒释道并重的国家，道教作为中国土生土长的宗教，其清静无为、天人合一的理念为大多数中国人追求并接受。宝洁公司的汰渍洗衣粉这一组广告（如图 7 – 11 所示）可谓别出心裁，将环境放置在宁静优美的山水之间，用三个出家人远离尘世、六根清净等与自身符合的观念来进一步强化清静无为、天人合一的感觉，非常容易被中国消费者理解和接受。而将"尘"和"净"两字重点标出，广告目的一目了然，形象传达出汰渍洗衣粉除尘除杂、还你干净的宣传重点。整个广告画面宁静优美、文案简短而营造出一种超然感，广告制作者驾驭中国文化的功力不得不让人佩服。

图7-11 汰渍平面广告

[关键词]

文化 文化心理 亚文化 群体 参照群体 社会阶层 文化超越 中华文化 广告文化适应 广告文化包装 广告文化导向 广告文化诉求

[本章要点]

◆ 文化是一定社会经过学习获得的、用以指导消费者行为的信念、价值观和习惯的总和。文化具有习得性、共享性、无形性、发展性四个基本特点。

◆ 文化对消费行为的影响主要通过个人因素、群体因素和社会因素三个途径实现。个人因素包括生活方式、价值观念和审美观；群体因素包括参照群体、职业群体和社会各阶层群体；社会因素则包括情境因素、风俗习惯和流行。

◆ 中国人拥有中庸、重人伦、面子主义、重义轻利、怀旧恋古、谦逊含蓄等核心价值观，它们影响着消费者购买行为的每个阶段。

◆ 广告制胜的灵魂在于优秀文化。中国广告业面对西方广告的入侵，文化超越，别无选择！但广告的文化品位是商业性与文化观念有机结合的产物，要做到秉承与扬弃，真正融入中国优秀文化的精神、精髓，而不是符号的、伦理的、艺术的、哲学的甚至是古董的。

◆ 现代广告中运用传统文化时应避免传统文化的庸俗面与大众的隔阂面，避免流于形式。传统文化中意象相融的思维模式、儒道互补的情感模式、理欲并重的人格特征，以及天人合一的集体无意识要求广告在运用时注意取象类比、创造意境、把握尺度、尊重消费者个性及注重文化中的审美原型。

◆ 现代广告常见的文化策略主要有文化适应策略、文化包装策略、文化导向策略、文化诉求策略。

[思考题]

1. 谈谈你对广告的文化超越的理解。广告的文化超越应注意哪些方面？

2. 结合自己的经验谈谈个人因素对消费行为的影响。

3. 请举出一则参照群体影响消费行为的广告案例，并说明参照群体是如何起作用的。

4. 简述社会因素对消费行为的影响。

5. 中华文化核心价值观念如何影响消费行为？与传统文化心理相对应的广告策略是什么？

6. 举例说明广告的文化策略有哪些。

[案例分析]

可口可乐在中国

1. 品牌形象广告

可口可乐"永远"主题广告系列派生出众多不同的广告，但每一条广告都包含着一种相似的信息联系，体现出相同的信息（例如，"永远的可口可乐"口号、红色圆圈、花体设计、独特的瓶形，以及用作音乐标志的歌曲等）。也正是基于这种整合营销传播体系，使可口可乐得以迅猛发展，从中获得了极大的回报。

2. 广告信息——融入中国特色文化

从 1999 年开始，每到春节，可口可乐公司都推出新年贺岁广告大片。

"风车篇"。1999 年推出"风车篇"，外景全部在我国黑龙江省哈尔滨市附近的牛角沟村拍摄，而且广告中的角色全部来自该村。

"舞龙篇"。2000 年，可口可乐公司推出"舞龙篇"。龙是中国传统的吉祥物，舞龙更是中国传统节日的庆典节目之一。

"泥娃娃阿福篇"。2001 年，可口可乐公司推出一款深具中国文化特色的广告片：具有乡土气息的"泥娃娃阿福贺新年"广告片，以一个富有中国特色的北方小村庄为场景，表现了一对泥娃娃全家喜迎新年的中国文化主题，所有造型和场景都采用了黏土艺术。广告于 2000 年 12 月底开始一直持续播出到 2001 年新春期间。

3. 形象代表——起用本土明星，带动可口潮流

可口可乐公司广告宣传策略本土化的另一方面体现在带有当地明星的宣传广告，以贯彻本土化思想：在广告上必须用消费者明白的方式去沟通。因为可乐产品的主要消费群是年轻人，所以可口可乐公司聘请了港台的当红明星谢霆锋、林心如、张惠妹等，极力体现"活力永远是可口可乐"的基调，走"年轻化"路线。由于消费者调查显示，部分年龄较大的顾客不适合可口可乐的年轻化风格，对此，可口可乐也有其他特别活动，但不会大力宣传。这就是可口可乐的定位，宣传不可能面面俱到。

4. 把握广告时机——共同培养情感诉求

北京申奥成功之前，可口可乐公司就制作了限量的"申奥金罐"，目的是与中国消费者沟通，更加贴近市场。与方正电脑联合促销在全国送出 7 000 台电脑也是为了更快地作出市场反应。可口可乐签约"中国之队"，押宝"冲击世界杯"，在西安开幕式上，可口可乐请了 8 位歌星与数万球迷共同道出期盼心声，目的也是为了寻找机会与中国人融在一起，共同培养情感诉求。可口可乐已越来越成为中国的可口可乐。

（摘自《跨国公司行销中国》）

1. 试分析可口可乐在中国的文化宣传策略，并在此基础上阐释国际品牌如何实施本土化策略。

2. 谈谈可口可乐在中国的推广策略及其对我国企业的广告营销的启示。

广告品牌心理

品牌营销是市场营销的最高境界。

——Jack Welch

本章导读

前可口可乐总裁曾说："即使可口可乐全球工厂一夜之间被大火烧光，仅凭'可口可乐'这几个字，企业便能从银行得到贷款，供应商仍会将原材料送到门前，经销商也仍旧会在门口等待下线的产品。"这位总裁之所以如此自信，正是因为他深知可口可乐这一品牌的价值。21世纪是品牌至上的时代，品牌营销已成为企业在激烈竞争中立于不败的关键。如何通过合理的地位、恰当的设计、高效的传播、精确的评估及适时的管理塑造出具有知名度、联想度、美誉度和忠诚度的强势品牌，已成为当前广告心理学研究的热点问题之一。

▷ 8.1 品牌与品牌个性

一、品牌及品牌效应

杉杉集团的老总曾对着摄影机镜头向亿万人民诉说，自己身上的西服是法国的知名品牌，价格近1 000美元，但它其实是杉杉集团代工生产的。"杉杉"品牌的同样的产品却只卖1 000元人民币，为什么同样的产品、同样的员工、同样的设备、同样的布料，贴上不同的商标，价格竟相差近十倍呢？还有杭州生产的金鱼牌洗衣机，月销售额仅约一千万元，后与日本松下公司合资，改名为金松牌，月销售额就达到六七千万元。最后，定名为松下爱妻号，月销售额竟猛增到一亿元。

我们再来看看，改革开放以来，外资及品牌进入中国，国外企业吞噬了中国竞争对手的品牌。一些跨国公司对我国部分企业控股，使许多在我国市场上享誉多年的老品牌在外企抢占制高点的过程中被缴械，致使"金鸡"不鸣、"金星"无光、"扬子"扬不起来、"孔雀"难开屏……如今，"中华"牙膏归为"联合利华"的旗下，"大宝"洗面奶投奔"强生"集团,"汇源果汁"也已被"可口可乐"收购……身边发生的一切,使中国企业慢慢意识到品牌的重要性,我们的时代已从20世纪60年代的技术竞争、70年代的管理竞争、80年代的营销竞争发展到90年代的品牌竞争。现在已步入21世纪,我国也加入了WTO,企业必须加强品牌运营,实施品牌战略已到了刻不容缓的地步。

那么,什么是品牌呢?当前对品牌的定义有很多,而不同的定义既反映了对品牌理解的倾向性,也反映了对品牌重要性认识的进化。下面列举一些具有代表性的说法:

奥美的创始人奥格威认为,品牌是一种错综复杂的象征,它是品牌的属性、名称、包装、价格、历史、声誉及广告风格的无形组合。品牌也因消费者对其使用的印象及自身的经验而有所界定。

美国市场营销协会(AMA)对品牌的定义为:用以识别一个或一群产品或服务的名称、术语、标记、符号或设计,或是上述元素的组合,从而与其他竞争者的产品或服务相区别。

著名营销学家菲利普·科特勒认为,品牌至少包含以下六个方面的内容:属性、利益、价值、文化、个性及用户。

广告专家约翰·菲利普·琼斯对品牌所下的定义是:能为顾客提供其认为值得购买的功能利益及附加价值的产品。

卢泰宏教授认为,"在对品牌概念的认识上,普遍存在着一种误区,即把品牌看成是企业自己的东西,一种商标权,一种与竞争者相区别的标志。因此,它们往往高高在上,单方面地创立名牌,而忽略消费者在其中的地位"。他认为,品牌不只是一个名称、一种标志或一种象征,还是消费者心目中的一种无形资产。品牌是一个以消费者为中心的概念。品牌不再存在于工厂甚至营销部门,而是存在于消费者心目中。

精信广告公司董事长陈一枬女士指出:"我们现在要做的品牌定义不单只是做一个品牌形象,我们还要建立品牌关系。品牌形象是承诺,品牌关系是消费者的体验,品牌不是企业所拥有的。企业拥有的产品、技术、服务机构等,这都是有形的资产,但并不拥有品牌。只有你的顾客才拥有你的品牌,因为每一个不同的人对产品的介入、对服务的介入才是一个品牌,这种品牌是无形的。"所以,她认为21世纪品牌的定义应该为:"品牌不应该只是铺天盖地的可见性和功能性,它与人们的日常生活情感是息息相关的。当一个产品与一项服务能够唤起与消费者的情感对话时,它才能被称为一个品牌。"

二、品牌个性 (Brand Personality)

心理学中对个性的定义是"个体在先天生物遗传素质的基础上,通过与后天社会环境的相互作用而形成的相对稳定和独特的心理行为模式"。我国古代的一句老话"蕴蓄于中,形诸于外"很好地概括出了个性的内涵,即个性是人的内在心理特征与外在行为方式的统一体。个体间不同的个性也使得世界上的任何一个人都独一无二。那么,什么是品牌个性呢?

1. 品牌个性的内涵

要对品牌个性有一个简单且直观的认识，只需在脑海中呈现两个最著名的饮料品牌，即可口可乐与百事可乐，并想象如果这两个品牌变成了人，他们会是什么样的人？你会用怎样的词语来描述他们？可口可乐可能会被认为是一个顾家、爱国的美国乡村老人形象，而百事可乐则更像是一个富有激情、勇于创新的年轻人。此处对这两个"人"的描述体现的就是这两个品牌的品牌个性。我们可以从以下六个角度进一步理解品牌个性的内涵：

（1）品牌个性是将品牌拟人化的产物。

正如可口可乐与百事可乐的例子所述，品牌个性是当我们把品牌看作一个人时这个"人"的个性，是将品牌进行拟人化处理后的结果。人类自古以来在与周围世界的不断接触与互动中逐渐形成了这种拟人化倾向，即我们有时会将没有生命的事物看作一个人，并认为其具有人类的特征[①]，例如太阳激情四射，月亮细致体贴，磐石坚韧不拔，而小溪温柔婉约。我们通过拟人化的方式拉近了与这些事物的心理距离，也赋予这些没有生命的物体以特殊的意义。

事实上，对品牌的拟人化出现在我们生活中的每一个角落：年轻的妈妈把舒肤佳香皂看作自己孩子健康的保卫者；奔驰汽车的车主在发生擦撞后心疼地抚摸车盖，与其对话；专业的计算机绘图师视苹果笔记本电脑为他的工作伙伴；小女孩把她的芭比娃娃当作自己最好的朋友，在心情难过时向她诉说心事……同样我们也可以顺利地回答"如果这个品牌是一个人，他会是什么样的人？"这样的问题，而不会觉得难以理解，因为我们每一个人其实在潜意识中都曾经回答过类似问题。总而言之，尽管有时并没有意识到，但我们的确常常将品牌看作人，并视其具有人类的特征。

（2）品牌个性是个性概念在品牌领域的延伸。

个性本是心理学中的概念，品牌个性则是将个性移植到品牌身上后产生的新的术语，是个性概念在品牌领域的延伸。因而品牌个性与人类个性相比，具有相似及独特之处。

两者的相似点体现在：第一，人的个性使得人与人有所区别，品牌的个性同样也对品牌进行了区分。不同的品牌，其品牌个性也不相同。第二，品牌个性与人的个性一样具有稳定性[②]。第三，对人的个性的感知是通过对其行为的观察，对品牌个性的感知同样来自对品牌行为的观察。这里的品牌行为指与品牌相关的各种活动，如广告。

其独特之处体现在：第一，品牌个性与人类个性并不完全相同，并不是人类个性的简单复制。第二，品牌个性不像人的个性一样受先天因素的影响，而完全是后天人为活动的结果。

（3）品牌个性是一组特殊的人类特征。

美国著名学者 J. Aaker 认为，品牌个性并非人类个性的简单复制，她指出品牌个性是

---

① Guthrie, S. E. Anthropomorphism: A Definition and a Theory. In Mitchell, R. W., Thompson, N. S. and Miles, H. L. (eds). *Anthropomorphism, Anecdotes, and Animals.* State University of New York Press, Albany, NY, 1997: 50–58.

② Wee, T. T. T. Extending Human Personality to Brands: The Stability Factor. *Journal of Brand Management*, 2004, 11 (4): 317–330.

"与品牌相关联的一组人类特征"①。她认为，用以描述人类个性的形容词有些并不适合于描述品牌（如神经质），应当被删去；同时，品牌个性的概念应当被扩展，除包含心理学中人类的个性特征（如真诚、外向）之外，还应包含诸如能力、社会地位、性别、外表、价值观等其他人类特征。

总之，用以描述品牌个性的是一组特殊的、适合于品牌的人类特征形容词。

（4）品牌个性是人为赋予品牌的属性。

人的个性受到先天遗传因素的影响，品牌则不然。品牌本身并没有个性，其个性完全是后天的各种人为活动的结果，来自品牌战略的制定者所实施的各种营销策略（如广告、价格、分销），是人为赋予品牌的一种属性。

（5）品牌个性是消费者心中对品牌属性的感知。

品牌个性是一种基于消费者的概念，其本身并不确实存在，而只存在于消费者的认知系统中。一个品牌的个性只有在被消费者感知到、记住时才可能发挥其价值，因而有必要不断通过广告等手段对品牌个性予以维持和强化。另一方面，受个体差异的影响，同一品牌在不同人看来，其品牌个性也有可能完全不同。例如，对于麦当劳，虽然大多数人觉得他应该是一个成功人士的形象（可能因为其强大的公司实力与地位），但也有少数人并不这样认为（可能受其麦当劳叔叔卡通形象的影响）②。

（6）品牌个性是消费者展现自我的一种途径。

商品所具有的象征性意义早在20世纪五六十年代就已经受到了研究者的关注。心理学家 M. Haire 曾针对消费者为何拒绝接受速溶咖啡而进行过一项经典的实验。研究结果发现，以家庭主妇为主的消费者群体认为，相比于传统的、需要花费时间研磨的咖啡豆，速溶咖啡的使用者是一些懒惰、不善持家的人，而这些家庭主妇并不希望他人这样看待自己，她们希望通过使用传统咖啡而展现出自己勤劳的个性。正如这一经典实验所揭示的现象，有个性的商品具有特殊的象征性意义，消费者通过使用这样的商品而向他人展现真实自我③或理想自我④。例如，大学生喜爱耐克品牌，希望通过购买及使用耐克运动装备向他人展现其坚韧、自信、热爱运动的个性；年轻女性渴望路易威登品牌的产品，希望通过该品牌向他人展现自己高档、优雅、时尚的形象；而事业有成的中年男性喜爱奔驰汽车，通过拥有奔驰，让自己显得更为成功、富有、自信。

2. 品牌个性的测量

（1）定性测量。

对品牌个性进行测量，最简单也最直接的方法是运用投射技术对被试提出开放式的问题。例如："如果某品牌是一个有生命的人，他会是一个什么样的人？他会做什么？会

① Aaker, J. L. Dimensions of Brand Personality. *Journal of Marketing Research*, 1997, 34（August）：347－356.

② Cui, A. P., Albanese, P. J., Jewell, R. D., and Hu, M. Y. Profiling the Brand Personality of Specific Brands. *Advances in Consumer Research*, 2008（35）：534－541.

③ Belk, R. W. Possessions and the Extended Self. *Journal of Consumer Research*, 1988（22）：139－168.

④ Malhotra, N. K. Self Concept and Product Choice：An Integrated Perspective. *Journal of Economic Psychology*, 1988（9）：1－28.

住在哪里？会穿什么？如果他去参加一个宴会，他会和谁讲话、会说什么？"通过对回答进行分析便可以了解被试对该品牌的品牌个性的感知。扬 & 罗必凯公司最先对此方法进行了探索，他们在对玉兰油进行的研究中要求被试回答："如果玉兰油品牌是一个动物，它会是什么动物？"以及"如果玉兰油是活动、衣料、职业、国家、杂志等，它分别会是什么？"研究结果显示，在消费者心中，以上各问题的答案分别是水貂、游泳、丝绸、秘书、法国及 *Vogue*，将这些元素组合在一起，玉兰油被视为一个人时的形象便栩栩如生了：在法国某度假村中，一泳池边，一位秘书穿着她的丝绸质地的泳衣正在阅读 *Vogue* 杂志，旁边的椅子上放着她的貂皮大衣①。对这些元素及其所组合而成的画面进行分析后就不难发现，在消费者心中玉兰油的品牌个性大致是温柔、优雅、时尚、女性化及成熟等。

定性测量简单易行，且往往能够得到一些有趣、意外的结果，但是这种方法只能大致了解被试对品牌个性的感知，而无法进行精细的测量，因而在研究中的应用相对于定量测量而言比较有限。

（2）定量测量。

① 等级评定法。

等级评定法是品牌个性定量测量中使用最为广泛的一种方法。这种方法要求被试从由低到高（如由"完全不同意"到"没有意见"，再到"完全同意"）的五个或七个等级中选择一个，用以评价所给的项目适合于描述某品牌的程度。等级评定法能够较为精确地测量消费者的态度，且数据可以进行进一步的统计分析，被广泛地运用于各类研究及实务中。

早期的等级评定量表主要分为两类：一类是采用经典的人格量表（如大五人格量表），不经修改就直接用于测量品牌个性；另一类则是对人格量表进行适当的删减，再在此基础上通过自由联想增加一些适合的项目组合而成的。这两类量表都有其重大缺陷：对于第一类量表而言，品牌个性与人的个性结构是否相同、人格量表是否适合于测量品牌个性等问题至今为止尚无定论，因而直接使用人格量表测量出来的结果是否具有信效度还有待探讨；对于第二类量表而言，虽然进行了部分修改以使其尽量适合于品牌，但所进行的这些修改都是在自由联想等定性方法的基础上进行的，量表项目的选取相对随意，往往难以穷尽品牌个性的全部维度，使得量表的信效度同样值得怀疑。测量方法上的限制使得对品牌个性的研究在 1997 年以前的很长一段时间内止步不前。

对于品牌个性测量贡献最大的，当属美国著名学者 J. Aaker 1997 年提出的"大五量表"②。该量表首次运用定量方法系统地阐明了品牌个性的结构及其测量方法。在 J. Aaker 的研究中，她首先在已有其他品牌个性量表、经典人格量表及自由联想的基础上严格选取了 114 个适合于描述品牌个性特征的形容词及 37 个知名品牌，并广泛抽样发放调查问卷，要求被试运用这 114 个个性特征形容词对 37 个品牌分别进行评价，评价这些形容词是否适用于描述这些品牌。随后对数据进行因素分析，得到了品牌个性的五因素模型

---

① Plummer, J. T. How Personality Makes a Difference?. *Journal of Advertising Research*, 1985 (24): 27-31.

② Aaker, J. L. Dimensions of Brand Personality. *Journal of Marketing Research*, 1997, 34 (August): 347-356.

（见表 8 - 1）。该模型中的 5 个维度、15 个层面及其所代表的 42 个个性特征项目共同组成了品牌个性量表，用于测量品牌的个性。

表 8 - 1　品牌个性量表

维度（dimension）	层面（facet）	项目（item）
真诚 （sincerity）	务实的（down - to - earth） 诚实的（honest） 健康的（wholesome） 快乐的（cheerful）	务实的（down - to - earth）、顾家的（family - oriented）、乡土的（small - town） 诚实的（honest）、真诚的（sincere）、真实的（real） 健康的（wholesome）、纯正的（original） 快乐的（cheerful）、感性的（sentimental）、友善的（friendly）
刺激 （excitement）	大胆的（daring） 生机勃勃的（spirited） 想象力丰富的（imaginative） 新潮的（up - to - date）	大胆的（daring）、时髦的（trendy）、刺激的（exciting） 生机勃勃的（spirited）、酷的（cool）、年轻的（young） 想象力丰富的（imaginative）、独特的（unique） 新潮的（up - to - date）、独立的（independent）、现代的（contemporary）
胜任 （competence）	可靠的（reliable） 聪慧的（intelligent） 成功的（successful）	可靠的（reliable）、勤奋的（hard - working）、安全的（secure） 聪慧的（intelligent）、科技的（technical）、合作的（corporate） 成功的（successful）、领导的（leader）、自信的（confident）
高雅 （sophistication）	高档的（upper class） 迷人的（charming）	高档的（upper class）、有魅力的（glamorous）、好看的（good looking） 有女性气质的（feminine）、文雅的（smooth）
粗犷 （ruggedness）	适于户外活动的（outdoorsy） 坚韧的（tough）	适于户外活动的（outdoorsy）、有男子气概的（masculine）、西部牛仔式的（western） 坚韧的（tough）、粗犷的（rugged）

　　"大五量表"在学术界产生了巨大的影响，得到诸多研究者的认可并被运用于品牌个性的各类研究中。同时，各国学者也纷纷使用相同的方法编制了各自文化背景下的品牌个性量表，如我国学者黄胜兵、卢泰宏提出中国文化背景下的品牌个性结构包括仁、智、雅、酷、乐五个维度①。尽管随着研究的深入，对"大五量表"的批评开始出现，诸多研究者也纷纷提出了新的品牌个性量表，但至今为止能够对其真正有所超越者还未出现。

---

① 黄胜兵，卢泰宏. 品牌个性维度的本土化研究. 南开管理评论，2003（1）：4～9

② 其他方法。

除等级评定法外，也有学者提出使用自由选择法①与 Q 技术法②测量品牌个性。自由选择法的优点在于方便、快捷，但其精度有限，也无法对数据进行统计分析。Q 技术法要求被试考虑品牌的各个个性之间的相互关系，因而更能从整体上反映被试对品牌个性的感知。至今为止，这两种方法在品牌个性测量中的应用还并不成熟，故在此不作详细介绍。

▷ 8.2 品牌塑造与管理

品牌的塑造与管理是现代企业战略的核心内容，共包括五个环节，分别是品牌定位、品牌设计、品牌传播、品牌评估及品牌管理。具体流程如图 8 - 1 所示：

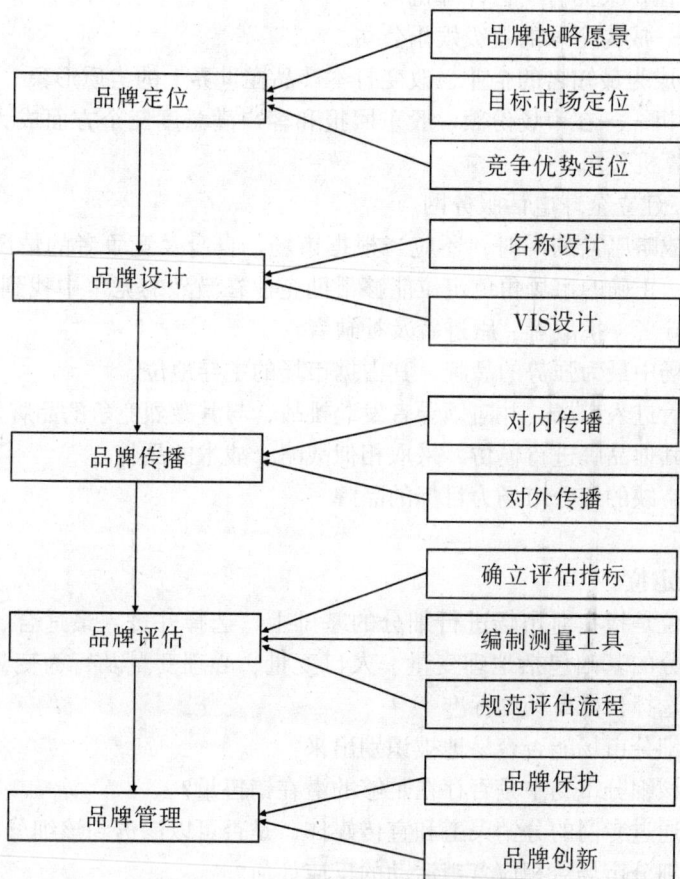

图 8 - 1 品牌塑造与管理流程图

---

① Romaniuk, J. Comparing Methods of Measuring Brand Personality Traits. *Journal of Marketing Theory and Practice*, 2008, 16 (2): 153 – 161.

② Cui, A. P., Albanese, P. J., Jewell, R. D., and Hu, M. Y. Profiling the Brand Personality of Specific Brands. *Advances in Consumer Research*, 2008 (35): 534 – 541.

一、品牌定位

品牌定位即对品牌进行规划，确定其想要达到的效果，并用以指导品牌建设的其他各个环节。详细而明确的定位将为品牌建设确立清晰的目标，是品牌建设过程中最为重要的一环。品牌定位具体包括品牌战略愿景、目标市场定位及竞争优势定位三个部分。

1. 品牌战略愿景

品牌战略愿景是指创建品牌后所要达到的最高目标，是品牌的长期愿望及未来发展的蓝图，它是一股经久不衰的推动力，激励企业不断前进。以下是一些世界著名品牌的战略愿景：

● 苹果——让每人拥有一台计算机
● 迪斯尼——成为全球的超级娱乐公司
● 索尼——成为最知名的企业，改变日本产品在世界上的劣质形象
● 戴尔计算机——在市场份额、股东回报和客户满意度三个方面成为世界领先的基于开放标准的计算机公司
● AT&T——建立全球电话服务网

在确定品牌战略愿景的同时，还应当根据市场、自身及竞争者的情况确定品牌自身的短期市场角色。正确的市场角色定位能够帮助企业在激烈的竞争中找到最合适的位置。市场角色包括领导者、挑战者、跟进者及补缺者。

领导者是市场中最为强势的品牌，其占据市场的主导地位。

挑战者是随后进入市场，并向领导者发起挑战，与其激烈竞争的品牌。

跟进者是对其他品牌进行模仿，采取相似战略、战术的品牌。

补缺者是以空缺的细分市场为目标的品牌。

2. 目标市场定位

目标市场定位是指在对市场进行细分的基础上，选择并进入最适合、盈利最高的细分市场。市场细分的基础包括地理变量、人口变量、心理变量及行为变量等。以下列举了一些用以指导选择目标市场的标准[1]：

识别能力：细分市场能否容易地被识别出来？

市场容量：该细分市场中是否存在足够的潜在销售量？

可接近性：通过专门的分销渠道和宣传媒体，是否可以渗透到该细分市场？

反应性：该细分市场对相应营销活动的反应如何？

3. 竞争优势定位

竞争优势定位是指根据所选择的细分市场特点，在综合考虑竞争对手、市场环境的

---

[1]　凯文·莱恩·凯勒. 战略品牌管理（第三版）. 卢泰宏，吴水龙译. 北京：中国人民大学出版社，2009.98

基础上，确立品牌想要向消费者传递的价值，这一价值应当是其他竞争者所无法比拟或超越的，从而使得品牌在消费者心中占据独特的位置。

二、品牌设计

品牌设计是对品牌定位的具体表现，是品牌传播的前提。CROSSMAN 的调查结果显示：36% 的品牌名对销售构成严重伤害；52% 的品牌名对销售的帮助马马虎虎；只有12% 的品牌能实际助销；美国企业平均改名者在 5 000 家以上。好的品牌不仅仅是一个名称或一个商标，还是企业整体形象的浓缩与象征。品牌设计得好，就容易被消费者注意，并留下深刻的印象，也就容易在激烈的竞争中抢得先机。

具体来说，品牌设计包括了品牌名称设计和企业识别系统（Corporation Identity System，CIS）设计。CIS 设计又包括理念识别系统（Mind Identity System，MIS）设计、行为识别系统（Behavior Identity，BIS）设计及视觉识别系统（Visual Identity System，VIS）设计。其中，MIS 是指导企业发展的最高准则，是企业文化的直接反映，也是整个CIS 的核心与灵魂。MIS 主要包括经营宗旨、经营方针、经营价值观等方面的内容。VIS与 BIS 都是 MIS 的外在表现。以下是一些世界知名公司及部分笔者主持设计的品牌理念：

- 仁和药业：仁为本，和为贵
- 三禾策划：以和为美，以真为高
- 中新股份：传承中新智慧，引领城市梦想
- 新加幼儿园：爱的海洋　美的天堂
- 捷美电子：将科技引入生命
- 木渎新区：纵情吴越醉木渎

BIS 是企业理念的行为表现方式，主要包括市场营销、福利制度、教育培训、礼仪规范、公共关系、公益活动等内容。在 CIS 的传播过程中，最重要的媒体不是电视、报纸、电台、杂志等信息载体，而是企业中的人。企业中的人是 CIS 的执行者与传播者，他们在生产经营的过程中，通过自己的行为将企业自身形象展示给社会、同行、市场及目标客户群，从而树立了企业的形象。BIS 设计即对企业中的人的行为进行规范，使其符合 CIS的整体形象。

视觉识别设计与品牌名称设计的内容将在本章第三节进一步介绍。

三、品牌传播

品牌传播是指对品牌进行的宣传，包括对内传播与对外传播。对内传播是指面向企业内部全体人员。传播的手段主要包括内刊、会议、讲座等。传播的目的是使企业员工真正理解品牌的定位与内涵，并将其内化为自身的工作理念。对外传播是指面向目标市场受众。传播的手段包括整合营销传播的各种形式，如电视、广播、印刷制品、互联网、公共关系及人员推销等。传播的目的在于使消费者认识、了解品牌，进而接受、使用品牌，并最终形成品牌忠诚，成为品牌的拥护者。

四、品牌评估

品牌评估是对品牌建设全过程的总结与评价。及时、准确的评估能够明确品牌建设所产生的实际效果及存在的问题，从而为品牌的长期管理提供依据。评估的体系包括三个部分：确立评估指标、编制测量工具及规范评估流程。确立评估指标即确立评估的内容、各部分内容的权重。编制测量工具即运用统计学方法编制具有较高信效度的标准化测量工具。规范评估流程即对品牌评估的全部流程进行详细而规范的设定，以避免无关因素对评估造成干扰。

五、品牌管理

品牌建设是一项长期而持久的工程，随着时间的推移与形势的变化，已经获得成功的原有品牌可能会出现新的问题，因而有必要根据品牌评估的结果对品牌进行管理。适当、有效的管理能够赋予品牌旺盛而持久的生命力。品牌管理主要包括品牌保护与品牌创新。

1. 品牌保护

品牌保护即对品牌的运营与传播进行强化，防止原有品牌的衰退，它是品牌运营过程中必不可少的环节，是品牌健康发展的必要保障。做好品牌保护，需要注意以下几点：

（1）保持并完善企业运营状况。

品牌的传播确实能够引起消费者的注意、激发消费者的购买欲望，然而大部分消费者是理性的，一个品牌要想获得长久的成功，还要依靠其良好的产品质量。因而，保持并不断完善企业的运营、增进企业的管理能力，进而提高产品质量，这才是品牌持久发展的基础。

（2）提高企业危机处理能力。

市场瞬息万变，总是同时充满了机遇与风险，在品牌的长期运营中难免出现各种问题，对市场上各种信息的把握及处理方式直接关系到品牌在竞争中的位置。及时准确地获取市场信息，迅速地作出适当的决定，将使突发事件对品牌造成的危害降到最低。

（3）谨慎面对外企合资。

一度被视为救命药方的合资，把握不好，往往成为外商扼杀民族品牌、消灭竞争对手的合法外衣。例如，北京日化二厂向外界宣布提前终止与宝洁（中国）公司的合作，收回合资使用长达6年的"熊猫"品牌。合资时，"熊猫"年产6万吨，而收回时仅4 000吨；上海家化的"美加净"，在与美国庄臣公司合资前，一年的销售额是2.4亿元，合资后一年仅有600万元。我国民族企业在面对外企合资问题时一定要从长远角度综合考虑可能产生的后果。

（4）运用法律武器严打假冒品牌。

假冒品牌是企业品牌运营的最大敌人之一，其与真实品牌同登一台，消费者难辨真假，严重危害了真实品牌在消费者心中的形象与声望。因此，企业有必要树立品牌保护意识，利用法律手段采取相应措施保护品牌不受侵害。

2. 品牌创新

品牌创新即在原有品牌基础上，根据新的需求对品牌进行相应的调整。调整的内容主要包括品牌重新定位、标志或包装的变更、品牌延伸等。需要注意的是，进行品牌创新一定要谨慎，草率地变更品牌定位、标志或进行延伸可能适得其反，对原有品牌造成不可挽回的损害。

（1）品牌重新定位。

在经过一段时间的运营后，如果发现品牌始终无法打入所选择的目标市场，此时应当考虑对品牌进行重新定位。例如，菲利普·莫里斯公司的万宝路品牌最初的定位是女性香烟，其品牌宣传皆以温情、柔和为主题，试图获得女性消费者的青睐。然而，长久的努力并未获得回报，公司期待的销售热潮并未出现。此时，菲利普·莫里斯公司果断地改变品牌定位，重塑万宝路的新形象：一个富有男子气概的新万宝路（如图8-2所示）。伴随这一改变，万宝路香烟的销量提高了三倍，并在一年内成为美国第十大名牌香烟。

图8-2　万宝路香烟广告

（2）品牌标志、包装、宣传语等的变更。

品牌标志、包装、宣传语的设计有其自身的方法与标准，但是，若在最初的设计中考虑不周，或由于市场变化而需要进行适当调整，就应该对这些品牌元素予以及时更换。例如，通用电气一直在公司的标语中强调"科技"，然而在调查中发现，通用电气给人的印象是"古板的、机械的、冷漠的"，于是公司决定将宣传标语变更为"将好的东西带到生活中"，并成功地将通用电气重新塑造成为一个有情感、有爱心、关心生活的品牌形象。

又如深圳海王银得菲更换品牌包装的实例，相比于原包装，新包装的黄色字体更为醒目（如图8-3所示）：

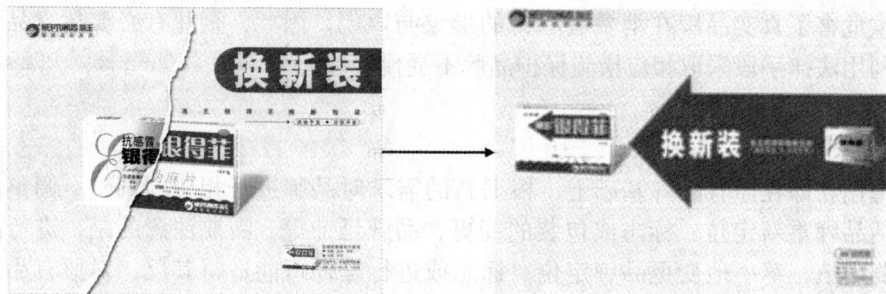

图 8 - 3　海王银得菲产品包装前后对比

再如笔者对苏州中新开发股份有限公司品牌标志的再设计（如图 8 - 4 所示）：

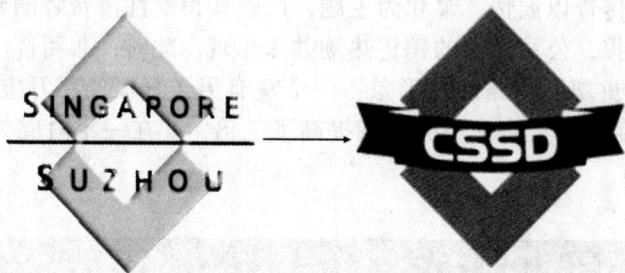

图 8 - 4　中新股份标志前后对比

中新股份（CSSD）是中国与新加坡两国政府合作在苏州投资建立的公司，其原始标志因含有新加坡、苏州的拼音而不能被注册，且原标志较为琐碎，缺乏整体感。笔者重新设计的新标志，沿用了原标志的风格，在两个菱形叠加的基础上，使用西方勋带的图案元素，更加整合统一。以勋带为起点，两个箭头图案延伸出去，代表 CSSD 不断壮大、发展、推进、带动的含义，勋带则表现纽带、中新合作的含义。新标志在不失原味的基础上更显简洁、庄重，得到了该公司高层的认可与赞赏。

（3）品牌延伸。

品牌延伸是指公司利用现有品牌推出新的产品。根据是否创造新品牌，品牌延伸可分为两类，即仍使用母品牌或将母品牌与新建的子品牌结合使用。而根据延伸的产品又可将品牌延伸分为产品线延伸和品类延伸。前者是指改变原产品的口味、成分、形式或大小等以满足不同消费者的需求；后者是指将品牌延伸至与原产品不同的新的品类（如娃哈哈由矿泉水延伸至可乐）。适当的品牌延伸能够让品牌获得新的生命力。各类型品牌延伸举例如表 8 - 2 所示。

表 8-2　各类型品牌延伸举例

	产品线延伸	品类延伸
使用母品牌	统一推出老坛酸菜味方便面	耐克推出手臂健力器
母品牌与子品牌结合使用	可口可乐推出健怡可口可乐	娃哈哈推出非常可乐

▷ 8.3　品牌设计

品牌设计包括名称设计和 CIS 设计。CIS 设计又包括 MIS 设计、BIS 设计和 VIS 设计，MIS 设计和 BIS 设计在前文已有述及，下面着重介绍 VIS 设计。

VIS（视觉识别系统）设计是企业以视觉感染力为媒体，将品牌理念、文化特质、服务内容、行为规范等抽象的概念，经由组织化、系统化、统一性的识别设计，转化成容易被公众吸收的视觉符号，来表达品牌信息的识别方式。VIS 设计包括基础设计系统与应用设计系统。基础设计系统包括品牌的标志、字体、颜色等，应用设计系统则包括建筑物标牌、内刊、日常用品等。VIS 设计是品牌运营的客观基础，如果没有顾客乐于接受的品牌外部视觉形象，就不可能引导顾客通过购买品牌标定的商品来感知品牌的整体定位和顾客利益，品牌运营也因此失去意义。图 8-5 为 VIS 设计举例。

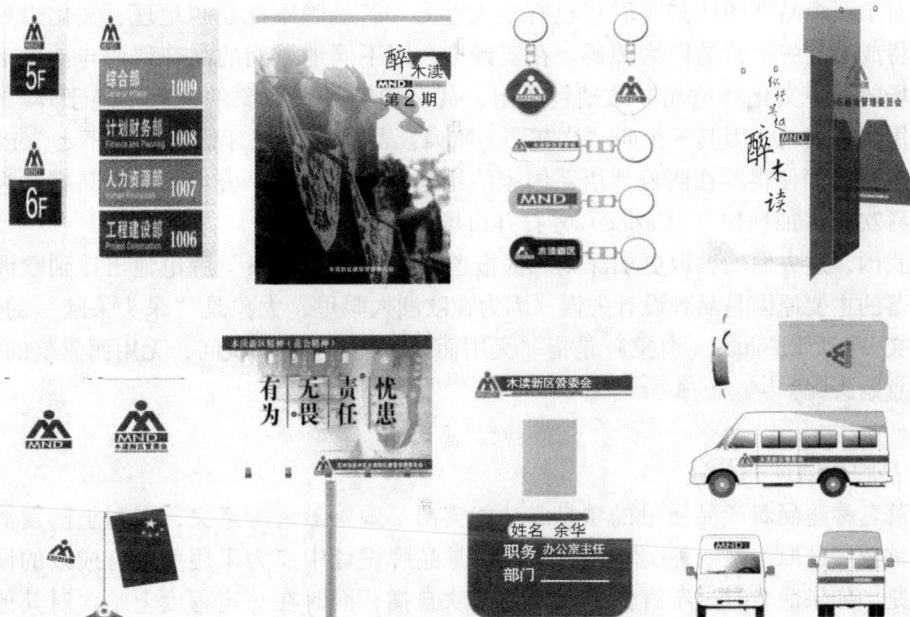

图 8-5　木渎新区品牌视觉识别应用系统

一、品牌设计的误区

1. 品牌名称、标志雷同

品牌雷同是实施品牌运营的大忌。因为品牌运营的最终目标是通过不断提高品牌竞争力，超越竞争对手。若品牌的设计与竞争对手雷同，不仅使消费者难以辨识，还会增加品牌的传播费用，降低品牌的传播效果。如此，将难以达到最终超越的目的。

在我国，由于企业的品牌意识还比较淡薄，品牌运营的经验还比较少，品牌的雷同现象非常严重。据统计，我国以"熊猫"为品牌名称的企业有311家，"海燕"和"天鹅"两品牌分别有193家和175家同时使用。除重名以外，还有像皮鞋市场上的"报喜鸟"与"报喜鹤"、服装市场上的"杉杉"与"彬彬"、白酒市场上的"五加鞭"和"五加白"、饮料市场上的"椰树"与"椰风"、卤菜市场上的"皇上皇"与"煌上煌"等品名极其相近的品牌，一字之差，令人难辨。

品牌标志雷同、相近的比比皆是。就拿药品企业来讲，用字母"R"和"K"变形的图案就有无数个，使消费者很难区分，更谈不上记忆。

2. 品牌名称跨越文化与地理能力弱

由于世界各国的历史文化传统、语言文字、风俗习惯、价值观念、审美情趣均有所不同，对于一个品牌的认知与联想也有很大差异。若品牌不能超越地理、文化边界的限制，那将成为品牌运营的巨大障碍。在实践中，因不同地域间的品牌称谓与传播不符合目标市场的社会文化环境而导致销售受阻，甚至影响品牌形象的现象不绝于耳。例如，美国通用汽车公司，因其一个叫"诺瓦"（Nova）品牌在西班牙语中是"不走"或"走不动"的意思而使得其在西班牙语系国家的销售受阻。后来，公司将这一品牌改为拉美人比较喜欢的"加勒比"（Caribe）才打开市场。

在我国，这方面的教训更加深刻。据报道，我国的"白象"牌电池出口到欧洲国家备受冷落的主要原因是品牌设计失误。因为在欧洲人眼里，大象是"呆头呆脑"的象征，并且英文 White Elephant（白象）是指"无用而累赘的东西"。试问，无用而累赘的东西，谁又愿意购买呢？

3. 品牌称谓过于直白

品牌名称蕴涵着产品质量的精良、功能突出、效果显著等意义，有利于诱发消费者的购买欲望。这原本是一种美好的愿望，也是品牌设计中广为采用而富有成效的设计原则。但是，如果命名时过于直白且明显地自吹自擂，同时在一定程度上暗含对其他同类品牌的贬低（如××王、××霸等），就会让消费者感到高不可攀，或者不敢认同。这种模糊了消费者的识别和判断、不符合消费者心理的品牌设计，其结果必然在消费者逆反的心理抗击下制约其发展壮大。

4. 部分品牌粗俗，缺乏美感

在我国，部分企业在品牌设计过程中过分求异而走向另一个极端，致使品牌格调底下，甚至过于粗俗。如"二房"佳酿、"猫不闻"速冻水饺、"小老婆"饼等，这些过于粗俗、缺乏美感的品牌，不符合我们中华民族的审美情趣和道德观念。诚然，在旧中国流传下来一些老品牌，其格调也不高，如"王麻子"、"狗不理"等，但它们是那个时代的产物，与当时的文化是相符的。

二、品牌设计的心理原则

1. 简洁醒目，易读易记

日本《经济新闻》对企业名称的调查显示，字数为 4 个字、5~6 个字、7 个字、8 个字以上的企业名称，其平均认知度分别为 11.3%、5.96%、4.86%、2.88%。可见，为了便于消费者认知、传诵和记忆，品牌设计的首要原则就是简洁醒目，易读易记。为适应这个要求，不宜把过长的和难以读诵的字符串作为品牌名称，也不宜将呆板、缺乏特色感的符号、颜色、图案用作品标。只有简洁醒目、易读易记，才便于消费者识别和记忆。

如"M"是个很普通的字母，对其施以不同的艺术加工，就形成表示不同商品的标记或标志。鲜艳的金黄色拱门"M"是麦当劳（McDonald's）的标记。由于它棱角圆润、色调柔和，给人自然亲切之感。现如今，麦当劳这个简洁的"M"型标志已经出现在全世界 70 多个国家和地区的数百个城市的闹市区，成为孩子及成人喜爱的快餐标志。与麦当劳的设计完全不同，摩托罗拉（Motorola）的"M"虽然也只取一个字头"M"，但是，摩托罗拉充分考虑到自己的产品特点，把"M"设计得棱角分明，双峰突起，突出了自己在无线电领域的特殊地位和高科技形象。

同样的，在笔者为苏州市木渎新区管委会所设计的品牌标志中，也用到了字母"M"（如图 8-6 所示）。

图 8-6 木渎新区管委会品牌标志

此标志以木渎新区的英文缩写 MND 中的"M"为基础进行设计，整个标志是一个伏案而立的迎宾形象，象征木渎新区管委会为公民服务的职能；"M"是由两个"人"字组成，象征管委会以人为本的核心理念；"M"又是由两个三角形组成，暗示山的形象，体现出其"山水木渎"的定位；最后，此标志颜色鲜亮、造型简洁醒目，没有多余的赘饰，让人过目难忘。

2. 内涵深蕴，暗示属性

一个与众不同、充满感召力的品牌，在设计上不仅要做到简洁醒目、易读易记，还应深蕴内涵，暗示产品的优良属性。"奔驰"（BENZ）车，一百多年来深受顾客的信任，其品牌一直深入人心。那个构思巧妙、简洁明快、特点突出的圆形的汽车方向盘似的三叉星标志，已经成了豪华、优质、高档汽车的象征。"奔驰"这个品名与圆形的汽车方向盘似的标志不仅暗示品牌所标定的商品是汽车，而且是可以"奔驰"的优质汽车。此乃匠心独具之力作！

我国著名的仁和药业，其品牌名称朗朗上口、便于传诵，且能够让消费者产生与传统中药相关的积极联想，可谓一个十分成功的品牌名称。当年仁和药业本欲起名为"康美"医药，然而出现了两个问题：第一，叫"康美"的企业太多，名称不能注册；第二，作为一个中药企业，"康美"难以让人产生积极的品牌联想。于是，仁和的总裁请求笔者帮助。品牌名称设计的关键在于要深蕴内涵、暗示产品属性，一听到名字就应该想到它是一个历史悠久的中药企业。于是，笔者首先想到了"仁"。中药是中国传统医学的瑰宝，而"仁"是我国儒家思想的精髓，这两者都是我国传统文化的象征，因而有着密不可分的联系。同时，"仁"又体现着"仁者爱人"的精神，而这也正是制药企业所遵循的核心理念。"和"字则来源于我国的传统价值观——和谐。"仁和"这一品牌名称通过与中国传统文化及"医者仁心"这样的概念相联而使消费者能够很容易地联想到中药或中药企业，从而实现了内涵深蕴、暗示产品属性的品牌设计目标。其标志如图 8 - 7 所示。

图 8 - 7　仁和集团品牌名称及标志

又如笔者为苏州市相城区计划生育局所设计的机关服务品牌。该局希望品牌名称或标志能够体现计划生育局"人口"这一主题概念。在经过详细调研及商讨后，笔者将品牌的名称设定为"福漾人家"，并在标志中重点设计了其中的"人"字（如图8-8所示）。笔者对标志中"人"的部分进行了艺术化处理：其上半部分是两个"人"字，而下半部分则通过水波倒影的方式巧妙地与上半部形成了一个"口"字，从而顺利地在标志中体现出"人口"这一概念。同时，两个"人"字与隐约的水波又构成了桥的意象，既体现出苏州水城、小桥流水的意境，更表现出政府机关为人民服务、争做人民连心桥的理念，可谓一举多得。

图8-8 相城区计生局机关服务品牌名称及标志

3. 避免雷同，别具一格

品牌是为了区别同类商品而诞生的，如果品牌名称或标志与竞争对手的同类商标近似或雷同，就失去了品牌的显著性，也就失去了品牌的意义。品牌雷同或近似的结果是：一方面，因缺乏显著性不便于消费者识别而不能获得保护；另一方面，即使能够获准注册，也会因在宣传自己品牌的同时为竞争对手的雷同或相近品牌做宣传，从而使品牌传播费用增大、品牌传播效果降低。

4. 品名与标志协调互映

品名与品标协调、相互辉映，易加深消费者和社会公众对产品品牌的认知与记忆，所以，品名与标志协调是企业品牌设计必须遵循的一个重要原则。"雀巢"（Nestle）是广大消费者十分熟悉的品牌名称，其英文含义是"舒适地坐定"、"依偎"等，与英文 Nest（雀巢）同一个词根，所以，在中文中一并译作"雀巢"。其标志是"鸟巢"图案，这极易使人们联想到待哺的婴儿、慈爱的母亲和健康营养的雀巢产品。

笔者曾经为百佳惠大药房所设计的品牌（如图8-9所示）正是在品名与标志协调互映这一原则下完成的。"百佳惠"品牌名称的汉语拼音是 BJH，其首字母是"B"，为了能够在品牌标志中呼应品牌名称，笔者将字母"B"横放，并略微拉开了"B"两笔画之间的距离，这个字母立刻就变成了一个笑脸的模样，栩栩如生。这个笑脸标志不但呼应了百佳惠的品牌名称，更体现出百佳惠为千家万户带去实惠、带去满意与微笑的品牌理念，可谓恰到好处。

图 8-9 百佳惠大药房品牌标志

5. 尊重习俗

为了扩大品牌的使用区域，以利于拓展市场，在品牌的设计上还应注意尊重目标市场所在地的风俗习惯和法律法规，使品牌能够超越空间的限制。试想，如果把"BENZ"译成"奔死"（也是谐音）在中国销售，还有人敢认购这种车吗？同样，若将"Sprite"直译成"妖精"，又有多少中国人乐于去认购呢？可是，把它们分别译成了符合中国文化特征的"奔驰"和"雪碧"，就比较准确地揭示出品牌标定产品的属性。这些品牌的妙译为其进占异域市场奠定了文化基础。所以，为了保证品牌名称具有广泛的适应性，冲破文化壁垒，必须广泛分析、认真研究各个国家和地区的价值观念、风俗习惯、审美情趣、忌讳偏好、文化传统等，尽可能投其所好、避其禁忌。

6. 字图好看而富有个性

谈及字图的颜色选择及个性表现，可口可乐是非常成功的设计典范。可口可乐的字体是变体的 Coca Cola，是用红色来衬托白色的文字，并将英文字母艺术地柔化、变形，其两个大写的"C"分别延伸出两个波状的弧线，第一个大写的"C"从下面延伸到第四个字母的位置，第二个大写的"C"从上面延伸到最后，弧线由粗变细再由细变粗，顺畅而又巧妙地与文字融为一体，使人产生"飘"的感觉。这正是可口可乐饮后神采飞扬的体现。[①]

▷ 8.4 品牌建设的心理机制及广告策略

众所周知，成功的品牌是企业在市场竞争中最有力的武器，也是最宝贵的资产。但是，品牌有一个建立过程，在品牌开发之初，它属于制造商或服务提供者，最终根植于品牌与消费者的关系之中。品牌的成长过程就是品牌与消费者之间关系的发展过程。这

---

① 刘凤军. 品牌运营论. 北京：经济科学出版社，2000. 94～101

一关系的发展程度可以从品牌知名度、品牌联想度、品牌美誉度和品牌忠诚度等方面得到体现。"四度"是品牌资产的部分构成要素，它们代表的品牌价值具有层级意义，依次升级，呈金字塔状。它们形成和发展的心理机制大致可以概括为：品牌信息→注意→感知→记忆→联想→购买动机→试用→评价→态度→口碑→信任→强化→情感共鸣（忠诚），如图8-10所示。[①]

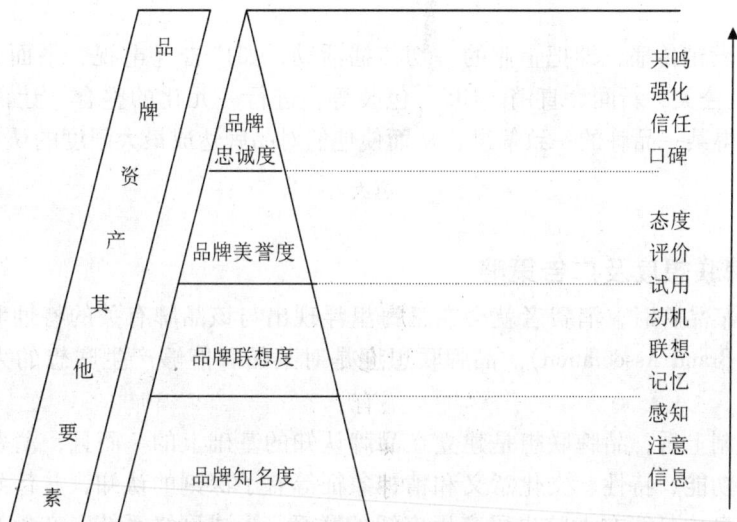

图8-10　品牌资产要素结构图

一、品牌知名度及广告策略

品牌知名度（Brand Awareness）是指知晓品牌的目标消费者的人数及其知晓水平。知晓品牌的人数越多，品牌知名度越高；消费者对品牌的知晓水平越高，品牌知名度也越高。品牌知晓水平具有两个层级，即品牌再认（Brand Recognition）和品牌回忆（Brand Recall）。品牌再认是指在有提示的情况下，能够鉴别出那些以前听说过的品牌名称。例如，你到商店买羊毛衫，售货员可能向你介绍五六个品牌，如"鄂尔多斯"、"恒源祥"、"企鹅"、"春竹"等。在给出的这些品牌名称中，你认为自己听说过、感到熟悉的那些品牌就达到了品牌再认的水平。品牌再认虽是较低水平的品牌知晓，但对消费者的品牌选择却非常重要；品牌回忆是指在没有任何提示的情况下，你能够回忆出某类产品的某些品牌。例如，当谈及手机时，你可能会随口说出"摩托罗拉"、"三星"、"诺基亚"等品牌名称，这些品牌就达到了品牌回忆的水平。显然，品牌回忆是较高水平的品牌知晓。品牌回忆要求人们不仅听过或见过某类产品的某个品牌，而且对它有一定的了解或比较深刻的印象。

基于以上分析，要提升品牌知名度，营销者必须根据消费者的认知心理规律，做好

---

① 本图相关内容见袁登华. 品牌建设的心理机制及营销策略. 心理学探新，2000（2）

相应的工作：

（1）恰当定位。品牌建设应从目标消费者出发，根据他们的主导需要来确定产品的核心概念。只有迎合消费者需要的品牌，才能进入消费者的深层加工路线，达到品牌回忆水平。

（2）合理设计。给品牌创作一个易识易记的名称和简洁独特、富有内涵与冲击力的视觉识别系统（VIS），有些品牌还可推出形象代言人，帮助消费者在最短的时间内识别这个品牌。

（3）整合营销传播，即把企业的一切传播活动，如广告（电视、平面、广播、DM、HDP）、促销、公关、新闻、直销、CIS、包装等，进行一元化的整合。让消费者从不同的信息渠道获得某一品牌的一致信息，从而使他们对品牌达成最大限度的认知。

二、品牌联想度及广告策略

每当提起某品牌时，消费者就会在脑海里浮现出与该品牌有关的特性和形象，这就是品牌联想（Brand Association）。品牌联想度是对某品牌能够产生联想的人数及其联想水平。

从心理机制上看，品牌联想是建立在品牌认知的基础上的。而且，消费者只有对品牌及其产品的功能、特性、文化意义和精神象征等有了深刻的认知，并达到了品牌回忆水平，这些信息才可能在大脑皮层产生广泛的联系，形成网络系统，产生品牌联想。在品牌建设过程中，品牌联想特指由于对品牌有好感而产生的积极联想（Positive Brand Association）。如提起"农夫山泉"就联想到"有点甜"。

提高品牌联想度，关键要在消费者心目中塑造良好的品牌形象。我们可从主、客观两方面做好品牌形象的塑造工作。

（1）突出品牌的客观特点。

即通过创新手段使品牌拥有一种独一无二的、对消费者具有特殊意义的特质。这主要是指产品质量及其特色。它应该与消费者的利益相吻合。例如，潘婷在深入了解消费者在头发护理方面的需求后，确立了"健康亮泽"的品牌定位，并贯穿到市场推广的每一环节，使消费者在接触品牌时也接触到品牌的这一特质。通过各种传播手段的强化，使品牌与其特质在消费者大脑中形成了牢固的联系。使消费者一想起潘婷就联想到"健康亮泽的头发"。

（2）赋予品牌一种主观特性。

即通过品牌推广赋予品牌"后天"的心理特性，使品牌"个性化"。具体办法是通过整合营销传播手段宣传品牌的文化价值、象征意义或情感效应等，从而在消费者头脑中形成生动的心理图式。如"红豆"牌衬衣，在广告宣传中突出"红豆最相思"的主题，把对亲人和朋友的相思与眷恋，这种自古至今人际交往中最常见而又最珍贵的情谊融于品牌中，当消费者看到、听到或想到"红豆"牌时，就会联想到"相思"，倍感亲切、温暖，从而引起购买动机。

三、品牌美誉度及广告策略

品牌美誉度（Brand Praise Levels）是指目标消费者对品牌的赞美和提倡程度。它可以从指名购买率和品牌推荐率两方面来测量。

品牌美誉度形成的心理机制，表现为当顾客尝试购买后，总会有意或无意地根据自己的期望对商品进行评价。如果该品牌产品的可感知效果与顾客的期望值相匹配，顾客就会满意；如果可感知效果超过期望值，顾客就非常满意；如果不符合期望值，顾客就会不满意。这些体验都会影响顾客下一次的购买决策，并且他们会把对该品牌的好感或恶感告诉他人。满意的顾客不仅会变成反复购买者而且会成为品牌倡导者。他们热衷于向他人诉说该品牌的好，对品牌有利的信息就会不胫而走。良好的市场信誉就在这种口碑中不知不觉地建立起来。随着消费者对品牌的赞誉越来越普遍，产生品牌偏好的人就越来越多，品牌的指名购买率也随之上升。

基于上述分析，我们可采取以下策略提高品牌美誉度：

（1）实现顾客满意。

根据菲利普·科特勒的观点，提供顾客让渡价值（Customer Delivered Value）是实现顾客满意（Customer Satisfaction）、赢得赞誉的根本途径。顾客让渡价值可以看作顾客的"利润"。它等于整体顾客价值与整体顾客成本之间的差额。整体顾客价值包括产品价值、服务价值、人员价值和形象价值；整体顾客成本包括货币成本、时间成本、体力成本和精神成本。增加顾客让渡价值有两种方法：一是增加整体顾客价值；二是降低整体顾客成本。

（2）培养意见领袖，促进人际传播。

最先购买该品牌的一批消费者，对品牌形成了某种看法，他们出于各种各样的需要，总会有意无意地把自己对新购品牌的意见告诉别人。这些以非正式形式向别人提供品牌意见、影响别人的品牌选择的人称为意见领袖（Opinion Leaders）。如果意见领袖对所选品牌有好感，品牌就被传为佳语，有口皆碑地散布开来。而且，这种口头传播对品牌选择者具有强有力的影响，它比广告轰炸要有效得多。

四、品牌忠诚度及广告策略

品牌忠诚度是指忠诚于品牌的人数及其对品牌的钟爱程度。它可用定牌购买顾客的数量及其定牌购买的持续时间来衡量。

消费者品牌忠诚（Brand Loyalty）形成的心理机制是：消费者在品牌认知的基础上，通过试用感到满意，从而对品牌产生积极的态度。这种态度经过人与人之间的信息交流和广告及其他营销手段的强化，会引发再次购买行为。当顾客又获得高度满意时，先前的肯定态度得到进一步的强化，从而增加重复购买和重复使用的动机和行为。顾客对品牌的积极态度进而发展成品牌信念。这时消费者对品牌不仅有一种理性偏好，而且产生了情感上的共鸣，形成依恋感，这就是品牌忠诚的表现。

由此可见，品牌忠诚来源于顾客对品牌的积极评价，而评价往往发生在购买之后，因此，企业销售并不是营销的最终目标，销售之后的营销行为与导致销售的营销行为一样重要。销售之后，营销者要进一步发展忠诚营销项目——顾客关系管理（Customer Relation Management），即发现或培养一批核心顾客群，并建立顾客管理数据库，收集、分析和利用核心顾客各方面的情况，包括顾客的人口学信息、需要、偏好、收入状况及个人生活方式等。然后据此提供有针对性的宣传和服务，并为他们提供个性化的产品和特殊的服务，满足不同顾客的特殊需要，以此维系品牌与顾客长期良好的关系，实现品牌忠诚。

研究表明，企业相当大的一部分收入来自一小部分忠诚的用户；获得一名新顾客要比维持一个老顾客多付出五倍的代价。品牌忠诚度的每一次提高，都会导致品牌利润的大幅增长。因此，提高品牌忠诚度是企业实现持续利润增长的最有效方法。

[关键词]

品牌　品牌个性　品牌个性五因素模型　品牌定位　品牌设计　CIS设计　MIS设计 BIS设计　VIS设计　品牌传播　品牌评估　品牌管理　品牌延伸　品牌知名度　品牌联想度　品牌美誉度　品牌忠诚度

[本章要点]

◆ 21世纪是品牌至上的时代，品牌在现代竞争中的作用不可忽视。品牌的定义很多，不同的定义也反映出对其理解角度的不同。

◆ 品牌个性是指将一个品牌想象成人时，这个"人"所具有的个性。"大五量表"是目前测量品牌个性时使用最为广泛的工具。

◆ 品牌的塑造与管理包括五大步骤：品牌定位、品牌设计、品牌传播、品牌评估及品牌管理。

◆ 品牌设计包括品牌名称设计和CIS设计。设计的过程应遵循相应的心理原则，避免走入品牌设计的误区。

◆ 品牌与消费者之间关系的发展程度可以从品牌知名度、品牌联想度、品牌美誉度和品牌忠诚度四个阶段得以体现，在不同的阶段应采取不同的广告策略。

[思考题]

1. 如何理解商标与品牌的关系。
2. 谈谈中、美两国文化背景下品牌个性结构的异同并分析其原因。
3. 列举几个你认为较为成功或失败的品牌名称或标志，并对其进行分析。
4. 品牌延伸可能对母品牌带来怎样的利益与危害？
5. 试述品牌的心理机制及广告策略。

[案例分析]

苏州市相城区机关服务品牌塑造

机关服务品牌是渗透在机关工作全过程的各种理念、意志、行为规范和管理风格的总和[1]，它是现代企业品牌战略在机关管理中的一项创新运用。在党政机关实施品牌战略、打造机关服务品牌，对内可强化机关自身建设，对外可树立机关社会形象，对于建设服务型高绩效机关、推进行政管理体制改革、提高政府执政能力具有重要意义。苏州市相城区领导高瞻远瞩地认识到创建机关服务品牌的重要性，对全区各党政机关进行动员，并邀请笔者主持为该区下属部分局级机关设计服务品牌及建立相应的品牌塑造管理体系。

我们首先对全区各机关进行调研分析，采取多种手段搜集资料。具体包括：①通过与机关领导进行多次集体讨论，确定创建机关服务品牌的宏观目标及具体设想。②通过对文档资料的广泛查阅，了解机关的历史及主要工作内容。③通过对部分机关工作人员的访谈，了解他们的想法，搜集其对本次服务品牌创建项目的意见与建议。④通过对全体机关工作人员的问卷调查，进一步深入搜集有价值的信息。

在对全部资料进行详细整理、分析的基础上，由苏州大学心理系、行政管理系、文学系、广告系、艺术设计系教授及资深策划公司、广告公司总监组成的专家组，结合机关实际，对服务品牌的名称、宣传语、标志、品牌理念系统（包括战略愿景、组织使命、核心价值观、组织精神、组织作风、组织道德）等各部分进行设计。经过多次集体讨论及头脑风暴后，专家组形成多套备选方案供机关选择，并在进一步讨论后与各机关确定了最终方案。

设计完成后，各机关根据自身的近期计划及长远目标，提出各自的机关服务品牌建设举措，以实际行动践行服务品牌的核心理念。例如，法院提出阳光工作、惠民工程、便民工程、亲民工程、精品工程的"五大工程"，检察院则结合其热线电话12309提出了"品牌建设一二三零九"的具体举措。至此，机关服务品牌的塑造工作基本结束，以后还需适时对机关服务品牌的知名度、美誉度及品牌的实际效果等进行评估，并根据评估的结果进行品牌管理，以确保品牌的持久生命力。

下表是项目团队为相城区部分局级机关设计的机关服务品牌系统：

---

① 中共青岛市委市直机关工作委员会.机关品牌.北京：人民出版社，2008.19

单位	服务品牌名称	宣传语	标志
法院	法润民心	法正风清 润泽民生	法润民心 FARUNMINXIN
计生局	福漾人家	以人为本 福延万家	福漾人家
房管局	城市屋檐	给每个百姓 挡风遮雨的家	城市屋檐
检察院	清风相检	法理民情 点滴在心	清风相检 QINGFENGXIANGJIAN
行政服务中心	第一窗口	让微笑充满 每一个角落	第1窗口 FIRST WINDOW
环保局	绿色共赢链	绿系你我 新鲜生活	绿色共赢链 WIN-WIN GREEN CHAIN
劳动与社会保障局	无忧360	服务零距离 保障360	无忧360

单位	服务品牌名称	宣传语	标志
卫生局	生命方舟	融我真情挚爱 筑您健康人生	
水务局	水润民生	以水载德 以情润民	
审计局	经济卫士	审经纬 计民生	
农发局	耕耘三农	新农业 新生活	

讨论题：

1. 谈谈政府机关进行服务品牌塑造的理论与现实意义。
2. 结合实际谈谈机关服务品牌与企业服务品牌在塑造与管理方面的异同。

参考文献

一、中文资料

1. ［法］让·笃诺尔·卡菲勒．战略性品牌管理．王建平，曾华译．北京：商务印书馆，2000

2. ［美］巴拉特．广告管理（第五版）．赵平等译．北京：清华大学出版社，1999

3. ［美］弗里德曼．社会心理学．高地，高佳等译．哈尔滨：黑龙江人民出版社，1997

4. ［美］戈登·福克塞尔等．市场营销中的消费者心理学．裴利芳，何润宇译．北京：机械工业出版社，2001

5. ［美］吉·苏尔马尼克．广告媒体研究．刘毅忠译．北京：中国友谊出版社，1991

6. ［美］林恩·阿普绍．塑造品牌特征——市场竞争中通向成功的策略．戴贤远译．北京：清华大学出版社，1999

7. ［美］汤姆·邓肯，桑德拉·莫里亚蒂．品牌至尊——利用整合营销创造终极价值．廖宜怡译．北京：华夏出版社，2000

8. ［美］小卡尔·迈克丹尼尔，罗杰·盖兹．当代市场调研．范秀成等译．北京：机械工业出版社，2000

9. ［日］仁科贞文．广告心理．李兆田，任艺译．北京：中国友谊出版公司，1991

10. ［日］山本一郎．品牌赢家．吴一斌译．成都：西南财经大学出版社，2000

11. ［日］川久胜．广告心理学：市场决战的奥秘．汪志龙，施锦林译．福州：福建科学技术出版社，1985

12. ［英］保罗·斯图伯格．品牌的力量．尹英等译．北京：中信出版社，2000

13. ［美］Solomon Dutka．广告目标与效果测定．郭贞译．台北：滚石文化股份有限公司，1997

14. ［美］奥格威．广告大师奥格威．庄淑芬译．北京：三联书店，1996

15. ［美］大卫·艾克爱里克·乔瑟米赛勒．品牌领导．曾晶译．北京：新华出版社，2001

16. ［美］戴维·刘易斯，达瑞恩·布里格．新消费者理念．江林等译．北京：机械工业出版社，2002

17. ［美］戴维·阿克．管理品牌资产．奚卫华，董春梅译．北京：机械工业出版社，2006

18. ［美］德尔·I. 霍金斯，罗格·J. 贝斯特，肯尼思·A. 柯尼．消费者行为学（第七版）．符国群等译．北京：机械工业出版社，2000

19. 〔美〕凯文·莱恩·凯勒. 战略品牌管理（第三版）. 卢泰宏，吴水龙译. 北京：中国人民大学出版社，2009

20. 〔美〕希夫曼，卡纽克. 消费者行为学. 俞文钊等译. 上海：华东师范大学出版社，2002

21. 〔英〕戈登·R. 福克斯奥尔. 消费者行为学——应用指南. 杨锡勇译. 北京：机械工业出版社，1992

22. 第八届全国广告优秀作品展组织委员会. 第八届全国广告优秀作品展获奖作品集. 北京：中国摄影出版社，2001

23. 第七届全国广告优秀作品展组织委员会. 第七届全国广告优秀作品展获奖作品集. 北京：中国摄影出版社，2000

24. 曹孟勤，韩秀景. 消费心理学. 保定：河北人民出版社，2000

25. 陈俊良. 广告媒体研究. 北京：中国物价出版社，1997

26. 丁家永. 广告心理学——理论与策划. 广州：暨南大学出版社，2003

27. 方蔚林. 现代广告写作. 北京：中国人民大学出版社，1998

28. 冯斌，黄岳杰. 新世纪广告创意经典. 沈阳：辽宁科学技术出版社，2001

29. 冯丽云，孟繁荣. 营销心理学. 北京：经济管理出版社，2001

30. 符国群. 消费者行为学. 北京：高等教育出版社，2001

31. 高志宏，徐智明. 广告文案写作——成功广告方案的诞生. 北京：中国物价出版社，1997

32. 郭肖华. 广告创意训练教程. 北京：高等教育出版社，2000

33. 何佳讯. 品牌形象策划——透视品牌经营. 上海：复旦大学出版社，2000

34. 何佳讯. 现代广告案例——理论与评析. 上海：复旦大学出版社，1998

35. 何洁等. 广告与礼堂传达. 北京：中国轻工业出版社，2003

36. 何修猛. 现代广告学. 上海：复旦大学出版社，2001

37. 中共青岛市委市直机关工作委员会. 机关品牌. 北京：人民出版社，2008

38. 黄合水. 广告心理学. 厦门：厦门大学出版社，2003

39. 黄合水. 广告心理学. 上海：东方出版中心，1998

40. 黄希庭，冯江平. 广告心理学. 上海：华东师范大学出版社，2003

41. 黄希庭. 心理学导论. 北京：人民教育出版社，1991

42. 戛纳国际广告节组委会. 第45届戛纳广告节获奖作品集. 海口：海南出版社，1999

43. 江波，曾振华. 广告效果测评. 北京：中国广播电视出版社，2002

44. 江波. 广告心理新论：现代广告运作中的攻心战略. 广州：暨南大学出版社，2002

45. 蒋士逮等. 商务心理. 上海：立信会计出版社，1995

46. 黎瑞刚. 现代广告运作. 南昌：江西科学技术出版社，1996

47. 李东进. 消费者行为学. 北京：经济科学出版社，2001

48. 李建立. 广告文化学. 北京：北京广播学院出版社，1998

49. 李品媛．消费者行为学．大连：东北财经大学出版社，2000

50. 李世丁，袁乐清．沟通秘境：广告方案之道．广州：广东经济出版社，2001

51. 林德金，祝卫，王坚平．消费心理与购买行为分析．北京：机械工业出版社，1986

52. 林宁．顾客心理与营销决策．广州：广东经济出版社，2000

53. 刘凤军．品牌运营论．北京：经济科学出版社，2000

54. 刘京林．大众传播心理学：从现代心理学的视角看大众传播．北京：北京广播学院出版社，1997

55. 卢泰宏，李世丁．广告创意——个案与理论．广州：广东旅游出版社，1997

56. 卢泰宏，何佳讯．蔚蓝智慧：读解十大跨国广告公司．广州：羊城晚报出版社，2000

57. 卢泰宏．跨国公司行销中国．贵阳：贵州人民出版社，2002

58. 路盛章．电视广告创作．北京：中国广播电视出版社，2000

59. 罗维．广告策划．北京：中国经济出版社，1995．

60. 马建青．现代广告心理学．杭州：浙江大学出版社，1997

61. 马谋超，陆跃祥．广告与消费心理学．北京：人民教育出版社，2000

62. 马谋超．广告心理——广告人对消费行为的心理把握．北京：中国物价出版社，1997

63. 马谋超．广告心理学基础．北京：北京师范大学出版社，1992

64. 马谋超，陆跃祥．广告与消费心理学．北京：人民教育出版社，2000

65. 马谋超，高云鹏．消费者心理学．北京：中国商业出版社，1997

66. 欧阳康．广告与推销心理：打开市场的钥匙．北京：中国社会出版社，2000

67. 彭聃龄．普通心理学．北京：北京师范大学出版社，2004

68. 祁聿民，许之敏．世界著名广告作品分析．北京：经济科学出版社，1998

69. 日经广告研究所．AR广告效果测定．台北：朝阳堂文化事业股份有限公司，1978

70. 赛来西·阿不都拉，季靖．广告心理学．杭州：浙江大学出版社，2007

71. 尚恒德．海外广告作品欣赏．北京：朝花美术出版社，1989

72. 石文典等．市场营销心理学．大连：东北财经大学出版社，2000

73. 林淑黛．第二十一届台湾广告金像奖作品集：暨亚太广告金像奖作品——影视广告作品．北京：中国青年出版社，2000

74. 孔祥宇等．成功广告案例评析．北京：中国商业出版社，2001

75. 汪建新，周玫．破译广告．北京：中国经济出版社，1999

76. 王维平．企业形象塑造论：形象力与企业活力．北京：北京大学出版社，1998

77. 王小章，郭本禹．潜意识的诠释：从弗洛伊德主义到后弗洛伊德主义．北京：中国社会科学出版社，1998

78. 王永，管益杰．现代广告心理学．北京：首都经济贸易大学出版社，2005

79. 王玉成，韩天雷．广告心理战．北京：中华工商联合出版社，1996

80. 魏超等．网络广告．石家庄：河北人民出版社，2000

81. 温孝卿．消费心理学．天津：天津大学出版社，1995

82. 伍道栋．行销心理 DIY．北京：经济日报出版社，2000

83. 肖建春等．现代广告与传统文化．成都：四川人民出版社，2002

84. 杨中芳．广告的心理原理：广告背后的心理历程．北京：中国轻工业出版社，1999

85. 叶朗．胸中之竹：走向现代之中国美学．合肥：安徽教育出版社，1998

86. 印刷与设计杂志社．2001 台湾广告设计年鉴．台北：设计家文化事业有限公司，2001

87. 余小梅．广告心理学．北京：北京广播学院出版社，2003

88. 余小梅．广告心理学．杭州：浙江大学出版社，2008

89. 余小梅．广告心理导论．北京：北京广播学院出版社，1997

90. 张家平．广告心理学．上海：上海教育出版社，2007

91. 章志光．社会心理学．北京：人民教育出版社，1996

92. 周建梅等．电波广告平面广告：四大媒体广告的实际创作．北京：中国物价出版社，1997

93. 周枚．企业品牌运营模式研究．北京：中国社会科学出版社，2008

94. 安应民．论消费者个性心理对消费活动的影响．兰州商学院学报，1995（2）

95. 白云华．关于提高广告记忆效果的几点思考．吉林省经济管理干部学院学报，2007（2）

96. 车俊英．广告创意与民族文化心态．甘肃联合大学学报（社会科学版），2006（5）

97. 陈冲，张丰．论网络媒体对当代大学生消费行为的影响．新闻界，2008（6）

98. 陈建明．前景理论与个体决策．统计与决策，2003（11）

99. 陈宁．广告的醒目性程度、受干扰程度与呈现环境对消费者信息加工模式的影响．复旦大学学报（自然科学版），2001（4）

100. 陈宁．广告频率和品牌成熟度对信息加工模式的影响．心理学报，2001（5）

101. 陈正辉，刘慧磊．"虚拟内疚"理论在亲情广告诉求中的应用．广告大观（理论版），2008（1）

102. 单敏飞．消费者购买动机的可诱导性及其应用．山西财政税务专科学校学报，2005（5）

103. 丁月华．从广告文案看中国当代商品广告的文化心理内涵．艺术百家，2006（6）

104. 冯浩羽．不同类型广告心理效果的性别差异研究．福建师范大学硕士学位论文，2005

105. 郭永．我国手机广告发展研究．广西大学硕士学位论文，2008

106. 何云，周巧笑．消费者再购决策模型：环境及个人变量的双重影响．财经问题研究，2009（4）

107. 侯艳萍．中国消费者的购买决策模型研究．甘肃经融，2009（3）

108. 黄军．真的"他好，我也好"吗?．现代广告，2000（6）

109. 黄平．生活方式与消费文化：一个问题、一种思路．江苏社会科学，2003（3）

110. 黄胜兵，卢泰宏．品牌个性维度的本土化研究．南开管理评论，2003（1）

111. 贾鹤，王永贵，刘佳媛等．参照群体对消费决策影响研究述评．外国经济与管理，2008（6）

112. 江波，彭彦琴．整合营销传播的心理优势．江西师范大学学报（哲学社会科学版），2002（2）

113. 江波，彭彦琴．现代广告传统文化心理的反思．心理科学，2004（1）

114. 江波．权威效应对性感广告态度改变的Q技术研究．九江师专学报（自然科学版），2002（5）

115. 江波．网络广告心理效果模式初探．心理学动态，2001（3）

116. 江波．真的"他好，我也好"．现代广告，2000（8）

117. 江波．论企业个性化．江西社会科学，2000（7）

118. 江波．品牌个性的心理学思考．心理技术应用论丛，2002

119. 江波．企业CI推进中的心理策略．心理学探新，1997（2）

120. 江波．潜意识与广告策略．江西社会科学，1999（增刊）

121. 江波．网络广告要注重心理效果测评．网际商务，2001（23）

122. 江波．广告的情感诉求．江西社会科学，2002（6）

123. 江波．广告的潜意识诉求：一种精神分析的观点．中国广告，2003（10）

124. 蒋旭峰．消费决策与广告策略．江苏社会科学，1998（3）

125. 蒋艳菊，许绍康．论商业广告定位的心理策略．信阳师范学院学报（哲学社会科版），1999（4）

126. 李彬彬，王昊为，林佳梁．大学生自我概念与诺基亚手机造型风格一致性心理评价研究．江南大学学报（人文社会科学版），2008（2）

127. 李长庚．认知潜意识：潜意识研究的新动向．井冈山师范学院学报（哲学社会科学版），2004（3）

128. 李戈．基于消费行为导向的商品色彩设计探索．商业现代化，2007（17）

129. 周李欢欢．秉承与扬弃——中国传统文化之于广告创意．当代经理人，2005（3）

130. 李朋．广告文化的超越——论海尔集团广告营销策略与企业文化策略的整合．辽宁工学院学报（社会科学版），2003（3）

131. 林树，张一中，涂勇．广告信息加工中的性别差异．心理科学，2003（3）

132. 刘瑞霞，邬冬华，凌和良．不确定条件下判断和决策的新领域——前景理论．运筹与管理，2005（2）

133. 刘昕远，曲桐凤．广告跨文化传播禁忌浅谈．商场现代化，2006（15）

134. 刘志超，白静．消费者购买动机类型及其在市场营销中的应用．华南理工大学学报（自然科学版），1999（9）

135. 卢泰宏，杨晓燕．关注中国消费行为：象征消费．销售与市场，2004（1）

136. 缪文海．广告诉求策略：理性与感性的融合．江南大学学报（人文社会科学版），2003（5）

137. 彭彦琴．中国传统情感心理学中"儒道互补"的情感模式．心理学报，2002（5）

138. 彭彦琴．中国古典美学中辩证观的心理学分析．心理学探新论丛，2000

139. 孙连荣．广告信息加工中性别刻板印象的实验研究．西北师范大学硕士学位论文，2004

140. 孙晓红．论消费习俗商机与营销对策．全国商情（经济理论研究），2006（3）

141. 孙晓红．论消费习俗与潜在商机．商场现代化，2006（2）

142. 陶东风．广告的文化解读．首都师范大学学报（社会科学版），2001（6）

143. 王贵文．手机媒体广告研究．北京邮电大学硕士学位论文，2006

144. 王怀明，马谋超．名人与产品一致性对名人广告效果影响的实验研究．心理科学，2004（1）

145. 王沛，孙连荣．广告中性别刻板印象的信息加工方式．心理学报，2005（6）

146. 卫军英，张莺．论广告信息促动的知觉机制．浙江大学学报（人文社会科学版），2002（2）

147. 文书生．广告信息加工及品牌态度形成的理论综述．重庆商学院学报，1999（4）

148. 肖德荣．关于消费者与广告定位的研究．消费经济，2007（4）

149. 肖鹰．皇帝内衣与广告的政治无意识．现代广告，2001（2）

150. 肖煜．网上消费者消费行为研究．开发研究，2004（5）

151. 徐家旺，姜波．在线消费者购买行为的决策过程．沈阳航空工业学院学报，2005（5）

152. 徐舟汉．情感广告与文化魅力——法国广告中性表现因素运用的几点启示．艺术·生活，2003（3）

153. 薛媛．心理学原理在电视广告播发中的运用．徐州师范大学学报（哲学社会科学版），1999（2）

154. 杨德志，杨宁华．现代商业空间中消费者心理研究．漯河职业技术学院学报（综合版），2006（2）

155. 杨君顺，程远．论知觉对象与背景的关系．包装工程，2006（1）

156. 杨鹏，柳珊．受众心理机制与广告劝服效果．现代传播，2002（1）

157. 殷庆林．知觉选择性在广告设计中的应用．销售与市场，2000

158. 袁登华．品牌建设的心理机制及营销策略．心理学探新，2000（2）

159. 曾智，曹凯．基于消费者行为的自我概念研究．江苏商论，2009（3）

160. 周仁来，杨莹．阈上与阈下知觉启动之间的差异：来自 Stroop 效应的证据．心理科学，2004，27（3）

161. 周象贤，金志成．性诉求广告及其传播效果探微．中国广告，2008（5）

162. 动脑（台北动脑杂志社）

163. 广告（台北滚石文化股份公司）

164. 国际广告

165. 现代广告

166. 销售与市场

167. 中国广告

二、外文资料

1. Aaker, J. L. Dimensions of Brand Personality. *Journal of Marketing Research*, 1997, 34 (August).

2. Andrews J. C. , Durvasula S. , Akhter S. H. A Framework for Conceptualizing and Measuring the Involvement Construct in Advertising Research. *Journal of Advertising*, 1990, 19 (4).

3. Bharati Bina Hawabhay, Russell Abratt, Mark Peters. The Role of Corporate Communications in Developing a Corporate Brand Image and Reputation in Mauritius. *Corporate Reputation Review*, 2009, 12 (1).

4. Bozman C. S. , Mueling D. , Pettit – O. K. L. The Directional Influence of Music Backgrounds in Television Advertising. *Journal of Applied Business Research*, 1994, 10 (1).

5. by exogenous cues. BRAINRESEARCH 1231 (2008) 86 – 92.

6. Catharine. *Sons*：*Redesigning Identity*. Rockport Publishers, Inc. , 2000.

7. Chebat J. , Gelinas – Chebat C. , Hombourger S. , et al. Testing Consumers' Motivation and Linguistic Ability as Moderators of Advertising Readability. *Psychology & Marketing*, 2003, 20 (7).

8. Cheng H. Reflections of Cultural Values：A Content Analysis of Chinese Magazine Advertisements from 1982 and 1992. *International Journal of Advertising*, 1994 (13).

9. Chia – Hung Hung. The Effect of Brand Image on Public Relations Perceptions and Customer Loyalty. *International Journal of Management*, 2008, 25 (2).

10. Christina Bermeitinger, Ruben Goelz, Nadine Johr. The Hidden Persuaders Break into the Tired Brain. *Journal of Experimental Social Psychology*, 2009 (45).

11. Deborah J. Maclnnis & Bernard J. Jaworski. Information Processing from Advertisements：Toward An Integrative Framework. *Journal of Marketing*, 1989 (4).

12. Dipayan Biswas, Abhijit Biswas, Neel Das. The Differential Effects of Celebrity and Expert Endorsement on Consumer Risk Perception. *Journal of Advertising*, 2006, 35 (2).

13. Duncan C. P. , Nelson J. E. Effects of Humor in Radio Advertising Experiment. *Journal of Advertising*, 1985 (14).

14. Erin J. Strahan, Steven J. Spencer, Mark P. Zanna. Subliminal Priming and Persuasion：Striking while the Iron is Hot. *Journal of Experimental Social Psychology*, 2002 (38).

15. Furnham A. , Bergland J. , Gunter B. Memory for Television Advertisements as a Function of Advertisemet-programme Congruity. *Applied Cognitive Psychology*, 2002, 16 (5).

16. Gerald Lohse, D. J. Wu. Eye Movement Patterns on Chinese Yellow Pages Advertising. *Electronic Markets*, 2001, 11 (2)

17. Geuens M. , Pelsmacker P. D. Feelings Evoked by Warm, Erotic, Humorous or Non-emotional Print Advertisements for Alcoholic Beverages. *Academy of Marketing Science Review*, 1998 (1).

18. Harbert E. Krugman. The Measurement of Advertising Involvement. *Public opinion*

Quarterly, 1966, 30 (4).

19. Henderson J. M. , Hollingworth A. Global Transsaccadic Change Blindness during Scene Perception. *Psychological Science*, 2003 (14).

20. Hoek J. , Sheppard W. Stereotyping in Advertisements Viewed by Children. *Marketing Bulletin*, 1990 (1).

21. Hovland C. I. , Lumsdaine A. A. , Sheffield F. D. *Experiments on Mass Communication*. Princeton, NJ: Princeton University Press, 1949.

22. Irwin D. E. , Colcombe A. M. , Kramer A. F. , et al. Attentional and Oculomotor Capture by Onset, Luminance and Color Singletons. *Vision Research*, 2000 (40).

23. Johan C. Karremans, Wolfgang Stroebe, Jasper Claus. Beyond Vicary's Fantasies: The Impact of Subliminal Priming and Brand Choice. *Journal of Experimental Social Psychology*, 2006 (42).

24. John C. Mowen, Michael Minor. *Consumer Behavior* (5th). Prentice Hall Internation, Inc. , 1998.

25. Kardes F. R. Spontaneous Inference Processes in Advertising: The Effects of Conclusion Omission and Involvement on Persuasion. *Journal of Consumer Research*, 1988, 15 (2).

26. Kim, Y. Y. *Communication and Cross Cultural adaptation*. Philadelphia: Muitilingual Matters, 1988.

27. Krishnan H. S. , Shapiro S. Comparing Implicit and Explicit Memory for Brand Names from Advertisements. *Journal of Experimental Psychology: Applied*, 1996 (2).

28. Krugman D. M. , Fletcher J. E. F. Do Adolescents Attend to Warnings in Cigarette Advertising? An Eye – tracking Approach. *Journal of Advertising Research*, 1994, 34 (6).

29. Leon G. Schiffman, Leslie Lazar Kanuk. *Consumer Behavior* (7th). Prentice Hall, Inc. , 2000.

30. Lohse G. L. Consumer Eye Movements Patterns on Yellow Pages Advertising. *Journal of Advertising*, 1997, 26 (1).

31. Lutes. *Affective and Cognitive Antecedents of Attitude Toward the AD: A Conceptual Framework*. 1985.

32. Madden T. J. , Weinberger M. G. The Effects of Humor on Attention in Magazine Advertising. *Journal of Advertising*, 1982, 11 (3).

33. Marla Royne Stafford, Nancy E. Spears, and Chung – kue Hsu. Celebrity Images in Magazine Advertisements: An Application of the Visual Rhetoric Model. *Journal of Current Issues and Research in Advertising*, 2003, 25 (2).

34. Michael A. K. , Kamal G. Congruence between Spokesperson and Product Type: A Match-up Hypothesis Perspective. *Psychology and Marketing*, 1994, 11 (6).

35. Mitchell. The Effects of Verbal and Visual Components of Advertisements on Brand Attitudes and Attitudes.

36. Muehling D. D. , Sprott D. E. The Power of Reflection: An Empirical Examination of

Nostalgia Advertising Effects. *Journal of Advertising*, 2004, 33 (3).

37. New York Festivals. The United States of Anerica, 1995.

38. Palanisamy R. , Wong S. A. Impact of Online Consumer Characteristics on Web – Based Banner Advertising Effectiveness. *Global Journal of Flexible Systems Management*, 2003, 4 (1/2).

39. Park C. W. & Lessig V. P. Students and Housewives: Difference in Susceptibility to Reference Group Influence. *Journal of Consumer Research*, 1977, 4 (3).

40. Parkhurst D. , Law K. , Niebur E. Modeling the Role of Salience in the Allocation of Overt Visual Selective Attention. *Vision Research*, 2002 (42).

41. Petty R. E. , Cacioppo J. T. , Schumann D. Central and Peripheral Routes to Advertising Effectiveness: The Moderating Role of Involvement. *Journal of Consumer Research*, 1983, 10 (2).

42. Petty R. E. , Cacioppo J. T. The Elaboration Likelihood Model of Persusion. *Advances in Experimental Social Psychology*, 1986 (19).

43. Philip Kotler. *Gary Armstrong. Principles of Marleting* (9th). Prentice Hall, Inc. , 2001.

44. Philip Kotler. *Marketing Management* (9th). Prentice Hall, Inc. , 1997.

45. Plummer, J. T. How Personality Makes a Difference?. *Journal of Advertising Research*, 1985 (24).

46. Rainer Greifeneder, Herbert Bless, Thorsten Kuschmann. *Journal of Consumer Behaviour*, 2007 (6).

47. Rajeev Batra, John G. Myers, David A. Aaker. *Advertising Management* (5th). Prentice Hall, Inc. , 1998.

48. Rayner K. , Rotello C. M. & Steward A. , et al. Integrating Text and Pictorial Information: Eye Movements when Looking at Print Advertisements. *Journal of Experimental Psychology: Applied*, 2001, 7 (3).

49. Reichert, T. Sex in Advertising: Perspectives on the Erotic Appeal. In T. Reichert, and Jacqueline Lambiase (Ed). Mahwah, New Jersey: LEA, Publishers, 2003.

50. Rik Pieters, Luk Warlop, Michel Wedel. Breaking through the Clutter: Benefits of Advertisement Originality and Familiarity for Brand Attention and Memory. *Management Science*, 2002, 48 (6).

51. Rokeach M. *Beliefs, Attitudes and Values*. San Francisco: Jossey – Bass, 1968.

52. Rui Vinhas Da Silva. Sarifan Faridah Syed Alwi. *Brand Management*, 2008, 16 (3).

53. Russo J. E. , Leclerc F. An Eye Fixations Analysis of Choice Processes for Consumer No Durables. *Journal of Consumer Research*, 1994, 21 (2).

54. Solomon M. Consumerbehavior. *Align and Bacon*. A division of Simon & Schuser, Inc. , 1992.

55. Susan Holaday. Six – unit Halfway Cafe Concept Positioning to Go All the Way. *Nations Restaurant News*, 2009, 16 (2).

56. Tellis G. J. Effective Frequency: One Exposure or Three Factors?. *Journal of Advertising*

Research, 1997 (14).

57. *The Designers and Art Directors Association of the United Kingdom*: 创意之道, Roto Vision SA Printed in Singapore, 1995.

58. Thomas W. Whipple, Alice E. Courtney. Female Role Portrayals in Advertising and Communication Effectiveness: A Review. *Journal of Advertising*, 1985, 14 (3).

59. Toward the Advertisements. *Journal of Consumer Research*, 1986, 13 (6).

60. Turano K. A., Geruschat D. R., Baker F. H. Oculomotor Strategies for the Direction of Gaze Tested with a Real-world Activity. *Vision Research*, 2003 (43).

61. Weinberger M. G., Campbell L. The Use and Impact of Humor in Radio Advertising. *Journal of Advertising Research*, 1991 (31).

62. Yousri Marzouki, Jonathan Grainger, Jan Theeuwes. Exogenous Spatial Cueing Modulates Subliminal Masked Priming. *Acta Psychologica*, 2007 (126).

63. Zaichkowsky J. L. The Personal Involvement Inventory: Reduction, Revision, and Application to Advertising. *Journal of Advertising*, 1994, 23 (4).

64. Zajonc R. B. Attitudinal Effects of Mere Exposure. *Journal of Personality and Social Psychology Monographs*, 1968, 9 (2).

65. Zajonc R. B. Feeling and Thinking: Preferences Need No Inferences. *American Psychologist*, 1980 (35).

66. Zhang Y., Zinkhan G. M. Responses to Humorous Ads: Dose Audience Involvement Matter?. *Journal of Advertising*, 2006, 35 (4).

57 One Decade of Declining ...

58 Sawyer, A.G. ...

59 ...

60 ...

后　记

"7"是心理学中最重要的数字，也是人生发展的重要阶梯。乍一回首，从事广告消费心理学的教学、科研及社会服务工作已整整两个"7"年。

第一个"7"年，作为一位高校心理学教师的我，由于一个偶然的因素踏入广告界，从此对广告如痴如醉，我曾为一个个绝妙的创意而疯狂，为一句句广告金句而殚精竭虑，也为在异地他乡看到自己的广告作品而欣慰、自豪。我跑市场、下企业、做文案、搞管理、做培训、跑营销……为全国百余家企业进行品牌策划与咨询服务。在这个过程中，我充分发挥自己的专业优势，也真正体会到企业对心理学的渴求。当然，在我的课堂里也充满了广告与市场的气息，我用自己的经历和体验来诠释广告营销中的心理学原理。从学生们的目光与眼神中，我看到了这些未来的心理学工作者对经济生活的向往，特别是许多非心理学专业的学生在我的影响下，对心理学产生了浓厚的兴趣，从而报考该专业的研究生，我暗自庆幸当时的抉择是多么的英明，也坚定了我从事广告与消费心理学教学、科研及社会服务的信心。在我讲授本科专业课《广告与消费心理学》和公共选修课《广告营销心理战》，以及各种广告营销培训班讲稿的基础上，融入这一阶段我在这一领域的研究成果，出版了专著型教材《广告心理新论：现代广告运作中的攻心战略》。它既是我这一阶段教学科研的总结，又是对自己第一个"7"年广告营销实践经验的梳理。令人欣慰的是，这本书得到了学界及学生们的一致好评，被全国多所重点高校心理学系、广告学系选为专业教材，书中所整理的案例及心理学评析也被广为转引。该书还被评为中南地区大学出版社优秀教材二等奖、苏州市哲学社会科学优秀成果三等奖、苏州大学教学改革优秀成果二等奖。

又一个"7"年，我从"红土地"来到了"长三角"，苏州这个充满温情与水的地方给了我强烈的归属感和广阔的发展平台。我也从一名广告创作者逐步转变成一名广告思考者。服务对象也从原有的国内企业扩充到外资企业，由中小企业拓展至世界500强及大中型企业；服务内容也从原先的企业品牌运营发展到政府机关服务品牌塑造，由初期的产品营销扩大至城市营销。我的广告与消费心理学教育也从原先仅针对高校本科生、研究生延伸至企业老总及相关从业人员、党政领导干部及各行业的服务人员。在服务社会的同时，我一直注重广告与消费心理学的基础研究，并在《心理科学》、《中国广告》等全国核心学术期刊上发表了系列论文。视野的拓展与教学科研的累积，使我对广告与消费心理学有了进一步的认识与思考。借助江苏省高校精品教材建设项目及苏州大学精品教材建设项目的实施，我在第一本教材的基础上，结合近年来教学科研的成果，撰写了这本拙著。

对广告与消费心理学的精确把握和诠释是本书追求的最高目标。目前，我国广告心理学的著作大部分是用普通心理学的框架来撰写的，缺乏对广告自身的心理学探讨。本书力求以广告自身为基点，努力挖掘广告运作过程中的心理学规律，探讨了广告策划心理、广告创意心理、广告诉求心理、广告媒体心理、广告表现心理、广告文化心理、广告品牌心理等。在基本保留上一本书大体框架的基础上，加入了"广告与消费心理学的理论基础"这一章，并在各章增加了相应的消费心理学的背景知识，努力使广告运作与消费心理融为一体。本书体系新颖，反映了一个心理学背景的广告人对广告与消费心理学这门学科的思考。

启发性也是本书追求的另一个重要目标。本书在保留了上一本书大量的经典案例和广告图片的同时，努力融入我对这门课教学改革的成果。十多年来，在教学实践环节，我坚持让每个学生去发现广告、评析广告、分享广告，这种主动性学习使学生们从厌恶广告到喜爱广告、从抵制广告到主动享受广告。这项教学改革在培养人才的同时也为我收集了大量精彩的广告素材，它们中的经典也被我配以心理分析纳入本书的相应部分。另外，书中还收入了我和我的团队十多年来创作的优秀广告作品，这些作品使本书更富个性化。另外，在每一章开始引用了"名人名言"，设计了"本章导读"，结尾也整理了"关键词"和"本章要点"，并精心设计了"案例分析"。在增加本书信息量的同时，尽量给读者更多的启迪与思考。

本书的一些内容与提法，是我多年科研成果与广告创作经验的体会。本书收录了我近几年公开发表的学术论文十余篇，还有自己创作广告作品的心理历程和体会。一些内容在本领域还是首次系统论述。如"广告潜意识诉求的策略与分析"、"广告潜意识诉求的信息加工研究"、"整合营销传播的心理优势"、"性诉求广告的心理效应研究"、"网络广告的心理效应及广告策略研究"、"现代广告传统文化心理的反思"、"机关服务品牌塑造与管理研究"等。这些内容使读者在了解广告与消费心理学的基本原理的同时，还能触及这门学科的研究前沿。

广告世界很精彩，而现实生活更美好。我很幸运这辈子选择了一件自己喜欢做的事情，并且有很多人支持、帮助我做好这件事情。我要特别感谢我的硕士导师漆书青教授，是他引导我走上了研究之路，并为我的广告创作注入了理性的激情。感谢江西三和策划营销公司董事长章建华先生，是他把我拉到了广告的第一线，并让我深深地感受到在市场的硝烟中除了利益，更有浓浓的兄弟情。感谢国家有突出贡献的专家、全国心理技术应用论坛主席杨鑫辉教授，他的鼓励与帮助，我将铭记在心。感谢我的合作伙伴赵丁丁教授、刘均星教授、邵兵教授，有他们无私的支持才有我精彩的广告人生。感谢我的研究生曾繁盛、高娜、钟鸣、詹艳、景玮、芮玲芝、周玉叶、田婷婷、闫晗，他们为这本书的资料收集、图片处理付出了大量艰辛的劳动。感谢暨南大学出版社教育分社张仲玲社长的鼎力支持。

感谢我的父亲母亲、岳父岳母，他们的轮流值守不但省却了我家务的烦琐，更让我的宝贝女儿在亲情的呵护下得以健康快乐的成长。感谢我的妻子彭彦琴博士，多年来，我们为友为伴，她的睿智、博学给了我取之不尽的创作源泉，她的情趣与爱恋让我时刻体验到广告之外的美好，同时也给了我继续前行的不竭动力！

江波
2009 年秋于苏州养气斋